東垣考古美術研究所 東垣學術叢書 03

삼한의 고고학적 시·공간
<small>三韓　　　考古學的　時　　空間</small>

진인진

東垣考古美術研究所 東垣學術叢書　03

삼한의 고고학적 시·공간

초판 1쇄 발행 | 2022년 8월 31일

지은이 | 박진일
편　집 | 배원일, 김민경
발행인 | 김태진
발행처 | 진인진
등　록 | 제25100-2005-000003호
주　소 | 경기도 과천시 별양상가 1로 18 614호(별양동 과천오피스텔)
전　화 | 02-507-3077-8
팩　스 | 02-507-3079
홈페이지 | http://www.zininzin.co.kr
이메일 | pub@zininzin.co.kr

ⓒ 박진일 2022
ISBN 978-89-6347-527-1 93900

* 책값은 표지 뒤에 있습니다.

목차

제I장 머리말   11

제II장 삼한三韓을 둘러싼 시대명時代名 논쟁論爭; '초기철기시대初期鐵器時代' 폐기 제안   19
    1. '초기철기시대'와 '원삼국시대'의 제창과 주요 대안 검토   20
    2. 고고학적 분절점分節點의 설정과 검토   27
    3. 새로운 대안으로서의 시대명 제안   34
    4. 소결   37

제III장 삼한三韓 이해理解의 근간根幹; 한반도의 점토대토기문화粘土帶土器文化   39
    1. 한반도 점토대토기의 기원과 등장 연대   39
    2. 점토대토기 서북한 경유 전파설 비판   55
    3. 한반도 중서부 점토대토기문화의 전개   58
    4. 한반도와 일본 규슈 지역으로의 확산   86
    5. 소결   97

제IV장 한韓의 성립成立; 전국식戰國式 철기의 등장과 삼각형점토대토기의 발생   99
    1. 서남한 전국식 철기의 등장과 주변 지역   99
    2. 남한 삼각형점토대토기의 발생   106
    3. 남한 삼각형점토대토기의 확산 과정   125
    4. 전국식 철기와 삼각형점토대토기의 연대   136
    5. 진·변한 점토대토기의 소멸   143
    6. 소결   146

제V장 삼한三韓의 분립分立; 진·변한 군집 목관묘와 와질토기瓦質土器의 전개   149
    1. 와질토기의 정의와 발생설 검토   150
    2. 와질토기 출현 이전 금호강 일대의 토기   158
    3. 진·변한 지역의 와질토기 등장 과정   169
    4. 군집 목관묘와 전기와질토기의 변한 확산 과정   191
    5. 군집 목관묘와 전기와질토기의 진한 확산 과정   201
    6. 소결   207

제Ⅵ장 삼한三韓의 분묘墳墓　　　　　　　　　　　　　211

　1. 한·마한 부장 토기의 형식과 분기　　　　212
　2. 청동기시대 후기~마한 분묘의 검토　　　238
　3. 진·변한 등장기의 분묘　　　　　　　　　264
　4. 경주 일대의 진한 분묘　　　　　　　　　284
　5. 소결　　　　　　　　　　　　　　　　　292

제Ⅶ장 맺음말　　　　　　　　　　　　　　　295

표목차

표 2-1	초기철기시대와 원삼국시대를 둘러싼 분절점	28
표 2-2	청동기시대 후기~원삼국시대의 시대 구분(안)	36
표 3-1	중서부지역 Ⅰ~Ⅳ단계의 AMS연대	70
표 3-2	영남 출토 주요 야요이(계)토기	89
표 3-3	일본 규슈(九州) 출토 주요 점토대토기	91
표 3-4	청동기시대 후기~원삼국시대 한일 연대 비교안	97
표 4-1	늑도 IC지구 옹관 일람	119
표 4-2	방지리 유적의 편년	129
표 5-1	무문토기와 와질토기의 구분	155
표 5-2	주머니호의 속성 변화	171
표 5-3	팔달동 유적 주머니호의 형식	171
표 5-4	(점토대)옹의 속성 변화	172
표 5-5	팔달동 유적 (점토대)옹의 형식	172
표 5-6	조합우각형파수부호의 속성 변화	173
표 5-7	팔달동 유적 조합우각형파수부호의 형식	173
표 5-8	봉상파수부호의 속성 변화	174
표 5-9	팔달동 유적 봉상파수부호의 형식	174
표 5-10	단경호의 속성 변화	175
표 5-11	팔달동 유적 단경호의 형식	175
표 5-12	팔달동 유적 시기별 토기 공반 관계	176
표 5-13	장동파수부호의 속성 변화	182
표 5-14	저부와 구경·동최대경의 상관관계	182
표 5-15	표 5-14와 타날, 횡침선의 상관관계	182
표 5-16	(파수부)발의 속성 변화	183
표 5-17	다호리 유적 시기별 토기 공반 관계	184
표 5-18	팔달동과 다호리의 병행관계와 연대	188
표 5-19	팔달동 유적 기종별 와질토기 등장 시기	189
표 5-20	다호리 유적 기종별 와질토기 등장 시기	190
표 5-21	밀양 지역 목관묘 시기별 토기 공반 관계	194
표 5-22	김해 지역 목관묘 시기별 토기 공반 관계	198

표 6-1	충청남도의 주요 분묘와 부장품	214
표 6-2	경기도와 충청북도의 주요 분묘와 부장품	217
표 6-3	전라북도의 주요 분묘와 부장품	220
표 6-4	서남한 청동기시대 후기~마한 분묘 부장 토기의 분기별 공반 상황	233
표 6-5	1기 주요 무덤	233
표 6-6	한반도 점토대토기단계와 서남한 분묘 편년의 대비	235
표 6-7	중국 동북지역 주요 적석묘의 구조	246
표 6-8	1기 주요 분묘의 구조	256
표 6-9	한과 삼한의 토기 조합의 변천, 병행 관계와 연대	281
표 6-10	한과 삼한 목관묘의 단계별 속성	281
표 6-11	경주 지역 목관묘 속성	291
표 6-12	대구와 경주의 진한 분묘 속성	292

그림목차

그림 2-1	완주 갈동 3호묘 부장품	36
그림 3-1	오한기 수천 고분군과 주요 부장품	43
그림 3-2	오한기 수천 고분군 편년표	44
그림 3-3	능원 삼관전자 출토품	44
그림 3-4	연 동과의 편년표	46
그림 3-5	'언후재'명 청동기	46
그림 3-6	심양 공주둔 후산 주거지와 유물	47
그림 3-7	심양 정가와자 6512호묘와 부장품	48
그림 3-8	심양 정가와자 2호묘와 부장품	48
그림 3-9	중국 동북지역의 점토대토기1	50
그림 3-10	중국 동북지역의 점토대토기2	51
그림 3-11	요북지역의 양천 유형	52
그림 3-12	오강원의 한국식동검 등장 과정	54
그림 3-13	평양 남경 3호 주거지와 출토유물	56
그림 3-14	중서부지역 Ⅰ단계	61
그림 3-15	중서부지역 Ⅱ단계	62

그림 3-16	중서부지역 Ⅲ단계	65
그림 3-17	중서부지역 Ⅳ단계	67
그림 3-18	중서부지역 Ⅴ단계(파주 독서리)	68
그림 3-19	측정연대와 보정연대	71
그림 3-20	죠몽(繩文)시대 만기~야요이(彌生)시대 중기 AMS측정치	73
그림 3-21	김미경의 요령지역 미송리형토기 편년안	76
그림 3-22	'연왕직'명 동과	78
그림 3-23	이양수의 동과 편년표	82
그림 3-24	武末純一의 편년안	84
그림 3-25	고성 송현리 B지구 출토품	87
그림 3-26	고성 송현리 C, D지구 출토품	87
그림 3-27	영남 출토 야요이(계)토기	90
그림 3-28	片岡宏二의 편년표	92
그림 3-29	안재호·홍보식의 편년표	93
그림 3-30	규슈(九州) 출토 원형점토대토기	95
그림 4-1	하북·요령·서북한·남한 출토 도자	104
그림 4-2	하북·요령·서북한·남한 출토 철부	104
그림 4-3	하북·요령·서북한·남한 출토 철착	105
그림 4-4	하북·요령·서북한·남한 출토 철겸	105
그림 4-5	완주 갈동 4호묘 부장품	109
그림 4-6	신천 명사리 유적 출토 토기	110
그림 4-7	윤가촌 아래층 2기 출토 유물	113
그림 4-8	윤가촌식 토기의 성립과 변천	116
그림 4-9	낙랑 토성 출토 유물	116
그림 4-10	늑도 ⅠC지구 출토 옹관1	119
그림 4-11	늑도 ⅠC지구 출토 옹관2	120
그림 4-12	늑도 ⅠA지구 주거지 출토 유물	121
그림 4-13	중서부지역 등장기의 횡치합구식 옹관	122
그림 4-14	호남 지역의 명사리식 옹관	123
그림 4-15	등장기의 횡치합구식 옹관	124
그림 4-16	완주 갈동 3, 4호묘 부장품	127
그림 4-17	대구 월성동 Ⅰ-6, 7호묘와 부장품	128

그림 4-18	사천 방지리 1기	131
그림 4-19	사천 방지리 2기	132
그림 4-20	사천 방지리 3기	133
그림 4-21	(마)한과 진·변한 부장 토기 비교	135
그림 4-22	대구 팔달동 30호묘 부장 토기	144
그림 4-23	사천 봉계리 101호 주거지 출토 토기	145
그림 5-1	성주 예산리 3호묘 부장 토기	159
그림 5-2	달성 평촌리 4호 주거지 출토 토기	164
그림 5-3	달성 평촌리 5호 주거지 출토 토기	165
그림 5-4	달성 평촌리 16호 수혈 출토 토기	166
그림 5-5	달성 평촌리 6호 주거지 출토 토기	166
그림 5-6	대구 월성동 목관묘 부장 토기의 분기	168
그림 5-7	팔달동 유적 주머니호	172
그림 5-8	팔달동 유적 (점토대)옹	172
그림 5-9	팔달동 유적 조합우각형파수부호	173
그림 5-10	팔달동 유적 봉상파수부호	174
그림 5-11	팔달동 유적 단경호	175
그림 5-12	대구 팔달동 목관묘 부장 토기 편년안	177
그림 5-13	다호리 유적 주머니호	178
그림 5-14	다호리 유적 조합우각형파수부호	180
그림 5-15	다호리 유적 (점토대)옹	180
그림 5-16	다호리 유적 봉상파수부호	181
그림 5-17	다호리 유적 단경호	181
그림 5-18	다호리 유적 장동파수부호	183
그림 5-19	다호리 유적 파수부발	183
그림 5-20	창원 다호리 목관묘 부장 토기 편년안	185
그림 5-21	밀양 지역 목관묘 부장 토기 편년표	194
그림 5-22	김해 지역 목관묘 부장 토기 편년표	198
그림 5-23	선형 확산 모델 개념도	201
그림 5-24	경주 하구리 7호묘 부장 토기	202
그림 5-25	경산 임당동 F1-15호, F2-34호 부장품	203
그림 5-26	경산 임당동 A-1-36, A-1-84호묘 부장 토기	204

그림 5-27	경산 신대리 26, 32호묘 부장 토기	204
그림 5-28	신서혁신지구 B3-남-1, 3호묘 부장품	205
그림 5-29	신서혁신지구 B1-1-북-6호, B2-5호묘 부장 토기	205
그림 5-30	거점형 확산 모델 개념도	206
그림 6-1	점토대토기의 형식	227
그림 6-2	장경호의 형식	229
그림 6-3	단경소호의 형식	230
그림 6-4	단경호의 형식	231
그림 6-5	조합우각형파수부호의 형식	232
그림 6-6	서남한 분묘 부장 토기 편년안	237
그림 6-7	건창 동대장자 출토 유물	243
그림 6-8	건창 동대장자 5호 목관묘와 11호 목곽묘	244
그림 6-9	여순 윤가촌 12호묘의 구조	246
그림 6-10	아산 남성리 분묘와 부장품	248
그림 6-11	아산 남성리 분묘 부장품	249
그림 6-12	전주 여의동 1호묘와 부장품	250
그림 6-13	아산 매곡리 다2-1호묘와 부장품	251
그림 6-14	대전 괴정동 분묘와 부장품	253
그림 6-15	익산 오룡리 5지점 1호묘·2호묘와 부장품	255
그림 6-16	안성 반제리 2호묘와 부장품	256
그림 6-17	논산 산노리 가1호묘와 부장품	257
그림 6-18	청원 마산리 1호묘와 부장품	257
그림 6-19	금산 수당리 M1과 부장품	258
그림 6-20	청주 가경동 KM002와 부장품	262
그림 6-21	공주 수촌리 적석목관묘와 부장품	268
그림 6-22	세종 장재리 2호묘와 부장품	269
그림 6-23	세종 장재리 1호묘와 부장품	270
그림 6-24	대구 월성동 I-6호묘와 부장품	272
그림 6-25	대구 팔달동 100호묘와 부장품	273
그림 6-26	대구 팔달동 90호묘와 부장품	274
그림 6-27	대구 팔달동 57호묘와 부장품	275
그림 6-28	창원 다호리 104호묘 상부 출토품	276

그림 6-29	창원 다호리 104호묘와 부장품	277
그림 6-30	창원 다호리 1호묘와 칠초동검	278
그림 6-31	창원 다호리 132호묘 부장품	279
그림 6-32	경주 하구리 5호 목관묘	285
그림 6-33	경주 조양동 5호 목관묘	287
그림 6-34	경주 조양동 5호 목관묘 주요 부장품	288
그림 6-35	경주 조양동 38호 목관묘 주요 부장품	289
그림 6-36	경주 북토리 13호 목관묘와 부장품	290

사진목차

사진 2-1	아산 매곡리 다2-1호묘 부장품	28
사진 2-2	대전 괴정동 분묘 부장품	29
사진 2-3	완주 갈동 목관묘 부장 청동기와 철기	30
사진 2-4	대구 월성동 목관묘 부장 무문토기와 철기	30
사진 2-5	경산 양지리 1호 목관묘 부장품	31
사진 3-1	전 논산 출토 동령	83
사진 4-1	완주 갈동 2·3호묘 부장 주조철겸	136
사진 5-1	성주 예산리 3호묘 부장 타날문 단경호	160
사진 5-2	대구 팔달동 유적 항공사진	170
사진 5-3	창원 다호리 유적 항공사진	179
사진 5-4	창원 다호리 1호묘 통나무관	192

제I장 머리말

목표

이 책은 고고학적 방법으로 삼한三韓의 시간과 공간을 정의하고 살피는 것이다. 한반도에 원형점토대토기가 등장한 때부터 진·변한 군집 목곽묘에 후기 와질토기를 부장하기 직전까지, 곧 서기전 5세기부터 서기 2세기까지의 한강 남쪽 물질문화에 대한 해석이다. 널리 알려져 있듯이 삼한은 서기 전후 몇 백 년 간 한반도 남부에 있었던 정치체로 마한馬韓, 진한辰韓, 변한弁韓으로 이루어졌다. 이전에 존재하던 한韓이 나뉜 것인데, 한은 한반도 남부에 있었던 최초의 정치체政治體이자 종족種族의 이름이다. 마한, 진한, 변한은 각각 백제百濟, 신라新羅, 가야加耶로 발전한다.

삼한에 대한 역사 기록은 중국 사서인 『삼국지三國志』 「위서魏書」 권30 '오환선비동이열전烏丸鮮卑東夷列傳(이하 동이전東夷傳)'에 처음 등장한다. 처음에는 단지 '한'으로 기록하였다. 물론 『삼국지』는 서기 3세기대의 것으로 400년 이상 경과한 시점에 한을 기록한 것이어서 사실 관계를 완전히 신뢰할 수 없을 뿐더러 찬자撰者의 견해가 개입되었을 여지도 있다. 하지만 고대사적 관점에서도 서기전 3~2세기 무렵에 한의 소국이 있었다고 보는 연구가 있으며[1] 고고학적 관점

---

[1] 고대사학계에서는 한 소국의 형성 시점을 준왕의 남주(南走) 시기(이병도 1935), 위만조선의 멸망시기(천관우 1976)로 보기도 하지만 특정 역사 사건과 결부하지 않고 서기전 3~2세기로 설정하기도 한다(김원용 1967; 이종욱 1979; 이현혜 1993).

에서도 서기전 200년을 전후한 무렵에 새롭게 등장하는 물질문화가 있다. 이와 같은 정황에서 필자는 늦어도 서기전 2세기 초에 '한'이라는 정치체가 존재하고 있었다는 전제를 두고 논지를 전개한다. 지리적, 물질적 정황으로 보아 이때의 '한'은 한강의 이남 서해안에 연접한 어느 지역에 있었을 것이다. 준왕은 서기전 2세기 초에 한에 도착하므로 그때 한지韓地의 물질문화는 개념적으로 삼한으로 나뉘기 전의 한 문화이다. 따라서 서기전 2세기 초 한 물질문화를 규명한 후 그 시작을 찾아 정의하면 고고학적으로 한의 등장 시기를 파악할 수 있을 것이다. 물론 고고학적 관점에서 이때의 한은 마한으로 보아도 좋을 만큼 서기전의 한과 마한의 물질문화를 구분하는 것은 쉽지 않다.

하나의 세력이었던 한은 어느 시점에 삼한三韓으로 나뉘었다. 즉 마한은 진역秦役을 피해온 사람들에게 동쪽을 떼어주게 되는데, 이것이 곧 진한이라고 『삼국지』에서 기록한 것이다.[2] 또 물질문화로는 진한과 거의 분별할 수 없는 변한도 등장하는데, 진한과 동시에 성립한 것인지 아니면 진한에서 다시 나뉜 것인지는 연구가 부족하다. 삼한은 한에서 비롯하였기 때문에 공통된 물질문화가 존재하였고, 이것을 고고학적으로 규정할 수 있는 것은 당연하다. 예컨대, 한국식동검을 중심으로 한 청동기와 주조철기·단조철기, 원형점토대토기·삼각형점토대토기와 와질토기, 분묘의 특징 등 대부분의 구성 요소에서 한과 삼한 물질문화의 계승 관계를 찾을 수 있다.

이런 삼한을 고고학적으로 살피려면 가장 먼저 한의 물질문화를 한 이전의 물질문화와 구분해 내어야 한다. 이것이 삼한 고고학 연구의 첫 걸음이다. 그렇다면 어떤 유물·유구 복합체가 한의 등장을 증명하는가? 이후 삼한 물질문화의 공통점과 차이점은 무엇인가? 이 글 전체를 아우르는 근원적 질문이다.

---

2 "辰韓在馬韓之東. 其耆老傳世自言, '古之亡人, 避秦役, 來適韓國, 馬韓轄其東界地, 與之.'"(『三國志』「魏書」권30 '烏丸鮮卑東夷列傳' 韓條)

시대명과 연대관

삼한 고고학 연구에서 연구자마다 다른 시대명과 연대관은 연구를 진전시키는 데 큰 장벽이 되어 왔으며 이 문제는 지금도 여전하다. 단적으로 '초기철기시대'라는 한국고고학 특유의 시대명은 삼한을 이해하기 어렵게 만드는 가장 심각한 첫 번째 요인이다. 현재의 인식으로 '초기철기시대'는 철기가 아직 보이지 않는 한국식동검단계(괴정동 유형)부터 진·변한에서 와질토기가 등장하기 전까지의 기간이다. '한'이라는 이름은 이 기간 중에 등장하게 되는 것인데, 미약하나마 역사기록이 있던 시기를 '초기철기시대'라고 하는 선사시대식 명칭으로 일러야 하는지 고민스럽다. 한편 최근 대부분의 청동기시대 연구자들은 전국식 철기가 등장하기 전의 한국식동검단계를 청동기시대 후기로 설정한다. 기존의 연구에서 원삼국시대가 군집 목관묘와 와질토기의 공반으로 정의되었으므로 청동기시대 후기와 원삼국시대의 사이, 와질토기 없는 군집 목관묘 단계만을 '초기철기시대'라고 할 것인가에 대한 고민에 빠지게 된다.

비단 '초기철기시대'라는 시대명의 적정성 여부에 더하여 고고학 연구자들은 (삼)한이 속한 시대를 '삼한시대', '철기시대', '고조선시대', '원삼국시대' 등 여러 이름으로 부르고 있어 혼란스럽다. 아직 통일안은 없다. 그 중에서는 『한국고고학개설韓國考古學槪說 제3판』(김원용 1986)의 구분인 '초기철기시대'와 '원삼국시대'를 사용하는 연구자가 가장 많다. 이 시기를 일컫는 시대명에 대한 연구자들의 견해는 다양하며 현 시점에서 이에 대한 합의를 도출하기는 쉽지 않다. 그럼에도 본문에서 이에 대한 의견을 개진하는 이유는 여러 발굴 성과를 바탕으로 (삼)한의 고고학적 정체성을 설정하고, 이를 기준으로 시대명을 다시 논의할 필요가 있다고 생각하기 때문이다. 이를 바탕으로 (삼)한 형성과정에 대한 본격적인 고찰도 가능하리라 생각한다. 논의가 활발해지면 삼한 물질문화에 대한 다양한 견해가 제시될 것이다. 이런 관점에서 고고학적으로 삼한의 등장 과정을 논증하려면 시대명 인식과 연대, 분기에 대한 견해는 필수다. 따라서 시대명 논쟁과 함께 원형점토대토기~전기와질토기에 이르는 물질문화의 연대와 분기를 검토해야 한다. 더불어 한에서 마한, 한에서 진·변한에 이르는 물질문화의 연속성과 진한과 변한의 구분 및 분기 역시 이 글의 주요한 과제이다.

등장기의 한문화

마한 성립 이전 서기전 3세기 후반 한 문화의 성격은 연구자에 따라 대전 괴정동으로 대표되는 단독 (적석)목관묘+한국식동검·원형점토대토기문화나, 완주 갈동 유적처럼 군집 목관묘+초기철기·삼각형점토대토기문화로 보기도 한다. 이 차이는 서남한의 초기철기 등장 시점을 어떻게 볼 것인가의 문제에서 비롯한다. 이 지점이 한의 성립과정을 이해하는 데에 가장 중요한 논점이 된다. 3세기 후반 한문화를 한국식동검문화로 보는 입장에서는 서남한 지역의 초기철기문화를 준왕準王의 망명 기사와 관련시켜 초기철기가 고조선 유민의 영향을 받아 서기전 2세기 초에 등장한 것으로 이해한다. 그러나 본문에서 자세히 살피겠지만 서남한의 초기철기는 영변寧邊 세죽리細竹里나 위원渭原 용연동龍淵洞을 중심으로 한 서북한의 초기철기와 다르다. 서북한의 초기철기 역시 서남한과 마찬가지로 전국시대 연燕에서 유래한 전국식 철기임은 분명하지만, 철도자·철부·철착과 철겸의 형태에서 서북한과 서남한의 철기는 차이가 있다. 서남한과 비슷한 형태와 조합의 철기는 서북한이 아니라 무순撫順 연화보蓮花保를 중심으로 한 요하遼河 일대에 분포한다. 이 같은 점은 서남한 지역의 초기철기 등장을 굳이 위만衛滿에 의한 고조선의 멸망과 이로 인한 준왕의 망명에 결부시킬 이유가 없음을 드러낸다. 따라서 요하 중류역의 철기문화가 언제, 어떤 과정을 거쳐 서남한에 도달했는지 새롭게 밝힐 필요가 있으며, 이것이 곧 한의 등장을 살필 핵심 논리가 된다.

한편 진한은 『위략魏略』을 인용한 『삼국지』 '동이전' 한조韓條의 염사치廉斯鑡 이야기에 처음 등장한다. 염사치는 진한의 우거수右渠帥로 있다가 낙랑이 살기 좋다는 소문을 듣고 귀화한 것으로 나오는데, 이때가 서기 20~23년 사이다. 따라서 1세기 전엽에 진한이 존재하고 있었던 것은 확실하여, 그 이전인 서기전 1세기나 2세기의 어느 시점에 마한과 구별되는 진한이 성립한 것을 알 수 있다. 그렇지만 구체적인 유물복합체는 무엇이고, 시점은 언제로 잡을지는 다시 살펴야 한다. 변한은 '동이전'에서 진한과 구별하기 힘들다고 하였는데, 물질문화 상으로도 마찬가지다. 한에서 유래한 영남의 군집 목관묘에서 진한과 변한을 구분해 내기는 힘들다. 무덤의 축조 방식이나 일부 부장품에서 약간의 차이가 보이기는 해도 군집 목관묘에 보이는 전체적인 양상은 진한과 변한은 비슷하다. 차별성보다 동질성이 훨씬 강하다.

삼한 물질문화의 공통점과 차이점

그렇다면 한에서 유래한 마한과 진한, 변한 물질문화의 공통점과 차이점은 무엇인가? 많은 연구자가 동의하듯이 공통점은 명확하다. 즉 군집하는 목관묘에 다수의 철기를 부장한 것이다. 삼한의 공통점은 백제, 신라, 가야까지 이어지므로 한반도 남부지역 고대 정치체의 공통 요소로 보아도 무방할 것이다. 더불어 차이점도 있다. 서기전 마한의 군집 목관묘에서는 몇몇 사례를 제외하면 대부분 주조철기가 출토되지만, 진·변한의 군집 목관묘에서는 서기전 2세기부터 단조철기가 중심이다. 더불어 완주 갈동 4호 목관묘 단계에 등장한 삼각형점토대토기 단계의 여러 토기가 마한에서는 큰 변화 없이 지속되지만, 진·변한으로 확산된 이후 전국계戰國系 토기(즉 회도灰陶)의 제작 기술을 받아들여 특유의 환원염 소성 토기인 와질토기로 변하는 점은 극명한 차이다. 와질토기의 등장에 대해 외래 공인工人의 이주에 방점을 두는 연구도 있지만, 기종과 기술의 순차적 적용 등 여러 관점에서 삼각형점토대토기문화기의 여러 기종이 와질토기로 변모한다는 점은 명확하다. 진·변한의 공인들의 기술 혁신 결과로 이해할 수 있는 대목이다.

이렇듯 여러 정황에서 진·변한의 물질문화는 (마)한의 물질문화에서 아주 강한 영향을 받아 성립했음이 확실하지만 구체적 논증은 부족하였다. 이런 와중에 근래 완주 갈동, 완주 신풍과 대구 월성동, 경주 하구리 등 여러 군집 목관묘의 발굴과 보고로 그 사이를 메워줄 자료들이 속속 쌓이고 있다. 이제는 이 자료들을 엮어 마한에서 진·변한으로 이어지는 물질문화의 연속성과 개성을 이야기해야 할 때가 된 것이다.

연구 대상 지역과 시기

이 책의 연구 대상 지역은 한과 마한의 고지故地인 경기도, 충청북도, 충청남도와 전라북도 그리고 진한과 변한의 고지인 경상북도와 경상남도다. 등장기의 한이나 마한과의 관련성이 확실하게 규명되지 않은 전라남도는 대상으로 삼지 않는다. 다만 삼한 교역 루트의 일부로서 서해안과 남해안에 위치한 광주 신창동, 나주 구기촌 유적 등은 필요할 경우에 한해서 언급하겠다. 마한의 하나인 백제국伯濟國을 고려한다면 중도식中島式 토기문화 역시 살펴야 하지만 군집 목관묘와 부장 철기라는 공통 요소에서 진한, 변한과 차이가 커 중도식 토기문화는 연구 대상으로 삼지 않겠다. 또 논지의 순조로운 전개를 위해 중국 요동 일대와 서북한, 일본 규슈지역의 양상 중, 삼한과 관련한 부분은 일부 살피겠다.

연구 대상 시기는 한의 등장 이전 한반도에 점토대토기가 처음 등장한 서기 전 5세기 중엽부터 전기와질토기의 공반이 끝나는 2세기 중엽까지 약 600년간으로 필자의 시대 구분으로는 청동기시대 후기부터 원삼국시대 전기까지다.

구성

앞서 살핀 여러 논점을 고고학적으로 살피기 위해 아래와 같이 이 글을 구성하였다. 궁극적으로는 한과 삼한을 이해하는 고고학 인식의 틀을 단절적이고 분절적인 것에서 연속적이고 계통적인 것으로 구체화하는 것이 목표이다.

먼저 Ⅱ장에서는 삼한을 둘러싼 시대명 논쟁을 살피겠다. 특히 최근 많은 논자들이 문제 제기하고 있는 이른바 '초기철기시대'라는 시대명의 폐기를 제안하고자 한다. 이 주제를 첫 장으로 둔 이유는 고고학 연구 시대명을 정의하고 편년을 제시한 후 논지를 전개해야 독자가 이해하기 쉽기 때문이다. 이후 Ⅲ장에서 삼한 이해의 기초 자료인 한반도 점토대토기문화를 살필 것이다. 익히 알려져 있다시피 점토대토기문화는 '청동기시대 후기 – 한 – 삼한' 전체를 아우르는 토기문화인데, 이에 대한 이해는 한의 등장과 삼한으로의 발전을 살피는 데 필수불가결하다. Ⅳ장에서 한의 성립에 대해 살필 것이다. 이를 위해서 어떤 물질문화가 보일 때 고고학적 한의 지표인가를 규정한다. 당대를 이해하는 물질문화로는 분묘, 주거지, 생산유적 등 유구와 여기에서 출토된 유물이 있지만, 대부분의 고고학 연구자가 인식하듯이 고고학적으로 유형화類型化할 수 있는 최상의 조합은 단연코 분묘 출토품이다. 아직 고고학적으로 한과 삼한이 완벽하게 정의되지 않은 상태이기 때문에 출토품의 맥락이 분명한 분묘를 대상으로 등장기 한 물질문화의 전형을 설정하여야 한다. 본문에서 자세히 살피겠지만 필자는 '군집 목관묘와 일군의 주조철기'를 등장기 한 물질문화의 전형으로 본다. 이후 Ⅴ장은 진한과 변한의 군집 목관묘와 와질토기에 대한 필자의 생각이다. 정의, 발생, 확산 과정 등 와질토기를 둘러싼 견해를 피력한다. 이를 근거로 진한과 변한 군집 목관묘의 발생과 확산 과정을 살핀다. Ⅵ장에서는 삼한의 분묘에 대해 살피겠다. 청동기시대 후기 단독 입지 (적석)목관묘에서 시작한 분묘가 한과 삼한을 거치면서 어떤 변화를 보이는지 검토하여 한과 삼한 분묘의 계승성과 독자성을 살피겠다.

    한국 고고학의 연구에서 한과 삼한의 시공간을 구체적으로 언급한 사례는 많지 않았다. 아무쪼록 이 책이 향후 관련 연구를 활성화하는데 조금이나마 기여하기를 바란다.

제Ⅱ장   삼한三韓을 둘러싼 시대명時代名 논쟁論爭; '초기철기시대初期鐵器時代' 폐기 제안

고고학적 관점에서 삼한을 이해하기 위해서 가장 먼저 살펴야 할 것은 삼한이 한국고고학의 시대구분에서 어느 시대에 속하느냐는 것이다. 삼한을 포함하거나 관련하여 한국고고학에서 거론되고 있는 시대명은 '청동기시대靑銅器時代', '고조선시대古朝鮮時代', '초기철기시대初期鐵器時代', '철기시대鐵器時代', '삼한시대三韓時代', '원삼국시대原三國時代' 등 실로 다양하다. 그 중 제창 이후 아직까지도 가장 널리 사용하고 있는 시대명은 '초기철기시대'와 '원삼국시대'이다. 시대명과 삼한의 관련성을 살피는 것은 본격적인 논지 전개에 앞서 반드시 필요한 일이다.

한국고고학에서 '초기철기시대'라는 명칭은 선사에서 역사로의 전환지점에 서 있다. 익히 알려져 있다시피『한국고고학개설韓國考古學槪說 제1판』(김원용 1973)에서 처음 사용한 '초기철기시대'는 '구석기 – 신석기 – 청동기'로 이루어진 선사시대先史時代와 원사原史・역사시대歷史時代인 '원삼국 – 삼국 – 남북국(통일신라) – 고려 – 조선시대'를 이어주는 선사시대식 명칭이다. 제창 이후 '초기철기시대'와 '원삼국시대'에 대한 비판적인 견지에서 '삼한시대'나 '철기시대'가 주창되기도 했다. 그래도 '초기철기시대'와 '원삼국시대'는 한국고고학에서 여전히 우월적인 시대명이다.『한국고고학개설 제3판』(김원용 1986)뿐만 아니라『한국 고고학 강의』(한국고고학회 2015)와『영남의 고고학』(영남고고학회 2015)등 한국고고학의 개설을 다룬 책에서는 대차 없이 '초기철기시대'와 '원삼국시대'라는 시대명을 사용한다. 국립박물관에서 제작하고 보급한 '문화유산표준관리시스템'에서도 이 구분을 사용한다. 한국고고학 일선에 있는 연구자의 현재적 인식을 반영하는 것이다. 하지만 '초기철기시대'는 '원삼국시대'와 함께 시대명의 적절성에 대한 비판적 논의가 계속되고 있다. 필자 역시 '초기철기시대'라는 시대명의 향후 사용을 비판적으로 보는 입장이다. 이하에서는 '초기철기시대'를 포함한 여러 시대명들의 적절성 여부를 살핀 후 대안을 제시하겠다.

1. '초기철기시대'와 '원삼국시대'의 제창과 주요 대안 검토

1) 제창

김원용이 『한국고고학개설 제3판』에서 마지막으로 '초기철기시대'와 '원삼국시대'를 서술한 이후 30년 넘는 시간이 흘렀다. 잘 알려져 있다시피 초판(제1판)에서는 서기전 3세기~서기 전후를 '초기철기시대'라고 하였다가, 제2판(김원용 1977)에서는 초기철기문화를 청동기시대의 일부로 두었다. 이후 제3판에서는 다시 '초기철기시대'를 독립시켰다. 그렇지만 서기 전후~서기 3세기까지는 변함없이 '원삼국시대'라고 이르고 있어 '초기철기시대'의 설정 여부와 상관없이 서기 전후~서기 3세기까지를 독립적인 시대로 인식하고 있었음을 어렵지 않게 알 수 있다. '초기철기시대'와 '원삼국시대'는 이후 많은 연구자들이 비판하기도, 지지하기도 하면서 지금에 이르고 있다. 그렇다면 김원용이 제안한 '초기철기시대'와 '원삼국시대'란 무엇인가?

먼저 『한국고고학개설 제3판』의 '초기철기시대'의 서술을 살펴보자.

서기전 3세기가 되면 철기의 현지 생산, 청동 이기利器의 실용성實用性 상실이라는 점에서 청동 제품이 급증하고 청동 기술이 크게 발전하지만, 실질적인 문화 단계는 철기 사용 단계이며 초기철기시대라고 규정짓지 않을 수가 없다. 그래서, 종래 청동기 Ⅱ기라고 불러오던 이 서기전 300년간(B.C.300~0)을 초기철기시대로 부르기로 하는 것이다.

이 초기철기시대에는 먼저 대동강大同江 유역에 요령 지방 양식과 판이한 한국적 세형동검細形銅劍·정문식세문경精文式細文鏡, 그리고 철제 무기, 농구, 공구 등이 출현함으로써 막이 열린다. (중략) 초기철기시대는 I식 세형 동검, 정문식 세문경으로 대표되는 I기(B.C.300~100)와 II식 동검의 출현, 차마구車馬具의 부장, 세문경의 소멸, 철기 생산의 본격화 시기인 II기(B.C.100~0)로 다시 갈라진다.[3]

위에서 서술한 바처럼 남한 '초기철기시대'의 특징은 한국식 청동기(한국식 동검韓國式銅劍, 한국식동과韓國式銅戈, 동령銅鈴, 정문경精文鏡 등)의 등장·확산과 함께 중국 연燕나라에 기원을 두고 있는 전국식 철기(이른바 초기철기)의 등장을 들 수 있다. 『한국고고학개설 제3판』은 현재의 고고학적 인식과 일치한다. 토기로는 구연단에 점토대를 두른 점토대토기와 흑색마연 평저장경호, 파수부호가 대표적이다. 석기로는 평면 삼각형 석촉과 유구석부가 있다. 분묘는 매장주체부 상부에 적석을 한 적석목관묘積石木棺墓나 적석석관묘積石石棺墓와 함께 매장주체부 주위를 돌로 충전한 목관묘도 등장한다. 주거지는 평면 원형 위주이던 청동기시대 송국리松菊里 단계와 달리 평면 방형에 한쪽 벽에 노지爐址를 설치한 형태가 유행한다.

그런데 위의 서술을 자세히 살피면 '초기철기시대'를 원사가 아닌 선사의 일부로 파악하고 있는 것을 알 수 있다. 원사의 증거로 인용하는 준왕準王의 입해入海 기사記事나 한韓 또는 삼한三韓에 대한 언급이 없기 때문이다.

이어서 『한국고고학개설 제3판』의 '원삼국시대'의 서술도 살펴보자.

원삼국시대라는 것은 서력기원 개시 전후부터 서기 300년경까지의 약 3세기를 말하며, 이 시기는 국사에서는 삼한시대, 부족국가시대, 성읍국가시대 등 여러 가지 이름으로 불려 왔고, 고고학에서는 김해金海시대, 웅천기熊川期, 또는 초기철기시대 등 이름으로 불리는 시기이다.
그러나, 『삼국사기三國史記』에 의하면, 이 시기는 엄연한 삼국시대이며 실지로 삼국시대라면 누구나 삼국사기의 편년編年을 그대로 적용하면서 내용적으로는 위에 든 것 같은 갖가지 이름으로 부르고 있는 것이다. 그러나, 삼국시대라고 해 놓고 다시 그것을 삼국시대에서 제외하는 것은 근본적인 모순이고, 또 북쪽에

---

3 金元龍, 1986, 『韓國考古學槪說 第三版』, 一志社, pp.102~103.

는 엄연히 고구려라는 나라가 있었기 때문에 이 시기를 삼한시대라는 남한 중심 이름으로 부르는 것도 적당치 않다. (중략) 그래서, 필자는 삼국시대의 원초기原初期, 또는 원사原史 단계의 삼국시대라는 뜻으로 원삼국原三國시대(Proto-Three Kingdoms Period)라는 이름으로 부르기를 주장하여 온 것이며, 이것은 문헌사, 고고학에서 모두 함께 쓸 수 있는 합리적 이름이라고 생각하는 것이다.

원삼국시대의 문화적 특색은 청동기의 소멸과 철기의 발달 및 보급, 철제 농구와 우경牛耕에 의한 농경의 발전, 그리고 지금까지의 저화도低火度 민패토기가 아니라 높은 온도의 단단한 회색 김해토기의 생산이라고 할 수 있다.[4]

위의 서술을 살피면 김원용은 '원삼국시대'를 역사의 일부로서 원사 단계로 인식하고 있었음을 알 수 있다. '초기철기시대'와는 달리 현재의 고고학적 인식과 일치하지 않는 부분이 꽤 있음이 주목된다. 즉 원삼국시대에 청동기는 소멸하지 않았으며, 우경이 이루어졌다는 증거도 아직 확인되지 않았다. 무엇보다도 원삼국시대에 생산했다고 서술한 "단단한 회색 김해토기"란 삼국시대의 토기이고, 와질토기가 원삼국시대의 토기임이 이후 연구에서 밝혀졌다. 이런 연구 결과는 '원삼국시대' 설정의 부적절성을 주장하는 대표적인 논지로 사용되어 왔지만, 이희준(2004)도 지적했듯이 "이 시대의 문화 내용을 잘못 파악한 것이지 명칭 문제와는 사실 상관이 없다."라고 인식하는 편이 더 합리적이다.

이상의 서술을 미루어보아 『한국고고학개설 제3판』에서 '초기철기시대'와 '원삼국시대'의 구분은 선사와 원사의 구분으로 해석된다. '초기철기시대'를 선사시대의 일부로 보았기 때문에 제2판에서는 청동기시대에 귀속시키기도 하였던 것이다. 제3판에서는 '초기철기시대'로 회귀하였지만, 여전히 선사시대의 일부로 여기는 것으로 이해할 수 있다. 대전 괴정동 유적으로 대표되는 초기철기 미공반 한국식동검문화를 어떤 연구자는 한 이전의 청동기문화로, 또 어떤 연구자는 한문화韓文化로 설정하는 현재의 상황과 맥락이 닿는다. 그렇지만 원삼국시대는 역사시대의 일부이기 때문에 선사의 개념으로 파악하지 않았다.

---

4   金元龍, 1986, 위의 책, pp.128~129.

김원용의 '초기철기시대'의 설정과 개념의 변천에 대해 살폈는데, 필자가 가지고 있는 '초기철기시대'라는 시대명의 문제는 다음의 두 가지이다.

첫째, 철기 없는 단계(즉 괴정동 유형)를 '초기철기시대'라 이른다는 점이다. 후술하겠지만 필자의 인식으로 서남한 한국식동검문화의 등장 시점은 서기전 400년 무렵이고, 초기철기의 등장은 서기전 250년 무렵이다. 약 150년 동안은 철기가 출토되지 않음에도 '초기철기시대'라고 이르는 것은 형용모순形容矛盾이다. 물론 고조선 영역이나 서북한의 철기의 연대를 서기전 400년 무렵까지 올려볼 수 있다면, 시대명에 '철기'를 포함시키는 것을 전향적으로 검토해볼 여지도 있겠지만 지금까지의 성과로는 불가능하다.

둘째, 한과 연계되어 있어 당연히 역사(원사 포함)이어야 할 시대를 선사시대식 명칭으로 이른다는 점이다. 한에 대한 최초의 기록이 서기전 2세기 초이므로 이를 둘러싼 특정 시공간적 지점에 분명 한이 존재할 것이고 시대명은 한이라는 역사 개념을 포함하여야 할 것이다. 역사 기록이 있는 시대를 완전한 선사시대식 명칭인 '초기철기시대'로 이르는 것은 올바른 조어造語가 아니다.

2) 주요 대안 검토

'초기철기시대' 제창 이후 개념의 문제점에 대한 인식을 바탕으로 이를 대체하기 위한 여러 대안들이 제기되었고, 대표적으로 '삼한시대론'과 '철기시대론'을 들 수 있다. 주요 대안에 대한 비판적 검토는 이미 이희준(2004)에 의해 잘 정리되었으므로 이하에서는 이희준의 재론에 필자의 견해를 덧붙여 '삼한시대론'과 '철기시대론'의 주요 논지와 문제점에 대해 살펴보겠다.

(1) 삼한시대론三韓時代論(신경철 1995)

김원용의 '초기철기시대'와 '원삼국시대'를 모두 '삼한시대'로 설정하는 방안으로 초기철기문화를 원사로 보는 시각이어서 김원용의 인식과는 결이 다르다. 이 입장에 대해서는 아래와 같은 비판적 견해를 상정할 수 있다.

김원용도 이미 지적하였듯이 '삼한시대'라는 명칭은 한반도 남부에 존재했던 정치체인 삼한을 기초로 한 조어이기 때문에 고조선, 고구려, 부여 등 한반도 북부와 요동 일대의 정치체를 포괄하지 못한다. 무엇보다도 점토대토기·한국식동검과 적석목관묘의 등장으로 대표되는 괴정동 유형의 청동기문화를 '삼한시대'로 설정하는 점이 문제가 된다. 전통적인 연대관에서 괴정동 유형의 상한은 서기전 3세기 초이지만 삼한이 등장하는 시점은 문헌에서 한이 처음 확인되는 시점인 서기전 2세기 초보다 늦기 때문에, 삼한이 정립하지 않았던 서기전 3세기 초까지 같은 시대 범주에 넣는 것이 가능한가라는 비판이 있다.

서기전 2세기 초의 준왕 입해 기사에서 준왕은 이미 존재하고 있던 한지韓地에 다다르므로 연대관에 따라서는 한 문화의 개시를 괴정동 유형으로 볼 수도 있다. 그렇다 하더라도 '삼한시대'라는 명칭을 적용하게 되면, 한만 존재하고 삼한이 아직 존재하지 않음에도 '삼한시대'라고 지칭하게 된다. 이렇게 되면 '삼한시대'라는 명칭으로 지칭할 수 있는 시간적 범위의 상한을 한의 등장과 같이 보는 것이 타당한가에 대한 검토가 필요하다. 이것은 서기 전후 무렵에 고구려는 존재하였지만 한반도 남부에는 국가체로 볼 만한 정치체가 없었기 때문에 삼국시대의 시작을 이 무렵으로 상향할 수 없다는 논리와 일맥상통한다. 만약 '삼한시대'라는 명칭을 사용함으로써 한의 등장을 곧 삼한의 시작으로 볼 것이라면 뒤 이은 삼국시대의 시작 역시 고구려의 등장 시점으로 올려 잡아야 할 것이다.

그런데 원형점토대토기의 등장을 서기전 5세기 중엽으로, 한국식동검의 등장(괴정동유형)을 서기전 4세기 전엽으로, 전국식 철기의 등장(갈동 유형)을 서기전 3세기 중엽으로 보는 필자의 연대관에서 이 문제를 바라보면 더욱 복잡해진다. 이에 따르면 서기전 2세기 초 준왕이 한지에 다다랐을 때의 한문화韓文化는 곧 초기철기문화가 되는 것이며, 철기 미공반 한국식동검문화는 한문화가 아닌 그보다 이전의 청동기문화로 볼 수 있다. 즉 '초기철기시대'의 두 축인 한국식동검문화와 초기철기문화를 선사와 원사로 나누어 이해해야 하는 것이 되어 원사 개념인 삼한시대라는 명칭은 적절하지 않다.

(2) **철기시대론**鐵器時代論(최몽룡 1993, 최성락 1998·2018 등)

이 논의는 '초기철기시대'와 '원삼국시대'를 모두 '철기시대'로 설정하는 방안인데 논자에 따라 세부적인 차이가 있다. 최몽룡은 한국식동검문화를 포함한 '초기철기시대'와 '원삼국시대'를 모두 '철기시대'라고 하였다. 문화상으로만 보자면 삼한시대론의 '삼한시대' 전체를 '철기시대'로 보는 것이다. 이와는 달리 최성락은 '철기시대'의 시작을 실제 문화상, 즉 초기철기 등장을 기준으로 설정[5]하여, 그 상한을 한반도 북부지역은 서기전 4~3세기, 남부지역은 서기전 2~1세기로 보았다. 실제의 문화상을 근거로 시대명을 설정하는 것은 당연한 이치이다. 다만 고려해야 할 것은 일정한 지역의 시대명을 설정할 때 특정 문화상이 처음 등장한 시점을 기준으로 할 것인가, 일반화 시점을 기준으로 삼을 것인가의 문제이다. 후자를 기준으로 '철기시대'를 설정하는 연구자들도 있지만, 이는 '일반화'의 개념 등 또 다른 논쟁을 촉발하기 때문에 신석기시대·청동기시대 같은 선사시대명은 전자를 기준으로 한다. 마찬가지의 관점에서 '철기시대'를 설정한다면 고조선에 철기가 처음으로 등장한 시점을 기준으로 삼아야 할 것이고, 자연스럽게 원형점토대토기와 한국식동검만 출토되는 단계는 청동기시대에 속하게 된다.

이상의 '철기시대' 설정에 대해 다음과 같은 논점을 상정할 수 있겠다. 먼저 최몽룡의 '철기시대' 개념은 대전 괴정동 유적(이은창 1968)을 표지로 하는 청동기문화(한국식동검, 한국식 의기 등), 즉 철기 미공반 한국식동검문화를 포함하기 때문에 이 시기를 '철기 없는 철기시대'라는 모순점이 있다. 다음으로 '철기시대'라는 개념은 소략하기는 해도 준왕의 입해 기사 이후 500년 정도의 역사가 있는 시기를 선사시대명 방식의 조어인 '철기시대'에 귀속시키는 결과는 타당하지 않다. 이것은 '초기철기시대'보다 '원삼국시대'에 더욱 극명하게 드러나는 문제인데, 앞서 인용하였듯이 김원용은 원삼국시대를 "『삼국사기』에 의하면, 이 시기는 엄연한 삼국시대이며 실지로 삼국시대라면 누구나 『삼국사기』의 편년을 그대로 적용하면서 내용적으로는 위에 든 것 같은 갖가지 이름으로 부르고 있는 것이다. 그러나 삼국시대라 해 놓고 다시 그것을 삼국시대에서 제외하는 것은 근본적인 모순이고, 또 북쪽에는 엄연히 고구려라는 나라가 있었기 때문에"[6]라고 하여 이 시기를 역사시대의 일부로 규정하고 있다. 따라서 '철기시

---

[5] 이희준(2004)은 최성락이 설정한 '철기시대'에 대전 괴정동 유적으로 대표되는 초기 철기 미공반 한국식동검단계가 포함되는 것으로 파악하였지만, 최성락의 논지를 오해한 것이다.

[6] 金元龍, 1986, 『韓國考古學槪說 第三版』, 一志社, p.128.

대'라는 명칭을 쓸 경우 고조선이나 고구려·부여라는 확실한 국가체가 존재하고 있어 당연히 역사시대명으로 일러야 할 시기를 선사시대명으로 이르게 되어버린다. 실제의 역사적 사실과 다른 인식이므로 바람직하지 않다.

한편 한반도 북부와 남부의 철기 등장 연대 차이에 대해서는 이희준(2004)의 지적이 있었다. 이희준은 한반도 북부지역의 철기 사용 연대를 서기전 300년 무렵으로 한반도 남부지역은 서기전 200년 무렵으로 설정하였는데, 상한이 다르기 때문에 남한 지역을 서기전 300년부터를 철기시대로 이르는 것은 문제가 된다는 것이다. 여기에서 상론詳論하지는 않겠지만, 필자는 서기전 3세기 중엽 무렵에는 한에 초기철기가 등장했다고 보는 입장으로 서북한과 서남한의 초기철기 등장 연대 차이는 거의 없을 것으로 생각한다(박진일 2015). 한반도 북부와 남부의 등장 맥락은 '연 → 고조선(예맥) → 한반도 북부·남부'이며 등장 연대 역시 비슷한 것으로 이해하고 있기 때문이다.

(3) 고조선시대론古朝鮮時代論(이청규 2007, 정인성 2019 등)

그 외의 대안으로 최초의 정치체政治體이자 족명族名인 '조선朝鮮'을 시대명에 포함시켜야 한다는 주장도 꾸준하다. 즉 고조선시대론이다. 이청규는 선사시대에서 역사시대로 전환하는 원사시대는 원삼국부터가 아니라 고조선부터이므로 삼국시대 앞에 '고조선시대'를 설정할 수 있다고 하였다. 정인성 역시 고조선을 소환하여 한국고고학의 시대명으로 진지하게 고려하여야 한다고 주장한 바 있다. 최병현(2017)도 고조선시대의 설정 필요성에 대해 언급한 바 있다.

삼한보다 등장 시기가 이르면서 당시 한반도와 그 주위에서 가장 먼저 국가를 이룬 나라라는 대표성을 논거로 한 '고조선시대'의 설정은 매력적이다. 하지만 이 역시 한반도 북부와 요동을 중심으로 하는 시대명이어서 한반도 내에 있었던 한과 예를 포함하지 못한다는 한계는 앞에서 살핀 삼한시대론의 논점과 같다. 더불어 '고조선시대'를 채용할 경우 그 상한과 분기를 어떻게 할 것인가에 대해서는 지난至難한 논쟁이 예상된다. 대부분 현재의 남한 지역을 대상으로 하는 한국고고학의 현실에서 고조선으로 설정한 시대 구분의 틀이 얼마나 조사·연구·전시에 적확한 개념으로 쓸 수 있을지도 미지수다. 당연히 혼란이 예상된다. 설사 성공적으로 '고조선시대'를 설정하였다 하더라도 한반도 북부와 요동의 유물 조합을 기초로 시기를 나눈다면 한반도 남부지역의 문화상과 동조화하는 것은 불가능에 가깝다. 시대구분의 최종 목표인 국민들을 설득하는 것도 난망하다.

궁극적인 도달점으로서 '고조선시대'(또는 고조선과 한을 포함한 명칭)는 설득력이 있고 매력적이지만, 이에 관한 여러 주장들은 아직까지 구체적이지 않아서 향후 연구의 지향점을 제시하는 데에 가깝다. 당장 적용할 것이 아니라면, 학계에서 관련 연구를 꾸준히 기획하고 진행하여 공통의 인식 틀을 도출한 이후에 시도해야 할 것이다.

2. 고고학적 분절점分節點의 설정과 검토

'초기철기시대'와 '원삼국시대', '삼한시대', '철기시대', '고조선시대'라는 명칭은 선사시대와 역사시대의 경계에서 좀 더 적절하고 효용적인 시대명을 찾기 위해 고고학계가 꾸준히 고민해 온 결과로서 큰 의의를 지닌다. 그럼에도 불구하고 이 시대명들은 위에서 살핀 바와 같은 한계 내지는 논란점들을 내포하고 있어서 고고학적 문화상과 기록으로 남은 정치체의 역사성을 아우를 수 있는 새로운 대안의 모색이 필요해 보인다.

새로운 대안으로서의 시대명 모색은 정치한 고고학적 문화상 구분을 바탕으로 분기하고 연대를 살피는 것에서부터 시작해야 한다. 이를 위해 먼저 청동기시대 후기부터 삼국시대 직전인 후기와질토기 단계까지의 기간을 대상으로 문화상이 결정적으로 변화하는 분절점들을 짚어보고, 이를 바탕으로 새로운 명칭을 부여해야 하는 시대는 구체적으로 언제부터 언제까지인지 확인해보고자 한다.

1) '초기철기시대'와 '원삼국시대'를 둘러싼 고고학적 분절점

다음의 표는 초기철기시대와 원삼국시대를 둘러싼 문화적 분절점을 필자의 연대관에 따라 구성한 것이다. 구체적인 연대에 대해서는 후술하겠지만, 간단히 정리하면 **표 2-1**과 같다.

분절점①은 한반도에 원형점토대토기가 등장한 시점이다. 중국 동북지역

표 2-1 초기철기시대와 원삼국시대를 둘러싼 분절점

분절점	대표 금속기	대표 토기	대표 분묘 양태	대표 분묘
①前5C中葉	한국식동검 등장 이전	원형점토대토기	비군집 목관묘	안성 반제리
②前4C前葉	한국식동검		비군집 (적석)목관묘	대전 괴정동
③前3C中葉	한국식동검+초기철기		군집 (적석)목관묘	완주 갈동
④前2C前葉	한국식동검+주조·단조철기	삼각형점토대토기		대구 월성동
⑤前1C後半		전기와질토기	군집목관묘中유력개인묘	창원 다호리
⑥後2C中葉	주조·단조철기	후기와질토기	군집목곽묘中유력개인묘	김해 양동리

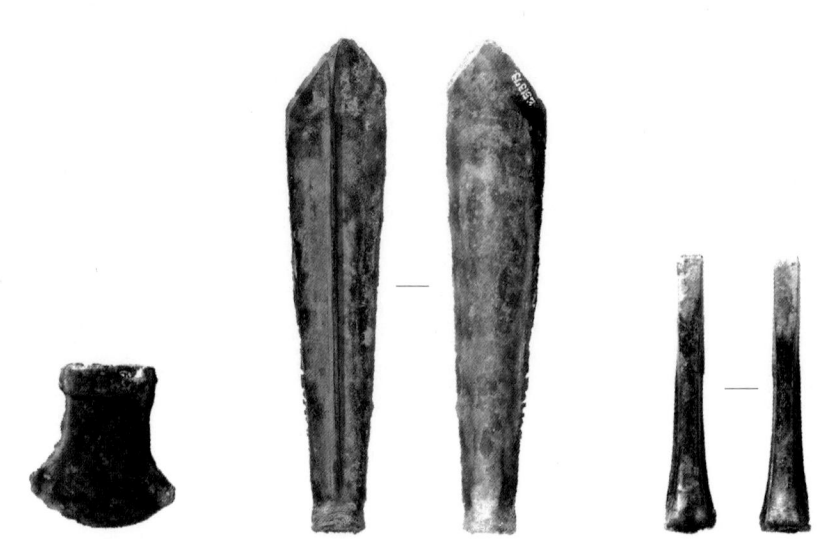

사진 2-1 아산 매곡리 다2-1호묘 부장품
국립청주박물관, 2020, 『한국의 청동기문화 2020』, 사진61-①, 63-①, 66-⑤

출토 원형점토대토기와의 시간적 관계를 고려하여 한반도 원형점토대토기의 등장연대를 서기전 5세기 중엽으로 설정하였다. 원형점토대토기 등의 토기와 더불어 일부 요령식 청동기가 출토되는 시기로서 한국식동검은 아직 나타나지 않는다(사진 2-1).

분절점②는 한국식동검 등 한국식 청동기가 나타난 시점이다. 춘추 말이나 전국 초로 생각하는 심양沈陽 정가와자鄭家窪子 6512호묘와 요령식동검과의 시간적 관계를 고려할 때, 한국식 청동기의 등장은 서기전 4세기 전엽으로 볼 수 있다(사진 2-2).

분절점③은 완주 갈동(호남문화재연구원 2005, 2009a) 3호묘에서 전국계 주조

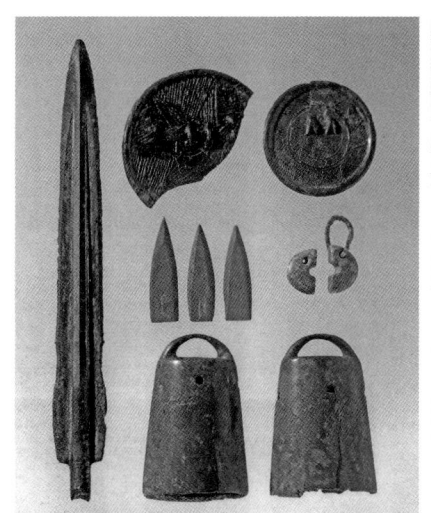

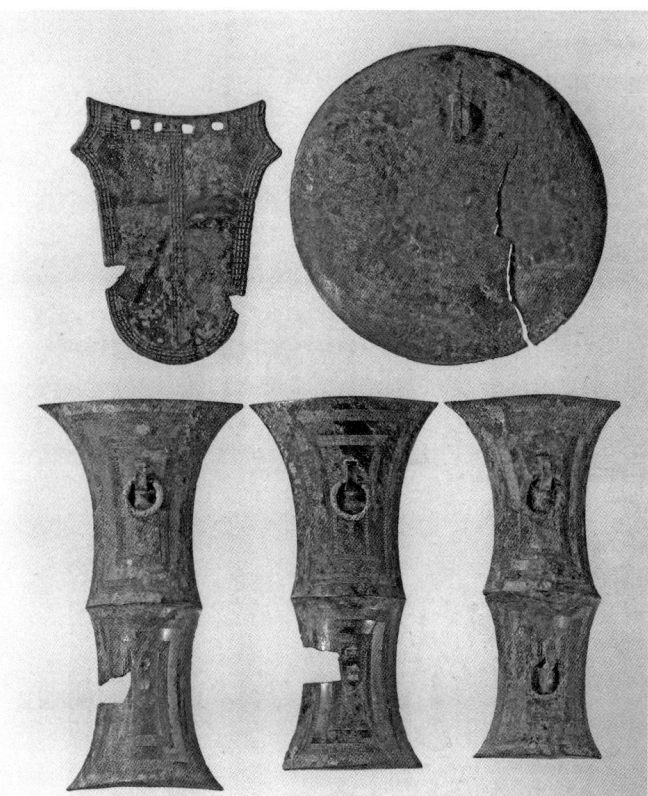

사진 2-2 대전 괴정동 분묘 부장품

국립중앙박물관, 1992, 『한국의 청동기문화』, 도판 48 - 1, 2, 3

철기(즉 초기철기)가 처음 등장한 시점이다. 이때의 철기는 무순撫順 연화보蓮花保 유적을 비롯한 중국 요하 중류역 출토품과 유사성을 근거로 이 지역의 철기문화가 유입된 결과로 이해되는데, 구체적으로는 서기전 280년경에 이루어졌다고 여기는 연燕나라 장수 진개秦開의 고조선 서쪽 변경 침공[7]과 관련된 것으로 설정했다. 따라서 한반도 서남한 지역에 처음으로 초기철기가 등장한 시기는 서기전 3세기 중엽이 된다(**사진 2-3**).

분절점④는 갈동 유적에서 시작된 철기와 삼각형점토대토기가 영남지역에서 시작되는 시기다. 표지가 되는 분묘로 대구 월성동 유적(경상북도문화재연구원

---

7   "後子孫稍驕虐, 燕乃遣將秦開攻其西方, 取地二千餘里, 至滿番汗爲界, 朝鮮遂弱."『三國志』「魏書」권30 '烏丸鮮卑東夷列傳' 韓條

29

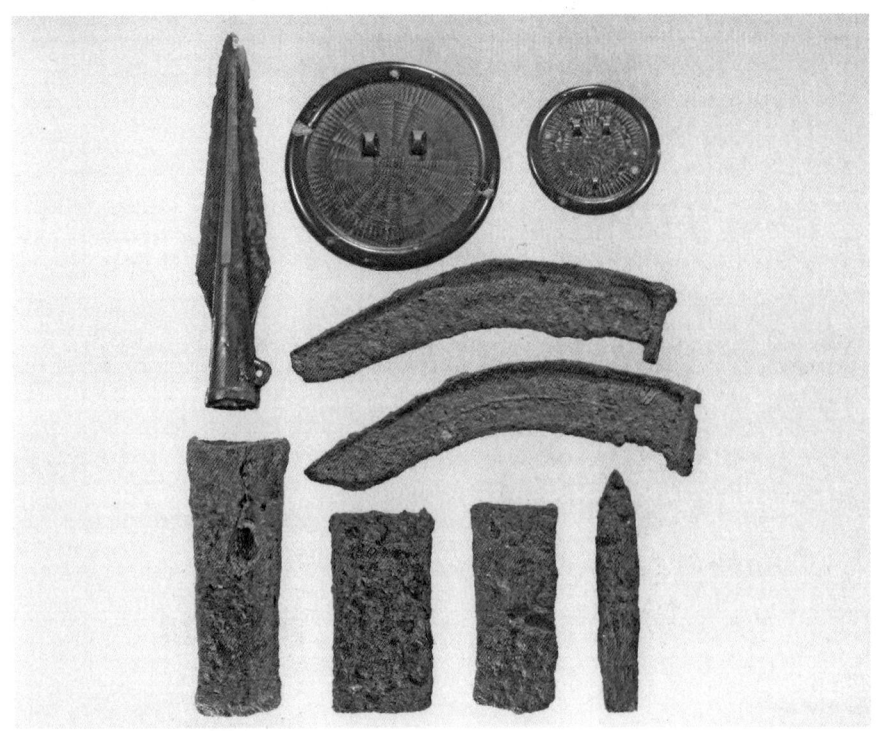

사진 2-3   완주 갈동 목관묘 부장 청동기와 철기

국립전주박물관, 2009, 『마한 숨 쉬는 기록』, 도판 16

사진 2-4   대구 월성동 목관묘 부장 무문토기와 철기

경상북도문화재연구원, 2008, 『대구 월성동 777-2번지 유적(Ⅱ)』, 원색사진 3-②, 원색사진 4-①

2008a)을 들 수 있는데, 마한馬韓 군집 목관묘와의 변화상을 근거로 서기전 2세기 전엽으로 비정하였다. 이 단계까지는 와질토기가 출토되지 않는다(사진 2-4).

분절점⑤는 진한과 변한 각지에서 유력 개인묘가 등장하기 시작하는 시점이다. 창원 다호리(국립중앙박물관 2012) 1호묘 같은 군집 목관묘 내 유력 개인묘의 최초 등장 시기는 집단에 따라 약간 차이가 있지만, 서기전 1세기 후반을 기점으로 시작한다. 창원 다호리 1호묘를 포함하여 밀양 교동 3호묘, 경산 양지리 1호묘, 영천 어은동·용전리, 경주 조양동 38호묘, 경주 탑동 1호묘 등이 축조되는데, 이러한 현상은 지구국론地區國論의 입장에서 소국小國의 등장과 연계시켜 해석할 여지가 충분하다. 와질토기는 유력 개인묘보다 조금 더 일찍 등장하는 것으로 추정되며, 전국 토기나 전국계 토기의 이식移植이라기보다 재지의 무문토기 공인工人이 전국(계)토기의 제작기술을 받아들여 창안해 낸 것으로 보는 편이 합리적이다(사진 2-5).

사진 2-5 경산 양지리 1호 목관묘 부장품

국립대구박물관, 2020, 『떴다! 지배자 새로 찾은 경산 양지리 널무덤』, 21쪽 사진 분절점⑥은 후기와질토기와 다량의 철기가 부장되는 시점이다. 대표 분묘인 김해 양동리 162호묘의 일반적인 연대관을 따라 서기 2세기 중엽이다.

여러 분절점 중 필자 연대관의 핵심을 이루는 분절점③부터 등장하는 초기 철기는 Ⅳ장에서 후술하겠지만 서남한 지역의 초기철기는 후기 고조선의 중심지라 여기는 서북한 지역보다 요하 중류역의 전국식 철기와 비슷하다. 따라서 필자는 서남한 철기의 등장을 준왕의 입해 기사와 연계하여 이해하기보다 서기전 280년 무렵에 이루어진 진개의 고조선 침공과 관련하여 등장한 것으로 생각하고 있다.

2) 시대의 경계 설정

앞서 현재 학계에서 초기철기문화로 파악하고 있는 문화상의 분절점들을 살펴보았다. 그렇다면 ①~⑥의 분절점 중 청동기시대와 이후 시대의 경계로 가장 적당한 곳은 어디인가?

괴정동 유형의 시작을 서기전 4세기 전엽으로, 갈동 유형의 시작을 서기전 3세기 중엽으로 보는 필자의 연대관에서는 준왕이 입해하기 전 이미 존재하고 있었던 한의 최소 상한은 서남한의 초기철기 등장 시점(현재로서는 갈동 3호묘)과 같다. 이 관점에서 괴정동 유형은 선사인 청동기시대로, 갈동 유형부터는 역사(또는 원사)로 인식할 수 있다. 따라서 선사와 역사의 분절점인 ③부터 새로운 시대의 시작으로 인식하는 것이 합리적이다. 자연스럽게 분절점③ 이전은 청동기시대 후기가 되며 이것은 여러 연구자의 최근 인식과도 부합한다.

청동기시대 이후의 새로운 시대가 분절점③을 기점으로 시작한다고 할 때, 삼국시대가 서기 300년 무렵에 시작한다는 것을 전제로 대략 서기전 250년부터 서기 300년까지 약 550년의 기간으로 설정할 수 있다. 이때 청동기시대와 구분되는 '새로운' 시대로서의 문화상 설정은 군집하는 목관묘와 철기 부장을 가늠자로 삼아야 한다.

그렇다면 이 550년의 기간은 어떻게 분기해야 할까? 앞의 **표 2-1**에서 보듯이 분절점④부터는 군집 목관묘에 진·변한식 단조철기를 다량 부장하기 시작하지만, 토기는 여전히 무문토기이다. 분절점⑤부터는 군집 목관묘 속에서 유력 개인묘(창원 다호리 1호, 경주 조양동 38호, 경산 양지리 1호 등)가 등장하는데 와질토기가 등장하여 유행하는 것과 맥락을 같이 한다. 공통된 형식의 와질토기 출현은 국國 사이의 연합체 내지는 연맹체로서의 진·변한의 성립을 가리키는 요소 중 한 가지로 해석된 바(이희준 2002) 있다. 분절점⑥부터는 군집하는 목곽묘에 후기와질토기와 함께 질과 양이 이전과는 비교되지 않을 정도의 철기를 부장한다.

그렇다면 기존 정의에서 원삼국시대의 기간과 문화상은 어떤가? 『한국고고학개설 제3판』에서 살폈듯이 원삼국시대는 서력기원 전후부터 서기 300년경까지로 설정되었으며, 청동기의 소멸, 철기의 발달 및 보급, 농경의 발전, 김해토기의 생산으로 정의된 바 있다. 이후의 연구로 원삼국시대의 문화상이 재정립되었으며 절대연대 역시 꾸준히 상향되었다. 이런 관점에서 원삼국시대의 문화변동을 '지배집단 목관묘의 집단화', '전국식 철기 유입', '외줄고래의 등장'[8]과 '삼각형점토대토기군에서 고식 와질토기군으로의 변천'으로 보고 이 변동의 시작을 곧 원삼국시대의 개시(서기전 100년)로 이해하는 견해가 있다(이성주 2015b). 하지만 영남에서 '지배집단 목관묘의 집단화', '진·변한식 단조철기(전국식 철기)의 등장' 시점과 와질토기의 등장 시점은 다르며(이희준 2004), 필자 역시 이에 동의한다. 다시 말해 영남의 전기와질토기(또는 고식와질토기)의 개시 시점(분절점⑤)은 영남 일대로의 전국식 철기의 유입과 목관묘의 집단화 개시 시점(분절점④)과 다르다. 대구 월성동 777-2번지 유적이나 경주 하구리(신라문화유산연구원 2013) 유적의 사례에서 보듯이 대구 분지나 경주의 초기 군집 목관묘에서 와질토기 없이 무문토기와 함께 짧은 판상철부板狀鐵斧나 철모鐵矛, 철검鐵劍 같은 진·변한식 '단조철기'가 출토된다. 진·변한에서 100년 이상 '와질토기 비공반 군집 목관묘'가 존재한다는 확실한 증거인 것이다. 따라서 기존의 원삼국시대의 정의에 비추어 보자면 분절점⑤부터가 원삼국시대이다. 더 구체적으로 전기와질토기, 진·변한식 철기, 군집 목관묘(유력 개인묘 포함)를 주요 구성 요소로 하는 원삼국시대 전기를 설정할 수 있을 것이다.

---

8   늦도 유적 등 원삼국시대 주거지에서 외줄고래의 등장이 확인되는 것은 분명하지만, 분묘 중심인 이 시기 삼한 고고자료의 틀에서 편년 설정의 유의미한 기준으로 삼기는 어렵다.

이렇게 되면 550년의 기간 중 청동기시대 후기와 원삼국시대의 사이인 분절점③(서기전 3세기 중엽)부터 분절점⑤(서기전 1세기 중엽)까지를 어떻게 지칭할 것인가의 문제가 남는데, 분절점③이 선사와 역사의 분기점이 되기 때문에 이때부터는 역사(또는 원사)시대로 보아야 함을 앞서서 역설한 바 있다. 이를 염두에 두고, 이하에서는 분절점③부터 분절점⑤까지의 기간을 어떠한 시대명으로 지칭할 수 있을지 검토하고자 한다.

3. 새로운 대안으로서의 시대명 제안

청동기시대 이후의 시대명을 정하기에 앞서 이 시대를 어떤 전제와 원칙에서 이르는 것이 개념적으로 적정한가에 대한 논의가 필요하다고 생각한다. 이에 대한 필자의 제안은 아래와 같다.

　가. 전제
　　① 금속 중에 청동기만 출토는 시기가 청동기시대이다.
　　② 기록이 등장하는 시점부터 역사시대(원사 포함)이다.
　나. 원칙
　　① 선사시대명 방식의 조어가 아니어야 한다.
　　② 한반도와 요동일대를 포함하는 개념이어야 한다.
　　③ 현재 학계에 통용되는 시대명과 자연스럽게 어우러져 혼란을
　　　 최소화 하여야 한다.

먼저 대략 서기전 250~50년에 해당하는 분절점③부터 분절점⑤까지의 200년을 뒷시대(현재의 원삼국시대)에 포함시켜야 할지 새로운 시대명을 부여해야 할지 결정해야 한다. 만약 새로운 시대명을 부여해야 한다면 위의 원칙에 따라 한반도 북부와 남부의 대표 정치체인 고조선古朝鮮과 한을 포함하는 명칭을 고려해볼 만하다(예컨대 '선한시대鮮韓時代' 등). 이 방안의 장점은 향후의 연구 진전에 따라 문화상과 기간을, 나아가서는 시대의 귀속까지도 조정하기 유리하다는 점이다. 다만 현재로서는 고조선의 고고학적 문화상에 대한 학계의 연구와 이해

가 부족하므로 완전히 새로운 시대명을 제안하기는 부담스러운 것이 사실이다.

그런데 완주 갈동 유적으로 대표되는 서남한의 '군집 목관묘+철기' 조합은 이내 진·변한으로 파급되어 대구 월성동, 대구 팔달동(영남문화재연구원 2000a), 경산 임당(한국문화재보호재단 1998a 등), 경주 하구리, 경주 조양동(국립경주박물관 2003), 창원 다호리, 밀양 교동(밀양대학교박물관 2004), 김해 구지로(경성대학교박물관 2000a) 등 수많은 군집 목관묘의 등장에 영향 준 것은 주지의 사실이다. 따라서 진·변한 군집 목관묘의 최소 공통점은 서기전 3세기 무렵 갈동 유적에서 시작됐다는 점을 알 수 있다. 이런 이유에서 서기전 250~50년의 기간을 뒤이은 시대(현재의 원삼국시대)와 같은 계통으로 파악하고, 양자를 연속하는 맥락 속에서 파악하는 것이 순리적이다. 그렇다면 이 시대를 어떻게 일러야 할까? 앞서 3원칙을 제안하였으므로 이에 비추어 살펴보자.

① 선사시대명 방식의 조어가 아니어야 한다.
　→ 시대명에 역사적 개념이 포함되어야 한다.
② 한반도와 요동일대를 포함하는 개념이어야 한다.
　→ 북쪽의 고조선·예맥·부여 등과 남쪽의 한 등을 포괄하여야 한다.
③ 현재 학계에 통용되는 시대명과 자연스럽게 어우러져 혼란을 최소화하여야 한다.
　→ 기존 사용하고 있는 시대명의 적정성을 고려할 필요가 있다.

위의 원칙에서 보면 현재 사용하는 '초기철기시대'와 더불어 '철기시대', '무문토기시대' 등은 선사시대식 명칭이기 때문에 사용할 수 없게 된다. 대신에 '원삼국시대'는 선사시대명이 아니고, 한반도와 요동 일대를 포괄하는 시대명으로 널리 사용하고 있어서 이 명칭을 활용하면 개념적 혼란을 최소화할 수 있을 것이다. 즉 '원삼국시대'에 앞선 200년을 포함시킴으로써 그 기간을 확대 설정하는 것이 현재로서는 최선의 대안인 것으로 판단한다. 다만 이 경우 기존의 '원삼국시대' 개념 및 문화상과 혼동할 우려가 있기 때문에 기존의 시기 구분을 존치하는 것이 유용할 것으로 생각한다. 즉 기존의 '원삼국시대 전기'와 '후기'를 그대로 유지하면서 새롭게 포함시킨 200년을 새로운 시기로 추가하는 것이다. '조기', '초창기', '성립기', '형성기' 등 여러 조어를 고려할 만하지만, 이 책에서는 잠정적으로 '조기'라고 하겠다. 이러한 관점에서 볼 때, 가장 늦은 형태의 원형점토대토기와 전국계 주조철겸, 주조철부가 함께 출토된 완주 갈동 3호묘는 곧 원삼국시대 최초의 무덤이 된다(**그림 2-1**). 상의 내용을 표로 정리하면 **표 2-2**와 같다.

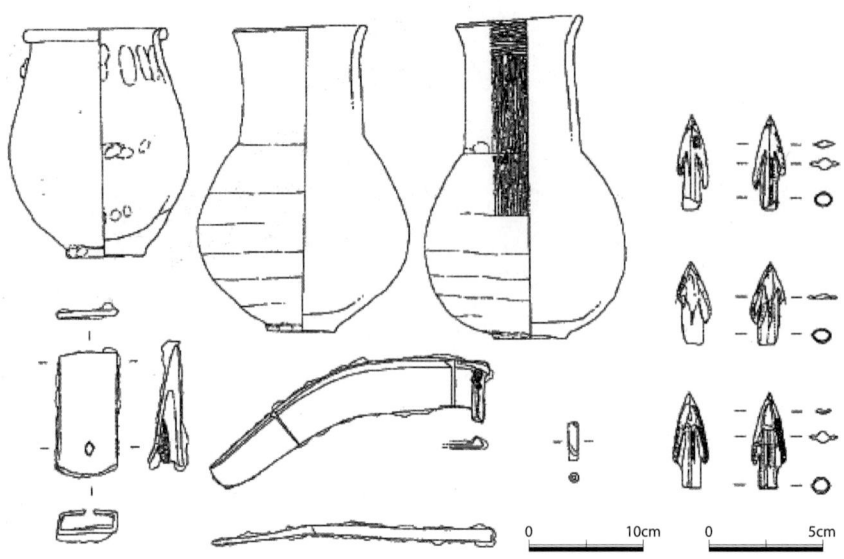

그림 2-1 완주 갈동 3호묘 부장품

표 2-2 청동기시대 후기~원삼국시대의 시대 구분(안)

	450	400	250	200	BC50	AD150	300
대표금속	한국식동검 등장 이전	한국식동검	초기철기 (주조)	진·변한식 철기(단조+주조)			
대표토기	원형점토대토기	원형점토대토기	원형·삼각형 점토대토기	삼각형 점토대토기	삼각형점토대토기 전기와질토기	후기와질토기	
대표분묘	단독(무적석)묘 안성 반제리	단독(적석)묘 대전 괴정동	군집 목관묘 완주 갈동	군집 목관묘 대구 월성동	군집 목관묘 창원 다호리	군집 목곽묘 울산 하대	
시대	청동기시대		원삼국시대				
시기	후기		조기		전기	후기	

4. 소결

필자는 이전에 청동기시대와 구분되는 '초기철기시대'의 사용을 주장한 바 있다(박진일 2007a). 하지만 이후 발굴과 연구가 진전됨에 따라 이제는 더 이상 한국고고학에서 '초기철기시대'라는 시대명의 사용을 고집할 필요가 없게 되었다. 지금의 학문적 성과에서는 『한국고고학개설 제3판』에서 설정한 '초기철기시대'를 청동기시대와 원삼국시대의 개념 및 시기 폭을 조정함으로써 폐기할 수 있는 여건이 충분하다고 생각한다. '고조선시대'를 포함한 앞으로의 대안 모색은 여전히 계속될 것이 확실하므로 현 시점에서 '초기철기시대'를 대신할 새로운 분기 방법은 설사 과도기적 단계에 그친다 할지라도 변경하기 쉬운 유연한 구도로 설정해 두면 좋겠다. 이러한 이유로 이 글에서는 청동기시대와 원삼국시대의 기간을 늘려 '초기철기시대'를 폐기하자고 제안하였다. 그럼에도 불구하고 우리 역사의 첫 페이지를 장식하는 정치체 고조선을 시대명에 포함시키는 모색을 공론화할 필요가 있음은 분명하다.

고조선시대에 대한 논의가 본격적으로 진전된다면, 고조선시대라는 명칭을 그대로 사용하는 방법도 있겠지만, 북쪽과 남쪽의 대표 정치체인 고조선과 삼한을 포함하는 시대명을 생각해 볼 수도 있겠다.

만약 후자를 선택한다면, 고조선이 형성되는 조기, 성립한 전기, 전성기인 중기, 괴정동 유형과 병행하는 후기, 삼한三韓과 함께 존재하는 만기라는 개념으로 도식화하는 방안도 고려해볼 만 하겠다. 이렇게 설정하면 후속하는 (원)삼국시대에 자연스럽게 연결될 수 있을 것이다.

* 이 장은 필자의 아래 발표문을 수정하고 보완한 것이다.
박진일, 2020a, 「초기철기시대 폐기 제안」, 『청동기시대의 설정과 분기』, 국립청주박물관·한국청동기학회

제Ⅲ장 삼한三韓 이해理解의 근간根幹; 한반도의 점토대토기문화粘土帶土器文化

　　한반도의 점토대토기는 한韓이 성립하기 이전 청동기시대에 등장하여 한과 삼한을 거치면서 여러 분묘와 생활 유적에서 출토된다. 단면은 원형에서 삼각형으로 바뀌고 결국에는 와질토기로 변모한다. 공반하는 유물도 매우 다양해서 한국식동검을 비롯한 청동기, 전국식인 주조철기, 진·변한식인 단조철기, 여러 와질토기와 오랜 기간 함께 출토된다. 또 주거지, 구, 패총 등 생활 유적과 목관묘, 석관묘나 지석묘를 포함한 다양한 묘형墓型의 분묘에서도 출토 사례가 많다.

　　이처럼 긴 기간 동안 다양한 유구에서 출토되는 점토대토기는 한과 삼한을 이해하는 가장 기초적인 자료이며 이미 여러 연구자에 의해 다양한 연구 성과가 축적되어 있다.

1. 한반도 점토대토기의 기원과 등장 연대

　　한반도 점토대토기의 등장 배경에 대한 학계의 이해는 자생설自生說과 전파설傳播說이 있다. 자생설은 연구 초기에 제기된 학설로서 한강유역에서 점토대토기문화를 비롯한 관련 문화가 자체적으로 발생하였다는 것인데 현재는 지지하는 연구자가 거의 없다. 전파설은 원형점토대토기의 기원지와 전파 경로 그리고 연대에 대한 내용으로 나누어 볼 수 있다.

먼저 기원지에 대해서는 대부분의 연구자가 중국 동북지역, 그 중에서도 요하遼河 중류역을 지목하고 있다. 이에 대한 이견은 현재 없으므로 자세히 살피지는 않겠다. 전파 경로는 요하와 서해안을 경유한 일원 전파설과 서해안과 함께 육로나 동해안을 경유했다는 이원 전파설이 있다. 등장 시기에 대한 견해는 연구자별로 다양하지만 크게 서기전 3세기 등장설, 서기전 5세기 등장설, 그리고 서기전 7세기 등장설 정도로 나누어 볼 수 있다. 이 중 서기전 3세기 등장설은 연燕나라의 장수 진개秦開의 고조선古朝鮮 서변西邊 침공으로 한반도에 점토대토기문화가 등장했다고 보는 입장이다. 서기전 5세기 등장설은 요서지역의 이중구연토기가 등장하여 요동 일대로 파급되는 시기와 함께 정가와자鄭家窪子 유적을 포함한 요하 중류에서 한반도와 관련된 점토대토기를 반출하는 유적의 연대에 주목하는 견해이다. 마지막으로 서기전 7세기 등장설은 최근 30여 년간 급격하게 증가한 점토대토기 출토 주거지의 AMS 보정연대를 신뢰하는 입장에 기초하는데 근래에는 지지하는 연구자가 적어졌다. 이외에 서기전 4세기에 원형점토대토기가 등장했다고 보는 견해도 있다.

이처럼 한반도 점토대토기의 기원과 관련한 대부분의 논의가 중국 동북지역 토기 문화와의 관련성을 지목하고 있다. 따라서 중국 동북지역에서 점토대토기를 둘러싼 토기 문화의 흐름을 살피는 것은 한반도 점토대토기의 기원지와 경로 및 연대를 설정하는 데 필수불가결하다.

한반도 점토대토기의 기원지로 한강유역을 지목한 견해는 일찍부터 있었다. 한상인(1981)은 기존 무문토기문화(송국리 문화)에 요동지역 요령식동검문화가 결합하여 점토대토기문화가 성립하고, 이후 육로와 해로를 통해 국내뿐 아니라 요동과 일본까지 전파되었다고 주장하였다. 이 점토대토기 한강유역 발생설은 1990년대에 박순발(1993)과 이건무(1994)에 의해 심양沈陽 정가와자와 후산后山 유적 등의 검토로 요하 중류역이 점토대토기문화의 기원지로 확인되면서 힘을 잃게 되었다. 이후의 모든 연구는 중국 동북지역, 그 중에서도 요하 중류역을 주목하고 있으며, 현재 이에 대한 반론은 없다. 이보다도 중국 동북지역에 널리 분포하고 있는 이른바 '첩순관疊脣罐'(점토대토기를 포함한 이중구연토기의 통칭) 중 어떤 유적의 어떤 첩순관을 한반도 점토대토기의 발생에 직접 영향을 준 '점토대토기'로 보아야 할 것인지가 중요한 논점이 되었다. 아래에서는 점토대토기를 포함한 중국 동북지역의 이중구연토기에 대해 살펴 이 중 한반도 점토대토기와 관련되는 유물을 찾아보겠다.

중국 동북지역의 이중구연토기는 춘추~전국시대에 걸쳐 요서遼西, 요동遼東 지역 모두에서 확인되고 있으며, 이 중 요하 중류를 중심으로 한 문화 요소가 한반도 점토대토기 등장에 직접적인 영향을 준 것으로 알려져 있다. 그런데 중국학계에서 '첩순관'이라 부르는 이중구연토기는 구연부에 점토대를 붙인다는 방식 자체는 한반도에 등장한 원형점토대토기와 같지만, 구연단을 정면整面하는 방법, 공반 유물이나 유구가 한반도의 등장기 점토대토기문화와 바로 연결하기가 어려운 것들이 대부분이다. 따라서 중국 동북지역의 이중구연토기와 공반 유물 중 한반도 점토대토기와 유사한 유물과 조합을 찾아 확인할 필요가 있다. 이런 이중구연토기 중 한반도 점토대토기와 기형과 공반 유물조합이 비슷하면서 시기적으로 연결할 수 있는 일군一群의 유물 조합을 국내학계에서는 '凉泉 類型'[9]이라 불러왔다. 양천 유형을 포함한 중국 동북지역의 이중구연토기에 대해서는 이성재의 자세한 연구(이성재 2007)가 있다.

이성재는 중국 동북지역의 이중구연토기를 요서 서부, 요서 동부, 요하 중류, 요동 북부, 길림吉林, 집안集安과 요동 반도로 나누어 살폈다. 이 중 이중구연토기의 발생지로 주목한 곳이 요서 서부의 오한기敖漢旗 수천水泉 유적(郭治中 1997, 2000)으로 이 유적을 비롯한 요서의 이중구연토기문화가 요동으로 전파된 것으로 보았다. 이중구연토기문화의 성립 과정에 대해서는 요서의 하가점상층문화夏家店上層文化나 십이대영자문화十二臺營子文化에서 다수 확인되는 이중구연

---

9 외래어 표기법으로는 '량취안'이지만 학계에서 일반적으로 통용하는 '양천'이라 부르겠다. 이하의 중국 학계의 유물명이나 지명도 독자의 편의를 위해 한국식 발음으로 적는다. 오강원은 '양천 유형'이라는 명칭이 요동 북부 일대의 물질문화를 시간적·공간적으로 정치하게 분류하지 못한 상태에서 서풍현(西豐縣) 양천 유적을 표지로 설정하여 고대산문화보다 늦고 서한 전기보다 이른 단계의 특정 유물군을 유형화한 개념이라고 파악하였다. 그러나 실제로 이러한 유형의 유적군이 가장 밀집하며 전형성을 보이는 지역은 동요현(東遼縣)과 동풍현(東豐縣)이라는 점을 고려하여, 동요의 사가가(謝家街) 유적을 표지로 삼아 '사가가유형(謝家街類型)'이라 부른다(오강원 2011).

토기가 수천 유적을 포함한 요서 서부의 이중구연토기와 유사한 것에 주목하였다. 특히 조양朝陽 원대자袁台子 유적 M1 출토품과 같은 이중구연토기와 토광묘가 이후의 이중구연토기와 유사하다고 지적하였다. 나아가 조양 동령강東嶺崗 유적(朝陽市博物館編 1995)에서 출토된 토기에서 확인되는 흑색마연기법黑色磨研技法이 심양 정가와자 유적 등 한반도와 관련성이 지적되는 이중구연토기(점토대토기) 유적에서 보이는 점에 주목하여 중국 동북지역의 이중구연토기문화는 요서지역에서 이전 단계의 이중구연토기 전통과 동령강식토기東嶺崗式土器[10]에서 확인되는 흑색마연의 토기제작기법 그리고 하북성 북부의 토기제작기술 등이 결합되어 출현한 것으로 보았다.

요서지역 이중구연토기를 이해하는 데에 가장 중요한 곳이 수천 유적이다. 수천 유적에서는 모두 110기의 무덤이 조사되었는데, 유구의 분포 위치에 따라 북구北區 묘장墓葬 3개조와 남구南區 묘장으로 구분되며(그림 3-1), 이에 대한 주요 유물 소개와 편년안은 귀치종郭治中(2000)에 의해 제시되었다.

수천 유적 이중구연토기는 구연부의 단면이 원형, 삼각형, 타원형 등 여러 형태가 확인되며 홑구연처럼 보이는 것도 있다. 구연단의 내면은 완만하게 내만內彎하기도 하고, '〈'모양으로 짧게 외반外反하기도 한다. 세로 방향의 환상파수가 1개 혹은 2개 붙은 것도 다수 출토되었다. 보고문에서는 동체부의 형태와 파수의 유무에 따라 쌍이관雙耳罐, 단이관單耳罐, 첩순고복관疊脣鼓腹罐, 첩순통복관疊脣筒腹罐 그리고 단파배單把杯로 나누었다. 보고자는 남구 묘장이 북구 묘장 무덤을 파괴하는 것을 근거로 남구 묘장을 더 늦은 시기로 보았고, 수천 유적에서 동남쪽으로 6km 떨어진 오란보랍격烏蘭寶拉格 유적 출토품을 포함하여 4기로 나누었다. 이에 의하면 1기는 북구2조와 북구1조의 일부 무덤, 2기는 북구3조와 북구1조 일부 무덤이 해당하며, 3기는 남구의 무덤이, 그리고 4기는 오란보랍격의 무덤이 해당한다. 각 시기에 상당하는 점토대토기의 변화를 살펴보면, 1기부터 확인되는 유물 형식은 쌍이관과 단이관으로 2기까지 지속된다. 2

---

10 동령강식토기는 흑색마연발을 지칭하는 것으로 서기전 7세기를 전후하여 요서지역을 중심으로 분포하는 것이다(오강원 2006a: 328).

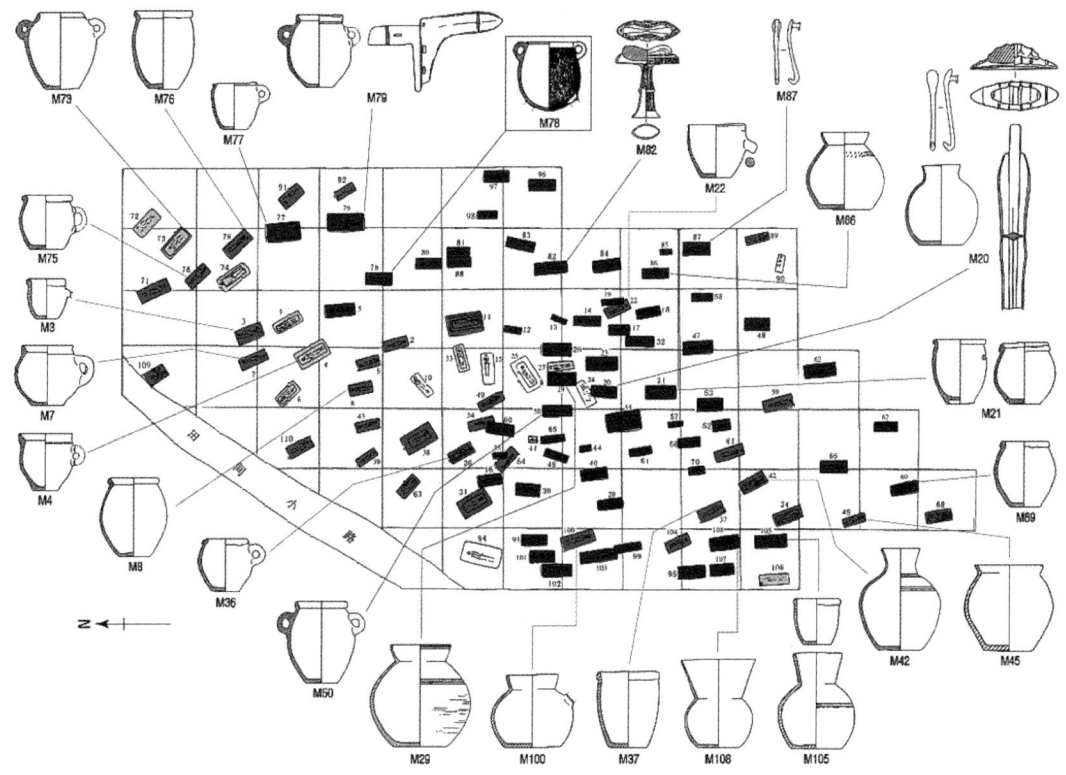

그림 3-1 오한기 수천 고분군과 주요 부장품(오강원 2020a에서 전재)

기에는 파수가 없는 첩순고복관이 출토되기 시작하고, 3기부터는 배가 부르지 않는 첩순통복관이 보인다. 4기에는 점토대가 거의 홑구연화되기도 하고 판상의 저부가 아닌 낮은 굽다리도 보인다. 이 과정에서 단면 원형과 삼각형의 선후 관계는 확인되지 않는다.

귀치종郭治中의 편년안은 출토 유물 전체를 대상으로 하지 않았고 북구 묘장과 남구 묘장의 선후관계 또한 정확하게 확인하기 힘들어 의문이 드는 부분이 있지만, 형식학적으로 '파수 있음 → 파수 없음', '고복관 → 통복관'이라는 방향성은 타당하다(그림 3-2).

연대와 관련해서는 수천 유적 1기인 79호 무덤에서 출토된 연식燕式 동과銅戈가 중요한데, 귀치종은 이 동과를 요령성 능원현 삼관전자三官甸子 출토품(遼寧省博物館 1985)과 동일한 형식이라고 지적하였다(그림 3-3). 이런 연식 동과 중에는 명문銘文이 있는 것들이 있어 일찍부터 주목되었고 연구도 활발하다. 이

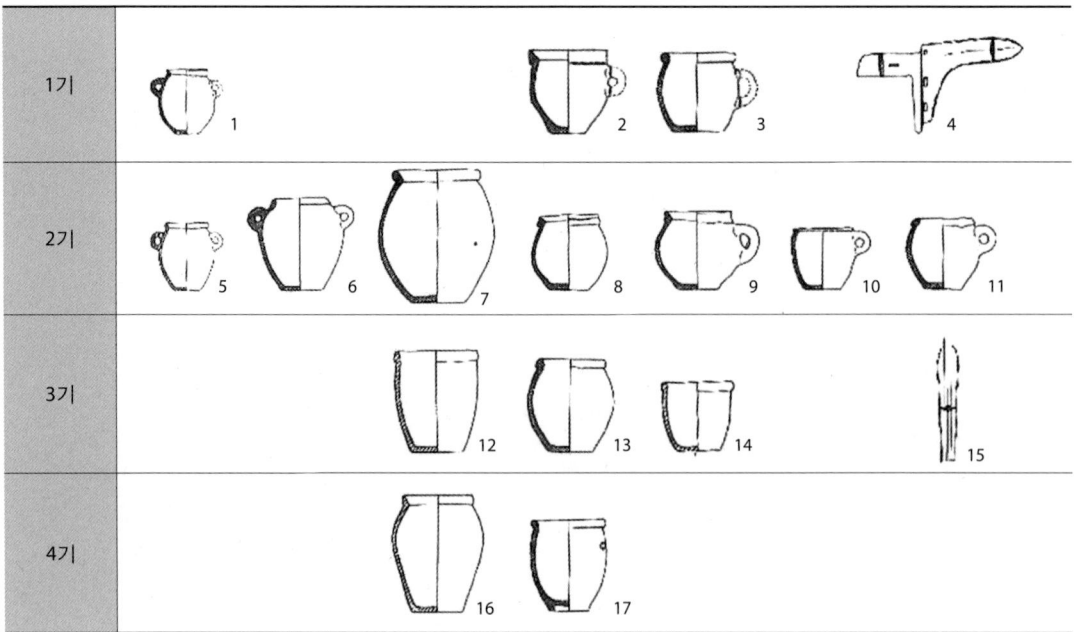

그림 3-2 오한기 수천 고분군 편년표(郭治中 2020을 개변, 축척 부동)
1·4: 79호 | 2·5: 50호 | 3: 75호 | 6: 73호 | 7: 8호 | 8·11: 36호 | 9: 7호 | 10: 77호 | 12: 37호 | 13: 69호 | 14: 105호 | 15: 20호 | 16: 烏蘭寶拉格8호 | 17: 21호

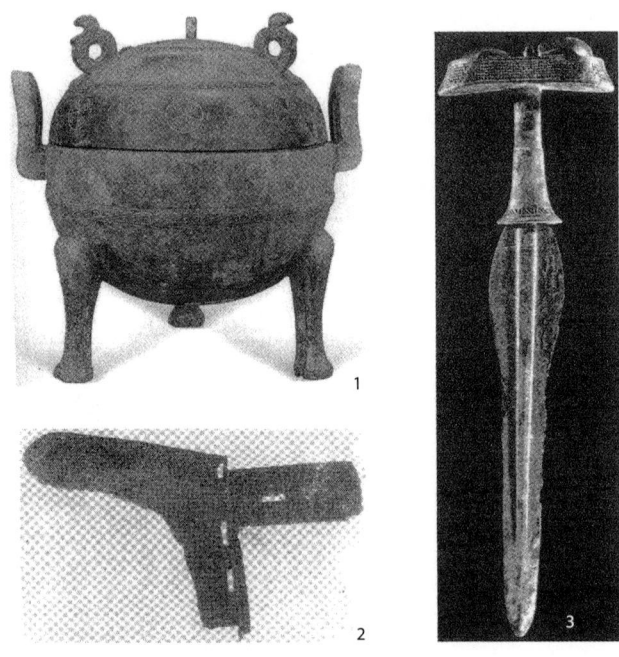

그림 3-3 능원 삼관전자 출토품

시카와 다케히코石川岳彦는 연의 동과를 길이, 내內와 호胡의 접합각도에 따라 세 가지 형식으로 나누었다(石川岳彦 2006, 2008). 먼저 길이 20cm 전후인 Ⅰ식과 25cm 이상인 Ⅱ식으로 구분하고, Ⅰ식은 다시 내와 호의 접합각도가 예각인 Ⅰa식과 직각인 Ⅰb식으로 세분하였다. 이후 동정銅鼎과 동두銅豆 등 청동예기青銅禮器와 함께 1~3기로 편년하였다(그림 3-4).

이와 같은 연식 동과와 관련해서 주목되는 것이 명문이 있는 '언후재鄾侯載명 동과'이다(그림 3-5-1). '언후재명 동과'의 평면 형태는 전체 길이가 짧고 내와 호의 접합각도가 직각이며, 인부刃部의 단면 형태가 마름모꼴인 점으로 보아 이시카와 다케히코 분기 2기의 북경 중조보中趙甫(程長新 1985) 출토 동과와 비슷하다(그림 3-4-5). 다만 중조보 출토 동과와 달리 '언후재명 동과'에는 '란闌'이 있는 점이 눈에 띄는데, 이시카와 다케히코는 이러한 요소가 3기에 나타나는 특징이라고 보고, 이 동과를 서기전 5세기 후반으로 추정하였다.

이시카와 다케히코의 견해에 따른다면 '언후재명 동과'와 같은 형식인 삼관전자 유적 출토 동과의 연대는 서기전 5세기 후반으로 볼 수 있다. 하지만 수천 유적 79호묘의 동과는 '언후재명 동과'나 삼관전자 출토 동과와 달리 내의 끝부분에 방형의 결락부缺落部가 없는데, 이것은 삼관전자의 동과보다 이른 시기의 특징이라고 한다. 따라서 수천 1기와 삼관전자를 같은 시기로 본 궈치종과 달리 수천 1기를 삼관전자보다 이른 시기로 볼 수 있다.

이런 점을 고려한다면 요서 일대에 서기전 5세기 후반 이전에 연계 유물이 나타났음을 추정해 볼 수 있다. 더불어 수천 유적의 79호 무덤에서는 연식 동과와 더불어 연계燕系인 니질계토기泥質系土器가 출토기도 하였다. 따라서 수천 1기의 상한은 적어도 서기전 5세기 전반 또는 그 이전으로 볼 수도 있을 것이다. 수천 유적의 남구 무덤이 속하는 3기는 보고자에 의해 전국 조기~중기로 설정되었다. 한편 요서 지역 하가점夏家店상층문화의 하한연대가 대체로 서기전 7세기 정도라는 복기대의 연구(복기대 2004) 역시 이후에 등장하는 요서 지역 이중구연 토기문화의 상한이 서기전 6세기까지 올라갈 수도 있다는 점을 시사한다.[11]

하지만 수천 유적의 이중구연토기는 판상의 저부를 가지며 반환상의 파수

---

11 이성재(2007)도 수천 1기를 서기전 6세기로 보았다.

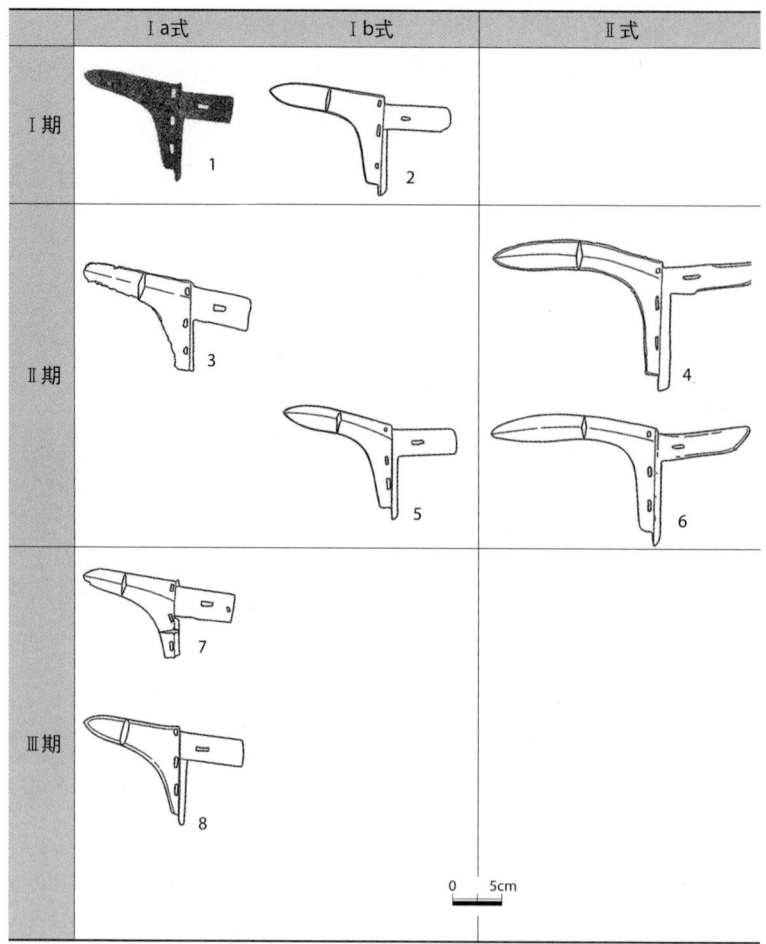

그림 3-4 연 동과의 편년표(石川岳彦 2008에서 전재)

1: 賈各莊M18 | 2: 龍灣屯 | 3·4: 大黑汀 | 5·6: 中趙甫 | 7: 雙村 | 8: 燕下都M31

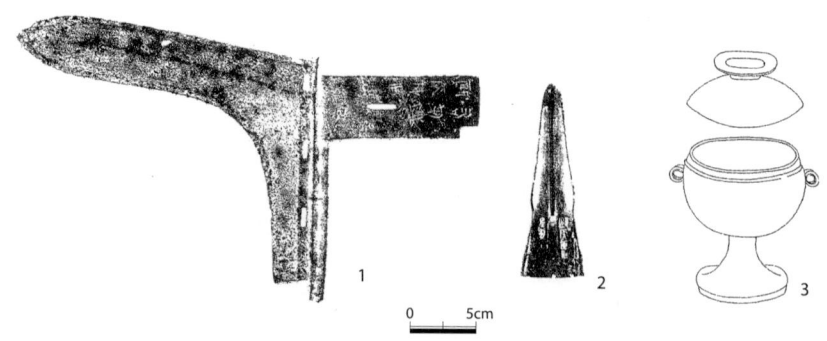

그림 3-5 '언후재'명 청동기

가 세로 방향으로 붙고 구연단의 형태 역시 다양해서 굽 모양의 저부에 파수가 없는 한반도의 등장기 점토대토기와 형태가 다르다. 특히 요하 중류역과 한반도의 점토대토기 등장기에는 옹이 아닌 호에 가로 방향으로 한 쌍을 부착하지만, 수천 유적에서는 옹(이중구연토기)에 세로 방향으로 부착하면서 한 쌍이 붙은 것도 있고, 한 쪽에만 붙은 것도 있어 명확한 차이를 보인다. 이 때문에 수천 유적 이중구연토기를 한반도에 직접 영향을 준 토기로 설정할 수는 없다. 이에 비해 양천 유형에 속하는 요중遼中 지역의 정가와자 3층에서는 파수가 없는 점토대토기가, 요양 양갑산亮甲山 유적에서는 양날이 평행한 동검과 함께 동체의 양쪽에 유乳가 붙은 점토대토기가 출토되어 등장기의 한반도 점토대토기와 비슷한 모습을 보인다. 따라서 한반도에 영향을 준 토기는 요중 지역의 양천 유형으로 설정할 수 있다. 그렇다면 한반도 점토대토기문화의 등장에 직접적인 영향을 미친 양천 유형의 점토대토기와 요서의 이중구연토기 사이는 어떤 관계를 설정할 수 있는가? 연관성이 있는지, 있다면 '요서 → 요중' 방향인지, '요중 → 요서' 방향인지 확인할 필요가 있다.

요중에서 한반도의 점토대토기문화와 관련하여 가장 중요한 유적이 심양 정가와자 유적과 공주둔公主屯 후산 유적(그림 3-6)임은 재론의 여지가 없으며, 특히 정가와자 6512호 무덤의 여러 청동기(그림 3-7)는 한반도의 한국식동검문화 등장에 지대한 영향을 주었다. 대개의 연구자가 춘추 말로 편년하는 이 무덤의 청동기는 요서의 십이대영자 유형을 계승한 것이며, 공반 출토된 장경호에 보이는 만류 기법 역시 춘추 만기와 전국 조기를 중심으로 하북성과 요서 지역에

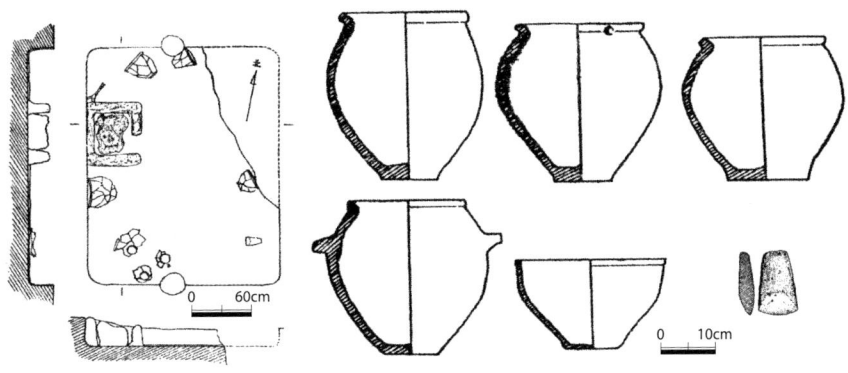

그림 3-6 심양 공주둔 후산 주거지와 유물

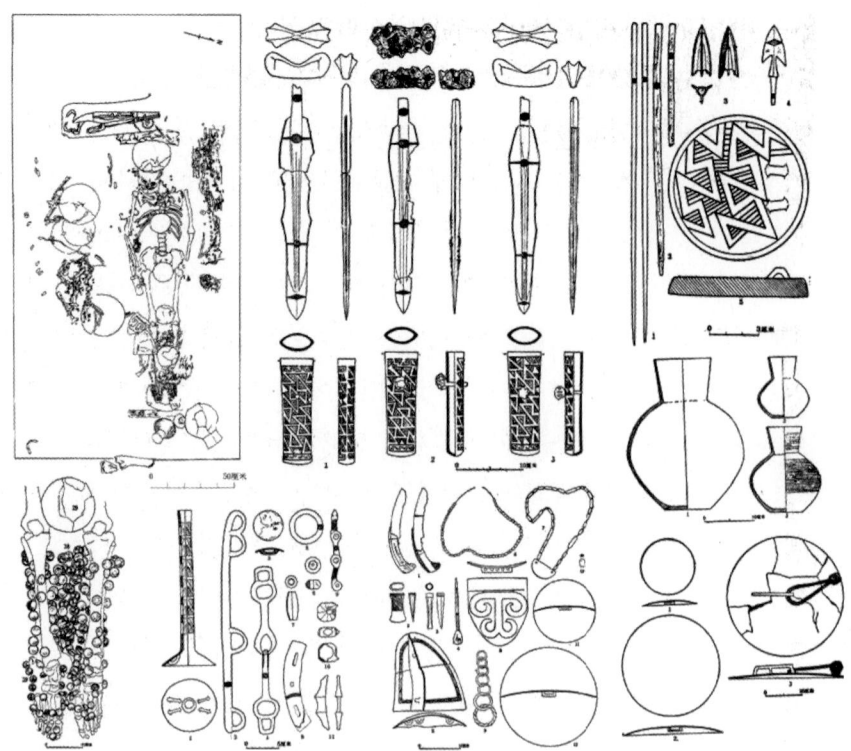

그림 3-7　심양 정가와자 6512호묘와 부장품(오강원 2012에서 전재)

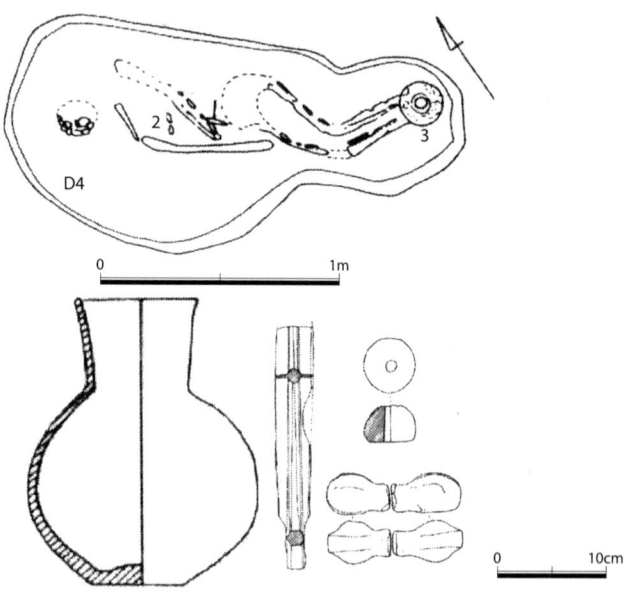

그림 3-8　심양 정가와자 2호묘와 부장품

서 확인되는 토기 제작방식이라고 한다(오강원 2006a). 정가와자 6512호 무덤에 요서 지역 청동기 및 토기 문화로부터의 영향이 있었음을 추정해 볼 수 있는 대목이다. 다만 이 무덤에서 점토대토기는 출토되지 않았다. 그럼에도 불구하고 정가와자 2지점에서 점토대토기(**그림 3-10-59, 60**)와 두형토기가 출토된 점으로 미루어 보면 춘추 말이나 전국 초에 요중 지역에 점토대토기가 존재하였을 가능성은 충분할 것으로 생각한다. 특히 한반도의 등장기 점토대토기와 비교해 보면 정가와자 2호묘(**그림 3-8**), 정가와자 2지점과 후산 유적 등의 점토대토기는 한반도 등장기의 점토대토기와 흡사한 반면에, 요서의 이중구연토기는 형상이 달라 직접적인 영향 관계를 상정하기 어렵다. 따라서 토기의 형식학적 관점과 연대적 선후 관계를 설정하자면, '요서의 이중구연토기 → 요중의 점토대토기 → 한반도의 점토대토기'로 보는 것이 순리적이다. 이는 청동기문화의 확산 방향(요서의 십이대영자 → 요중의 정가와자 → 한반도의 괴정동)과 오강원이 지적한 만류 기법의 확산 방향(하북 → 요서 → 요중)과도 일치한다. 결과적으로 요중 일대의 점토대토기문화는 요서 지역의 이중구연토기문화로부터 영향을 받았다고 보는 것이 타당하다(오강원 2006a; 이성재 2007).

다음으로 '요서 → 요중 → 한반도'의 토기문화 흐름을 바탕으로 할 때 점토대토기가 요중과 한반도에 등장한 시기는 어떻게 설정할 수 있을지 검토해보자(**그림 3-9, 그림 3-10**). 요중과 요북遼北의 양천 유형(**그림 3-11**)의 연대에 대해 이성재는 서기전 6~3세기로 보았지만, 이보다 늦게 보는 견해도 있다. 오강원(2020a)은 중국 동북지역 점토대토기문화를 내몽고 동남부, 요서, 요하 중류역으로 구분하여 살펴, 4기로 나눈 뒤 각각의 연대를 살폈다. 먼저 1기에는 오한기 수천 유적에서만 점토대토기가 출토된다고 하였다.[12] 수천 유적의 연대는 서기전 6~5세기로 보았으며 그 중에서도 점토대토기가 출토되는 시기는 서기전 5세기를 벗어나지 않는다고 하였다. 또 여기에서 영향을 받아 2기에 정가와자를 비롯한 요중 일대에 점토대토기가 등장하였다고 했는데, 서기전 4세기가 중심이다. 익히 알려진 정가와자 6512호묘에는 점토대토기를 부장하지 않아

---

12 오강원(2020a)이 지칭한 '점토대토기'는 한반도에 영향을 준 점토대토기와 직접적인 영향 관계가 없는 이중구연토기를 포함한 것이다.

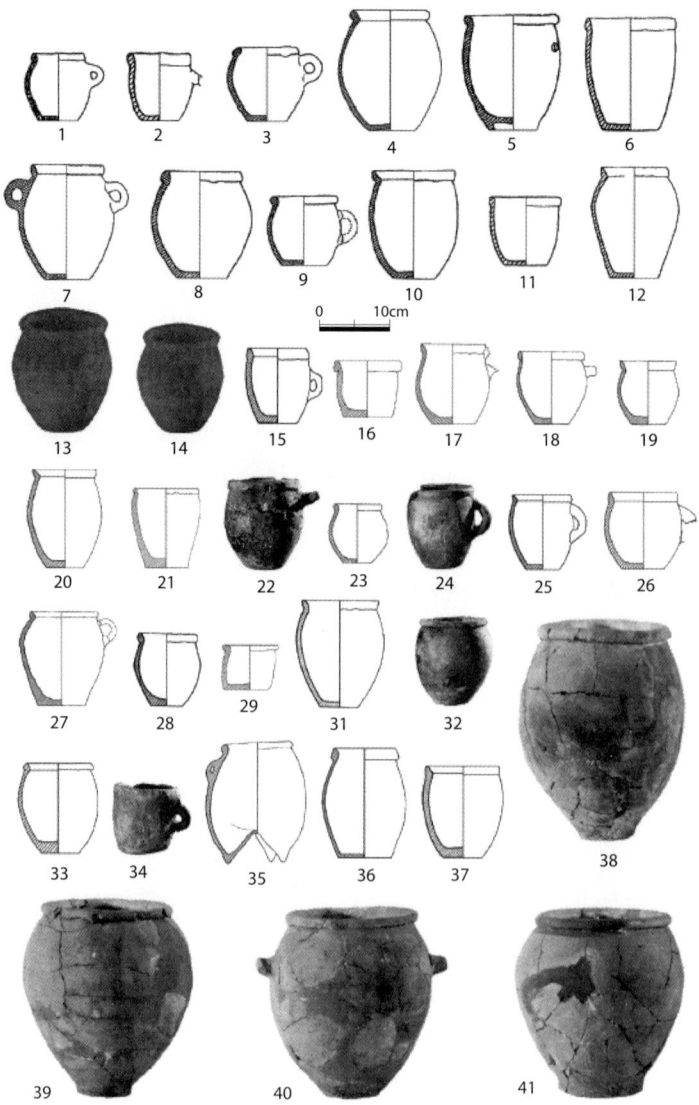

그림 3-9 중국 동북지역의 점토대토기1(오강원 2020a에서 전재)

1. 寧城 三座店 | 2. 敖漢旗 水泉M3:2 | 3. 同M8:1 | 4. 同M21:2 | 5. 同M36:3 | 6. 同M37:1
7. 同M50:2 | 8. 同M69:2 | 9. 同M75:1 | 10. 同M76:1 | 11. 同M105:2
12. 敖漢旗 烏蘭寶拉格95ASWM8:3 | 13. 喀左 園林處:1 | 14. 同2 | 15. 朝陽 袁臺子 東區M2:2
16. 同M29:1 | 17. 同M29:2 | 18. 同M30:1 | 19. 同M30:2 | 20. 同M39:1 | 21. 同M50:2
22. 同M57:2 | 23. 同M67:1 | 24. 同M76:9 | 25. 同M76:10 | 26. 同M77:1 | 27. 同M85:1
28. 同M85:2 | 29. 同M86:2 | 30. 同M103:1 | 31. 同M103:2 | 32. 同M111:1 | 33. 同M111:15
34. 同M113:1 | 35. 同M125:1 | 36. 同M129:7 | 37. 同 西區M18:3 | 38. 新民 公主屯 後山F1:1
39. 同F1:2 | 40. 同F1:3 | 41. 同F1:4

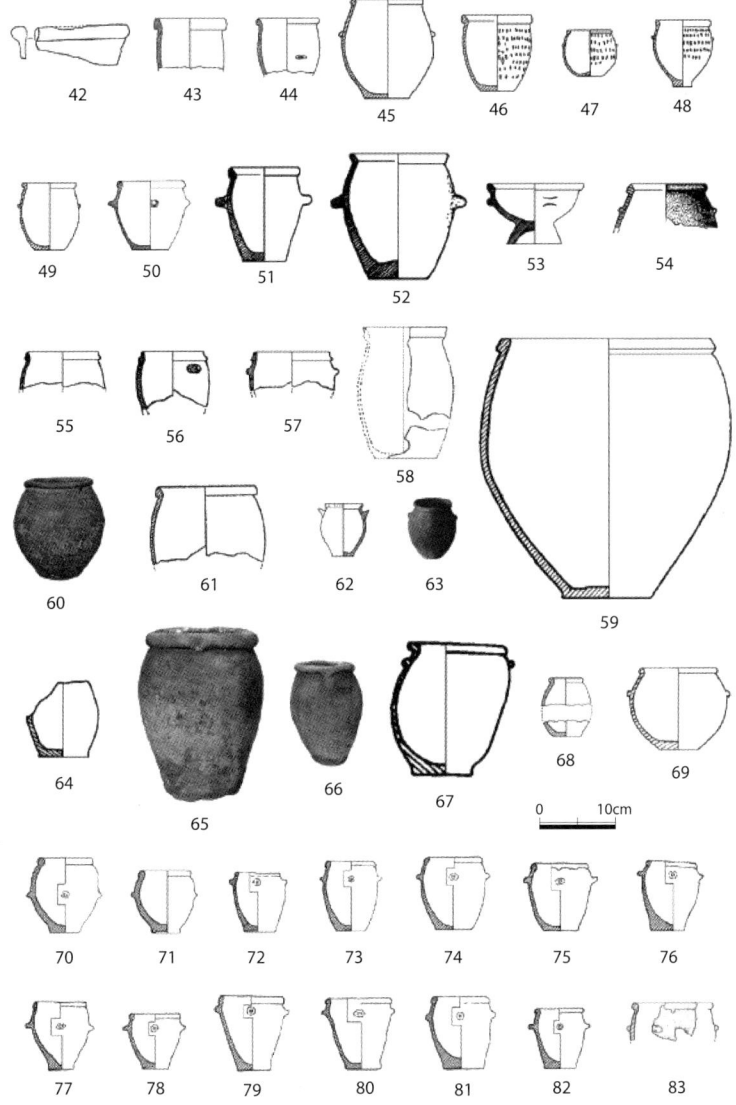

그림 3-10 중국 동북지역의 점토대토기2(오강원 2020a에서 전재)

42. 開原 果子園 | 43. 西豊 永淳H2:5 | 44. 西豊 永淳T 0203②:1 | 45. 同Z1:1 | 46. 同M2:17
47. 同3:4 | 48. 同M8:4 | 49. 同M8:9 | 50. 遼源 高麗墳 | 51. 東豊 臥牛村 大架子山채:1 | 52. 同채2
53. 同채:3 | 54. 東豊 寶山村 龍頭山 | 55. 輝南 轉山子채:1 | 56. 同채:2 | 57. 同채:3 | 58. 樺甸 江西
59. 沈陽 鄭家窪子2지점:1 | 60. 同2지점:2 | 61. 同2지점:3 | 62. 遼陽 亮甲山M5 | 63. 同M7
64. 本溪 上堡M1:2 | 65. 同M2:2 | 66. 同M2:3 | 67. 同3:2 | 68. 本溪 朴堡M1 | 69. 本溪 張家堡子
70. 新賓 龍頭山M2:30 | 71. 同M2:31 | 72. 同M2:32 | 73. 同M2:33 | 74. 同M2:34 | 75. 同M2:35
76. 同M2:36 | 77. 同M2:37 | 78. 同M2:38 | 79. 同M2:39 | 80. 同M2:40 | 81. 同M3:2
82. 同M3:7 | 83. 桓仁 馮家堡子M12

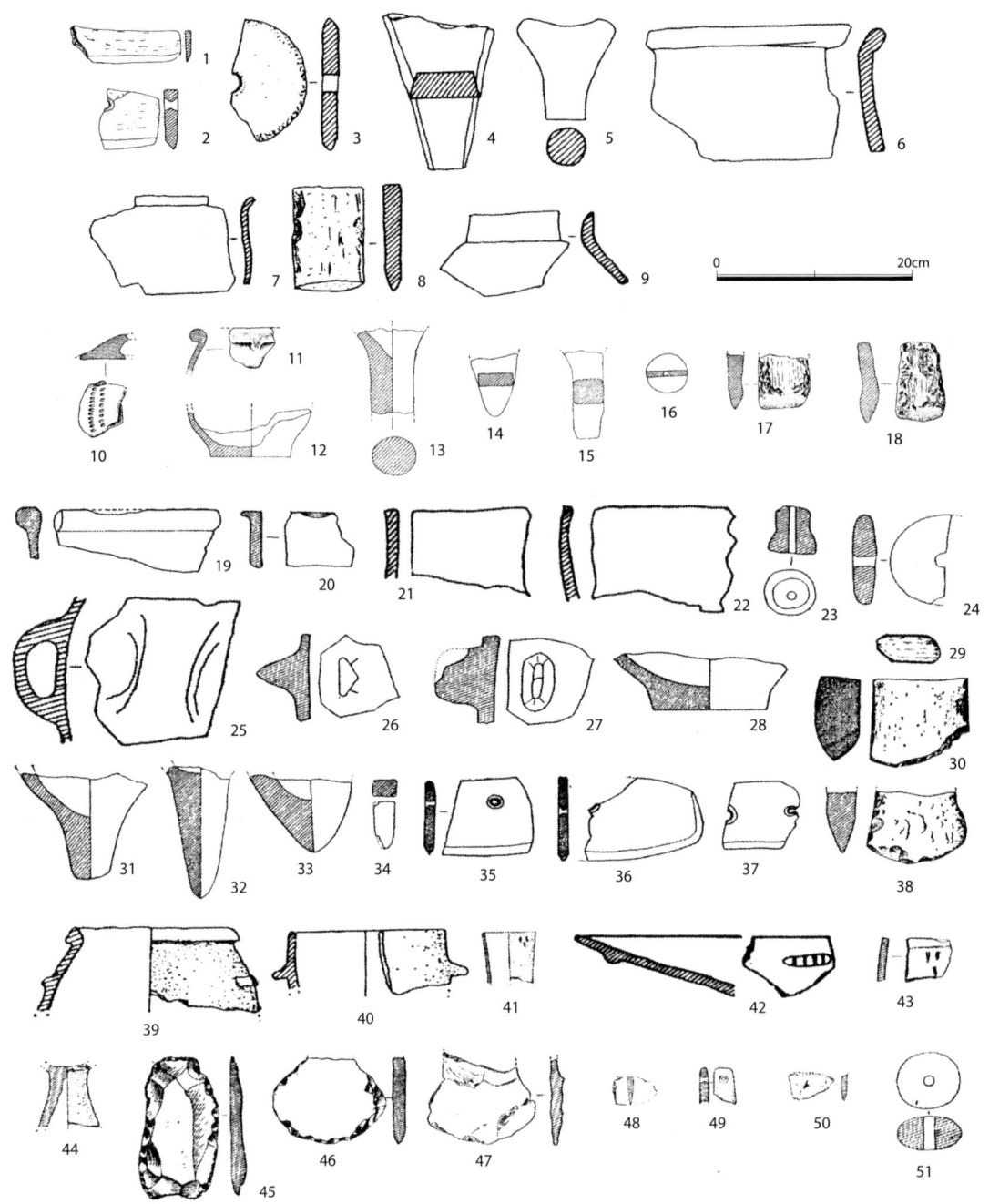

그림 3-11 요북지역의 양천 유형(이성재 2007을 편집)

1~9. 本溪 台山 | 10~18. 撫順 小靑島 | 19~38. 開原 果子園 | 39~51. 東豊 龍頭山

6512호묘가 포함된 정가와자 전기(서기전 6~5세기)가 아닌 2호묘가 포함된 정가와자 후기(서기전 4~3세기)를 요중 지역 점토대토기의 등장 시기로 보았기 때문이다. 여기에는 점토대토기와 공반한 동검의 형식도 고려되었다. 정가와자 전기에는 요령식동검이 중심이 되는 반면에 후기에는 2호묘에서 출토된 것과 같이 양날이 평행한 윤가촌식 동검[13]이 주류를 이루는데, 2기로 분류되는 유적들에서 공통적으로 이 형식의 동검들이 확인된다는 것이다. 물론 한반도 점토대토기와 한국식동검의 기원지로는 다른 논자들과 마찬가지로 요중 지역을 들고 있으며, 정가와자 후기의 개시보다 약간 늦은 서기전 350년 무렵 한반도에서 한국식동검과 함께 점토대토기가 등장했다고 주장하였다.

그런데 요령식동검에서 한국식동검과 윤가촌식 동검으로의 변천이 단선적單線的으로 이루어진 것이 아니라 각각의 방향으로 이루어진 것을 고려한다면 한국식동검의 등장 연대를 윤가촌식 동검이 출토된 정가와자 2호묘보다 늦은 시기로 볼 이유는 없다. **그림 3-12**에서 보듯이 말기 요령식동검에서 초기 한국식동검이 등장하였다고 생각하면, 양자 사이에 중간 단계를 추가한다 하더라도 한국식동검의 등장 시기가 정가와자 2호묘보다 이를 가능성이 충분하기 때문이다. 또 연구 초기부터 꾸준하게 지적되었듯이 한국식동검 등장기의 청동의기靑銅儀器는 분명 정가와자 6512호묘와 연관성이 강하기 때문에, 한국식동검의 등장 시기는 늦어도 정가와자 후기의 개시 연대와 비슷할 것이라 생각하며 구체적으로는 이건무(2003)의 견해처럼 서기전 400년 정도가 안정적일 것으로 본다.[14]

나아가 한반도에서 점토대토기와 한국식동검의 등장에 시차가 있을 가능성을 고려한다면, 한국식동검이 없는 원형점토대토기 단계를 설정할 수 있다. 즉 서기전 400년을 상한으로 하는 한국식동검보다 먼저 원형점토대토기가 한반도에 전래되었다고 보는 것인데, 이 경우 앞서서 요중 지역의 점토대토기 등장을

---

13 오강원은 검신 하부가 부풀어 오른 노야묘老爺廟 출토 동검과 더불어 '노야묘-윤가촌식 동검'이라고 한다.

14 한반도 한국식동검의 등장 연대를 서기전 300년 무렵으로 보는 견해(조진선 2020)도 여전하다.

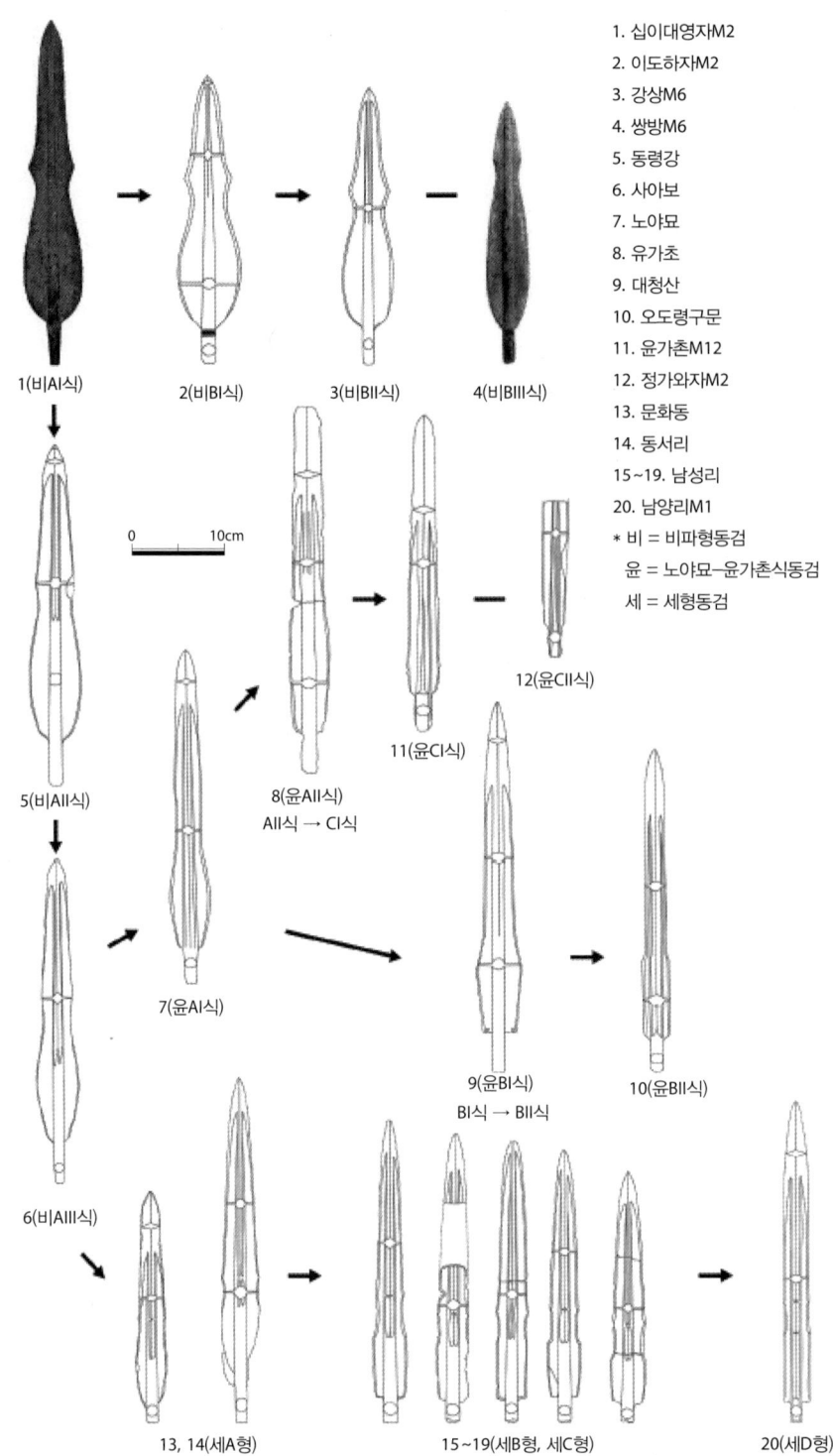

그림 3-12   오강원의 한국식동검 등장 과정(오강원 2020b에서 전재)

서기전 4세기로 설정한 점과 시기적으로 부합하지 않는다. 정가와자 6512호묘 단계에 점토대토기를 부장하지 않았다고 해서 곧 정가와자 전기에는 점토대토기가 전혀 없었다는 것으로 일반화할 수는 없으므로 춘추 말에 요중 지역에 점토대토기가 등장했을 가능성을 생각해볼 수 있다. 이런 여러 상황을 종합하여 필자는 한반도 중서부에서의 원형점토대토기 등장 연대를 서기전 450년 정도로 설정한다.

2. 점토대토기 서북한 경유 전파설 비판

앞서 살폈듯이 한반도 점토대토기의 등장에는 심양을 중심으로 한 요중 지역 점토대토기문화의 영향이 있었다. 정가와자 유적의 청동기들이나, 공주둔 후산 유적의 점토대토기와 주거지 같은 조합이 다른 어느 지역보다 한반도와 큰 유사성을 보이는 것으로 충분히 알 수 있다. 이러한 요중 지역 점토대토기문화가 한반도로 전파된 경로와 관련하여 연구 초기부터 가장 많은 지지를 받은 것이 바로 해로海路이다. 요하와 서해안을 거쳐 서울·경기 등 한반도 중서부지역으로 점토대토기문화가 전파되었다는 것으로 대다수의 연구자가 이에 동의한다. 하지만 이 전파가 요중 지역에서 한반도 중서부지역으로 단번에 이루어졌는지, 서북한을 거쳤는지에 대해서는 이견[15]이 있다.

서북한 경유 전파설은 요중 지역에서 서북한으로 전파된 점토대토기와 관련 문화가 다시 해로를 거쳐 중서부지역으로 들어온다고 보는 입장이다. 이때 중서부지역으로 통하는 해로 외에 원산만을 거쳐 동해안에 이르는 루트도 같이 이용되었을 것으로 본다. 이러한 주장은 평양 남경 3호 주거지 출토품(김용간·석광준 1984)을 근거로 한 것으로 이 주거지에서 출토된 옹을 점토대토기로 본 것이 가장 큰 논거가 된다. 따라서 이 주장의 타당성을 검토하고자 한다면 무엇보다도 먼저 평양 남경 유적에 대해 살필 필요가 있겠다.

---

15 요중지역의 점토대토기문화가 서북한 지역을 경유하였다고 주장하는 대표적인 연구자는 박순발(1993, 2004, 2009)이다.

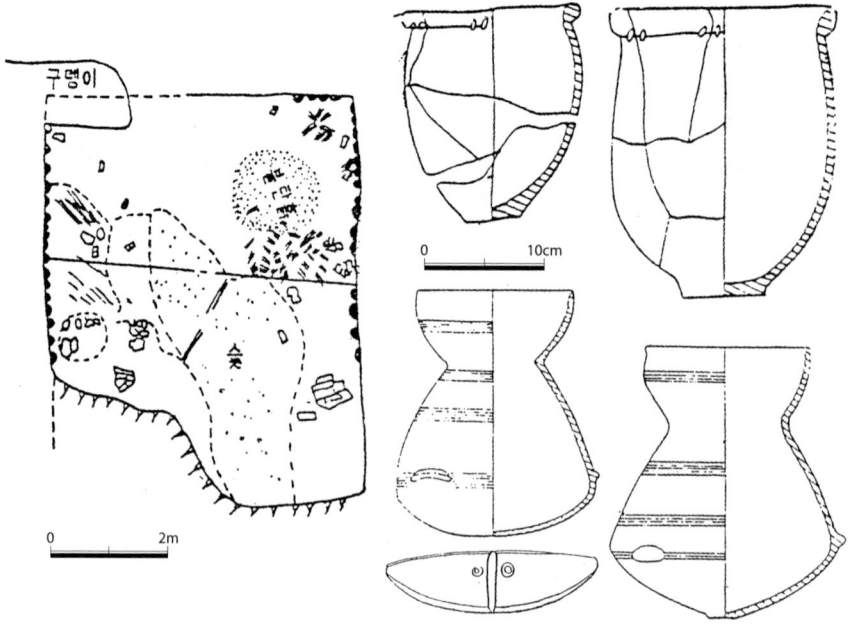

그림 3-13　평양 남경 3호 주거지와 출토유물

    평양 남경 유적은 대동강 하류의 자연제방 위에 입지하는 취락으로 신석기시대와 청동기시대의 주거지가 발굴된 곳이다. 유적의 보고서에서 청동기시대 주거지는 모두 3기로 나누었는데, 2기에 속하는 3·4·5·10·11·16·18·19·35호 9기의 주거지에서 반월형석도半月形石刀를 비롯한 각종 석기와 함께 팽이형토기 30여 점, 미송리형토기 10여 점이 출토되었다. 이 중 3호 주거지와 여기에서 출토된 2점의 토기(그림 3-13)가 국내 여러 연구자들에 의해 주목받았다. 이 토기들은 외견 상 점토대토기와 비슷하며, 특히 1점은 대전 괴정동 유적에서 출토된 점토대토기와 흡사하기 때문이었다. 이런 이유로 남경 3호 주거지 출토 토기를 원형점토대토기로 보는 견해(정한덕 1992; 박순발 1993)도 있지만, 아래와 같은 이유에서 점토대토기가 아닌 팽이형토기로 보아야 한다고 생각한다.

    먼저 남경 3호 주거지에서 출토된 옹의 구연 바깥쪽에 있는 2조의 단사선문短斜線文은 5호나 11호 같이 2기에 속하는 주거지뿐만 아니라 1기와 3기의 여러 주거지 출토품에서도 흔하게 보이는 것이지만, 우리나라 원형점토대토기에서는 찾아볼 수 없는 것이다. 물론 원형점토대토기 중에도 보령 교성리 주거지 출토품처럼 구연에 점토대를 덧붙일 때 손가락 끝으로 강하게 누른 흔적이 남은 경우가 있긴 하지만, 남경 3호 주거지의 옹처럼 2조씩 짝지어 마치 시문施文한 것처럼 꾸민 점토대토기는 없다. 모양도 원형점토대토기의 경우 지두指頭 모양으로 남지만 남경 3호 주거지 출토 옹은 단사선으로 차이가 크다.

한편 남경 유적 청동기시대 주거지의 유물 조합을 살펴보면 1기 → 2기 → 3기의 순서로 순차적으로 변화하는 가운데 2기인 3호 주거지에 전후한 1기와 3기에도 완전한 형태의 팽이형토기가 발견되었다. 뿐만 아니라 1~3기 모두 유경식석촉有莖式石鏃이나 반월형석도半月形石刀 같은 청동기시대의 전형적인 석기 조합이 출토되었다. 2기 주거지의 성격이 1기와 3기 주거지와의 연속선상에서 일관성을 보이는 것이다. 따라서 3호 주거지에서 출토된 토기 역시 1기와 3기의 토기와 마찬가지로 팽이형토기로 보아야 할 것이며, 이 경우 3호 주거지의 점토대토기를 핵심 근거로 삼았던 원형점토대토기문화의 서북한 경유 주장은 설득력을 잃게 된다. 서북한 지역에서는 영변 세죽리 유적 출토품과 같이 이중구연토기의 일종으로 보이는 토기들이 종종 출토되기 때문에 남경 3호 주거지 출토품을 이런 맥락에서 이해할 여지도 있겠지만, 팽이형토기로 보든 이중구연토기의 일종으로 보든 한반도 등장기의 원형점토대토기와 다른 것은 마찬가지이다. 더불어 만약 평양을 경유한 점토대토기문화가 중서부 지역으로 유입되었다면 남양주 수석리 같은 등장기의 주거지와 출토품은 요중보다 서북한과 비슷해야 할 것이지만 지금까지 이를 뒷받침할 증거는 어디에서도 확인되지 않았다.

이와 함께 점토대토기문화가 서북한에서 원산만을 거쳐 동해안으로도 전파되었다는 주장과 관련하여, 남경 3호 주거지와 양양 지리 유적(강릉대박물관 2001)의 관련성이 이야기되기도 한다. 양자의 주거지 평면 형태 및 출토 유물의 유사성을 근거로 한 것인데, 특히 3호 주거지의 석기가 지리 유적에서 점토대토기와 공반된 석기조합과 유사하다는 지적(이숙임 2003)은 타당하다. 그럼에도 불구하고 양양 지리 유적의 방형계 주거지라든지 주형석도舟形石刀, 일단경식석촉一段莖式石鏃과 역자식편평석촉逆刺式扁平石鏃은 영동지역 청동기시대 중기의 포월리 단계에서 흔히 찾아볼 수 있는 조합(박영구 2010)이기 때문에 양 지역의 문화 전파를 보여주는 결정적인 근거로 보기 어렵다. 나아가 지리 유적의 유물 중 점토대토기만 포월리 단계의 것이 아님을 감안하면, 재지계인 포월리 유형이 외래계인 점토대토기를 받아들인 결과로 해석(이형원 2005)하는 편이 좋겠다.

설사 남경 3호 주거지 출토 이중구연의 옹을 점토대토기라고 하더라도 압록강 하류나 원산만 일대에는 점토대토기가 없기 때문에 서북한에서 원산만과 동해안을 따라 영동지역으로 전파되었다고 파악하기에는 무리가 있다.

이상에서 살핀 것과 같은 이유로 필자는 평양 남경 3호 주거지에서 출토된 이중구연의 옹을 점토대토기가 아니라 팽이형토기로 판단한다. 따라서 남경 3호 주거지에서 점토대토기가 출토되었음을 근거로 한 점토대토기 서북한 경유 전파, 즉 '요하유역 → 압록강하류 → 대동강유역 → 서울·경기 및 원산만 → 영동'이라는 전파루트를 지지하지 않는다. 점토대토기문화는 요중에서 해로를 거쳐 한반도 중서부지역에 곧장 도달하였으며, 여기에서 한 번 지역화한 이후 한반도 각지와 제주도 및 일본열도로 다시 파급되었다고 보는 입장이다. 이러한 견해에 기초하여 한반도 중서부 지역으로 들어온 점토대토기문화가 어떻게 전개되어 갔는지를 살펴보겠다.

3. 한반도 중서부 점토대토기문화의 전개

환상파수부장경호나 유뉴가 붙은 점토대토기와 석기의 공반 양상 등으로 보아 한반도에서 점토대토기가 가장 먼저 등장한 곳은 서울·경기와 충청남도를 중심으로 한 중서부 지역이다. 점토대토기는 남양주 수석리(김원용 1966)나 안성 반제리(중원문화재연구원 2007) 등 생활 유적에서도 출토되지만, 평저장경호 平底長頸壺와 함께 이 시기 대표 부장 토기로서 분묘에서도 출토 사례가 많다. 중서부 지역은 한국식동검과 각종 청동의기가 등장한 후 가장 번성하는 곳이기도 한데, 수량이 적기는 해도 등장기의 전국식 철기까지 확인되므로 한반도의 다른 곳보다 점토대토기의 등장과 전개 과정을 파악하기에 가장 적합한 곳이 된다.

따라서 여기에서는 생활 유적과 분묘를 포함하여 먼저 중서부 지역을 중심으로 점토대토기문화의 등장에서 소멸까지의 과정을 단계별로 살펴보겠다. 이후 각 단계별 연대를 설정하고, 마지막으로 한반도와 일본열도로의 확산 과정을 개관하겠다. 논지의 전개는 원형점토대토기와 함께 출토되는 주요 유물의 발생 순서에 의한 유물 조합을 근거로 삼는다.

1) 주요 유물의 발생순서 검토

중서부 지역에서 점토대토기와 공반하는 토기는 평저장경호(이하 장경호), 파수부장경호把手附長頸壺와 두형토기豆形土器가 대표적이다. 이외에도 단경소호短頸小壺나 발鉢도 있다. 거울로는 다뉴조문경多鈕粗文鏡, 다뉴정문경多鈕精文鏡과 한경漢鏡이 있고, 한국식동검의 포함한 청동무기와 청동의기靑銅儀器 그리고 유구석부有溝石斧 등의 석기도 확인된다. 나아가 서기전 3세기가 되면 초기철기가 출토되기도 한다. 이 유물들의 편년에 대해서는 이미 여러 연구자들의 선행 연구가 있었다. 그런데 개별 유물의 편년 연구라는 것은 정치한 형식 설정에 기초할 수밖에 없는데, 정치한 형식 설정은 그 외 공반 유물의 형식 변화와 부합하지 않는 경우가 많다는 맹점이 있다. 특히 청동기의 형식 설정과 이에 근거한 편년은 대다수의 청동기 비공반 유물의 편년 연구에 적용할 수 없다는 한계도 명확하다. 따라서 본서에서는 아래와 같은 주요 유물의 변화와 그 조합만을 기준으로 점토대토기의 단계를 설정하겠다. 특히 파수는 외견상은 환상이라 하더라도 실제로는 두 개의 우각형牛角形 파수를 연결하여 만든 사례들이 더러 있는데, 어떤 경우는 연결 흔적이 명확히 보이기도 하고, 또 어떤 경우는 먼저 환상파수 형태로 만든 이후 토기에 부착한 것도 있어서 분별이 명확하지 않다. 따라서 파수의 제작기법은 고려하지 않고 형태만을 고려하였다.

- 주요 유물의 발생순서
  ① 토기
  - 점토대토기: 원형점토대토기 → 삼각형점토대토기 → 홑구연토기
  - 파수: 환상環狀 파수 → 조합우각형組合牛角形 파수 → 봉상棒狀 파수
  - 두형토기 대각: 단각短脚 → 공심空芯 장각長脚 → 실심實芯 장각長脚
  ② 동경: 조문경 → 3구식 정문경 → 2구식 정문경 → 한경
  ③ 청동기: 한국식동검 미공반 → 동검·방패형동기 → 동검·동과(→ 동검·동령류[16])

---

[16] 동령류는 점토대토기 등 토기와 공반한 경우가 거의 없어서 발생 시점과 단계를 명확하게 설정할 수 없다. 각 유물의 형식학적 변천과 조합으로 미루어 볼 수밖에 없는데,

④ 석기: 유구석부, 석도 미공반 → 공반

2) 단계 설정

위에서 제시한 주요 유물의 발생 순서를 기준으로 유물 조합과 공반 유물 양상을 분석할 때, 중서부지역 점토대토기문화는 5단계로 나눌 수 있다. 여기에서는 각 단계별 주요 유적과 특징을 개관함으로써 중서부지역 점토대토기문화의 등장에서부터 소멸에 이르기까지의 전체 과정을 개관하겠다.

(1) Ⅰ단계[17]

한반도에 점토대토기문화가 등장하는 시기이다. 현재 확실하게 Ⅰ단계로 볼 수 있는 곳은 남양주 수석리 유적이 유일하기 때문에 한강 유역을 포함한 중서부 해안 지역이 점토대토기의 최초 도래지일 가능성이 높다. 중서부 지역 외에 다른 지역으로는 아직 파급되지 않은 단계이다. 원형점토대토기·환상파수부장경호와 삼각형석촉 등이 나타나지만, 유구석부와 석도는 출토되지 않는다. 수석리 유적은 한강 변의 독립 언덕에 위치하는데, 주변 세력과의 마찰을 우려한 방어적 성격의 입지인 것으로 보이며 분묘의 존재 여부는 명확하지 않다.

수석리 유적 3호 주거지에서 출토된 환상파수부장경호(**그림 3-14-4**)와 관련하여, 환상의 파수를 만든 후 장경호에 붙인 것이 아니라 두 개의 우각형파수를 각각 장경호에 붙인 다음 끝을 접합하여 환상으로 보이게 조정했음을 지적한 연구(이창희 2004b)가 주목된다. 즉 일체식이 아닌 조합식 파수라는 것인데, 위에서 보면 삼각형이 되는 전형적인 조합식우각형파수와 달리 이 장경호의 파수는 윗면의 접합 흔적을 지워서 환상으로 보이게 한 점이 다르며, 밑면은 따로

그렇다 하더라도 동과 중심의 청동기나 등장기 초기철기를 부장한 무덤과의 선후관계는 확실하게 알기 어렵다.

17 유물 조합만으로 1단계와 2단계를 명확하게 구별하기는 힘들며, 2단계로 설정한 유적 중 일부 유구는 1단계에 속할 가능성도 충분하다. 그럼에도 불구하고 외래문화의 전파 및 정착이라는 개념적 측면에서 볼 때, 점토대토기가 처음 전래되어 아직 재지문화와 교류하지 않은 단계를 별도로 설정할 필요가 있다.

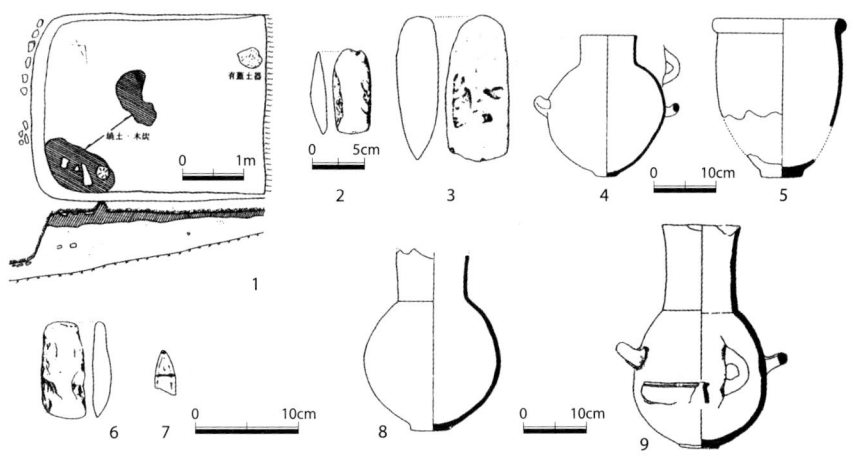

그림 3-14 중서부지역 Ⅰ단계

1~5: 남양주 수석리 3호 주거지 ｜ 6~8: 同 6호 주거지 ｜ 9: 백령도

정면을 하지 않았기 때문에 2개의 우각형파수를 연결한 흔적이 명확하게 확인된다고 하였다. 더불어 외견상 환상이지만 실제로는 두 개의 우각형파수를 붙여 제작한 또 다른 사례로 이 장에서 Ⅱ단계로 설정할 안성 반제리 유적(중원문화재연구원 2007) 21호 주거지의 파수부호(**그림 3-15-9**)를 들었다. 나아가 현재 통용하고 있는 용어인 '환상파수'는 파수의 모양만을 지칭한 것인데 비해 '조합식 우각형파수'는 모양과 제작방법이 복합된 용어로서 명명 원칙에 통일성이 없다는 점을 지적하면서 우각형파수를 환상으로 연결한 위의 사례들을 근거로 그 명칭을 '조합식 환상파수'로 바꾸어 부를 것을 제안(이창희 2004b)하였다.

환상파수는 많은 연구자들이 일체형으로 제작한 이후 토기에 부착했다고 막연하게 생각해 오던 것이다. 이와 달리 원형점토대토기 단계의 환상파수와 조합식우각형파수는 공통적으로 2개의 우각형파수를 조합하여 만드는 방식으로서 양자의 차이는 조합한 파수의 외면 접합흔적을 잘 지워서 '환상'으로 보이게 조정했는가, 아니면 끝이 맞닿은 상태로 두었는가의 문제라고 본 이창희의 견해는 설득력이 있다. 하지만 실제 유물을 대상으로 '조합식 환상파수'와 '조합식 우각형파수'를 명확하게 구분하기는 쉽지 않다. 예컨대, 안성 반제리 21호 주거지의 파수부호(**그림 3-15-9**)와 공반된 또 다른 파수부호에 대해 보고서에서는 조합식우각형파수라고 서술하였지만 이창희는 이것 역시 '조합식 환상파수'

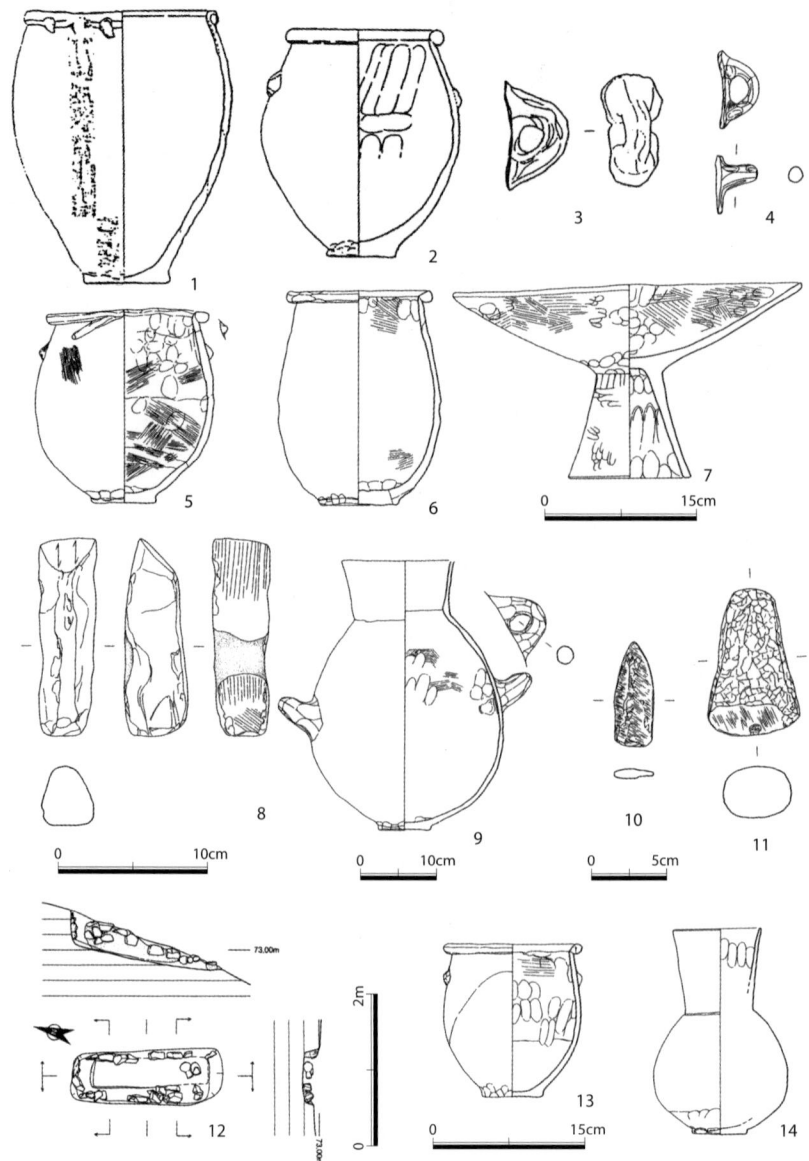

그림 3-15 중서부지역 Ⅱ단계

1~3: 보령 교성리 6호 주거지 | 4·5: 안성 반제리 초기철기시대[18] 9호주거지 | 6·7: 同 13호 주거지
8: 同 14호 주거지 | 9: 同 21호 주거지 | 10·11: 同 26호 주거지 | 12~14: 同 2호묘

---

18 Ⅱ장에서 밝혔듯이 필자는 더 이상 초기철기시대라는 시대명을 지지하지는 않지만 이미 많은 보고서에서 '초기철기시대 ×호 주거지'처럼 기재한 경우가 있다. 혼란을 피하기 위해 보고서의 명칭을 그대로 옮겨 적었다.

로 인식하고 있어 같은 유물이라도 연구자에 따라 다르게 분류되는 경우가 있다. 뿐만 아니라 '조합식 환상파수'의 범주에 포함되지 못하는 환상파수들도 있어서 문제가 더욱 복잡해진다. 보성 교성리 6호(국립부여박물관 1987)와 반제리 9호 주거지에서 출토된 환상파수(그림 3-15-3, 4)는 조합의 흔적이 전혀 없어 애초부터 일체식 환상파수로 만들어 부착하였음을 짐작케 하는 것이다.[19] 이러한 여러 문제들을 고려하면, 제작 방법에 의한 '일체식'과 '조합식'의 구분보다 외형을 기준으로 '환상'인가 '삼각형'인가를 구분하는 것이 좀 더 설득력이 있겠다. 대부분의 연구자들이 수석리 3호 주거지 출토품을 '환상파수부장경호'로 명명하고 있는 것이나, 나카무라 다이스케 中村大介(2008)가 백령도, 수석리, 반제리 유적에서 출토된 장경호를 '환상파수'와 '환상계 파수'로 묶어 동일한 계통으로 인지한 것 역시 외형에 의한 파수 형식 구분이라는 관점을 취하였기 때문이며, 필자 또한 제작 기법보다 외형이 이 시기의 파수를 구분하는 더 중요한 속성이라고 생각한다.

(2) Ⅱ단계

Ⅰ단계에 등장한 점토대토기문화가 재지문화와 접변하기 시작하는 단계이다. 점토대토기는 환상파수와 조합우각형파수부장경호, 그리고 단각과 공심 장각 두형토기와 공반된다. 이 단계부터 유구석부 같은 재지계 석기가 보이기 시작하며 한국식동검은 아직 등장하지 않았다. 대표적인 유적으로는 보령 교성리 유적과 안성 반제리 유적이 있다. 이 유적들은 Ⅰ단계와 마찬가지로 여전히 주변보다 높은 고지에 위치하는데, 주변 재지 집단과의 마찰을 고려한 입지선정이 지속되었던 것으로 이해할 수 있겠다.

이 단계에는 점토대토기를 부장한 무덤이 등장하기도 했는데, 군집하지 않고 3기 이하만 확인되는 특징을 보인다. 안성 반제리 유적의 경우 적석이 없는 분묘 3기가 발굴되었는데, 매장주체부 주위에서 충전석이 확인되었고, 일부에서 목재 木材 흔적도 있는 점 등으로 미루어 조립식 組立式 상형목관 箱形木棺이 있었

---

[19] 환상파수 중에는 파수를 동체에 부착하면서 생긴 세로방향의 주름이 있는 것도 있다. 이런 경우는 명확하게 일체형으로 제작한 것으로 볼 수 있다.

음을 알 수 있다. 아산 매곡리 다2-1호묘(중앙문화재연구원 2018b) 또한 조립식 목관을 사용한 것으로 추정된다. 점토대토기는 출토되지 않았지만, 무덤의 형태와 부장된 청동기(선형동부扇形銅斧, 동사銅鉈, 동착銅鑿)의 형식으로 보아 안성 반제리 유적과 같은 단계인 Ⅱ단계로 분류할 수 있다.

(3) Ⅲ단계

한국식동검이 등장한 시기이다. 중서부지역에서 환상파수부장경호는 보이지 않으며, 원형점토대토기, 조합식우각형파수, 한국식동검, 다뉴경, 유구석부의 유물조합이 등장하여 청동기시대 후기 물질문화의 전형典型을 이룬다. 사례가 많지는 않지만 부여 구봉리 유적처럼 단경소호를 부장한 무덤도 있다.[20] 이런 물질문화는 한반도 남부와 일본 규슈九州로도 파급된다. 대표 유적으로 서울 응봉·아차산, 대전 괴정동(이은창 1968), 아산 남성리(한병삼·이건무 1977), 예산 동서리(지건길 1978), 부여 구봉리(이강승 1987) 유적 등을 들 수 있다. 이 유적들은 청동기의 조합에 의해 다시 방패형동기·검파형동기 중심의 괴정동·남성리 유적 단계(Ⅲa)와 동모·동과 중심의 구봉리 유적 단계(Ⅲb)로 세분된다. '전傳 논산 청동방울 일괄(국보 제146호)'이나 '전傳 덕산 청동방울 일괄(국보 제255호)' 같은 동령 중심의 유물 조합은 확실한 시기를 가늠하기 어렵다. 이전에는 주로 Ⅲ단계에 해당하는 것으로만 이야기되었다. Ⅲ단계 중에서도 구봉리 유적 단계와 평행하는 의기 중심의 유적일 수도 있지만, 초기철기가 등장하는 시기까지 연대를 내려 볼 수도 있다고 생각한다.

Ⅱ단계에는 안성 반제리나 아산 매곡리 유적의 분묘를 제외하면 대부분이 생활 유적이었는데, Ⅲ단계부터는 생활 유적의 조사 사례가 적고 무덤의 사례가 급증한다. 이것은 Ⅱ단계 유적이 대체로 비고比高가 높은 산의 정상부 등 주변집단과의 마찰을 염두에 둔 입지 선정을 우선시했던 것에 비해 Ⅲ단계에는 주변집단과의 마찰을 고려하지 않아도 되는 여건이 조성되어 취락의 입지가 미고지微高地나 선상지扇狀地 또는 충적대지沖積臺地로 이동하였기 때문으로 보인

---

20 단경소호와 같은 토기를 부장한 무덤은 Ⅳ단계에 가까운 시기로 추정되며, 이에 대해서는 Ⅵ장에서 자세히 살펴보겠다.

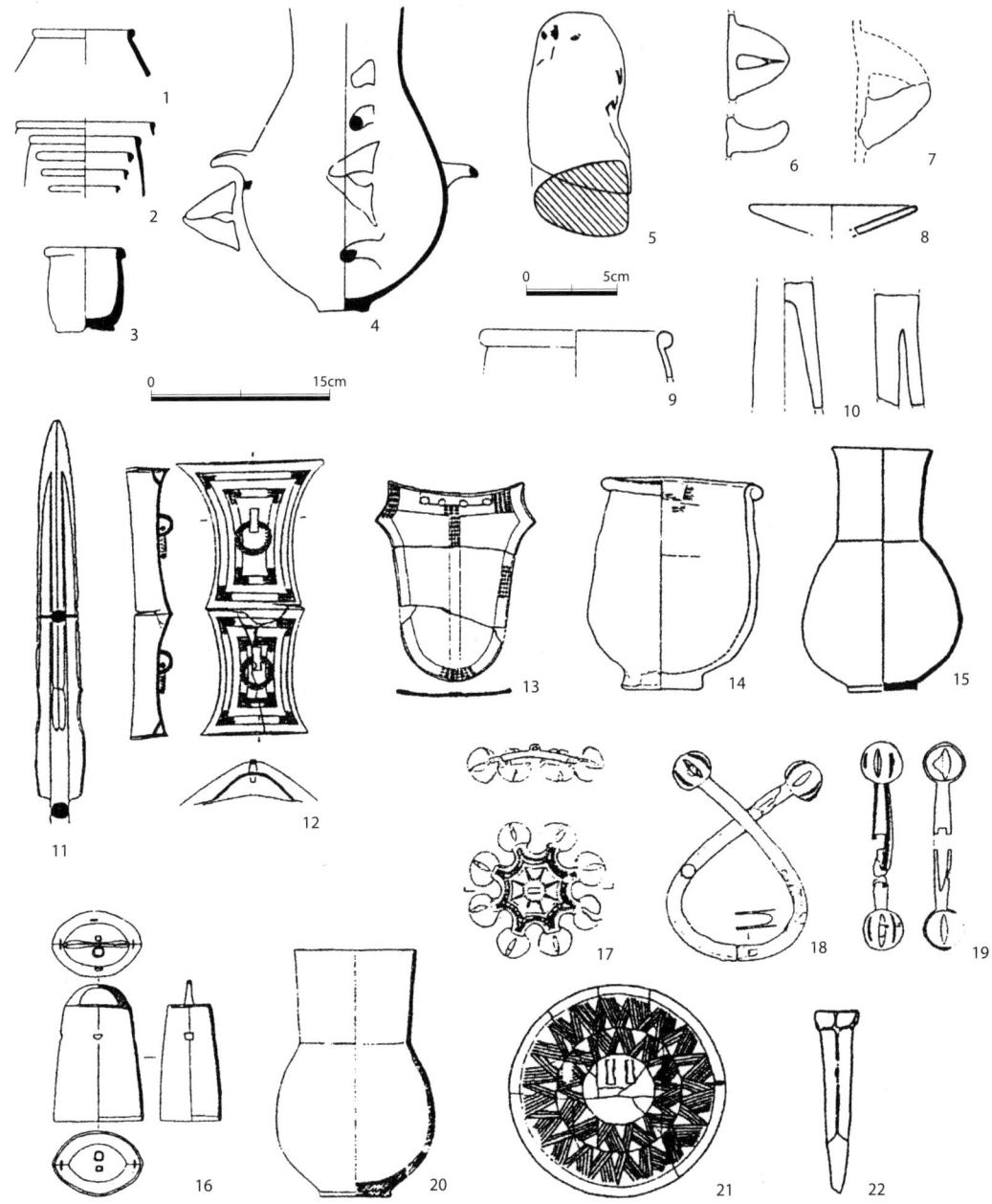

그림 3-16 중서부지역 Ⅲ단계

1~5: 서울 응봉 | 6~10: 서울 아차산 | 11~16: 대전 괴정동 | 17~19: 傳 논산 | 20~22: 아산 남성리

*단, 傳 논산은 Ⅳ단계일 가능성도 있음

다. 고지성 취락이라는 입지 선정이 더 이상 필요하지 않게 된 것으로 추정되며, 일례로 전라북도 완주 덕동 유적에서는 무덤과 혼재하는 미고지 입지의 주거지가 보고되기도 하였다. 취락의 입지 변화로 후대의 파괴나 교란 가능성이 높아지게 되어 생활유적 조사 사례가 적어지게 된 것으로 생각된다.

 Ⅲ단계의 분묘 또한 3기 이하의 소수로 확인된다. 대전 괴정동이나 아산 남성리 유적과 같은 적석목관묘가 등장하여 유행하지만, 이전 단계의 조립식 상형목관묘나 충전석이 없는 목관묘도 여전히 축조된다.

(4) Ⅳ단계

 중서부 지역에서는 많이 확인되지 않았지만, 전라북도에서는 군집목관묘를 중심으로 초기철기가 등장하고 2구식 정문경이 유행하며, 삼각형점토대토기가 발생하는 단계이다. 새롭게 철기문화가 등장하기는 했지만, 아직은 그 수량이 적고 종류 또한 한정적이어서 중서부 지역의 한국식동검문화는 여전히 성행한다. 새롭게 등장한 초기철기문화는 전주와 완주 일대의 만경강 유역에서 집중적으로 확인된다. 이 무렵의 초기철기문화는 출토된 철기의 양상을 기준으로 연燕의 철기가 곧바로 이입되는 완주 갈동 3호묘 단계(1기)와 공부에 단이 있는 주조철부 등 재지계 철기가 생산되는 부여 합송리, 장수 남양리 유적 단계(2기)로 나눌 수 있다(김상민 2012).

 중서부 지역에서는 당진 소소리 유적과 부여 구봉리 유적에서 초기철기가 출토되었다. 또 안성 만정리(경기문화재연구원 2009)와 공주 수촌리(충청남도역사문화원 2007)에서도 철기가 확인되기는 했지만, 전국식 철기는 아니다. 한편 일산 가와지 유적 및 시흥 오이도 유적과 같은 중서부해안지역에서 삼각형점토대토기와 함께 명사리식 토기(봉상파수부호)가 출토되는 유적도 있다. 하지만 이 유적들의 명사리식 토기는 광주 신창동이나 사천 늑도 유적(부산대학교박물관 1989)의 예처럼 옹관으로 발견되지는 않으며, 모두 생활용 토기이다. 예외적으로 서산 예천동 유적(백제문화재연구원 2012)에서만 유일하게 삼각형점토대토기와 명사리식 토기를 횡치한 명사리식 옹관묘가 확인된 바 있다.

 대규모 취락은 알려진 바가 없으며, 분묘는 여전히 3기 이하로 조성된다. 전라북도와 달리 군집 목관묘를 조영하지 않았지만, 논산 원북리에서는 예외적

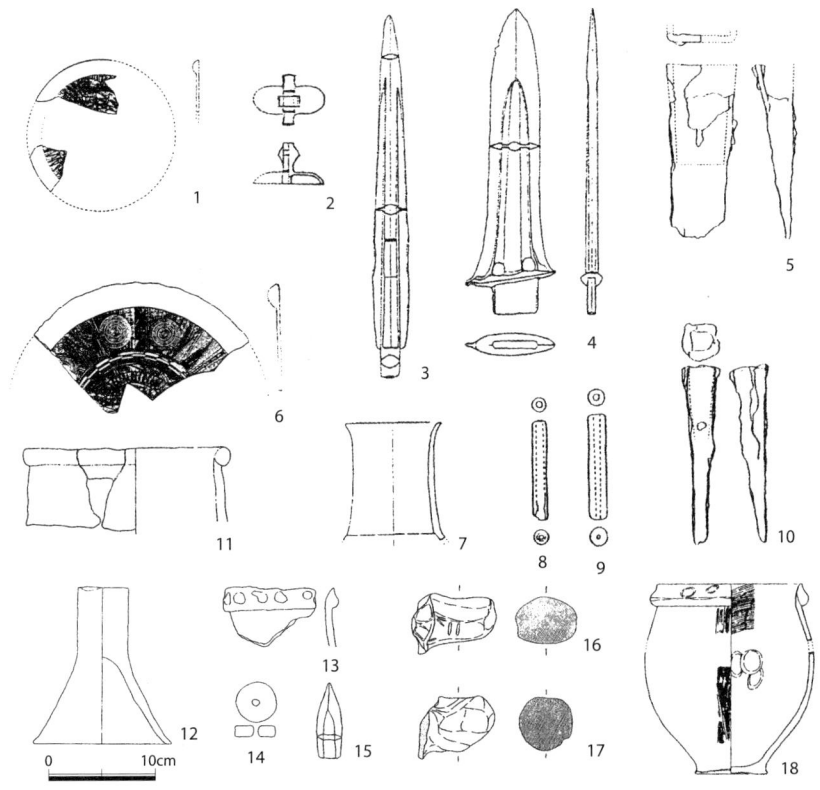

그림 3-17 중서부지역 Ⅳ단계
1~10: 당진 소소리 | 11~17: 일산 가와지 | 18: 시흥 오이도

으로 군집 목관묘가 확인되었다. 한편, 만정리 유적의 6지점 초기철기시대 1호 토광묘는 토층에서 충전토充塡土가 확인되었는데, 충전토 내부에 점토대토기와 평저장경호가 부장된 것으로 보아 조립식 목관을 사용하였을 가능성을 생각해 볼 수 있다.

(5) Ⅴ단계

점토대토기 외에 새로운 와질토기와 함께 다양한 한식漢式 부장품이 나타나는 시기이다. 중서부 지역에서는 잘 확인되지 않지만 진·변한에서는 군집 목관묘 내에서 주변 목관묘에 비해 부장품의 양과 질이 월등한 유력 개인묘가 등장하며, 대표적으로 창원 다호리 1호묘, 경주 조양동 38호묘, 경주 탑동 1호묘, 경산 양지리 1호묘와 영천 용전리 무덤 등이 있다. 이 무덤들에는 공통적으로

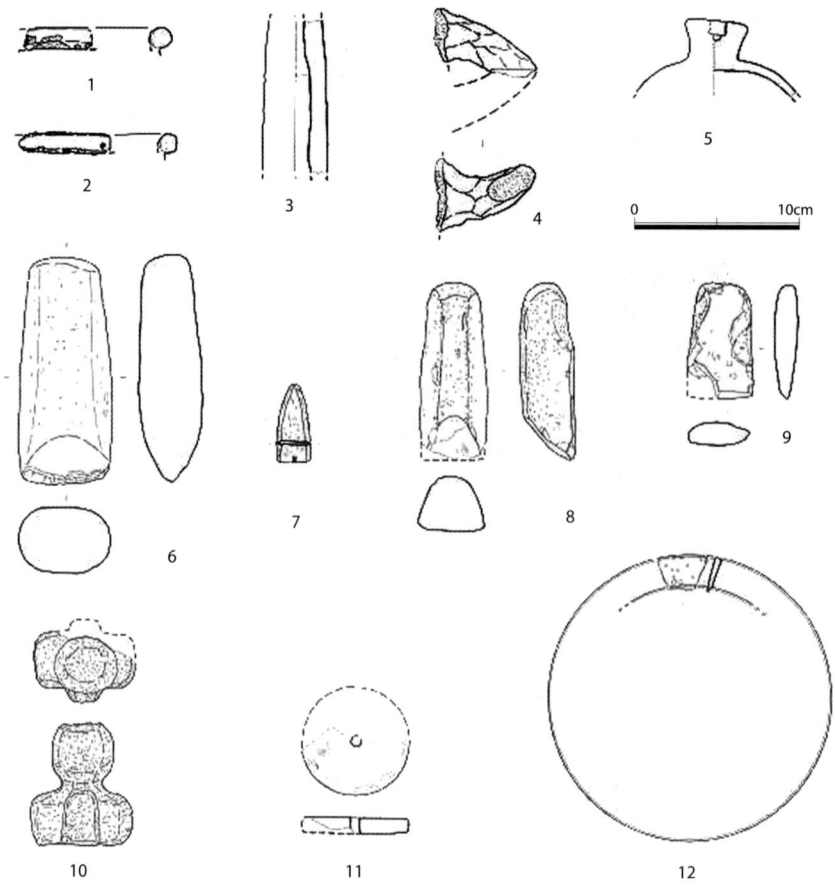

그림 3-18 중서부지역 Ⅴ단계(파주 독서리)

다수의 철기와 함께 와질토기가 부장되는데, 토기 제작 기술의 혁신으로 기존의 무문토기를 개량하여 만든 와질토기가 등장하였다는 점이 Ⅴ단계의 핵심적인 기준 요소가 된다. 이때부터 기존 삼각형점토대토기 단계의 대표 기종인 주머니호, (점토대)옹, 조합우각형파수부장경호 등이 와질토기로 변화하게 된다.

이와 더불어 한식 청동기도 등장하는데, 대표적인 것이 한경漢鏡과 단면 삼각형동촉이다. 성운문경星雲文鏡과 일광경日光鏡, 소명경昭明鏡 등의 한경은 진한과 변한의 군집 목관묘에서 출토된 사례가 많다. 부산대학교 고고학과가 조사한 김해 회현리 패총(부산대학교고고학과 2002)에서는 훼룡문경편이 출토되기도 하였다. 중서부 지역 중에는 파주 독서리에서 주연부의 폭이 약 1.8cm에 이르는 한경 편(국립중앙박물관 2010)이 채집된 바 있는데, 형태로 보아 훼룡문경虺龍文

鏡이나 연호문경連弧文鏡의 편으로 보인다. 단면 삼각형동촉의 경우 시흥 오이도 유적에서 삼각형점토대토기와 함께 출토된 것이 있으며, 이외에 가평 대성리, 인천 운북동, 인천 운남동 유적 등에서도 확인되었다. 비록 출토 사례가 많지는 않지만 중서부 지역으로도 한계漢系 유물이 유입되었음을 알 수 있다.

이상에서 살펴본 바와 같이 점토대토기문화는 중서부 지역에 처음 등장한 시기부터 한국식동검과 공반한 것은 아니었으며, 처음 한동안은 재지 세력과의 갈등을 피해 고지성 취락을 만들어야 했다. 하지만 Ⅲ단계에 이르면 재지 사회보다 확실한 우위에 서게 되어 한국식동검문화와 적석목관묘가 발달하게 되고, Ⅳ단계에서는 초기철기문화의 수용까지 이어진다. 하지만 이후 Ⅴ단계에 중도식 토기나 와질토기문화를 가진 집단과 병존·대립하면서 서서히 동화된 것으로 추정된다.

3) 단계별 연대 추정

중서부지역을 중심으로 측정된 탄소연대측정치와 중국 동북지역의 문화변동을 함께 고려하여 앞서 설정한 각 단계의 연대를 추정하겠다. 다음의 **표 3-1**은 앞서 나눈 단계별 주요 유적의 연대측정자료다. 시료는 모두 목탄이며 완주 갈동 3호묘의 시료 한 점만 분묘에 부장한 화살대이다.

측정치를 검토하기 전에 먼저 AMS의 오차가능성에 대해 살펴보겠다. AMS 측정 연대는 있는 그대로 신뢰할 수 없는데, 대기 중의 C14의 농도가 항상 일정하지 않고 변화를 보이기 때문이다. 따라서 보정곡선(**그림 3-19**)에 의거하여 측정된 수치를 절대연대로 보정해야 한다. 절대연대로의 보정을 위한 국제표준 데이터베이스로서 많이 이용되고 있는 국제보정곡선, 즉 IntCal은 구미산歐美産 목재木材의 연륜자료年輪資料를 이용한 약 11,800년 전까지의 측정 데이터를 포함하고 있다. 보정곡선으로 연대를 다시 구하더라도 오차의 가능성은 남아있다. 대표적인 이유로 '고목효과古木效果'와 '해양 리저버 효과'가 있다(春成秀彌·今村峯雄 編著 2004).

'고목효과'란 탄화목炭化木과 같은 목탄에 존재하는 탄소로 연대를 측정할 때, 탄화가 일어났던 시점과 목재의 벌채 시점의 시차로 인해 오차가 발생하는

표 3-1 중서부지역 Ⅰ~Ⅳ단계의 AMS연대

유적	유구	측정방법	측정기관	측정치 (BP)	눈금맞춤연대 (Cal BC)	단계/출전
남양주 수석리	3호주거지	C14	미시간대	2230±280		Ⅰ단계/김원용 1969
	3호주거지	C14	미시간대	2340±120		
안성 반제리 주거지	청동기시대 4호	AMS	서울대	2900±40 BP	1070 BC	Ⅱ단계/ 중원문화재연구원 2007
	청동기시대 5호			3020±80 BP	1260 BC	
	초기철기시대 2호			3100±80 BP	1365 BC	
	초기철기시대 11호			2360±50 BP	450 BC	
	초기철기시대 12호			2650±40 BP	814 BC	
	초기철기시대 14호			2580±80 BP	790 또는 620	
	초기철기시대 15호			2710±60 BP	855 BC	
	초기철기시대 17호			2520±60 BP	760 또는 620	
	초기철기시대 19호			2530±40 BP	830, 680또는 590	
	초기철기시대 20호			2550±80 BP	780 또는 620	
	초기철기시대 21호			2530±40 BP	660 BC	
	초기철기시대 23호			2570±80 BP	790 또는 610	
	초기철기시대 26호			2620±50 BP	798	
	초기철기시대 37호			3070±120 BP	1480 또는 1285	
	초기철기시대 39호			2370±40 BP	450 BC	
	초기철기시대 44호			2210±40 BP	265BC	
	초기철기시대 45호			2750±40 BP	875 BC	
	초기철기시대 51호			2530±60 BP	620 BC	
	초기철기시대 56호			2780±80 BP	920 BC	
	초기철기시대 58호			2510±80 BP	660 BC	
	초기철기시대 60호			2450±80 BP	600 BC	
	초기철기시대 63호			2500±60 BP	655 BC	
	초기철기시대 69호			2540±40 BP	780 또는 610	
	초기철기시대 70호			2560±80 BP	780 또는 620	
	초기철기시대 72호			2540±50 BP	655	
강릉 방동리	B-1 주거지	AMS	서울대	2510±50	640	Ⅲ단계/ 강원문화재연구소 2007
	C-1 주거지			2450±60	590	
	C-2 주거지			2320±60	380	
	C-6 주거지			2310±60	350	
	C-7 주거지			2600±60	720	
	C-8 주거지			2440±60	590	
금산 수당리	M-1	C14	Beta	2450±50	525	Ⅲ단계/ 충남대학교백제연구소 2002

유적	유구	측정 방법	측정기관	측정치 (BP)	눈금맞춤연대 (Cal BC)	단계/출전
원주 법천리	22호 주거지	AMS	서울대	2370±30	455	Ⅲ단계/ 국립중앙박물관 2002
용인 대덕골	2호 수혈			2550±60	780 또는 615	Ⅲ단계/ 기전문화재연구원 2003
	4호 수혈			2640±60	830	
수원 율전동	2호 수혈			2780±40	920	Ⅲ단계/ 기전문화재연구원 2004
	4호 수혈			2520±40	780 또는 600	
수원 율전동 Ⅱ	3호 수혈			2470±40	730 또는 640 또는 560	Ⅲ단계/ 기전문화재연구원 2005
				2510±50	770 또는 620	
				2410±80	720 또는 470	
	4호 수혈			2450±50	700 또는 480	
강릉 송림리	5호 주거지			2460±30	585	Ⅲ단계/ 한림대학교박물관 2003
	12호 주거지			2850±60	1055	
완주 갈동	3호묘	AMS	서울대	2180±60	320 또는 210	Ⅳ단계/ 호남문화재연구원 2005
	구상유구			2540±80	780 또는 620	
	1호 수혈			2650±60	800	
	2호 수혈			2590±80	800 또는 620	

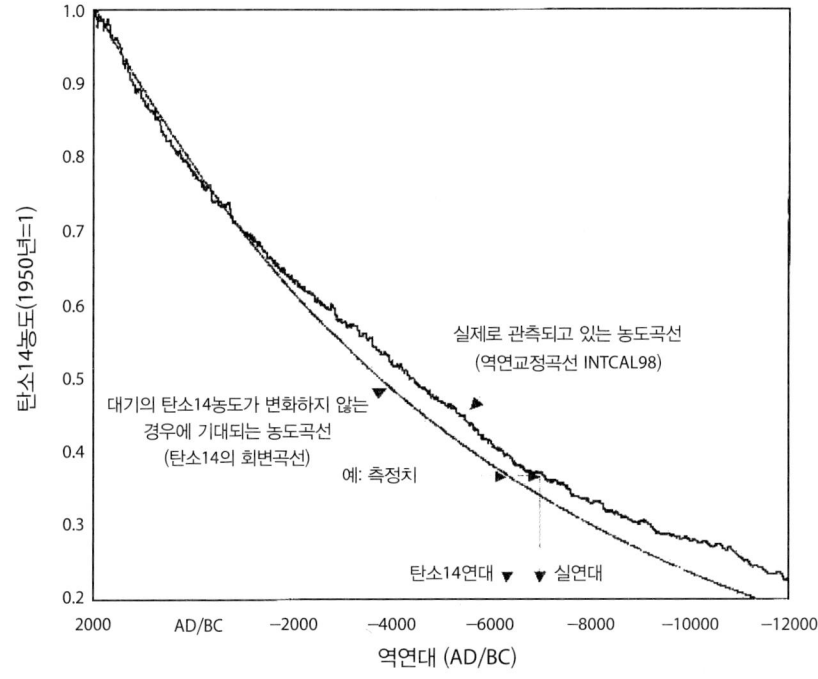

그림 3-19 측정연대와 보정연대(藤尾愼一郞 2004에서 전재)

현상을 말한다. 심재心材에서 시료를 채취할 경우 나이테만큼 오래된 연대가 검출되고, 목재는 소실燒失되지 않는 이상 몇 번이고 다시 사용할 수 있기 때문에 연대 측정 시료로서의 가치가 떨어진다. 당연히 주거지의 목탄을 시료로 한 측정치는 그 주거지의 실제 연대보다 오래된 측정치를 보일 수밖에 없다. 목재를 벌채한 후 곧장 주거지 조성에 사용하였다 하더라도 주거지가 폐기될 때 사용하고 있던 토기의 형식과 목재의 벌채 시점 사이에는 주거지의 존속 기간만큼의 시차가 존재하기 때문에, 목재에서 측정한 연대는 우리가 주목하는 "토기의 연대"와 차이를 보일 수밖에 없다. 이런 문제점 때문에 일본 국립역사민속박물관의 연대측정(藤尾慎一郎 2004)에서는 기본적으로 주거지에서 출토된 목탄을 AMS의 시료로 선택하지 않았다. 더불어 연대 측정을 통한 기년의 도출이라는 것이 고고학 연구에서는 유구에서 출토된 유물의 연대를 추정하는 것과 다름없기 때문에 토기 자체를 시료로 사용하는 것을 선호했다. 조리 시의 눌어붙은 흔적이나 끓어서 넘친 흔적이 대표적이다. 그 외에 장작의 연소로 붙은 토기의 그을음, 논의 말뚝, 탄화미, 칠도 분석의 대상으로 사용하기도 했지만, 장작 벌채 시점과의 시차, 출토상황의 엄밀성 보장, 토층 중의 이동가능성, 출토예의 희소성 때문에 사용한 사례가 많지는 않다.

목탄을 시료로 택하지 않더라도 '해양 리저버 효과'에 의해서도 오차가 발생할 수 있다. 해양표면 수십m에서 100m 사이의 해양표층수는 대기와 끊임없이 이산화탄소를 주고받고 있기 때문에 대기에 가까운 C14 농도를 지니고 있는 것에 비해 중층과 심층의 해수는 C14의 괴변壞變으로 인해 대기에 비해 농도가 10~20% 정도 낮다. 그런데 해양 전체는 아주 느리지만 순환 이동하고 있으므로 중층과 심층 해수의 일부가 표층수로 혼입될 수밖에 없고, 이로 인해 해양 표층수의 C14 농도는 대기보다 약 5% 낮아지게 된다. 이것을 C14 연대의 '해양 리저버 효과'라고 부르는 것이며, 그 농도 차이는 해역에 따라, 또 시대에 따라 변화하는 것으로 알려져 있다. 이와 같은 문제로 인해 음식 조리 시에 사용된 식재료가 해산물이거나 이를 식용하는 동물일 경우, 또는 해안에서 가까운 지역일 경우 '해양 리저버 효과'에 의한 오차의 발생가능성이 있다. 때문에 아라이 히로시新井宏(2006)는 해양 리저버 효과로 인해 해안에서 5km 이내에 속하는 유적의 AMS 측정에서 산출된 연대는 다른 지역보다 올라간다고 주장하였

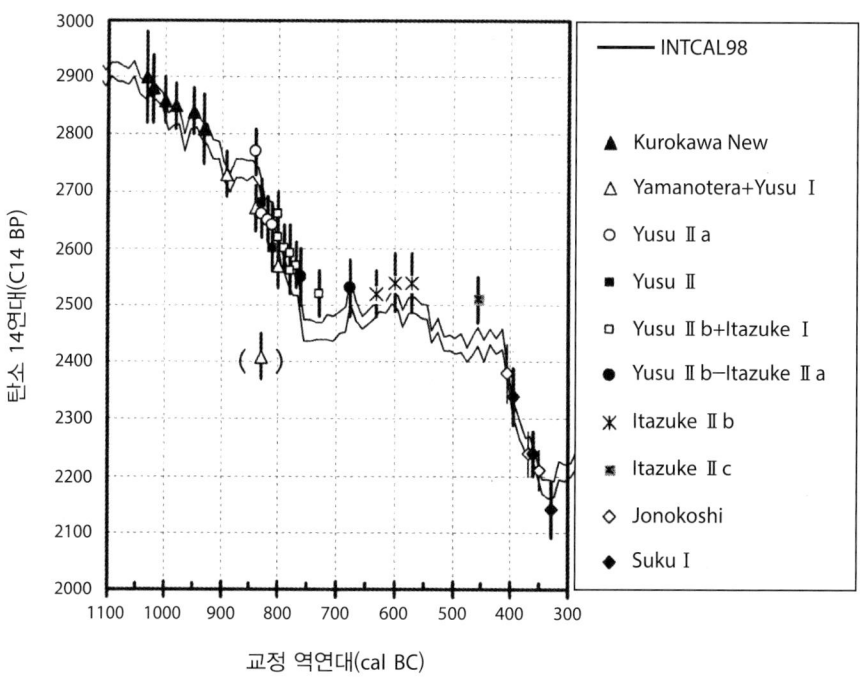

그림 3-20 죠몽(縄文)시대 만기~야요이(彌生)시대 중기 AMS측정치(藤尾愼一郎 2004에서 전재)

고, IntCal98에서는 '해양 리저버 효과'를 400년으로 계산한 연대 보정 데이터 베이스가 제시되어 있는 것이다.

한편 IntCal에서 BP 약 2500~2400년으로 측정된 연대가 서기전 약 750~400년으로 보정補正되는 점도 문제가 된다(그림 3-20). 이른바 '2400년의 문제'이다. 이보다 약간 빠른 BP 약 2750~2500년의 측정 연대는 서기전 약 850~750년으로 보정되기 때문에 측정연대 상으로는 겨우 몇 십 년의 오차이지만 보정하면 수백 년의 차이가 발생하는 경우도 있어 눈금맞춤연대를 있는 그대로 받아들일 수 없는 또 다른 난점으로 작용한다. 더불어 발굴조사에서 명확하게 증명된 주거지의 선후관계와 상반된 AMS 측정치도 보고되어 있다. 예를 들면 강릉 방동리 유적 C-7·8호 주거지의 경우 8호 주거지(古)가 7호 주거지(新)보다 층서層序 상 선행하지만, AMS에 의한 눈금맞춤연대는 C-8호가 Cal BC 525년(新)으로, C-7호가 Cal BC 590년(古)으로 측정되어 반대의 양상을 보이는 것이다.

더 근본적인 차원으로 들어가면, '측정하고 보정한 연대의 오차범위를 어떻게 받아들여야 하는가?'라는 문제가 제기된다. 측정된 연대 중 오차범위 내에서 가장 오래된 연대, 눈금맞춤연대, 오차범위 내에서 가장 새로운 연대 중 어떤 연대를 받아들여야 하는지에 대한 고민이다. 가장 오래된 연대에 초점을 맞춘 연구 결과 일본 야요이시대 조기의 연대를 서기전 930년까지 끌어올리는 결과를 가져오기도 했다. 하지만 최소한 서기전 1000년대에 있어서는 측정 후 보정된 연대 중 오래된 연대는 버리고 새로운 연대를 택해야 한다고 생각한다. 앞서 서술한 '고목효과'나 '해양 리저버 효과'에 의해 측정치가 실제보다 오래된 연대로 나올 가능성이 있음을 고려해야 할뿐 아니라, 이른 시기와 늦은 시기의 유물이 공존할 경우 늦은 시기 유물의 연대를 선택하는 것이 고고학적 방법이기 때문이다. 이상의 여러 가지 사항들을 고려하여, 이하에서는 AMS 측정치보다 고고학적 방법론에 무게를 두고 중서부지역 점토대토기문화 각 단계의 연대를 추정해보겠다.

Ⅰ단계에 해당하는 유일한 유적인 남양주 수석리 유적에 대해 서기전 4~3세기에 해당하는 C14 측정치가 알려져 있지만, 개체수가 너무 적고 시료로 사용된 목탄의 출토 상황도 명확하지 않아 신뢰하기가 어렵다. 따라서 Ⅰ단계의 상한 연대는 중국 동북지역의 토기문화 변동과 역사적 사건을 함께 살펴 추정해보겠다. 요서와 요동 지역의 점토대토기문화 등장과 변천에 대해서는 앞에서 자세하게 살펴본 바 있다. 요약하자면, 점토대토기문화는 요서지역에서 등장한 후 요동지역으로 점차 확대되어 요하 중류역과 북류역에서 양천 유형을 형성하였으며, 바로 이 유형이 중국 동북지역 토기 문화 중 한반도 점토대토기 등장과 관련된다는 것이다.

양천 유형의 유물은 요령식동검, 선형동부, 점토대토기, 흑색마연장경호, 장각두, 환상파수 등으로 구성되며, 묘제는 적석목관묘를 비롯한 토광묘가 중심이고, 주거지는 후산 유적의 예를 본다면 평면 방형方形에 벽부식壁附式 노지爐址를 가지는 것이다. 중국에서는 상한을 서주西周 중만기로 보거나(許志國·庄艷杰·魏春光 1993) 춘추 초기로 보기도 하며(辛巖 1995), 어떤 연구에서는 전국 초로도 본다(鐵岭市博物館 1992). 국내 학계에서는 춘추 조기(박순발 2004)나 춘추 만기(金美京 2006; 이성재 2007)로 보고 있는데, 이 중 춘추 조기로 보는 입장에서는 양천 유형 속에 미송리형 토기문화도 포함시키고 있다. 즉 박순발은 서풍西豊 충후둔忠厚屯 석곽묘(裵躍軍 1986)와 조양 원대자 유적(王成生 1991) 출토품 같은 이중구연토기를 양천 유형의 일부(즉 점토대토기)로 보아 양천 유형의 상한을 서기전 8세기까지 소급한 것이다. 이에 대해 김미경(2006)과 이성재(2007)는 양천 유형과 미송리형 토기유형은 서로 다른 것이라고 하면서 서풍 충후둔 석관묘처럼 미송리형 토기가 선형동부, 이중구연토기와 공반되는 양상을 양천 유형으로 보지 않았다. 더불어 양천 유형의 다른 유적에서 충후둔 같은 형태의 석곽묘가 보고된 적이 없으며(이성재 2007), 요양 이도하자 유적이나 서풍 충후둔 석곽묘에서 출토된 굽다리 역시 양천 유형에서 관찰할 수 있는 형태가 아니라고 지적하였다. 나아가 충후둔 석관묘 등의 유적을 근거로 양천 유형의 상한을 서기전 8세기까지 올려보는 것은 무리이며, 충후둔 석곽묘는 양천 유형의 가장 이른 단계가 아니라 요동지역 미송리형 토기문화의 마지막 단계로 보아야함을 역설하였다(**그림 3-21**). 김미경과 이성재의 지적을 수용한다면 한반도 점토대토기문화와 확연한 관련성을 보이는 것은 미송리형 토기문화를 포함하지 않는 양천 유형으로 한정할 수 있다.

한편 양천 유형의 공간적 범위에 대해 대개의 중국 연구자들은 요북 지역을 중심지로 보고 있다. 티에링시박물관鐵岭市博物館(1992), 쉬지궈許志國·주앙잉졔庄艷杰·웨이충구앙魏春光(1993), 저우시앙용周向永(1997), 신옌辛巖(1995) 등 양천 유형을 언급한 모든 연구자가 용어의 사용 초기부터 서풍西豊, 개원開原, 창도昌圖, 무순撫順, 법고法庫 등 요북 지역을 중심으로 개념을 설정한 것이다. 하지만 국내 연구자들은 심양을 중심으로 한 요중 지역 역시 양천 유형의 분포지로 보고 있다. 양천 유형의 중요한 구성요소인 점토대토기, 환상파수, 조합우각형파수, 평저장경호와 두형토기가 요북과 요중지역 지역에서 공통적으로 확인되고 있기 때문이다. 이런 요중 지역 양천 유형 관련 유적 중 한반도 점토대토기문화와 가장 관계가 깊은 곳이 심양 공주둔 후산 유적과 정가와자 유적이다. 공주둔 후산 유적의 점토대토기라든지 주거지 형식은 한반도의 점토대토기 등장기와 흡사한 모습을 보인다. 정가와자 유적에서는 조중공동고고학발굴대朝中公同考古學發掘隊가 조사한 3층에서 점토대토기와 환상파수가 출토되었으며, 1지점에서는 파수를 붙인 점토대토기가 출토되었다. 정가와자 6512호묘에서는 점토대토기가

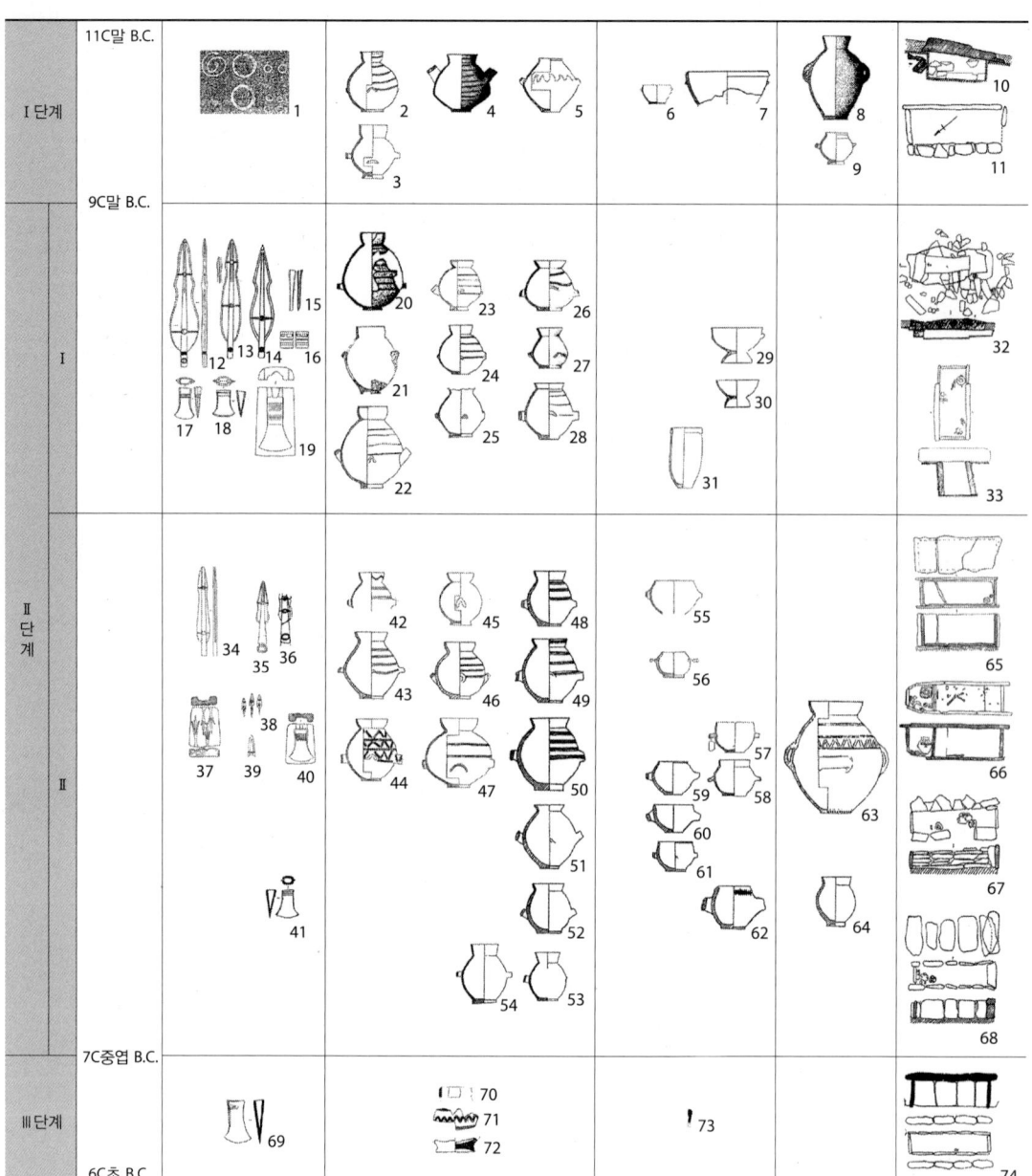

그림 3-21 김미경의 요령지역 미송리형토기 편년안(김미경 2006에서 전재)

1: 遼陽 接官廳 7호 | 2·7: 本溪 山城子 C洞 2호 | 3·9·11: 本溪 龍頭山 | 4·8: 鳳城 東山 9호 | 5·6: 遼陽 接官廳 11호 | 10: 鳳城 東山 7호 | 12·15·17·21·29·30: 遼陽 二道河子 1호 | 13·19·22·23·31·33: 新金 雙房 6호 | 14·26·27: 撫順 大甲邦 | 16·28: 開原 李家臺 1호 | 18: 撫順 大伙房 1호 | 20·32: 鳳城 西山 1호 | 24·25: 遼陽 二道河子 採集 | 34~40·47·58·63·66: 西豊 誠信村 | 41: 撫順 祝家溝 1호 | 42·45·55: 本溪 通江峪 | 43·56·65: 法庫 黃花山 1호 | 44·57: 西豊 消防隊 | 46: 法庫 長條山 9호 | 48: 撫順 小青島 5호 | 49: 撫順 八寶溝 6호 | 50: 淸原 白灰廠 | 51·60·61·68: 撫順 祝家溝 2호 | 52·62·64·67: 撫順 祝家溝 4호 | 53: 淸原 土口子中學 | 54: 淸原 馬家店 | 59: 撫順 祝家溝 3호 | 69~74: 西豊 忠厚屯   축척: 유구(10·11·32·33·65~68·74: 1/160) | 유물(1, 70~73: 불명) | 토기(2~9·20·31·42~65: 1/24) | 기타(12~19·34~41·69: 1/16)

출토되지 않았지만, 한국식동검 등장기의 청동의기와 같은 형식의 나팔형동기, 원개형동기가 평저장경호와 함께 출토되어 이 또한 한반도와의 관련성을 강하게 시사하고 있으며, 연대는 일반적으로 춘추 말로 추정된다.

한편 이 시기 점토대토기문화의 한반도 전파와 관련하여 주목되는 사건이 있는데, 바로 춘추 말~전국 초 연문화의 요서 등장이다. 제齊가 산융山戎을 정벌한 서기전 5세기 초가 주목된다. 이때의 산융은 동호족東胡族으로 보기도 하고, 서기전 5~3세기 대 요령성 서쪽지역의 각 소수민족에 대한 범칭이라고 보기도 한다(宋鎬晸 1999). 이와 달리 당시 요서지역의 문화담당자가 산융이나 동호가 아닌 조선朝鮮이나 예맥濊貊 계통이었다고 하는 주장도 있다(복기대 2004, 2005). 여하튼 당시 요서지역의 문화담당자가 어떤 종족이었느냐의 문제와는 관계없이 서기전 5세기 무렵 제의 군사 활동과 함께 연의 문화요소가 요서지역에 등장하게 되었고, 연쇄반응으로서 요서지역의 문화가 요하일대(요중·요북)까지 영향을 미치게 되었음을 유추해 볼 수 있을 것이다. 이것은 앞에서 살펴본 춘추 말~전국 초 물질문화의 확산 방향(하북 → 요서 → 요중 → 요북)과도 일치하는 추론이다. 그 결과로 요중 지역에 양천 유형이 발생하였고, 이후 양천 유형이 다시 한반도에 영향을 미치면서 한반도 점토대토기문화가 등장하게 된 것으로 볼 수 있다. 따라서 한반도 점토대토기문화의 I단계는 요하 중류역의 양천 유형, 특히 정가와자 유적 6512호묘의 연대와 이후 III단계에 비로소 등장하는 한국식동검의 연대를 고려하여 서기전 5세기 중엽 경으로 설정하는 것이 적당하다고 생각한다.

그러나 점토대토기문화의 한반도 전파를 연의 장수 진개의 고조선 침공과 관련시켜 서기전 300년 무렵으로 보는 견해 역시 여전히 존재한다. 이는 『사기史記』 권110 '흉노열전匈奴列傳'에 나오는 연의 동호 침공과 『삼국지三國志』 「위서魏書」 권30 '오환선비동이열전烏丸鮮卑東夷列傳'에 나오는 고조선 침공 기사에 근거한 것이다. 장보취안張博泉(1984)은 송宋나라 중기 인물인 여조겸呂祖謙의 『대사기大事記』와 청대淸代 황식삼黃式三의 『주계편략周季編略』에서 동호 정벌을 소왕昭王 12년(서기전 300년)으로 추정한 것을 근거로 요서의 조양 근처 북표北票에서 출토된 '연왕직과燕王職戈'(張震澤 1973)를 연의 동호 정벌 결과로 보았다(그림 3-22). 그러나 이 연대 추정에 대해서는 반론도 있다.

그림 3-22　'연왕직'명 동과

앞서 살펴보았듯이 오한기 수천 79호 무덤에서 서기전 5세기에 이미 연의 동과가 출토되고 있기 때문에 북표 출토 '연왕직과'를 소위 거연巨燕의 동호 정벌의 결과로 보는 견해는 설득력이 없다. 굳이 수천 유적 출토 동과를 예로 들지 않더라도 특정 유물 한 점만으로 군사작전의 결과를 논증하기에는 무리가 있다. 이 동과는 '언왕직郾王職'(즉 소왕)의 재위연간인 서기전 311~279년에 제작된 것임을 알려주고 있을 뿐 진개의 동호 정벌을 증명하는 것은 아니다.

진개의 고조선 침공을 연 소왕 12년이 아닌 소왕 재위 말년의 기사로 보아야 한다는 견해도 있다. 진개가 연나라의 북쪽에 있던 동호와 전쟁을 벌인 시점과 요동에 있던 고조선과 전쟁을 벌인 시점을 소위 '제서대전濟西大戰'[21] 이후로 보아야 한다는 입장으로 소왕의 즉위를 전후한 시기 제齊와 연燕의 관계를 고려한 것이다. 전국 말기에 연은 중원의 강국인 제와 밀접한 관계를 유지하고 있었으나, 서기전 4세기 말 연왕燕王 쾌噲의 선양사건으로 촉발된 내란[22]과 이 틈을 탄 제의 공격(서기전 314년)으로 인해 급격히 쇠락하게 된다. 이후 연을 재건하여 '거연巨燕'을 이룩한 소왕이 집권하면서 연은 제에 대한 설욕을 위해 강력한 변법을 시행하여 국력을 신장하게 된다. 소왕은 마침내 서기전 284년(소왕 28년), 제서대전에서 승리함으로써 몇몇을 제외한 제의 70여 성을 함락시켜 연의 영역에 편입시킨다. 이러한 일련의 흐름을 보면, 소왕 12년(서기전 300년) 당시

21　제(齊)가 3차례 송(宋)을 공격한 것을 계기로 연(燕)이 진(秦), 초(楚), 한(漢), 조(趙), 위(魏) 5국과 연합하여 제와 전쟁을 벌였는데, 이때 서기전 284년 제서(濟西)에서 연이 제군(齊軍)을 크게 격파한 사건이다.

22　서기전 318년 연왕 쾌가 정권을 국상(國相) 자지(子之)에게 넘겨주자 이에 반발하여 서기전 315년 장군 시피(市被)와 태자 평(平, 훗날의 소왕[昭王])이 자지를 공격한 사건이다.

는 연이 쇠약하던 시기인데, 제의 위협이 상존하는 매우 긴장 상태에서 요동 일대에 있었던 고조선과 전쟁을 벌이기는 힘들다는 것이다. 그런데 소왕 33년(서기전 279년), 소왕이 죽자 뒤이어 즉위한 혜왕惠王이 장수 악의樂毅와 갈등을 빚는 사이에 제의 장수 전단田單이 연나라 군대를 궤멸시키는 사건이 일어난다. 이런 상황을 근거로 천핑陳平(1995)은 연과 고조선의 대규모 전쟁을 소왕 28년과 33년(혜왕 원년) 사이의 일로 보고 구체적으로는 서기전 282~280년으로 비정하였는데(陳平 1995), 배진영의 견해(2001)도 이와 같다.[23]

이처럼 진개의 고조선 침공이 서기전 280년 무렵일 가능성이 높은 상황에서 진개의 침공으로 인해 양천 유형이 한반도에 등장하였다고 본다면 뒤이어 한반도에서 전개되는 문화양상의 변화를 설명하기 어렵다. 한반도 점토대토기의 등장 및 변천 과정을 간단히 살피면 '점토대토기의 등장 → 한국식동검문화의 등장(방패형동기 중심) → 한국식동검문화의 발전(동과 중심) → 삼각형점토대토기와 초기철기의 등장'이다. 서기전 3세기 초 요중 지역에서는 점토대토기와 전국식 철기가 공반되므로 점토대토기 등장기의 중서부 지역의 유물조합(원형 점토대토기와 청동기)과 자연스럽게 연결되지 않기 때문이다. 따라서 진개의 고조선 침공 사건은 한반도 점토대토기문화의 등장과 결부시키기보다 전국식 철기문화의 등장과 관련시켜 보는 편이 더 합리적이라고 판단한다.

다음 II단계의 연대는 안성 반제리 유적의 유물 출토 상황과 **표 3-1**의 눈금 맞춤연대를 조합하여 살피겠다. 반제리 유적에서는 72기의 주거지와 3기의 무덤, 수혈 등이 조사되었다. 보고서에서는 점토대토기 단계의 주거지와 환호의 중복관계를 근거로 세 시기로 나누어 1기는 환호가 조성되기 이전, 2기는 환호와 동시기, 3기는 환호 폐기 후로 설정하였다. 하지만 유물 조합에 의한 구체적인 상대 순서는 제시하지 않은 채, 서울·경기지역 점토대토기유적 중 가장 이른 시기로 평가받는 남양주 수석리 유적의 직후 단계일 것으로만 언급하였다.

---

23   이와 관련하여 리원신(李文信, 1979)은 『사기』에서 무령왕(武靈王) 41년(서기전 299년) 조(趙)나라가 구원(九原) 등지에 장성을 쌓았다는 기사가 나온 이후에 진개의 동호·고조선 침공 기사가 보인다는 점에 기반을 두어 299년 이후 연 문화가 요동에 이르렀을 것이라고 지적하였다.

보고서에는 목탄을 이용한 29점의 연대측정 결과도 게재되어 있다. 출토된 유물을 기준으로 할 때, 청동기시대로 알려진 것이 2점, 점토대토기단계가 23점, 그리고 구상유구, 수혈이 각각 2점씩이다. 청동기시대 2호와 4호 주거지의 보정연대는 BP 2900±40년, BP 3020±80년이며 눈금맞춤연대는 서기전 11세기 중엽과 13세기 중엽이다. 그런데 점토대토기가 출토된 초기철기 2호 주거지[24]는 BP 3100±80년(눈금맞춤연대 서기전 1365년), 두형토기가 출토된 37호 주거지는 BP 3070±120년(눈금맞춤연대 서기전 1480년 또는 1285년)이라는 측정치가 검출되어 모두 청동기시대 주거지에서 출토된 목탄의 보정연대보다 이르게 측정되었다. AMS 연대를 그대로 신뢰할 수 없음을 보여준다. 가장 늦은 연대가 측정된 것은 초기철기 44호로 BP 2210±40년이라는 보정연대가 제시되어 있으며, 눈금맞춤연대로는 서기전 265년이다. 비슷한 유물 출토 양상을 보이는 동일 유적의 인접 주거지의 눈금맞춤연대가 1200년 이상 차이가 난다는 것인데 이런 시기 차이는 신빙하기 힘들다. 만약 오차가 큰 초기철기 2호, 37호, 44호를 제외하고 보더라도 눈금맞춤연대는 Cal BP 920~450년 사이에 분포하고 있어서 한반도 점토대토기문화의 기원지로 여기는 요중 지역 양천 유형의 연대보다도 이른 것들이 많다. 더욱이 대부분의 보정 연대가 서기전 800~400년에 집중되어 있어서 '2400년의 문제'가 개입되고 있음을 짐작할 수 있다. 이처럼 안성 반제리 유적의 AMS 연대는 그대로 따르기에 여러 문제점이 있고, 그렇다고 해서 연대를 추정하기에 적정한 다른 수단도 없기 때문에 여기에서는 잠정적으로 I단계와 III단계의 사이라고 하는 상대 연대만을 확인해두겠다.

III단계 눈금맞춤연대 측정 오류로 추정되는 수원 율전동 2호 수혈(Cal BC 920년)과 강릉 송림리 12호 주거지(Cal BC 1055년)의 측정치를 무시해도 대부분의 눈금맞춤연대는 Cal BC 780~455년 사이에 모여 있음을 알 수 있다. 이러한 측정 결과는 한 때 원형점토대토기의 상한을 서기전 8~7세기대로 올리는 주요 근거가 되기도 했다. 하지만 이것은 IntCal 곡선 상의 '2400년의 문제'를 단적으로 보여주는 것이므로 가장 이른 연대인 서기전 8~7세기를 받아들이는 것은

---

24 보고서의 호수를 그대로 따랐다.

신중해야 한다. 앞서 살펴보았듯이 점토대토기문화의 발생지인 요하 일대에서 양천 유형의 존속기간이 서기전 5~3세기 정도(연구자에 따라서는 서기전 6~3세기) 이고, 춘추 말의 요중 지역 요령식동검 연대와의 관계를 고려하면 Ⅲ단계에 처음 등장하는 한국식동검의 연대가 춘추시대까지 올라가지 않을 것이 명확하기 때문이다. 따라서 Ⅲ단계는 **표 3-1**에서 보이는 AMS 연대보다 한국식동검문화를 고려하여 연대를 설정하겠다.

한국식동검문화는 잘 알려져 있듯이 중국 요하일대의 청동기문화가 파급되면서 등장하였다. 정가와자 유적과 공주둔 후산 유적은 심양을 중심으로 한 요중과 한반도 중서부의 직접적인 연관 관계를 상정하는 결정적 증거로 제시되어 왔기 때문에, 한국식동검의 한반도 등장 시기는 이 유적들의 중심 연대보다 늦을 수밖에 없다. 이 중에서도 특히 정가와자 6512호묘는 그 연대가 춘추 말로 추정되는 데다 여기에서 출토된 요령식동검은 한국식동검과 곧장 이어질 수 있는 최말기의 형식도 아니기 때문에, 한반도 등장기 한국식동검의 연대가 정가와자 6512호묘 보다 이르다고 볼 여지는 전혀 없다. 따라서 한국식동검이 등장하는 Ⅲ단계의 상한이 서기전 5세기까지 올라가기는 어려울 것이다. 다만 동검을 제외한 나팔형동기·원개형동기 등 다른 유물들은 정가와자 6512호묘 출토품과 매우 흡사하기 때문에 양자 사이의 연대 차이가 크지는 않을 것으로 생각된다.

한국식동검문화의 성립과 관련하여 이건무(2003)는 청동기시대 후기 송국리 문화로 대표되던 재래 문화에 요령 지역의 요령식동검문화에서 새롭게 가지를 친 청동기문화가 유입되면서 한국식동검문화가 나타나게 되었다고 지적하였다. 절대연대는 주거지와 분묘에서 출토된 유물 등을 근거로 서기전 4세기 전반을 상한으로 보고 있다. 필자 역시 요령식동검과 한국식동검의 관계와 요중 지역 요령식동검의 연대를 고려한다면 한국식동검이 중서부지역에 등장하는 단계는 서기전 4세기 전반대가 안정적일 것으로 생각한다. 그렇게 본다면 Ⅱ단계의 연대는 자연히 서기전 5세기 후엽 정도가 적당할 것이다.

한편 Ⅲ단계의 절대연대와 관련하여 연의 귀족무덤 신장두 30호묘에서 출토된 동과(**그림 3-23-7**)와 한국식동과의 편년 관계가 주목된다. 신장두 30호묘 출토의 동과는 혈구의 양쪽이 분리되어 있는 격리형隔離型으로 천穿의 평면형태

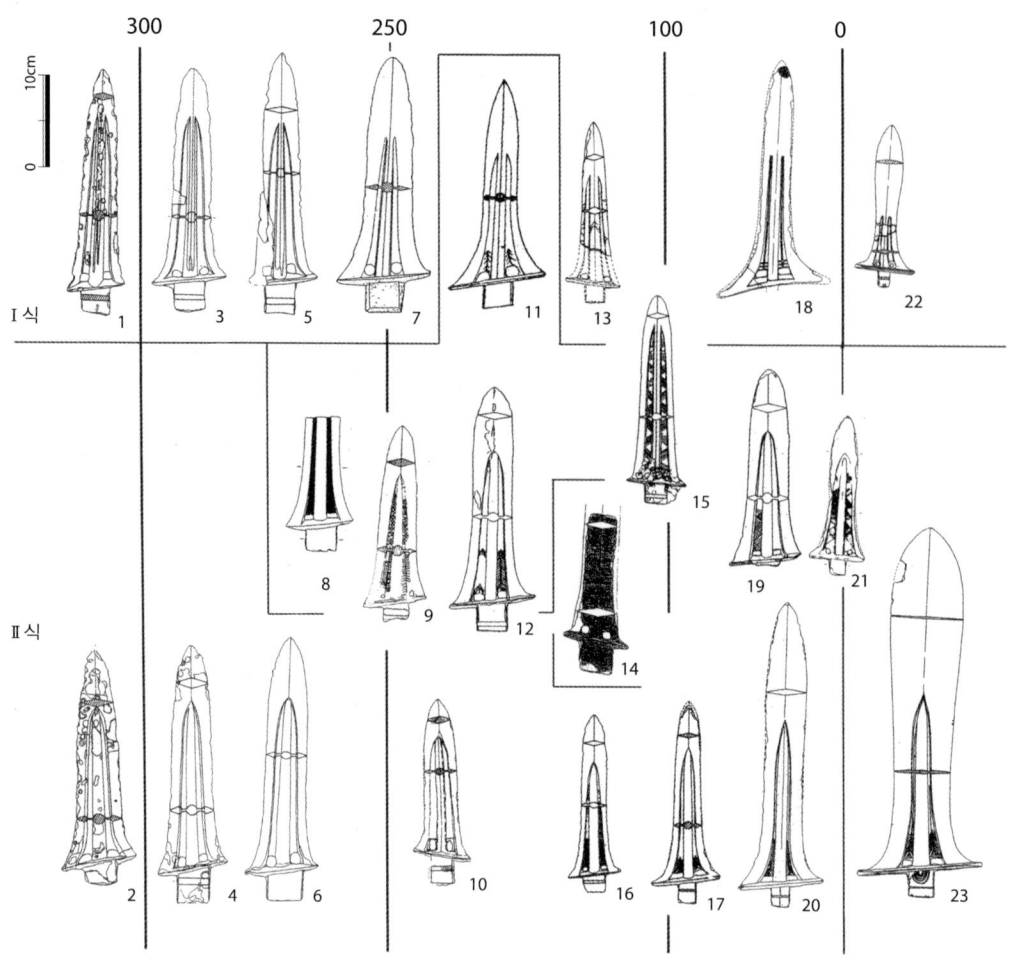

그림 3-23 이양수의 동과 편년표(이양수 2007에서 전재)

1, 2: 부여 구봉리 | 3, 4: 함평 초포리 | 5: 부여 합송리 | 6: 당진 소소리 | 7: 연하도 신장두 30호묘
8: 傳 논산 | 9, 10: 대구 신천동 | 11: 평양 토성동 486호묘 | 12: 경주 입실리 | 13: 익산 평장리
14: 마산 가포동 | 15: 대구 팔달동 90호 | 16: 傳 경주 | 17: 경주 구정동 | 18: 김해 가야의 숲 3호
19: 傳 경남 | 20: 영천 용전리 | 21: 傳 창원 | 22: 대구 평리동 | 23: 대구 만촌동

가 원형이기 때문에 부여 구봉리나 함평 초포리 유적에서 출토된 동과보다 늦은 형식이라고 한다(이양수 2007a, 2007b). 그 연대에 대해서는 연구자별로 다소 차이가 있긴 하지만 대체로 서기전 3세기 중엽을 전후한 시기로 보고 있으며(岡內三眞 2002; 近藤喬一 2006; 後藤直 2007), 같은 무덤에서 한계漢系 유물이 전혀 출토되지 않은 점으로 미루어 진秦이 연燕을 합병한 서기전 222년보다 이전

으로 보는 견해가 많다.[25] 특히 곤도 교이치近藤喬一(2006)은 이 신장두 30호묘를 연나라 장수 진개의 무덤으로 보기도 하는데, 이 동과와 한반도 출토 동과의 비교 연구를 통해 한국식동과의 출현이 서기전 3세기 중엽 이전이며, 서기전 4세기까지 올라갈 가능성도 있을 것으로 추정하였다. 따라서 신장두 30호묘보다 이른 형식의 동과가 출토된 부여 구봉리 유적의 연대는 이보다 이른 서기전 300년을 전후한 시기로 볼 수 있을 것이다.

동령류가 출토된 전傳 덕산 단계는 토기가 공반되지 않아 교차 편년이 쉽지 않다. 이전에는 동과가 공반하는 단계보다 늦을 것이라는 지적이 많았지만, 청

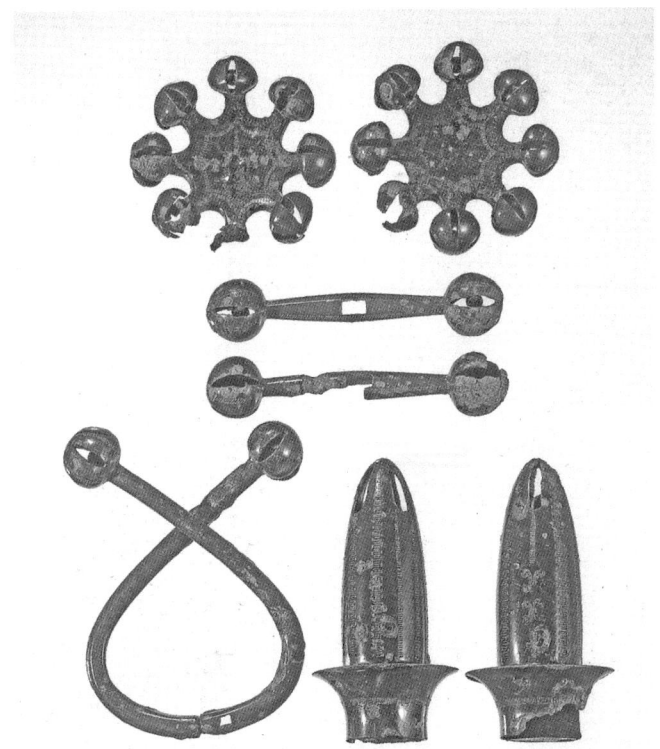

사진 3-1　전 논산 출토 동령
國立中央博物館, 1992, 『韓國의 靑銅器文化』, 34쪽

25　조진선(2012)처럼 신장두 30호 무덤의 연대를 서기전 2세기대로 보는 견해도 있는데, 필자는 연이 진에 의해 멸망한 이후인 서기전 2세기에도 연의 수도였던 연하도에 귀족무덤이 영속적으로 조영되기는 힘들었을 것으로 본다.

동기의 구성이 전혀 다르기 때문에 그대로 믿기는 어렵다. 동과가 출토되는 구봉리와 병행하는 시기이거나, 초기철기가 등장하는 갈동 3호묘와 병행할 수도 있다고 생각한다.

한반도 점토대토기의 연대는 일본 야요이시대弥生時代의 연대와도 연관된다. 이에 대해서는 뒤에서 다시 상세히 살필 것이지만, 한반도 점토대토기문화 Ⅲ단계에 파급된 점토대토기와 한국식동검이 일본에서 처음 확인되는 시기는 야요이시대 이타즈케板付Ⅱ식 단계이며, 그 상한을 하시구치 다쓰야橋口達也(2003)는 서기전 3세기대 초로, 다케스에 준이치로武末純一(2004)는 서기전 4세기 중엽 정도로 보고 있다. 이러한 편년 이해는 여기에서 설정한 Ⅲ단계의 절대연대와도 부합하는 것이다.[26]

Ⅳ단계는 연식燕式 철기(초기철기)와 삼각형점토대토기가 나타나는 시기로 구체적인 연대의 추정은 곧 초기철기가 등장한 시점을 살핌으로써 얻을 수 있다. 서남한의 등장기 주조철기(즉 초기철기)에 대해서는 김상민(2012)이 자세히

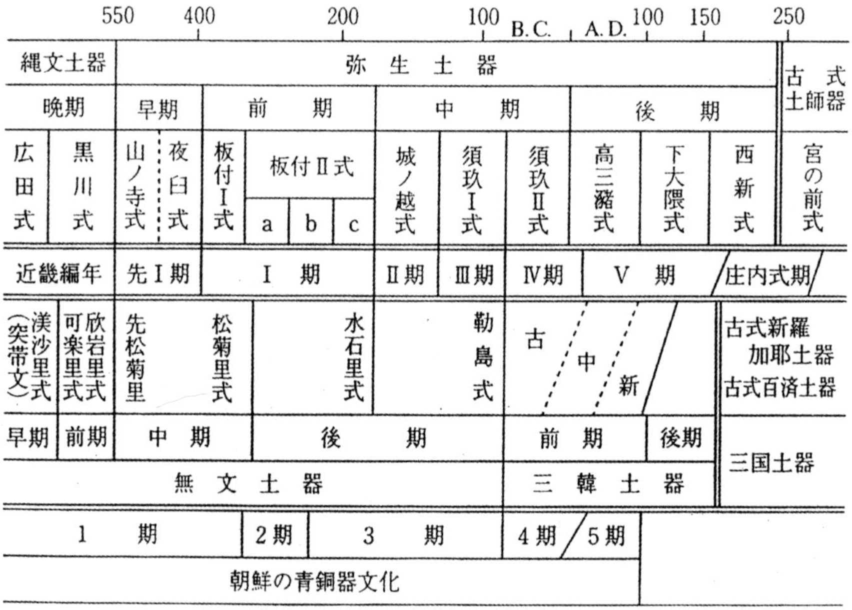

	550	400		200		100 B.C.	A.D. 100	150	250
繩文土器		弥 生 土 器							古 式 土師器
晩期	早期	前 期			中 期		後 期		
広田式	黒川式	山ノ寺式	夜臼式	板付Ⅰ式	板付Ⅱ式 a b c	城ノ越式	須玖Ⅰ式	須玖Ⅱ式	高三潴式	下大隈式	西新式	宮の前式
近畿編年		先Ⅰ期		Ⅰ 期		Ⅱ期	Ⅲ期	Ⅳ期	Ⅴ 期	庄内式期
(突帯文)渼沙里式	可欣岩里式	先松菊里	松菊里式		水石里式		勒島式	古/中/新		古式新羅加耶土器 古式百済土器
早期	前期	中 期		後 期			前 期	後期	三国土器
		無 文 土 器					三 韓 土 器		
	1 期		2期	3 期		4期/5期			
			朝鮮の青銅器文化						

그림 3-24   武末純一의 편년안(武末純一 2004에서 전재)

---

26   물론 이와 관련하여 최근 일본 國立歷史民俗博物館의 절대연대관이나 마가리다曲り田 16호 주거지에서 출토된 철기의 문제가 남아 있지만, 이에 대해서는 별고에서 다루고자 한다.

살폈다. 당진 소소리, 부여 합송리, 군산 관원리, 논산 원북리, 익산 신동리, 완주 갈동, 완주 신풍(호남문화재연구원 2014a, 2014b), 장수 남양리 유적 등 한반도 서남부지역을 중심으로 철기문화의 유입과 전개양상을 고찰하면서 특히 주조철부의 변화상에 주목하였는데, 공부가 단면 장방형인 것(I식, II식)과 사다리꼴인 것(III식)으로 대별한 후, 전자에서 후자로 변한다는 기존 연구 결과(宋桂鉉 1994; 노태천 2000; 金度憲 2002)에 동의하였다. 이어서 단면이 장방형인 것 중에서도 공부에 단이 있는 형태는 이전의 청동기 생산 기술이 주조철기 생산에 반영된 결과라고 본 무라카미 야스유키村上恭通의 견해(村上恭通 2008)를 따라 '단이 없는 것(I식) → 단이 있는 것(II식)'으로의 변화방향을 설정하고, I식은 다시 전장 12cm를 기준으로 대형(Ia식)과 소형(Ib식)으로 세분하였다. 이를 종합하면 철부의 변화방향은 'Ia식 → Ib식 → II식 → III식'의 순서가 된다.

김상민은 이렇게 세분한 철부가 다른 철기와 어떠한 조합을 보이는가를 기준으로 초기철기의 전개 과정을 3기로 나누었다. I식 철부와 철겸이 공반되는 1기, I식·II식 철부와 철착·철사·동착·동사가 공반되는 2기, 그리고 II식·III식 철부와 철착·철사가 공반되는 3기이다. 연대와 관련해서는 갈동 3호 무덤을 Ia식 철부와 연계 주조철겸, 청동촉의 공반을 기준으로 삼아 1기로 설정하고 서기전 3세기대로 보았다. 완주 신풍 가44·46호묘 또한 1기에 해당하는 것으로 보았는데, 이 두 무덤에서 공통적으로 출토된 철도자를 서기전 4세기대로 편년되는 연하도 16호 무덤 및 서기전 3세기대로 편년되는 낭정촌郎井村 10호 무덤의 출토품과 비교 고찰한 결과였다. 다음 장에서 자세히 살피겠지만, 필자 역시 전국식 철기의 서남한 등장 연대를 서기전 3세기 중엽 정도로 보고 있다. 따라서 전국식 철기의 등장과 함께 시작한 중서부지역 점토대토기문화 IV단계 중심 연대는 서기전 3세기 중엽부터 서기전 2세기로 설정해 두겠다.

V단계의 중서부지역에서 많이 확인되지 않는다. 영남지역은 군집하는 목관묘군에서 한계漢系 유물, 와질토기 등이 출토되어 전 시기와 명확한 대조를 이루는 것과 달리, 중서부지역에서는 파주 독서리에서 출토된 한경 편과 시흥 오이도, 철원 와수리(강원문화재연구원 2006), 인천 운북동, 인천 운남동, 양평 양수리(성균관대학교박물관 2008) 등지에서 출토된 철경부동촉만으로 이 단계의 상황을 확인해야 한다. 그나마 이 중에서 점토대토기가 공반된 유적은 파주 독서

리와 시흥 오이도 유적밖에 없으며, 이외에는 중도식 토기나 타날문 단경호가 공반된 유적이다. 적은 사례이나마 한경 및 오수전 같은 한식 유물과 와질토기의 등장 시기 등을 종합적으로 고려할 때, V단계는 서기전 1세기 후반부터 시작하는 것으로 추정해 두겠다.

4. 한반도와 일본 규슈 지역으로의 확산

1) 점토대토기문화의 확산

앞서 한반도 중서부지역 점토대토기문화의 등장과 변천에 대해 살펴보았다. 여기에서는 중서부지역에서 성립한 점토대토기문화가 한반도의 다른 지역으로 어떻게 확산되어 가는지 살펴보겠다. 중서부지역에 등장한 점토대토기문화가 주변지역으로 확산하는 것은 Ⅱ단계이다. 중서부 지역을 제외하고는 강원도에서만 확인되므로 이 단계는 남부지역까지 점토대토기문화가 확산되지 않았음을 알 수 있다. 고성 송현리 B지구(그림 3-25)가 대표적인데, 유적에서는 소형 석관묘도 확인되었다. 고성 송현리 유적 역시 고지성 취락이다.

점토대토기가 본격적으로 확산하는 것은 한국식동검이 등장한 Ⅲ단계부터다. 호서지역에서 꽃피운 청동기문화와 점토대토기는 강원도와 남부 지역으로 확산한다. 강원도의 대표적인 유적으로는 고성 송현리 C·D지구(그림 3-26), 양양 지리·정암리, 강릉 송림리·방동리, 양구 현리, 횡성 강림리 유적이 있다. 한반도 남부의 곳곳에서도 관련문화가 확인된다. 화순 대곡리(국립광주박물관 2013; 조유전 1984), 함평 초포리, 화순 대곡리, 김해 대청(부산대학교박물관 2002), 합천 영창리(경남고고학연구소 2002b), 하동 띄밭골 유적 등이 이 시기에 해당한다. 생활 유적은 여전히 고지성 입지를 선호하기도 하지만, 호서와 호남을 중심으로 낮은 언덕이나 설상대지로 바뀌는 곳도 있다.

이후 Ⅳ단계가 되면 점토대토기문화의 중심지가 중서부지역에서 전라북도로 이동한다. 중서부지역에서는 여전히 점토대토기와 청동기문화가 이어지는 와중에, 전라북도를 중심으로 전국식 철기와 삼각형점토대토기가 나타난다. 전국식 철기와 삼각형점토대토기는 만경강유역을 중심으로 군집 목관묘와 거의

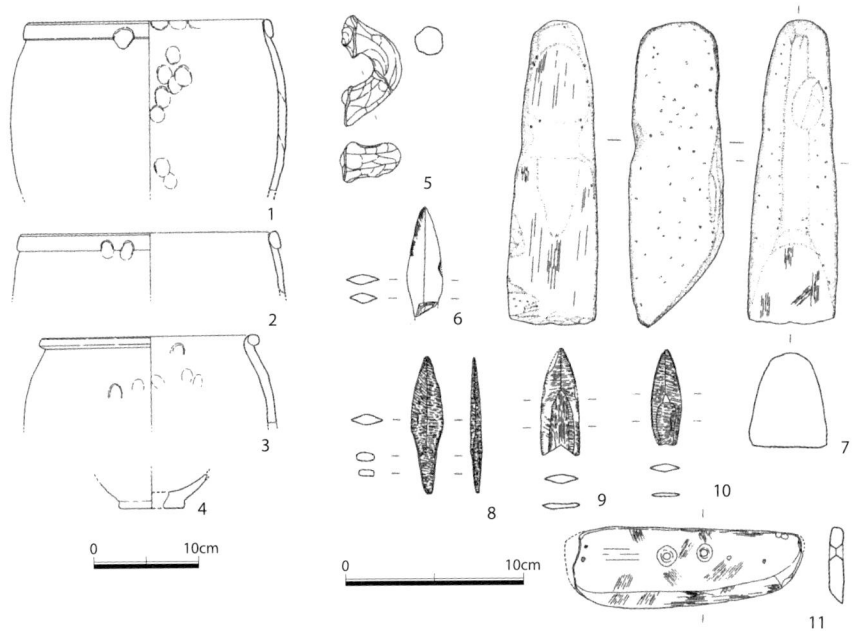

그림 3-25 고성 송현리 B지구 출토품

1~4, 8: B2호 | 5: B10호 | 6, 7, 11: B9호 | 9, 10: B12호

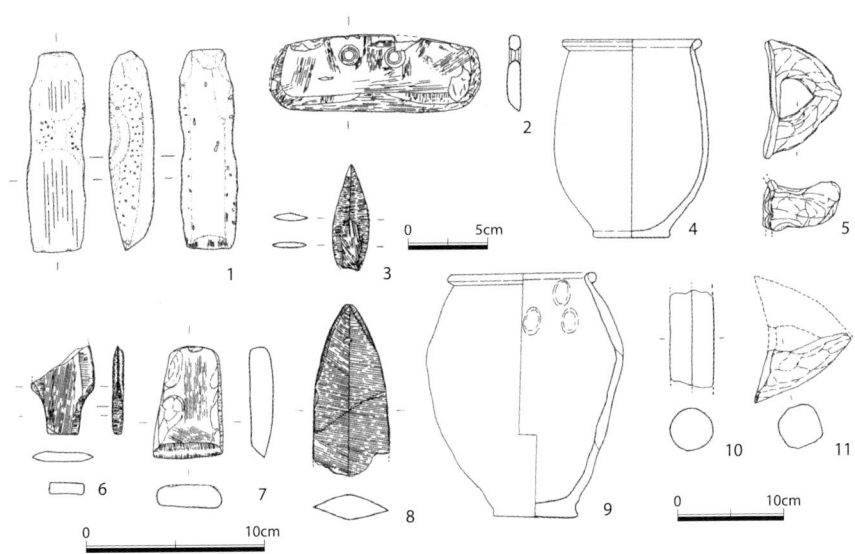

그림 3-26 고성 송현리 C, D지구 출토품

1~3: 고성 송현리 C2호 | 4: 同 C11호 | 5: 同 C5호 | 6~8: 同 C20호
9: 同 C17호 | 10·11: 同 D지구 채집

동시기에 등장한 것이다. 남해안을 중심으로 삼각형점토대토기와 명사리식 토기를 횡치橫置하여 합구合口한 옹관이 등장하여 유행한다. 호남의 완주 갈동, 완주 신풍, 전주 마전(호남문화재연구원 2008a, 2008b, 2008c) 유적과 광주 신창동, 해남 군곡리 유적이 이 단계에 해당한다. 영남에서는 사천 방지리(경남발전연구원 역사문화센터 2005, 2007; 경상대학교박물관 2007), 사천 늑도, 경북 칠곡(한국문화재보호재단 2000), 경주 금장리, 대구 월성동(경상북도문화재연구원 2008a), 경주 하구리(신라문화유산연구원 2013) 유적 등이 이 단계에 해당한다. 물론 대구 팔달동(영남문화재연구원 2000a)이나 창원 다호리 군집 목관묘 중에서도 와질토기가 출토되지 않는 IV단계의 목관묘가 있다. 더 이상 고지성 취락은 보이지 않으며 낮은 언덕이나 선상지가 취락지로 선호된다.

마지막 V단계의 점토대토기문화는 영남 일대로 중심지가 변한다. 중서부지역에서 점토대토기문화는 쇠락하고 진·변한 지역에서는 점토대토기에서 변모한 와질토기와 함께 대규모 군집 목관묘가 성행한다. 대구 팔달동, 경산 임당, 대구신서혁신지구, 성주 예산리, 경주 조양동, 경주 북토리(신라문화유산연구원 2011), 창원 다호리 등 점토대토기를 부장하던 군집 목관묘는 점토대토기 대신 와질토기를 부장하면서 한반도의 점토대토기문화는 종료된다.

2) 일본으로의 전파와 병행관계

앞에서 한반도 중서부지역 점토대토기문화의 등장, 변천과 단계별 확산과정에 대해 살펴보았다. 여기에서는 한반도의 점토대토기문화가 어떻게 일본으로 전파되었고, 또 그 연대는 어떻게 볼 수 있는지 살펴보겠다.

(1) 야요이(계)토기와 점토대토기의 병행관계
- 영남지역 출토 야요이(계)토기[27]

영남지역에서 출토된 야요이(계)토기는 경산이나 경주에서 확인된 일부를 제외하면 대부분 해안지역을 중심으로 발견되고 있다. 표 3-2에서 보듯이 가

---

[27] 한반도 출토 야요이(계)토기는 安在晧·洪潽植(1998), 井上主税(2006)와 예지은(2011)을 참조하였다.

장 이른 형식의 야요이(계)토기는 마산 망곡리 유적(경남발전연구원역사문화센터 2009) 환호에서 출토된 굴곡형 2조 돌대문 옹으로 이러한 형식의 토기는 야요이 조기와 전기에 북부 규슈를 중심으로 확인되는 것이다(藤尾愼一郎 2003). 우리나라에서는 망곡리 유적의 사례가 유일하다. 다만, 야요이 조기의 일반적인 돌대문토기와 달리 망곡리 유적의 토기는 외경접합外傾接合으로 성형했을 뿐만 아니라 태토와 정면 방법이 함께 출토된 무문토기와 일치하는 점을 근거로 보고자는 이것이 야요이시대 조기의 토기를 모방하여 한반도 남부에서 직접 제작한 토기인 것으로 보았다.

표 3-2 영남 출토 주요 야요이(계)토기

지역	유적명	韓國土器	彌生土器	彌生時期
경산	조영동	와질토기	下大隈式	후기
경주	조양동	삼각형점토대토기	城ノ越式	중기
경주	하서리	무문토기	城ノ越, 須玖式	중기
울산	달천	삼각형점토대토기	須玖Ⅱ式	중기
울산	매곡동Ⅱ	삼각형점토대토기	城ノ越 ~ 須玖Ⅰ式	중기
울산	중산동	원형,삼각형점토대토기	城ノ越 ~ 須玖Ⅰ式	중기
고성	동외동	무문토기, 와질토기	西新式, 下大隈式	후기
마산	망곡리	단도마연토기, 심발	굴곡형 2조 돌대문토기	조기
창원	다호리	와질토기	袋狀口緣壺	중기
사천	늑도Ⅰ지구	삼각형점토대토기	城ノ越, 須玖Ⅰ·Ⅱ式	중기
사천	늑도A지구	삼각형점토대토기	下稗田, 須玖Ⅰ·Ⅱ, 高三瀦式	전기말~후기
사천	늑도B지구	삼각형점토대토기	須玖Ⅰ·Ⅱ, 高三瀦式	중기~후기
사천	늑도C지구	삼각형점토대토기	城ノ越, 須玖Ⅰ·Ⅱ式	중기
사천	늑도진입로	삼각형점토대토기	須玖Ⅰ·Ⅱ式, 凹線文土器	중기~후기
사천	방지리	원형,삼각형점토대토기	須玖Ⅰ·Ⅱ式	중기
김해	지내동	와질토기	袋狀口緣壺式	중기
김해	회현동	원형,삼각형점토대토기	金海式甕棺, 須玖Ⅱ式	중기
김해	내동		북부 九州계 야요이토기	중기
김해	흥동	원형점토대토기	城ノ越式	중기
김해	구산동	삼각형점토대토기	城ノ越 ~ 須玖Ⅰ式	중기
김해	대성동	삼각형점토대,와질토기	城ノ越 ~ 須玖Ⅰ式	중기
부산	조도	점토대토기	城ノ越 ~ 須玖Ⅰ式	중기
부산	온천동		북부 九州계 야요이토기	중기
부산	내성	원형,삼각형점토대토기	城ノ越, 須玖Ⅰ式	중기

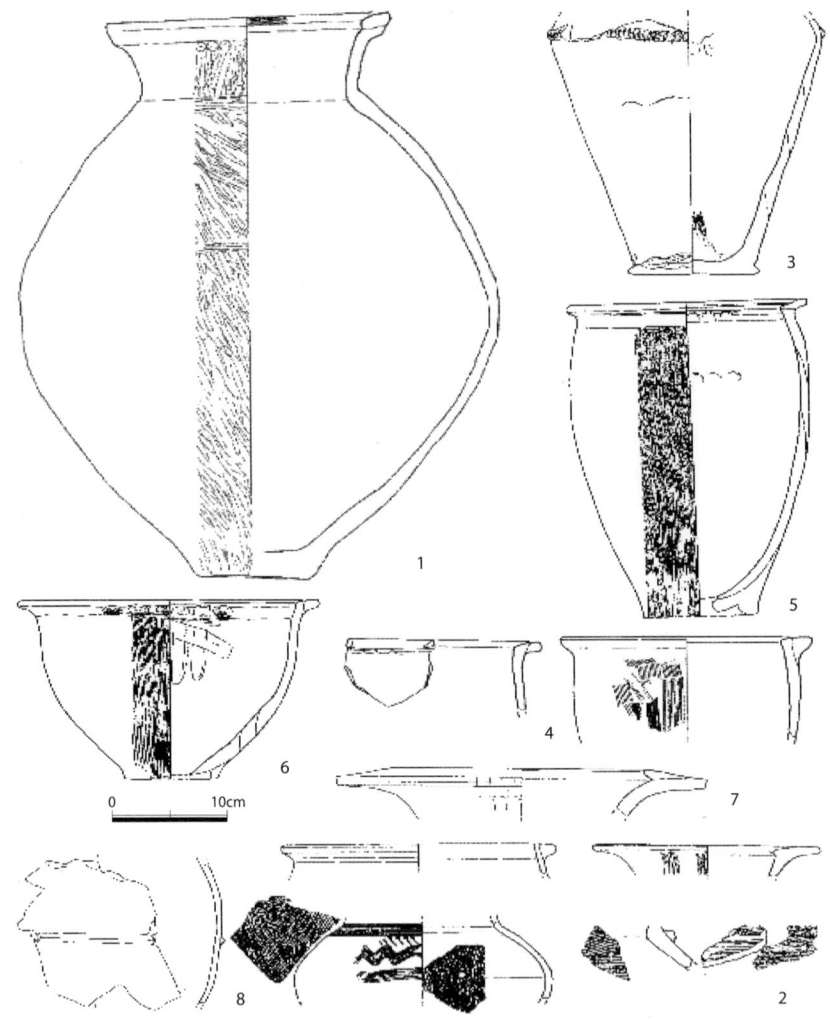

그림 3-27 영남 출토 야요이(계)토기

1: 사천 늑도 2호 주거지 | 2: 김해 회현리패총 | 3: 마산 망곡리 환호
4: 김해 대성동 소성유적 | 5: 김해 구산동 131호 주거지
6: 김해 구산동 658호 주거지 | 7: 울산 달천유적 7호 수혈 | 8: 김해 내동 3호 지석묘

    망곡리 유적 이후로 야요이시대 조기와 전기의 토기는 거의 출토되지 않았다. 늑도 유적 A지구에서 출토된 토기 중 일부가 야요이 전기의 시모히에다下稗田Ⅱ기 토기와 유사하다는 견해(武末純一 2006)가 있었지만, 이를 근거로 함께 출토된 삼각형점토대토기의 상한을 야요이시대 전기까지 상향조정하기는 힘들기 때문에 늑도 유적에서 간간히 출토되는 원형점토대토기와 같은 시기로

이해해야 할 것이다.

이 밖의 거의 모든 야요이(계)토기는 야요이시대 중기의 것들로서 특히 중기 전반에 북부 규슈 지역을 중심으로 출토되는 조노코시식城ノ越式이나 스구식須玖式이 대부분이다. 야요이 중기 전반, 한반도에서는 삼각형점토대토기단계에 일본과 한반도 남부의 교류가 다른 시기보다 훨씬 빈번하였음을 단적으로 보여준다. 또 다카미즈마식高三潴式이나 시모오쿠마식下大隈式 또는 니시진식西新式 등 야요이 후기 토기들도 일부 발견되며 교류지역 역시 긴키近畿지역까지 확대되지만 수량이 적고 교류 양상 역시 단발적이다.

- 규슈 지역 출토 점토대토기[28]

일본에서 점토대토기는 대부분 북부 규슈 지역을 중심으로 출토된다. 그 수

표 3-3 일본 규슈(九州) 출토 주요 점토대토기

지역	유적명	한국 토기					彌生土器
		원형점토대	삼각형점토대	두형토기	뚜껑	파수부호	
福岡	曲り田	○					板付Ⅱ式(古)
福岡	板付	○					불명
小郡	三國の鼻	○				조합우각형파수	
小郡	三國の東	○		공심 장각		조합우각형파수	
小郡	橫隈鍋倉	○	○				須玖Ⅱ式
小郡	橫隈北田	○		실심 장각		조합우각형파수	
小郡	橫隈山	○				조합우각형파수	
福岡	那珂君休	○					
福岡	諸岡	○		공심 장각 실심 장각	○	조합우각형파수	
佐賀	土生	○		실심 장각	○	조합우각형파수	
長崎	オテカタ		○				중기 말~후기 초
長崎	沖の島		○				袋狀口緣壺
福岡	御床松原		○				중기후반~후기
長崎	芦ケ浦洞穴		○				下大隈式
長崎	大田原ヤモト		○				
長崎	原の辻		○				須玖Ⅱ式

---

28 일본에서 출토된 점토대토기는 가타오카 고지片岡宏二(1999)와 安在晧·洪潽植(1998)을 참고하여 정리하였으며, 片岡宏二의 擬朝鮮系無文土器는 제외하였다.

는 많지 않으며, 특히 한반도에서 전래된 이후 지역화 과정을 거치는 '의조선계
무문토기擬朝鮮系無文土器'(片岡宏二 1999)를 제외하면, 순수하게 한반도로부터 건
너간 점토대토기는 대부분 후쿠오카福岡·오고리小郡과 나가사키長崎 등을 중심
으로 발견되어 지역적인 분포 양상을 보인다. 가장 이른 시기의 것으로는 전기
중엽의 이타즈케Ⅱ식 고古단계와 함께 출토된 마가리다曲り田 유적(福岡市教育委
員會 1983)의 원형점토대토기를 들 수 있으며,[29] 가장 늦은 것은 후기 중반의 下
大隈式 토기와 함께 요시가우라 동굴芦ヶ浦洞穴 유적에서 출토된 삼각형점토대
토기가 있다.

(2) 병행관계와 연대

앞서 한일 양국에서 출토되는 점토대토기와 야요이(계)토기의 병행관계를 살
펴보았다. 두 지역 토기의 병행관계에 대해서는 가타오카 고지片岡宏二(1999), 안

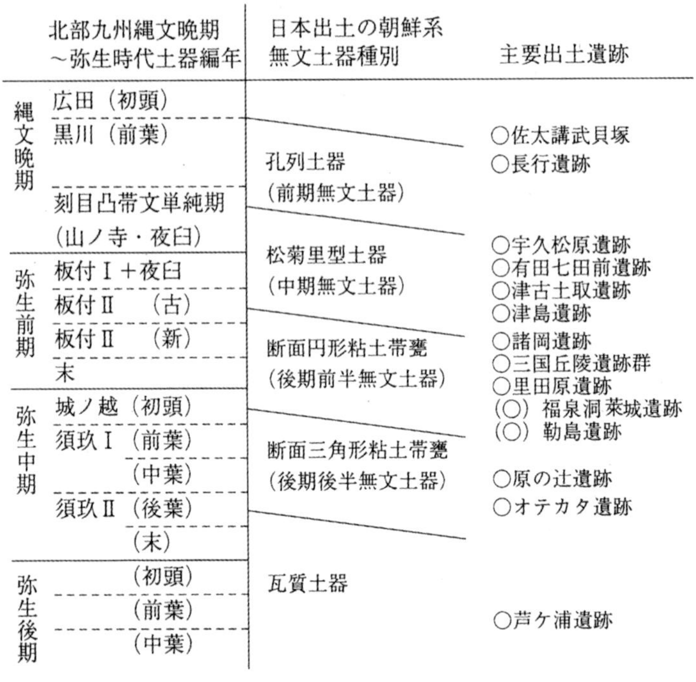

北部九州繩文晚期～彌生時代土器編年		日本出土の朝鮮系無文土器種別	主要出土遺跡
繩文晚期	広田 (初頭)	孔列土器(前期無文土器)	○佐太講武貝塚
	黒川 (前葉)		○長行遺跡
	刻目凸帯文単純期(山ノ寺·夜臼)	松菊里型土器(中期無文土器)	○宇久松原遺跡
彌生前期	板付Ⅰ+夜臼		○有田七田前遺跡
	板付Ⅱ (古)		○津古土取遺跡
	板付Ⅱ (新)	断面円形粘土帯甕(後期前半無文土器)	○津島遺跡
	末		○諸岡遺跡
			○三国丘陵遺跡群
			○里田原遺跡
彌生中期	城ノ越 (初頭)		(○) 福泉洞萊城遺跡
	須玖Ⅰ (前葉)	断面三角形粘土帯甕(後期後半無文土器)	(○) 勒島遺跡
	(中葉)		○原の辻遺跡
	須玖Ⅱ (後葉)		○オテカタ遺跡
	(末)		
彌生後期	(初頭)	瓦質土器	
	(前葉)		○芦ヶ浦遺跡
	(中葉)		

그림 3-28 片岡宏二의 편년표(片岡宏二 1999에서 전재)

---

29 하시구치 다쓰야橋口達也(2003)는 이타즈케Ⅰ식 신(新)단계와 공반된 것으로 파악하
고 있다.

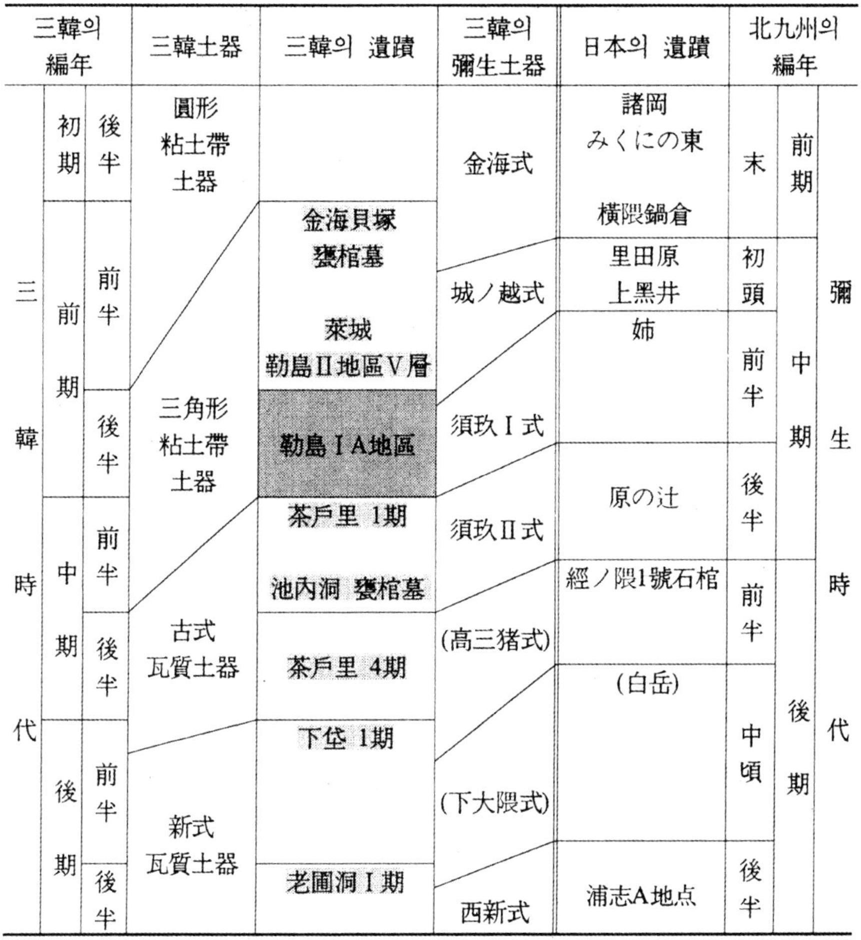

三韓의 編年		三韓土器	三韓의 遺蹟	三韓의 彌生土器	日本의 遺蹟	北九州의 編年	
三韓時代	初期 後半	圓形 粘土帶 土器		金海式	諸岡 みくにの東 橫隈鍋倉	末	彌生時代 前期
	前期 前半		金海貝塚 甕棺墓	城ノ越式	里田原 上黑井 姉	初頭	中期
	前期 後半	三角形 粘土帶 土器	萊城 勒島Ⅱ地區Ⅴ層 勒島ⅠA地區	須玖Ⅰ式		前半	
	中期 前半		茶戶里 1期	須玖Ⅱ式	原の辻	後半	
	中期 後半	古式 瓦質土器	池內洞 甕棺墓 茶戶里 4期	(高三猪式)	經ノ隈1號石棺 (白岳)	前半	後期
	後期 前半		下垈 1期	(下大隈式)		中頃	
	後期 後半	新式 瓦質土器	老圃洞Ⅰ期	西新式	浦志A地点	後半	

그림 3-29 안재호·홍보식의 편년표(안재호·홍보식 1998에서 전재)

재호·홍보식(1998)과 다케스에 준이치로 武末純一(2004)에 의해 잘 정리되어 있다.

일본열도에서 가장 이른 시기로 편년되는 점토대토기는 이타즈케Ⅱ식의 고 古단계(혹은 이타즈케Ⅰ식 신新단계)까지 소급되는 마가리다 유적의 원형점토대토기의 편이며, 三國 丘陵의 유적군의 예에서 알 수 있듯이 전기 중엽부터는 출토 예가 증가한다. 한반도에서 삼각형점토대토기와 함께 출토되는 가장 이른 시기의 야요이(계)토기는 늑도 유적의 이타즈케Ⅱc식의 토기이며 이후 다카미즈마 高三瀦토기 단계(야요이시대 후기 초)까지 이어진다.

등장기의 일본 원형점토대토기는 구연 바로 아래에 유乳가 붙어 있으며, 미쿠니노하나 三國の鼻 유적 출토품에서 알 수 있듯이 공심 장각두 및 조합식우각

형파수부장경호와 공반된다. 함께 출토된 청동기로는 한국식동검, 동과, 동모, 2구식 다뉴정문경, 동탁, 동부, 동착, 동사 등이 있다(井上主税 2006). 공심 장각두 및 조합식우각형파수부장경호와의 유물조합은 앞서 살펴본 한반도 중서부지역 점토대토기 Ⅲ단계에 보이는 대표적인 유물 조합이며, 청동기의 조합으로 보아 Ⅲ단계 중에서도 방패형동기 중심의 Ⅲa단계보다 늦은 동과 중심의 Ⅲb단계의 문화가 일본열도로 전해졌음을 알 수 있다. 한반도의 점토대토기 Ⅲb단계는 서기전 4세기 후엽 정도를 상한으로 볼 수 있으므로 일본에서 가장 이른 단계의 점토대토기가 출토되는 이타즈케Ⅱ식 고단계의 연대는 아무리 빨라도 이보다 올라가지 않을 것으로 생각된다.

야요이시대 전기(즉, 이타즈케Ⅰ식 토기의 상한)의 연대 추정과 관련하여 가장 주목되는 자료가 후쿠오카福岡 이마가와今川 유적(津屋崎町敎育委員會 1981)에서 출토된 양익형兩翼形 동촉과 동착이다. 이런 역자식 동촉은 보성 덕치리 출토품처럼 요령식동검이나 동모를 재가공해서 만든 것이며, 동착은 부여 송국리 1호 석관묘에서 출토된 사례가 있음을 고려하면, 이마가와 유적에서 출토된 청동기는 한반도 송국리 문화의 영향을 받은 것으로 이해할 수 있다. 문제는 송국리 문화의 존속 기간이 아주 길어 이마가와 유적의 연대를 특정하기가 쉽지 않다는 것이다. 연구자마다 세부적인 차이는 있지만, 늦어도 서기전 8세기경에는 송국리 문화가 시작되었을 것으로 본다(김규정 1999; 이종철 2000). 하한에 대해 이홍종(1997)은 송국리형 토기와 중도식 토기·와질토기와의 관계를 바탕으로 서기전 3세기 중엽으로 보았지만, 이종철(2002)은 점토대토기가 도래한 시점부터 송국리 문화가 완전히 단절된 것으로 보기는 힘들며, 제주 삼양동 유적과 같이 송국리형 주거지가 존속하는 사례가 있는 것으로 보아 서기전 1세기까지 내려올 가능성을 제시하고 있다. 송국리 문화가 최소 500년, 길게는 700년 가까이 존속되었다고 볼 수 있는 것이다. 때문에 송국리 문화의 어느 시점과 이마가와 유적이 관련되어 있을지를 추정하는 것은 대단히 어렵다. 대신 이마가와 유적에서 출토된 동촉과 동착이 이타즈케Ⅰ식 토기와 공반되었으므로 이타즈케Ⅱ식과의 시간차를 고려하면, 이타즈케Ⅰ식 토기의 상한, 즉 야요이시대 전기의 상한은 서기전 4세기대보다 소급되지 않을 것으로 생각한다.

야요이시대 조기의 개시 시기와 존속 기간에 대해서는 별도의 견해를 가지

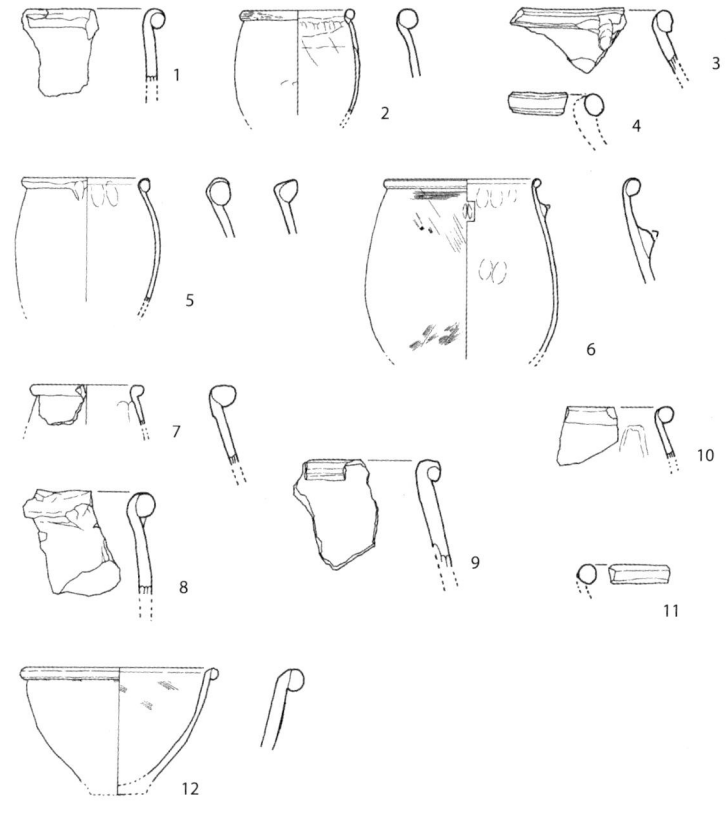

그림 3-30 규슈(九州) 출토 원형점토대토기(片岡宏二 1999에서 전재)

1: 曲り田 | 2: 那珂君休 | 3·4: 板付 | 5·6: 橫隈山 | 7·8: 原の辻 | 9: 里田原
10: 天ケ原 | 11: 古田 | 12: 綾羅木鄕

고 있지 않지만, 조기의 연대 폭을 하시구치 다쓰야橋口達也(2003)는 약 100년 정도, 다케스에 준이치武末純一(2004)는 약 150년 정도로 보고 있음을 참고하여 추정해볼 수 있다. 앞에서 야요이시대 전기의 상한을 서기전 4세기로 설정한 것에 기초하면 조기의 상한은 서기전 450~500년 사이를 크게 벗어나지는 않을 것이라 생각한다. 야요이시대 중기의 교차편년과 관련하여서는 일본에서의 청동기 및 철기의 등장이 주목된다. 하시구치 다쓰야橋口達也(1990)는 일본 야요이 조기에서 중기전반 경에 대응하는 한반도의 청동기·철기 조합을 다음의 네 유형으로 나누었다.

(1) 요령식동검·마제석검·유경식석촉과 단도마연토기 등이 공반되는 유형(예: 송국리)

(2) 한국식동검·조문경과 방패형동기·검파형동기·삼각형석촉·원형점토대토기·흑색마연장경호 등이 공반되는 유형(예: 괴정동, 남성리)

(3) 한국식동검·동모·동과·조문경·정문경·동착·동사 등이 공반되는 유형(예: 구봉리)

(4) 한국식동검·정문경·동사·동부·철부 등이 공반되는 유형(예: 합송리, 남양리)

이 중 (3)유형은 북부 규슈에서 아직 출토된 사례가 없고, (4)유형에 해당하는 북부 규슈의 사례가 야요이시대 전기 말 내지 중기 초에 상당하는 것으로 보았다. (4)유형의 한국 유적으로는 한국식동검과 연식 주조철기가 출토되는 부여 합송리나 당진 소소리, 장수 남양리, 완주 갈동, 완주 신풍 유적 정도가 해당될 것이다. 이 유적들을 포함한 한반도 남부지역의 연식燕式 철기문화의 등장은 서기전 3세기 중엽 정도이므로 일본에서 청동기와 연식 철기가 함께 등장하는 야요이시대 전기말은 빨라도 서기전 3세기 후엽 정도가, 중기의 시작은 서기전 2세기 초 정도가 적정할 것이다. 중기의 하한과 관련하여서는 90년대 후반에 조사된 오사카부大阪府 이케가미池上·소네曾根 유적 유적의 연대가 주목된다. 이 유적의 긴키近畿 Ⅳ-3양식 토기기에 해당하는 거대한 굴립주掘立柱 건물의 기둥 '柱12'가 연륜연대측정에서 서기전 52년에 벌채된 것으로 나타났는데, 긴키 Ⅳ양식은 대체로 규슈의 중기 후반에 병행하는 시기이다. 더욱이 이 '柱12'의 AMS에 의한 눈금맞춤연대가 서기전 80~40년 사이(Cal BC 60±20)로 측정되었음을 고려하면 야요이시대 중기의 하한은 기원을 전후한 시점이 될 것으로 추정된다. 한편, 야요이시대 후기의 하한은 서기 3세기 중엽 정도로 보는 것이 일반적이다.

위에서 점토대토기를 중심으로 한일 양국의 연대를 살펴보았는데, 교차하여 정리하면 **표 3-4**와 같다. 여기에서 특히 주목되는 점은 야요이시대 북부 규슈에서 점토대토기의 등장과 한반도계 청동기의 등장 사이에 일정한 시차가 인정된다는 것이다. 다시 말해서, 점토대토기의 일본 초현이 전기 중엽의 이타

표 3-4 청동기시대 후기~원삼국시대 한일 연대 비교안

연대	단계	한국유적		한국토기/금속기	일본토기	일본유적	야요이시대
BC 450	I	수석리		圓形粘土帶土器	山ノ寺式 夜臼式	曲リ田 荣畑	조기
400	II	반제리, 매곡리 송현동B					
	IIIa	괴정동 동서리		韓國式銅劍	板付I式	今川	전기
300	IIIb	구봉리 덕동				那珂	
250	IV	초포리 傳 논산 대곡리	신풍, 갈동, 방지리 남양리, 늑도 월성동, 하구리 신창동, 팔달동(無) 군곡리, 다호리(無)	戰國式鐵器 三角形粘土帶土器 辰弁韓式鐵器	板付IIa式 板付IIb式 板付IIc式	諸岡 三國ノ鼻 橫隈鍋倉	
200					城ノ越式	上黑井	
100 紀元	V	팔달동·신서동(瓦) 다호리·밀양 교동(瓦) 임당·신대리(瓦), 조양동·북토리(瓦) 구지로		漢式遺物 瓦質土器	須玖I式	姉	중기
					須玖II式	原の辻 オテカタ	
AD 150					高三潴式	經ノ隈1號石棺	후기
					下大隈式	芦ケ浦	
250	목곽	하대, 노포동 옥성리			西新式	浦志A地點	

즈케II식 고단계(혹은 이타즈케I식 신단계) 정도까지 소급되는 반면에, 한반도계 청동기는 전기 말, 즉 이타즈케IIc式 토기 단계까지 내려온다는 것이다. 약 100년 정도 차이가 나는 것인데, 이런 양상은 앞서 살펴본 한반도에서 점토대토기와 한국식동검 등장 사이에 보이는 시차의 양상과 유사하다.

5. 소결

지금까지 중국 요서 지역에서 이중구연토기가 등장한 후 요동으로 영향을 미쳐 양천 유형이라는 점토대토기문화를 형성하고, 이 문화가 한반도로 전파되어 다시 일본까지 이르는 과정을 살펴보았다. 한반도의 점토대토기문화에 직접적인 영향을 준 유적으로는 요중 지역의 정가와자 유적과 공주둔 후산 유적을 들었다. 정가와자 전기에는 점토대토기가 출토되지 않았지만 청동기의 유사성

등으로 미루어보아 원형점토대토기의 존재 가능성을 상정하고, 이를 고려하여 한반도 중서부지역의 원형점토대토기 등장을 서기전 5세기 중엽으로 설정하였다. 점토대토기의 한반도 전파는 남경 3호 주거지로 대표되는 서북한지역을 경유하였다기보다 별도의 경유지 없이 요중지역에서 중서부지역으로 단번에 이루어진 것으로 볼 수 있다.

이렇게 한반도 중서부지역으로 먼저 전파된 점토대토기문화는 점토대토기와 공반하는 유물조합에 따라 5단계로 나눌 수 있다. I단계는 점토대토기와 환상파수부장경호만 출토되는 단계이며, II단계는 점토대토기에 유구석부 등 재지계석기와 조합식우각형파수가 더해지는 단계이다. III단계는 다시 2기로 세분 가능한데, 요령식 청동의기와 공반하는 시기와 동과와 공반하는 시기로 구분한 것이다. IV단계는 연식燕式 철기문화가 등장한 후 곧이어 원형점토대토기가 삼각형점토대토기로 변모하는데, 이 시기부터 군집하는 목관묘가 등장한다. V단계부터는 한식漢式 청동기가 등장하고, 삼각형점토대토기 단계의 여러 토기가 와질토기로 변한다. 각 단계의 절대연대 추정은 최근 축적된 AMS 측정치는 제외하고, 당시 동북아시아의 정치적 상황과 각 유물 간의 교차편년을 종합하여 제시하였다. 그 결과 I단계는 서기전 5세기 중엽, II단계는 서기전 5세기 후엽, III단계는 서기전 4세기~3세기 전엽, IV단계는 서기전 3세기 중엽~1세기 전반, 그리고 V단계는 서기전 1세기 후반부터일 것으로 추정하였다.

마지막으로 한반도 점토대토기문화의 일본 전파라는 측면에서 점토대토기와 야요이(계)토기의 병행 관계와 편년을 살펴보았다. 양자의 공반 관계를 바탕으로 검토한 결과 일본에서 점토대토기의 초현 연대는 한반도의 등장 시기인 서기전 5세기 중엽을 상회하지 못하는 것은 당연하며, 구체적으로는 서기전 4세기 후엽이 적정한 것으로 보았다.

* 이 장은 필자의 박사학위논문 일부를 수정·보완한 것이다.
박진일, 2013, 『韓半島 粘土帶土器文化 研究』, 釜山大博士學位論文.

제Ⅳ장 한韓의 성립成立; 전국식戰國式 철기의 등장과 삼각형점토대토기의 발생

Ⅱ장에서 '한韓의 성립'에 대한 고고학적 정의를 '서남한 군집 목관묘에서 전국식 철기를 처음 부장한 양상'으로 규정하였다. 이 맥락에서는 남한에서 가장 이른 시기에 등장한 전국식 철기의 연대를 밝히는 것이 곧 한의 성립 연대를 설정하는 것과 같다. 오랫동안 학계에서는 남한의 철기 등장이 삼각형점토대토기의 등장과 연동聯動하며, 그 시기 또한 동일한 것으로 생각해왔다. 따라서 한의 성립 연대를 밝히고자 한다면 먼저 전국식 철기와 삼각형점토대토기가 동시기에 같이 등장한 것이 타당한지에 대해 검토할 필요가 있다. 그런 이후에 전국식 철기와 삼각형점토대토기의 등장 및 발생 과정을 구체적으로 살피고, 각각의 연대를 검토함으로써 최종적으로 한의 성립 연대를 설정하겠다.

1. 서남한 전국식 철기의 등장과 주변 지역

1) 전국식 철기 등장[30]과 삼각형점토대토기 발생의 시차

점토대토기 연구 초창기인 1980년대 초에 한상인(1981)은 남한 삼각형점토

---

[30] 연구 초기에 설정했던 남한의 '철기' 등장 요인은 낙랑군 설치나 위만조선의 성립으로 이해되었기 때문에 구체적으로 '전국식 철기'라고 특정하지는 않았다.

대토기와 초기철기의 보급이 서로 관련되어 있을 것이며, 등장 시점은 한사군 漢四郡이 설치되기 이전인 서기전 2세기 중엽부터라고 주장하였다. 이후 늑도 유적 발굴조사 성과가 보고되면서 남한의 철기와 삼각형점토대토기가 동시기에 등장했다고 보는 인식은 더욱 구체화된다. 즉 낙랑군樂浪郡의 설치로 서북한 지역 화분형 토기문화가 남한에 영향을 미친 결과 늑도에서 삼각형점토대토기와 철기문화가 함께 등장하게 되었다고 본 것이다(신경철 1986). 얼마 지나지 않아 그 등장 배경 및 연대는 낙랑군 설치에서 위만조선의 성립으로 수정되었다(정징원·신경철 1987).

서북한지역 문화의 영향으로 한반도 남부에서 삼각형점토대토기가 발생했다고 본 입장들과 달리 박순발(1993)은 서북한지역에서 발생한 삼각형점토대토기가 한반도 남부로 전해진 것이라고 주장함으로써 견해의 차이를 보였지만, 삼각형점토대토기와 초기철기의 등장을 동일 맥락에 있는 것으로 파악하였다는 점에서는 공통적이다. 구체적으로 살피면, 중국 동북지역의 원형점토대토기가 고조선과 전국 연燕의 무력충돌 과정에서 대동강유역으로 파급된 후 삼각형점토대토기로 변하였고, 이것이 다시 한반도 남부지역으로 전파되었다는 것이다. 이 때 '연화보蓮花保 – 세죽리細竹里' 유형類型으로 대표되는 고조선의 철기문화가 명사리 유적의 '삼각형점토대토기+봉상파수부호(명사리식 토기)'의 조합과 함께 한반도 남부에 영향을 미쳤다고 주장하였다. 이후로 오랫동안 이 견해는 남한에서의 초기철기와 삼각형점토대토기의 등장에 대해 논증한 가장 유력한 학설學說이었다. 호서지역에서 기존 한국식동검문화를 기반으로 한두 점의 철기를 부장한 부여 합송리나 당진 소소리 유적에서 삼각형점토대토기가 출토되지 않아 삼각형점토대토기와 초기철기 등장의 동시기성에 대한 의문이 들기도 했지만, 이를 반박할 구체적인 증거는 없었다. 등장 시기도 고조선 준왕이 한지韓地에 도착한 때(서기전 194년)와 일본 야요이시대彌生時代 중기[31]의 개시 연대가 비슷하여 서기전 2세기 초에 한반도 남부에 철기가 삼각형점토대토기·봉상파수부호와 함께 전파되었다는 주장에 설득력을 더하였다.

---

31 늑도 유적에서 등장기의 삼각형점토대토기가 야요이시대 중기 초의 토기와 공반되었다.

그런데 2000년대에 들어서 전라북도를 중심으로 초기철기를 부장한 군집 목관묘가 속속 조사되면서 초기철기와 삼각형점토대토기의 등장을 같은 맥락, 같은 시기로 이해해야 하는가 하는 회의적인 질문이 대두되었다. 특히 완주 갈동 3호묘에서 원형점토대토기와 공반하여 전형적인 전국식 주조철겸이 출토되면서 삼각형점토대기와는 별도의 맥락에서 좀 더 이른 시기에 전국식 철기가 등장하였다는 것을 알게 되었다. 이와 더불어 국립중앙박물관에서 개최한 북한 문화재 특별전(국립중앙박물관 2006)에 명사리 유적 출토 삼각형점토대토기가 전시되자 이를 실견한 연구자들 사이에 이 토기를 늑도를 비롯한 한반도 남부지역의 점토대토기보다 선행하는 형식으로 볼 수 없다는 공감대가 확산되었다.[32] 나아가 한반도 남부의 삼각형점토대토기는 초기철기의 등장과 무관하며, 완성된 상태에서 외부로부터 전파된 것이 아니라 한반도 남부에서 '발생'했을 가능성을 고려하게 되었다.

이제 한반도 남부에서 전국식 철기의 등장과 삼각형점토대토기의 발생을 동일한 맥락과 시기로 이해해야 할 이유는 없어졌다. 특히 삼각형점토대토기의 경우 다른 지역에서 한반도 남부로 전파되었다고 보아야 할 당위성도 없다. 따라서 서북한 삼각형점토대토기의 영향으로 남한에서 처음으로 삼각형점토대토기가 등장한 곳이라고 여기던 경남 해안 지역을 삼각형점토대토기 최초 등장지로 인식할 이유도 없어졌다. 남한 삼각형점토대토기의 발생지에 대한 새로운 접근이 필요해진 것이다. 무엇보다도 더 이상 남한의 전국식 철기와 삼각형점토대토기를 연동시키지 않고 개별적인 맥락에서 각각의 등장 및 발생 과정을 고찰하는 작업이 필요하다.

2) 등장기의 서남한 전국식 철기의 검토

서남한의 등장기 전국식 철기는 철도자鐵刀子, 철부鐵斧, 철착鐵鑿과 철겸鐵鎌으로 구성된다. 철사鐵鉈가 공반되기도 하지만 이 기종은 전국식 철기가 아니라 기존의 동사銅鉈에서 재질이 변한 것이다. 이러한 서남한의 초기철기 등장에 전

---

32 명사리 유적 삼각형점토대토기의 점토대는 국립중앙박물관의 북한 문화재 특별전(국립중앙박물관 2006)에서 관찰한 결과 퇴화된 것임이 확인되었다.

국시대戰國時代 연燕에서 영향을 받아 성립한 고조선 철기문화의 영향이 있었음은 확실하다. 즉 '연화보 - 세죽리' 유형의 영향이다. 이 유형은 요하 중류역에서 서북한에 이르는 광범위한 지역에 걸쳐 있기 때문에, 서남한 초기철기와의 관계성을 명확히 살피기 위해서는 요령성과 서북한의 출토품을 구분하여 살펴야 한다. 또 연 철기문화의 전형典型인 하북성 연하도燕下都, 그리고 원삼국시대 조기와 전기의 동남한(진·변한)의 철기를 함께 살펴 서남한의 등장기 초기철기와 가장 유사한 형식을 찾을 필요가 있다.

여기에서 검토할 철기는 서남한의 전국식 철기와 동일 기종인 철도자(이하 도자), 철부, 철착과 철겸이다. 편의 상 하북성 연하도를 중심으로 발견되는 형식을 '연식燕式'이라 하고,[33] 전라북도를 중심으로 발견되는 형식은 '마한식馬韓式[34]', 영남에서만 확인되는 형태(주로 단조철기)는 '진·변한식辰·弁韓式'이라 지칭하겠다.

(1) 도자(그림 4-1)

하북성 연하도 유적에서는 가장 다양한 형태의 도자가 출토되었다. 청동도자와 마찬가지로 환두부環頭部가 원형인 것을 연1식, 환두부와 도자병刀子柄을 따로 제작하여 붙인 듯 도자병의 끝이 환두부 안으로 돌출된 것을 연2식, 그리고 도자병의 끝부분을 중첩하면서 환두부를 나선형螺旋形으로 제작한 것을 연3식이라 하겠다. 연하도 북침촌北沈村 8호에서는 연1식이, 랑정촌郎井村 10호와 13호에서는 연2식이, 랑정촌 10호에서는 연3식이 출토되었다. 이 중 전국 중기와 후기에는 연2·3식이 중심인 것으로 알려져 있다. 또 능원凌源 안장자고성安杖子古城에서는 연2식으로 보이는 도자가, 조양 원대자 유적에서는 연1식과 연2식이 출토되었다. 또 철령鐵嶺 구대邱台 유적에서는 연2식이, 본계本溪 괴석동怪石洞 유적에서는 연3식이 출토되었다. 무순撫順 연화보蓮花堡 유적에서 출토된 도자는 환두부가 결실되어 정확한 형식을 알 수 없다.

---

33 연하도를 중심으로 한 하북성의 철기의 경우 지금까지 보고된 보고서의 도면과 사진만으로는 정확하게 파악하기에 무리가 있는 것이 사실이다.

34 서남한 초기철기 전부가 마한의 것은 아니고 그 이전 단계의 것도 포함되어 있지만, 양자를 정치하게 세분하는 것이 쉽지 않기 때문에 '마한식'으로 통칭하였다.

서북한의 영변 세죽리 유적에서는 연2식이, 서남한의 완주 신풍 가44·46호 묘에서 연3식이 출토되었다. 신풍 유적을 제외하고는 연식 도자가 출토된 곳은 아직 없다. 진·변한에서는 환두부의 끝이 가늘어지면서 원을 이루지 않는 진·변한식이 주로 확인되었다.

(2) 철부(그림 4-2)

하북성의 연하도 유적에서 출토된 철부는 세 종류가 있다. 평면과 단면이 모두 장방형長方形인 연1식, 평면 장방형이면서 2조의 돌대突帶가 있는 연2식, 평면 형태가 방형方形인 연3식이 그것이다. 연1식은 연하도 동침촌東沈村 6호와 해촌解村 3호에서, 연2식과 3식은 랑정촌 10호에서 출토되었는데, 이 중 전국 후기에는 연2·3식이 중심인 것으로 알려져 있다. 한편 무순 연화보 유적에서는 연1·2·3식과 더불어 마한1식(동체 가운데 형지공型持孔이 있는 것)이 함께 보인다.

영변 세죽리와 위원 용연동 유적에서도 연1·2·3식이 출토되지만 마한식 철부는 없다. 완주 갈동에서는 연1식과 마한1식이 함께 출토되었으며, 부여 합송리에서는 마한2식(유단식有段式 공부銎部)이 출토되었다. 경산 임당이나 대구 팔달동 등 진·변한 군집 목관묘에서는 연1·2·3식과 함께 진·변한식(단면 사다리꼴)도 보이며, 진·변한 특유의 단조 철부도 제작된다.

(3) 철착(그림 4-3)

형지공型持孔이나 유단식有段式 공부銎部가 없는 것을 연식, 형지공이 있는 것을 마한1식, 유단식 공부를 가진 것을 마한2식으로, 단조철착을 진·변한식으로 설정한다.

하북성 연하도 유적과 무순 연화보, 영변 세죽리 유적 등지에서는 연식만 출토된다. 또 마한 지역에서는 마한1·2식이 출토되며, 진·변한 지역에서는 연식과 진·변한식이 출토된다. 이 중 대구 팔달동 57호묘에서 출토된 주조철착은 진·변한 유일의 주조철착이지만, 일반적인 연식 주조찰착과 달리 전체 길이 대비 공부의 비율이 짧은 특징이 있다.

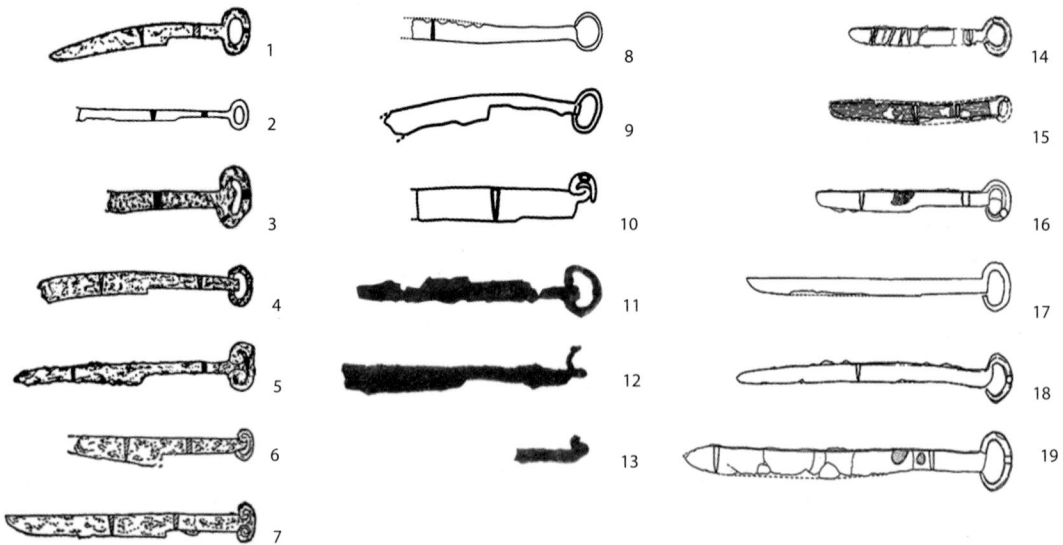

그림 4-1 하북·요령·서북한·남한 출토 도자(축척 부동)

1: 燕下都 北沈村 8호 | 2: 武陽臺村 44호 | 3: 郞井村 10호 | 4: 郞井村 13호 | 5: 東沈村 6호 | 6, 7: 郞井村 10호 | 8: 鐵嶺 邱台 | 9: 本溪 滴塔堡子 | 10: 本溪 怪石洞 | 11: 영변 세죽리 | 12, 13: 완주 신풍 가44, 46호 | 14: 영천 용전리 | 15: 경주 조양동 5호 | 16: 창원 다호리 74호 | 17: 창원 다호리 1호 | 18: 창원 다호리 30호 | 19: 경산 임당동 A2-4호

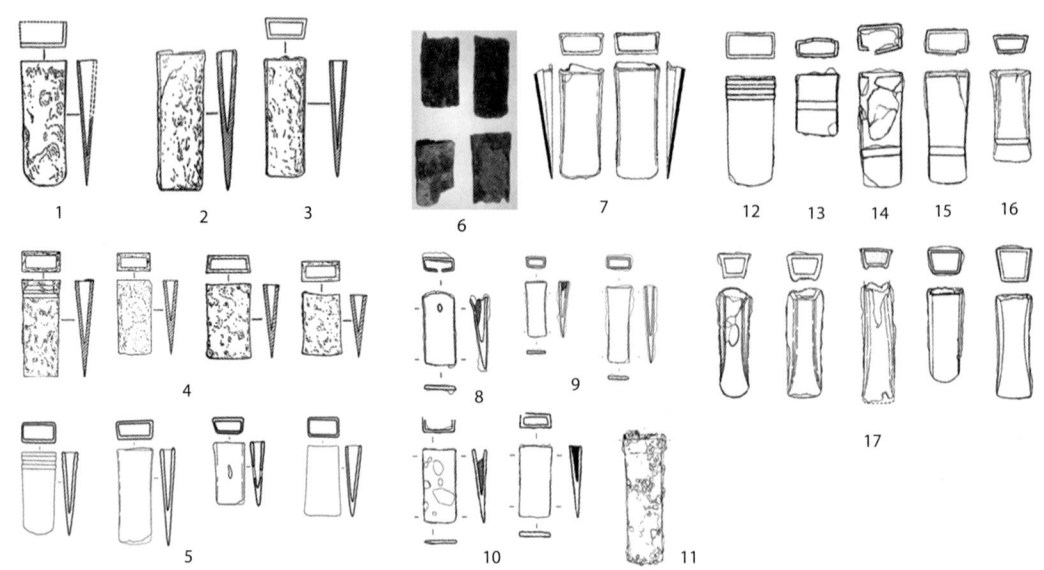

그림 4-2 하북·요령·서북한·남한 출토 철부(축척 부동)

1: 燕下都 東沈村 6호 | 2: 郞井村 10호 | 3: 解村 3호 | 4: 郞井村 10호 | 5: 撫順 蓮花保 | 6: 영변 세죽리 | 7: 위원 용연동 | 8: 완주 갈동 3호 | 9: 4호 | 10: 6호 | 11: 장수 남양리 4호 | 12: 경산 임당동 F34호 | 13~16: 대구 팔달동 49, 57, 77, 48호 | 17: 영남지역

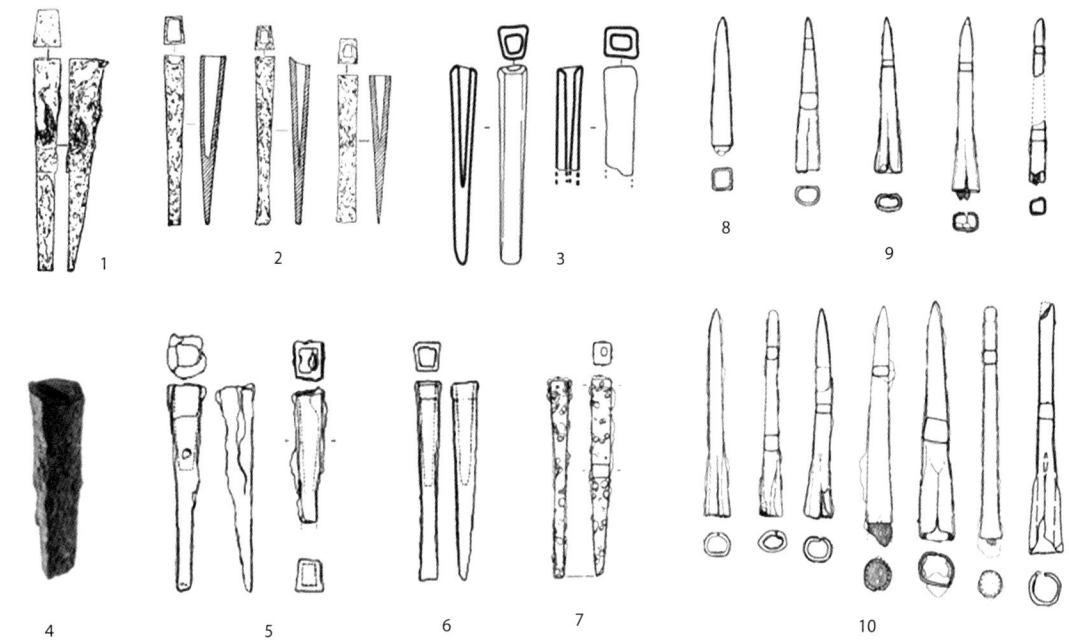

그림 4-3 하북·요령·서북한·남한 출토 철착(축척 부동)

1: 燕下都 郎井村 10호 | 2: 郎井村 10호 | 3: 撫順 蓮花堡 | 4: 영변 세죽리 | 5: 부여 합송리
6: 당진 소소리 | 7: 장수 남양리 4호 | 8: 대구 팔달동 57호 | 9, 10: 영남지역

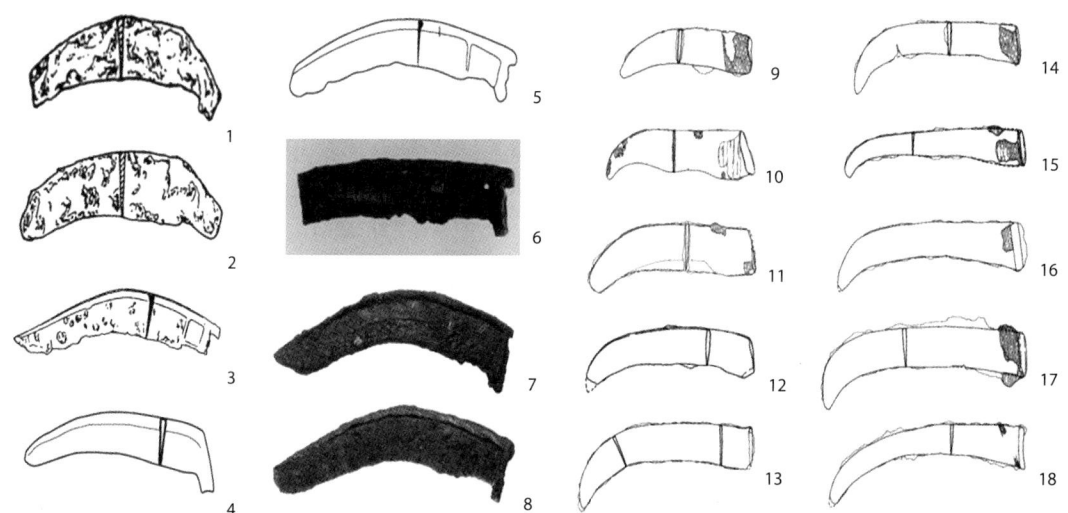

그림 4-4 하북·요령·서북한·남한 출토 철겸(축척 부동)

1: 燕下都 北沈村 8호 | 2: 西貫城村 9호 | 3: 武陽臺村 22호 | 4: 鞍山 岫岩 城南 | 5: 撫順 蓮花堡
6: 영변 세죽리 | 7: 완주 갈동 2호 | 8: 3호 | 9: 경주 조양동 5호 | 10: 성주 예산리 4호
11: 경주 황성동 2호 | 12: 창원 다호리 30호 | 13: 대구 팔달동 74호 | 14: 경주 조양동 52호
15~18: 창원 다호리 69, 71, 70, 67호

(4) 철겸(그림 4-4)

주조철겸은 주조틀의 모양이 분명하지 않아 등에 턱이 없는 것을 연1식으로, 주조틀의 모양이 분명하여 등에 턱이 있는 것을 연2식으로 구분하고, 단조철겸은 진·변한식이라 지칭하겠다. 연1식은 연하도 북침촌 8호에서, 연2식은 무양대촌武陽臺村 22호에서 출토되었고, 무순 연화보에서도 또한 연2식이 출토되었다. 연하도와 연화보에서 출토된 연2식 주조철겸은 등이 곡선으로 굽어 있는 형태이다.

영변 세죽리 유적에서는 연2식이 출토되었는데, 연하도와 연화보 출토품과 달리 등이 일직선이며 고정용 구멍도 있다. 이런 고정용 구멍은 위원 용연동 출토 주조철겸에도 있기 때문에 서북한의 지역 특징임을 알 수 있다. 서남한의 완주 갈동에서도 연2식이 출토되었는데, 등이 곡선으로 굽어 있는 형태로서 세죽리 출토품보다는 연화보 출토품과 비슷하다. 진·변한의 목관묘에서는 연식의 주조철겸이 전혀 출토되지 않았고 진·변한식 단조철겸만 보인다.

서남한에서 등장한 전국식 철기와의 유사성 확인을 위해 하북성, 요령성, 서북한과 동남한 각각에서 비슷한 시기에 출토된 같은 기종의 철기들을 살펴보았다. 그 결과 서남한 등장기의 초기철기와 가장 비슷한 형태의 철기가 분포하는 곳은 무순 연화보 유적을 중심으로 한 요령성 일대임을 알 수 있다. 서북한 지역의 초기철기는 기종 구성에서 공통점이 있긴 하지만 구체적인 형식에는 차이가 있으며, 동남한 군집 목관묘 철기의 경우 단조철기가 중심이 되고 있어서 주조철기 중심의 서남한 초기철기와 크게 다르다. 따라서 서남한의 초기철기는 요령성 일대의 철기문화에서 유래했을 가능성이 가장 높다고 할 수 있으며, 그렇기 때문에 그 등장 맥락과 시기 역시 요령성 철기문화와의 관련성이라는 관점에서 고찰하여야 한다.

2. 남한 삼각형점토대토기의 발생

1) 외부 토기문화 영향설 개관

영남 일대의 원형점토대토기 등장은 중서부 지역의 점토대토기문화가 Ⅲ단계에 전형을 이룬 후 파급된 결과이다. 주요 유적은 합천 영창리(경남고고학연구소 2002b)처럼 바다에서 먼 곳에 위치한 곳도 있지만, 김해 대청(부산대학교박물관 2002), 사천 방지리(경남발전연구원역사문화센터 2005, 2007; 경상대학교박물관 2007) 등 대부분은 남해안을 중심으로 분포하고 있다. 특히 사천 방지리 유적에서 출토된 유孔가 붙은 원형점토대토기는 보령 교성리 유적 출토품처럼 주로 중서부지역에서 확인되는 것이어서 중서부지역에서 한번 지역화한 원형점토대토기문화가 다시 전래되었을 가능성을 보여주고 있다.

늑도를 중심으로 한 경남 해안의 삼각형점토대토기는 Ⅳ단계에 등장한다. 등장 배경에 대해 외부 토기문화의 영향으로 발생했다고 보거나(申敬澈 1986; 정징원·신경철 1987; 부산대학교박물관 1989), 아니면 외부에서 완성된 형태의 삼각형점토대토기문화가 전파되었다고 설명하기도 한다(박순발 2009). 이와는 달리 한반도 내에서 원형점토대토기가 삼각형점토대토기로 변했다고 보기도 한다(이재현 2003; 신경철 2012; 박진일 2013). 첫 번째 입장에서 영남의 삼각형점토대토기 발생에 영향을 준 외부 토기문화로 낙랑군 설치 무렵의 화분형 토기문화, 또는 낙랑군 설치 이전의 화분형 토기문화와 윤가촌 아래층 2기 토기문화를 지목한 바 있고, 두 번째 전파론적 입장에서는 명사리 유적 토기문화를 원류라고 설명하였다. 세 번째 입장은 완주를 중심으로 한 서남한이나 경남 해안을 중심으로 한 동남한의 원형점토대토기에서 삼각형점토대토기가 발생한다고 본 것이다. 이 세 가지 입장의 논지에 대해 구체적으로 살펴보자.

초기 연구에서는 낙랑군의 설치로 서북한의 화분형 토기가 영향을 주어 늑도 유적의 삼각형점토대토기가 발생했다고 보았다(申敬澈 1986). 즉 삼각형점토대토기가 이전 단계인 원형점토대토기와는 다르고 오히려 서북한지역의 화분형 토기와 비슷한 것에 대해 낙랑군의 설치를 계기로 한漢 문화가 한반도에 본격적으로 유입되면서 여기에 자극을 받은 서북한지역의 화분형 토기문화가 영남지역으로 영향을 미친 결과라고 해석한 것이다. 구체적인 시기는 낙랑군 설치 시점을 기반으로 서기전 2세기 말로 추정하였다. 하지만 이러한 입장은 얼마 후 낙랑군이 아닌 위만조선과 연관되는 것으로 수정된다(鄭澄元·申敬澈 1987). 종말기 무문토기단계의 철기 일반화를 반드시 낙랑군의 설치와 관련시켜 이해할 필요가 없었기 때문이다. 낙랑군보다 위만조선의 성립과 더욱 관계 깊은 것으로 본 것인데, 주지하듯이 위만조선의 문화는 전국 연燕나라로부터 온 것이기 때문에 위만조선 성립으로 인한 남부지역으로의 철기 및 화분형 토기 파급을 낙랑과 결부시킬 이유가 더더욱 없어진 것이다. 그렇다하더라도 남한에서의 본격적인 철 생산 연대를 위만조선의 성립 시점인 서기전 2세기 초까지 올려보기는 어려워 서기전 2세기 중엽 정도가 적당한 것으로 설정하였다. 아마도 늑도 유적에서 자주 보이는 야요이시대 중기 초의 토기와 삼각형점토대토기의 병행관계를 고려한 연대관이었을 것이다.

수정된 입장에서 삼각형점토대토기의 등장 연대를 이전보다 50년 정도 이르게 보기는 했지만, 서북한의 화분형 토기 영향으로 늑도 유적의 삼각형점토대토기가 등장한 것으로 생각한 점은 여전하다. 분명 늑도 유적에서 극소수의 화분형 토기가 출토되기는 했지만, 삼각형점토대토기와 제작방법이나 기형이 다르며, 늑도 유적 무덤의 형태나 공반 유물 역시 서북한 화분형 토기문화와 곧바로 연결시키기는 어려운 부분이 많다. 때문에 부산대학교박물관에서 1989년에 발간한 늑도 유적의 보고서에서는 삼각형점토대토기에 대해 원형점토대토기에서 변화한 것이 아니라 새롭게 출현한 토기형식이라고 하면서 서북한이 아닌 중국 동북지역의 토기문화와 관련시켰다. 광주 신창동이나 늑도 유적의 사례에서 보듯이 삼각형점토대토기가 철기문화와 밀접한 관계를 가지고 있다는 점에 주목하여 진평이靳楓毅의 요동 제4기 문화(靳楓毅 1983)와 연결시킨 것인데, 이것이 곧 윤가촌 아래층 2기 문화이다. 전파 경로는 삼각형점토대토기가 철기문화와 함께 요동지역 또는 청천강 이북 지역에서 남해안으로 직접 전파된 것으로 보았다. 이 견해는 아마도 윤가촌 12호 무덤에서 출토된 것과 같은 이중구연토기를 염두에 둔 것이겠지만, 이 토기는 형태나 크기가 늑도 유적 초창기의 삼각형점토대옹과 전혀 다르며, 공반 유물에서도 관련성을 찾기 어려워 서북한의 화분형 토기에 연결시켰던 견해와 마찬가지로 재고의 여지가 있다.

한편 박순발(2009)은 남해안 삼각형점토대토기의 원류를 신천 명사리 유적에서 찾았다. 대동강유역에 이미 존재하고 있던 원형점토대토기가 삼각형점토대토기로 변한 이후, 봉상파수부호와 함께 전파되었다는 것이다. 물론 이것은 앞서 살펴보았듯이 변형된 팽이형토기의 일종으로 판정해야 할 평양 남경 3호 주거지 출토 토기를 원형점토대토기로 보았기 때문에 가능한 주장이다. 더군다

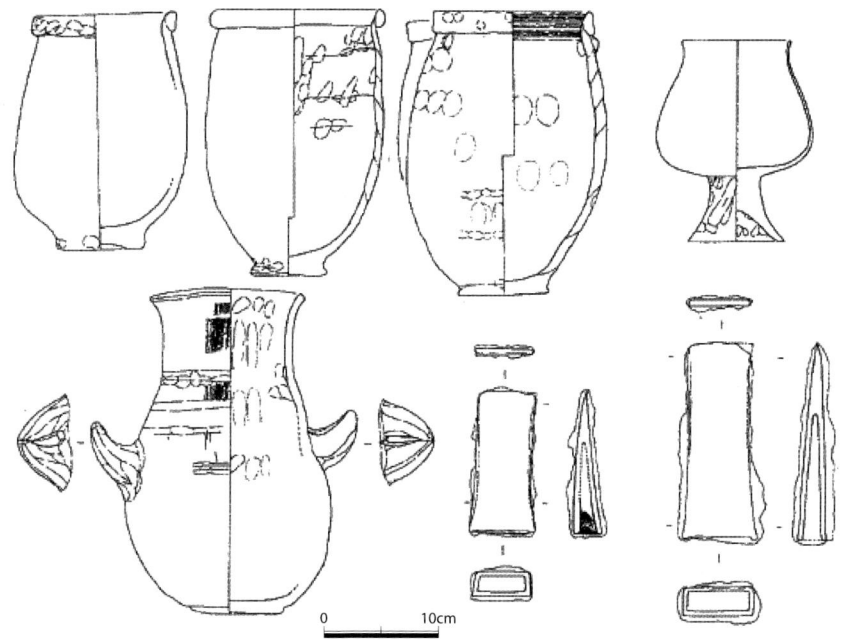

그림 4-5 완주 갈동 4호묘 부장품

나 형식학적으로 보아 명사리 유적의 삼각형점토대토기는 늑도 유적 삼각형점토대토기보다 시기가 더 늦다고 판단되기 때문에 이를 근거로 경남 해안지역의 삼각형점토대토기가 대동강유역에서 전파되었다고 하는 주장에는 동의하기 어렵다.

마지막으로 서남한에서 발생했다고 주장한 견해를 살펴보자. 먼저 이재현(2003)은 영남지역 삼각형점토대토기가 익산 신동리나 장수 남양리 등 전북지역의 삼각형점토대토기의 영향을 받아 상주 병성동 등 경북 내륙에서 처음 등장한 것으로 생각하였고, 또 신경철(2012)은 기존의 견해를 다시 수정하여 완주 갈동 4호묘에서 출토된 삼각형점토대토기(그림 4-5)를 영남지역 삼각형점토대토기의 조형祖形으로 보기도 했다.

이렇듯 삼각형점토대토기의 발생과 관련한 설은 다양하며, 외부 토기문화 영향 발생설 중 신천 명사리 유적의 삼각형점토대토기가 전파되었다는 주장 역시 여전하다. 필자는 과거에 경남 해안지역의 원형점토대토기에서 삼각형점토대토기가 발생했다고 보기도 했다. 이런 와중에 경남 해안지역이 아닌 완주 갈동 4호묘에서 전국식 철기와 삼각형점토대토기의 공반과 함께 전주 마전 유적 같은 생활유적에서 다수의 삼각형점토대토기가 조사되면서 삼각형점토대토기의 등장 및 확산 과정에 대한 전면적인 재검토가 필요하게 되었다. 이러한 재검토의 맥락에서 먼저 신천 명사리 유적과 경남 해안지역 삼각형점토대토기의 관계를 살펴 양자의 영향관계가 실제로 어떠하였는지 확인하도록 하겠다.

2) 명사리 유적 삼각형점토대토기 전파설 비판

남한의 삼각형점토대토기의 발생에 영향을 준 외부 토기문화로 화분형 토기문화와 윤가촌 2기 토기문화를 들었던 이전의 연구들은 이제 더 이상 이야기되지 않는다. 따라서 여기에서는 명사리 유적 토기와의 관련성만을 고찰하겠다.

(1) 명사리식 토기 연구 경향

황해도 신천군 명사리 유적(도유호 1962)에서 봉상파수부호(그림 4-6-1)와 삼각형점토대토기(그림 4-6-2)가 확인되었다. 이 중 봉상파수부호를 지칭하여 '명사리식 토기'라고 부른다. 발견 당시 삼각형점토대토기와 나란히 횡치橫置한 합구식合口式 옹관 형태였기 때문에 많은 연구자들이 명사리식 토기의 조형을 중국 대련大連의 윤가촌尹家村 아래층 2기 문화에서 출토된 파수부호에서 찾고 있으며, 필자도 이에 동의한다. 여기에서 출토된 파수부호와 명사리 유적의 명사리식 토기는 세부적인 형태와 공반 유물에서 다른 점이 있긴 하지만 형태적 유사성과 시기로 보아 계보 관계에 있을 가능성은 충분하다.

명사리식 토기의 정의는 연구자마다 차이가 있다. 즉 윤가촌 유적에서 발견

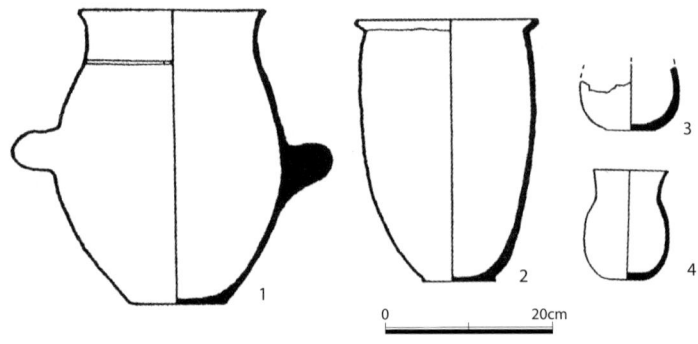

그림 4-6　신천 명사리 유적 출토 토기

된 파수부호도 명사리식 토기의 범주에 포함해야 하는지, 또 파수가 없는 평저호平底壺를 명사리식 토기로 보아야 하는지 명확하게 정의되지 않았다. 어떤 연구자(박순발 1993, 2009)는 봉상파수호와 삼각형점토대토기를 함께 '명사리형 토기'라 부르기도 한다. 이 때문에 한반도 남부에서 출토되는 삼각형점토대토기도 명사리식 토기의 영향이라 여기기도 한다. 이것은 명사리식 토기와 삼각형점토대토기를 횡치하여 합구한 명사리식 옹관의 기원이 명사리 유적에 있고, 그 영향으로 한반도 남부에서 명사리식 토기와 삼각형점토대토기가 동시에 등장했다고 생각하기 때문이다. 하지만 이와 같은 논지가 성립하려면 명사리 유적이 사천 늑도 유적이나 광주 신창리 유적의 명사리식 옹관보다 선행 형식이면서 시기적으로도 앞선다는 점이 분명히 밝혀져야 한다.

이런 여러 논점을 해결하기 위해 먼저 연구자마다 제각각인 '명사리식 토기'와 '명사리식 옹관'의 개념을 정의하고, 이어서 명사리식 토기와 명사리식 옹관의 발생 배경과 시기, 확산과정에 대해 살펴보겠다.

(2) 출토 정황과 용어 검토

명사리 유적은 1962년에 발굴한 옹관묘이다. 무덤은 60°로 경사진 산비탈 끝에서 동서 약 5m, 남북 약 4m의 구획 안에서 확인되었는데, 옆에 인골과 토기가 무질서하게 널려있었던 것으로 미루어 토광묘와 함께 조영했던 것으로 보인다. 옹관은 동서방향으로 횡치하여 합구했는데, 동체 중위에 봉상파수가 붙어 있는 파수부장경호와 삼각형점토대토기로 구성되어 있다. 보고문에서 봉상파수부장경호를 고조선 계통으로 파악하고, 의주군 미송리 동굴 위층문화의 전통이 강하게 반영된 것으로 보아 외래계가 아닌 재지계 토기라고 하였다. 삼각형점토대토기는 화분형 토기라고 기술하였는데, 보통의 화분형 토기보다 좀 더 크고 배가 부를 뿐만 아니라 굽이 조금 좁으며, 또 매우 거칠게 만든 것으로 이 역시 고조선 계통으로 파악하고 있다

명사리식 토기(그림 4-6-1)는 기고가 약 33cm, 구경이 약 22cm이다. 동최대경에 대한 기고의 비율이 1.2 정도로서[35] 기고에 비해 동최대경이 넓으며, 동

---

35 동진숙(2002)은 동최대경에 대한 기고의 비율과 파수의 위치를 기준으로 한반도

체의 형태는 구형에 가깝다. 주로 황갈색을 띠고 태토는 정선되지 않았으며, 화분형 토기에서 많이 관찰되는 활석滑石이 다량 함유되어 있다. 저부는 두께가 얇아 판상板狀에 가까운 굽 모양이다. 구형球形의 동체 가운데에서 약간 위쪽에 치우쳐 봉상파수 두 개가 붙어 있다. 구경부는 동체부와 부드럽게 연결되며 약간 외반하였다. 표면은 매끄러우며, 회전판에서 성형한 흔적이나 기면 정면 흔적은 관찰되지 않는다. 삼각형점토대토기(그림 4-6-2)는 기고가 약 29cm, 구경이 약 20cm이다. 황갈색을 띠며, 태토는 정선되지 않고 활석이 다량 함유되어 있다. 높은 굽을 가지고 있으며 점토대의 단면은 얇은 횡타원형에 가깝다. 거의 홑구연화 되어 점토대가 관찰되지 않는 부분도 있다. 늑도 유적의 삼각형점토대토기에서 많이 보이는 목판을 이용한 정면흔은 없다.

학계에서 명사리 유적에서 출토된 토기를 이르는 용어로는 '명사리식 토기', '명사리형 토기'나 '명사리식(형) 옹관'을 사용하고 있다. 이 중 '명사리식(또는 명사리형) 토기'와 '명사리식 옹관'은 각각 특정 형식形式 유물에 대한 명칭과 합구한 관棺으로서의 의미를 갖는 명칭으로 구별되어 사용되어야 할 것이다. 먼저 '명사리식 토기' 용어에 대해 살펴보자. '명사리식明沙里式 토기'에서 '식式'은 '형식'이라는 용례에 비추어 보아 적절하다고 생각된다. 이때의 '형식'은 특정 토기의 속성을 설정한 후 조합한 최소 분류 단위로서의 '형식'이 아니라 토기의 종류, 즉 기종器種의 개념이다. 같은 개념으로 '명사리형明沙里形 토기'의 '형形'이라는 것도 '형식'의 또 다른 표현으로 보아 가능하다고 생각한다. 다만 우리나라 무문토기의 '형식'을 지칭하는 말로 '역삼동식 토기', '가락동식 토기', '늑도식 토기' 등 '~식 토기'가 일반적인 용례임을 고려한다면, '명사리식 토기'라는 용어가 일관성 있는 용어라 생각한다. 다만 이때의 '명사리식 토기'는 봉상파수부호 하나만을 지칭하는 용어이어야 한다. 만약 '명사리형 토기'처럼 봉상파수부호와 삼각형점토대토기를 모두 포함하는 개념으로 설정하게 되면, 현재 학계

남부의 점토대토기단계 파수부호의 상대 순서를 설정하였다. 동최대경에 대한 기고의 비율은 '小 → 大', 동최대경은 '中位 → 上位'로 바뀌어 가는데, 남부지역에서 가장 이른 시기의 파수부호인 늑도 ⅠC지구 42호 옹관의 명사리식 토기는 동최대경에 대한 기고 비율이 1.2라고 하였다.

에서 널리 사용하고 있는 '~식(또는 형)토기'라는 명칭이 일반적으로 하나의 '형식'에 대응하고 있는 것과 결을 달리하게 된다. 또한 '명사리식 토기'를 봉상파수부호로 인지하고 사용하고 있는 대부분의 연구자에게 불필요한 혼란을 야기할 수 있다.

따라서 이 책에서는 봉상파수부호만을 지칭하여 '명사리식 토기'라는 용어를 사용하겠다. 지역적으로는 신천 명사리와 한반도 남부에서 주로 출토되는 봉상파수부호만을 포함시키되 윤가촌 유적(조중공동고고학발굴대 1965)에서 출토된 것과 같이 파수의 끝이 일자인 호(그림 4-7-1)는 별도로 '윤가촌식 토기'라 하

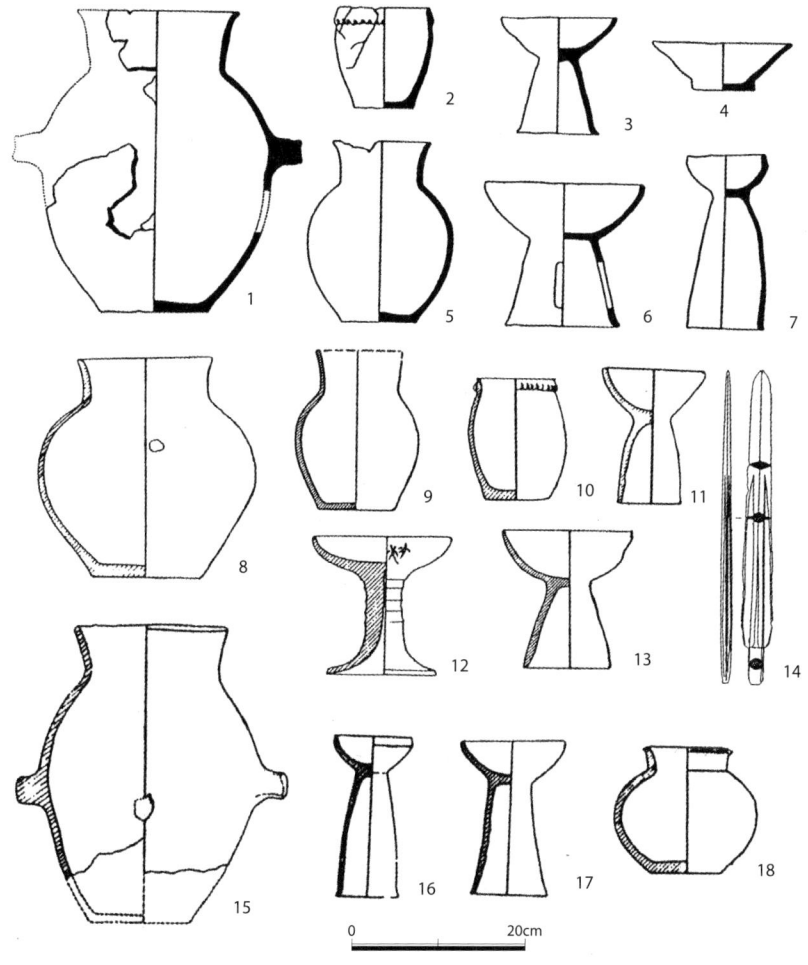

그림 4-7 윤가촌 아래층 2기 출토 유물(이후석 2012를 일부 수정)
1~7: 1928-1호묘 | 8~14: 12호묘 | 15~18: 11호수혈

겠다. 또 '명사리식 옹관'은 명사리식 토기와 삼각형점토대토기의 조합을, '명사리식 옹관묘'는 명사리식 토기와 삼각형점토대토기를 횡치하여 합구한 묘를 일컫는 용어로 사용하겠다. 이 경우 명사리식 토기가 아닌, 파수가 없는 호와 삼각형점토대토기를 횡치합구한 옹관묘는 명사리식 옹관묘의 범주에서 제외한다.

(3) 명사리식 토기의 발생 배경

명사리식 토기의 발생과 관련하여 주목받는 곳은 중국 대련 일대이다. 특히 윤가촌 유적이 주목되는데, 이 중에서도 윤가촌 아래층 2기의 출토품(조중공동고고학발굴대 1965)이 여러 연구자들에 의해 조명되었다(그림 4-7). 윤가촌 유적 아래층 2기에 속하는 유구는 모두 5기이다. 분묘는 1928년에 조사(東亞考古學會 1931)한 1호 석묘와 1963년에 조사한 4호와 12호가, 수혈은 H3과 H11호가 있다(中國社會科學院考古學硏究所 1996). 그 중 1928년에 조사한 1호묘와 12호묘는 출토유물의 구성이 비슷하다. 토기로는 (파수부)호와 함께 이중구연의 발, 무문소성의 두형토기가 출토되었는데, 특히 12호묘에서는 연계燕系로 생각되는 환원염 소성 두형토기 1점도 확인되었다. 그런데 이 묘들에서 출토된 파수부호는 명사리 유적의 파수부호와 형태가 다르다. 명사리 유적의 파수는 끝부분이 뭉툭하게 처리되어 있지만, 윤가촌 아래층 2기에 속하는 호의 파수는 끝부분이 잘린 듯 직선적으로 처리되어 있는 것이다. 이처럼 끝이 잘린 모양의 파수는 한반도 남부와 서해안에서는 잘 확인되지 않고, 연해주지역을 비롯한 단결-끄로우노브카 문화와 강릉·춘천 등 강원일대 유적에서 출토되는 형태라고 한다(Subbotina Anastsia 2005). 이뿐만 아니라 윤가촌 아래층 2기 문화에서는 이런 파수부호(윤가촌식 토기)를 옹관으로 사용한 사례도 없다는 점 역시 주목해야 한다.

이와 같은 차이에도 불구하고 학계에서는 명사리 유적 명사리식 토기의 계보를 윤가촌식 토기에서 찾는 견해가 대세를 이룬다. 예컨대, 이재현(2003)은 봉상파수가 달린 명사리식 토기의 원류가 대련의 윤가촌 아래층 2기 문화에 있다고 보고, 서북한지역에서는 신천군 명사리 유적 외에 낙랑토성에서도 발견되었음을 지적하였다. 김일규(2007)도 명사리식 토기의 조형을 윤가촌 아래층 2기의 파수부호에서 구하고 있기는 하지만, 이 파수부호는 동체와 경부의 구분이 '〈'상으로 명확하고 동최대경에 비해 구경이 크며, 파수는 끝부분이 잘린 듯한 모습인 데 반해 명사리 출토 파수부호는 동체에서 경부로 부드럽게 연결되고 동최대경에 비해 구경이 작으며, 파수의 끝은 뭉툭한 형태이기 때문에 기형분류에 의한 형식조열이 힘들다고 하였다. 이런 관점에서 윤가촌 아래층 2기 출토 파수부호를 미송리형토기의 퇴화형으로 보았다.

한편 박순발(2004)처럼 '명사리형 토기'가 대동강유역에서 발생했다고 주장하기도 한다. 중국 동북지역의 원형점토대토기가 고조선과 전국 연의 무력충돌 과정에서 대동강유역 및 한강유역으로 파급되는데, 이 중 대동강유역 고조선지역에서 이 원형점토대토기가 삼각형점토대토기로 변화한 후 다시 점토대가 사라지고 구연이 외반된 '명사리형 토기'로 진행되었다는 것이다. 이때의 '명사리형 토기' 개념은 앞서 언급하였듯이 봉상파수부호와 삼각형점토대토기를 포괄하는 것으로 특히 외반구연의 삼각형점토대토기에 주목하여 '원형점토대토기 → 삼각형점토대토기 → 홑구연 외반구연토기'의 변천과정을 설명하고자 한 것이었다. 따라서 이것은 이 장에서 정의한 '명사리식 토기'와는 다른 개념일 뿐만 아니라, '명사리식 토기'를 주제로 한 다른 연구들이 명사리 유적 출토 봉상파수부호의 계보 관계를 고찰하고 있는 것과 달리 이와 공반 출토된 삼각형점토대토기의 기원 및 변화 모습에 더 주목하고 있어서 핵심이 되는 연구 대상도 다르다. 그럼에도 불구하고 굳이 봉상파수부호에 대해서는 어떻게 이해하였는지 따로 구분해보면 대체로 윤가촌식 토기와의 관계에 주목하는 일반적 경향에서 크게 벗어나지 않음을 알 수 있다. 이 장에서 설정한 '명사리식 토기'의 개념으로 본다면 박순발 역시 윤가촌 아래층 2기 문화에서 영향을 받아 '명사리식 토기'가 발생하였다고 보는 것이다.

이처럼 대부분의 연구자가 서북한 명사리식 토기의 조형을 중국 동북지역에서 찾고 있다. 파수의 형태 차이를 기준으로 윤가촌식 토기와 명사리식 토기를 명확하게 구분하여 봉상파수부호만을 명사리식 토기라 정의할 때, 명사리식 토기는 윤가촌 아래층 2기(**그림 4-7**)의 영향을 받아 서북한에서 발생했을 가능성이 높다고 생각된다. 이후석(2014) 또한 평저호의 동체가 세장해지고 동체와 목 연결 부위의 꺾임 정도가 약해지면서 파수가 부착되는 윤가촌식 토기의 등장 및 변화 과정(**그림 4-8**) 속에서 명사리식 토기의 등장을 설명하고 있다.

한편 윤가촌 유적의 윤가촌식 토기는 모두 주거지나 수혈에서 출토된 생

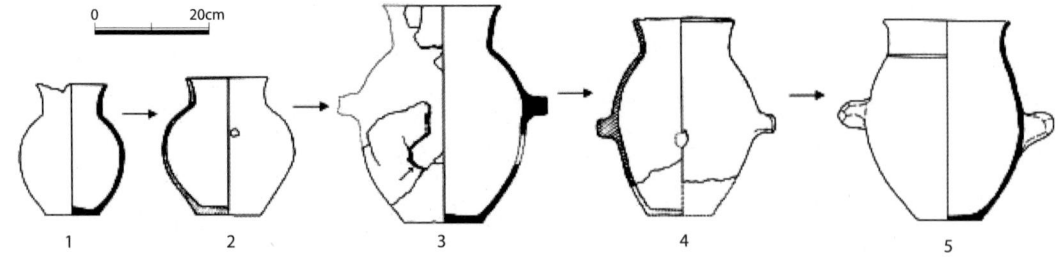

그림 4-8 윤가촌식 토기의 성립과 변천(이후석 2014에서 전재)

1: 1928-1호묘 | 2: 12호묘 | 3: 1928-1호묘 | 4: 11호 수혈 | 5: 명사리 유적

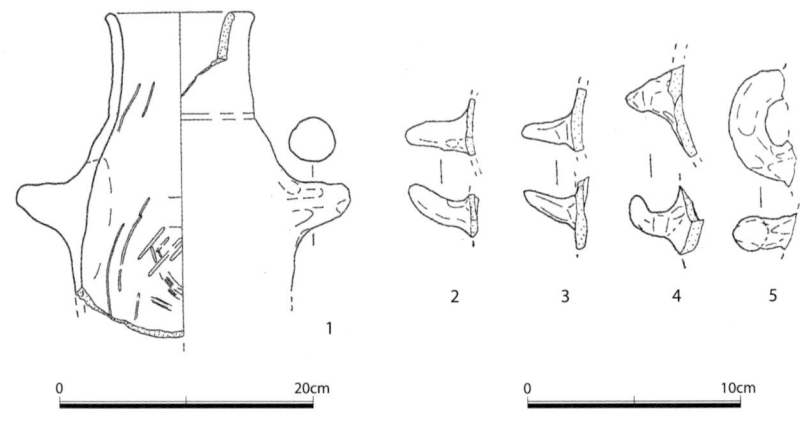

그림 4-9 낙랑 토성 출토 유물

활 토기로서 옹관으로 사용한 사례는 확인되지 않는다. 윤가촌 유적에서 옹관은 아래층 2기까지는 보이지 않고 위층에서만 조사되었는데, 그나마도 윤가촌식 토기가 아닌 한대漢代의 회도灰陶였다. 이런 점으로 미루어본다면 서북한 최초의 명사리식 토기도 옹관이 아닌 생활 토기일 가능성이 충분하다. 이를 방증하는 것이 낙랑 토성(그림 4-9)과 운성리 토성 내의 주거지(리순진 1974)에서 출토된 명사리식 토기이다.[36] 특히 운성리 토성의 경우 명사리식 토기가 출토된 주거지와 같은 시기인 것으로 추정되는 옹관묘는 모두 화분형 토기라는 점이 주목된다. 물론 주거지에서 출토된 것과 비슷한 화분형 토기가 6호 귀틀무덤에서

---

36 황해도 은률 운성리 토성 안 주거지(리순진 1974)에서도 봉상파수가 발견되었다.

도 나왔다는 설명으로 보아 주거지의 연대가 명사리 유적보다 늦은 시기인 것으로 보이며, 이때의 운성리 유적의 주된 옹관묘는 명사리식 옹관묘가 아님은 분명하다. 낙랑 토성의 명사리식 토기 또한 옹관으로 사용되지 않은 생활유적 출토품으로 보이기 때문에 서북한에서 명사리식 토기를 '관棺'으로 사용한 것은 명사리 유적뿐임을 알 수 있다.

이처럼 요동반도 일대의 윤가촌식 토기와 낙랑 토성 및 운성리 토성을 포함한 서북한 지역의 명사리식 토기는 모두 생활 토기이다. 서북한지역에서 윤가촌식 토기의 존재는 아직 확인되지 않았지만, 윤가촌식 토기에서 명사리식 토기로의 영향 관계를 고려하면 서북한지역에도 존재하였을 가능성을 생각할 수 있으며, 옹관이 아닌 일상 토기로 전해졌을 것으로 생각된다. 그렇다면 명사리 유적 출토품은 명사리식 토기를 옹관으로 사용한 유일하면서도 매우 독특한 사례가 되는 것인데, 이러한 돌발적인 문화현상이 어떻게 나타나게 되었는지 살펴볼 필요가 있겠다.

(4) 명사리식 옹관의 등장과 전파 방향

'명사리식 토기(봉상파수부호)+삼각형점토대토기'로 정의되는 명사리식 옹관의 등장과 관련하여 주목되는 점은 그 분포 양상이다. 만약 명사리식 옹관이 신천 명사리 유적에서 처음 출현하였고 이것이 서해안과 남해안을 통해 한반도 남부지역으로 확산되었다고 한다면, 그 전파 경로 상에 있는 지역에서는 명사리식 토기가 단독으로 출토되기보다 명사리식 옹관이 확인되는 경우가 더 많을 것으로 추정해 볼 수 있다. 하지만 일산 가와지나 시흥 오이도 같은 서해안 지역에서 명사리식 토기는 거의 대부분 생활 유적에서 단독으로 발견되고 있다. 명사리식 토기가 이 일대에 등장할 때 합구된 옹관의 형태, 즉 명사리식 옹관으로 전해진 것이 아니라 일상 토기의 일종으로 전래되었음을 짐작하게 한다. 광주 신창동 17호 옹관과 같은 '명사리식 토기+송국리식 토기'의 조합 역시 명사리식 토기가 옹관이 아닌 상황에서 등장하였음을 보여주는 사례이다. 단독 토기로서 전래된 명사리식 토기가 송국리형 토기나 삼각형점토대토기 같은 재지의 기존 토기와 결합하여 옹관으로 전용된 것으로 볼 수 있는 대목이다.

늑도 유적 IC지구 옹관묘 중 명사리식 옹관묘의 비율도 참고할 만하다. 만약 서북한에서 '명사리식 옹관묘'라는 묘형墓型이 완성된 이후 경남 해안 지역으로 전래되었다면 삼각형점토대토기 단계의 군집 옹관묘인 늑도 유적에서는 일정 기간 동안 명사리식 옹관묘가 높은 비율을 차지해야 하겠지만, **표 4-1**에서 보듯이 명사리식 옹관묘는 전체 옹관묘 33기 중 2기로 약 6% 남짓이고, 합구식 옹관묘의 비율도 36%에 지나지 않는다. 또 명사리식 토기를 사용한 옹관묘도 전체의 33%에 불과하다(**그림 4-10, 그림 4-11**).

명사리식 토기의 경남 해안지역 전파와 관련해서 특히 주목되는 곳은 사천 방지리 유적이다. 방지리 유적은 사천만에 인접한 해발 31m의 독립 언덕에 위치하는데, 1970년대에 방파제가 조성되기 전까지 이 언덕은 육지 끝에 붙은 섬이었을 것으로 추정된다. 2002년도에 경남발전연구원과 경상대학교박물관이 조사하여 조사보고서를 간행했다. 경남발전연구원이 조사한 유구는 무덤 7기(석관묘 6기, 옹관묘 1기), 주거지 21기, 수혈 77기, 구 28기, 패총 4개소와 환호이며, 경상대학교박물관이 조사한 유구는 석관묘 4기와 함께 소성유구, 패총 등이다. 점토대토기의 공반 상황에 따라 3기로 구분하였는데, 1기에 명사리식 토기의 봉상파수가 출토되었다. 물론 이전 단계의 조합우각형파수도 보인다(**그림 4-18**). 하지만 이후 2기와 3기를 거치기까지 명사리식 토기가 관棺으로 확인된 사례는 한 곳도 없다. 이 유적에서 확인된 7기의 무덤 중 6곳은 석관묘이며, 점토대토기를 주옹으로 한 유일한 옹관묘 역시 횡치합구식橫置合口式이 아닌 직치단옹식直置單甕式(**그림 4-18-26**)이다. 방지리 유적에서는 명사리식 토기(봉상파수부호)가 일상 토기로만 사용된 것이다.

이와 관련하여 명사리식 토기는 기본적으로 생활 토기였다가 후에 '옹관甕棺'이라는 형태로 전용되었다는 견해[37]가 있어 주목된다. 즉 생활 토기인 명사리식 토기가 서해안과 남해안 루트를 통해 전파되었고, 이후 호남과 영남에서

---

37 서영남(2004)은 옹관으로 사용하기 위한 명사리식 토기를 별도로 제작하였을 가능성도 없는 것은 아니지만, 대체로 일상에서 사용 중이던 토기를 그대로 관으로 쓴 것으로 보았다. 그 근거로 옹관 토기의 바닥이 심하게 닳아 있는 점, 동체부에 난 투공이 소성 시가 아니라 옹관으로 사용할 당시에 뚫은 것이라는 점, 경부나 동체부를 파손시켜 옹관으로 사용한 경우 직접 깨뜨린 타점들이 고르게 확인되는 점 등을 들었다. 이런 현상은 광주 신창동 17호 옹관에서도 동일하게 확인된다.

표 4-1 늑도 IC지구 옹관 일람(부산대학교박물관 2004에서 일부 수정)

구 분		유 구	비 율		배수구멍
단옹식(A1)	Ⅰa식	24, 40(그림 4-10-1, 2), 50, 57, 58	5/33, 15%	21/33, 64%	57
단옹식(A2)	Ⅰb식	3, 5, 11, 12, 14, 15, 18, 20, 43, 44, 54, 61, 62, 69, 71	15/33, 46%		11, 43, 44, 69
단옹식(B)	Ⅰc식	55	1/33, 3%		55
합구식1(A1+B)	Ⅱa식	42(그림 4-10-3~5), 56	2/33, 6%	12/33, 36%	
합구식2(A1+A2)	Ⅱb식	4, 23, 39(그림 4-11-3~5)	3/33, 9%		4
합구식3(A1+A1)	Ⅱc식	38(그림 4-11-1, 2)	1/33, 3%		
합구식4(A2+B)	Ⅱd식	19, 35, 45	3/33, 9%		19, 35
합구식5(A2+A2)	Ⅱe식	1	1/33, 3%		1
합구식6(A2+?)		6, 48	2/33, 6%		

* 범례: A1 - 명사리식 토기 | A2 - 무파수호 | B - 삼각형점토대토기

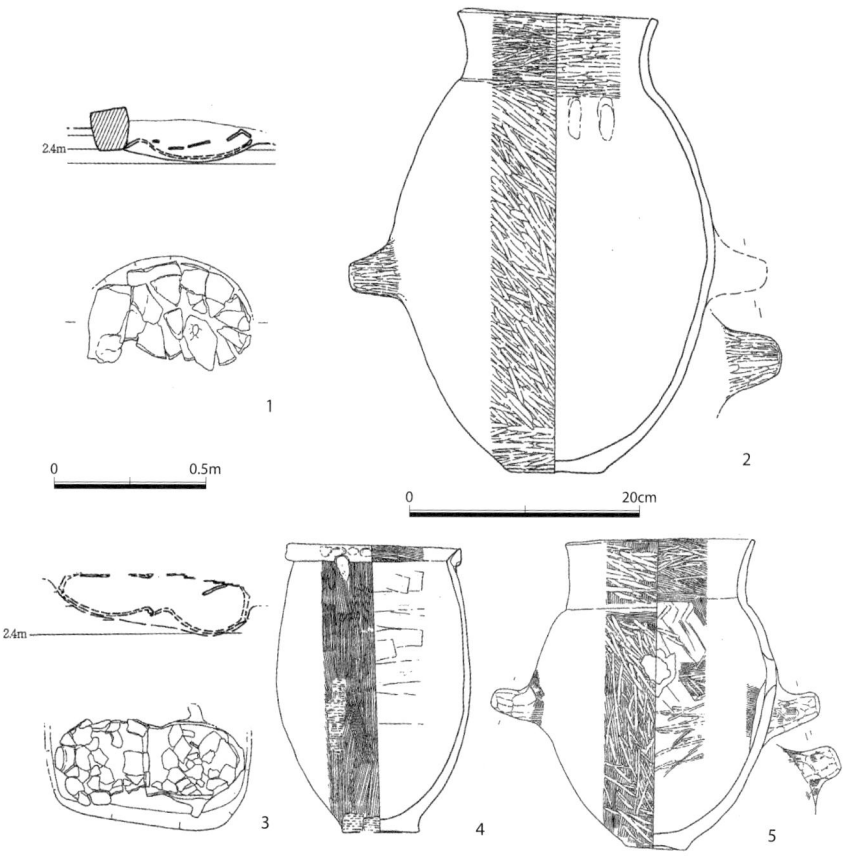

그림 4-10 늑도 IC지구 출토 옹관1

1·2: 40호 | 3~5: 42호

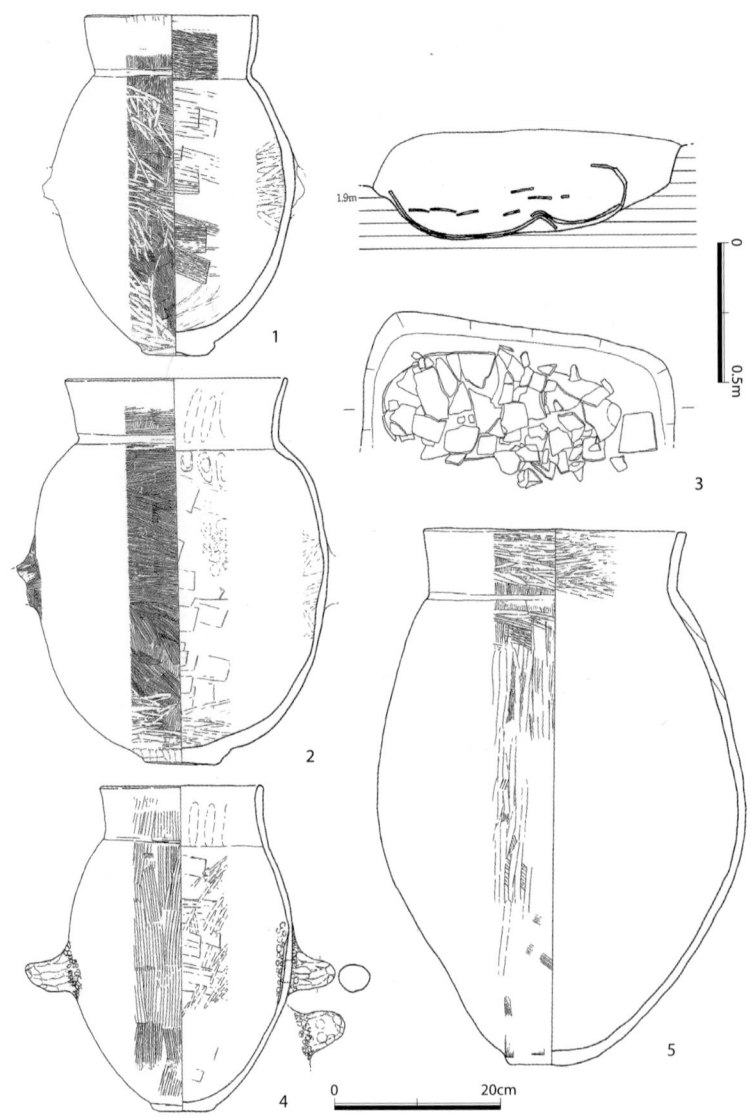

그림 4-11 늑도 ⅠC지구 출토 옹관2
1·2: 38호 | 3~5: 39호

각각 송국리식 토기 또는 삼각형점토대토기와 결합하여 옹관으로 전용(轉用)되었다고 해석할 수 있다는 것이다. 바로 앞에서 살폈듯이 실제로 방지리 유적에서 원형점토대토기 단계(방지리 1기)에 처음으로 등장한 명사리식 토기는 모두 생활 토기였던 것에 비해 이후 늑도 유적 단계가 되면 명사리식 토기를 생활용

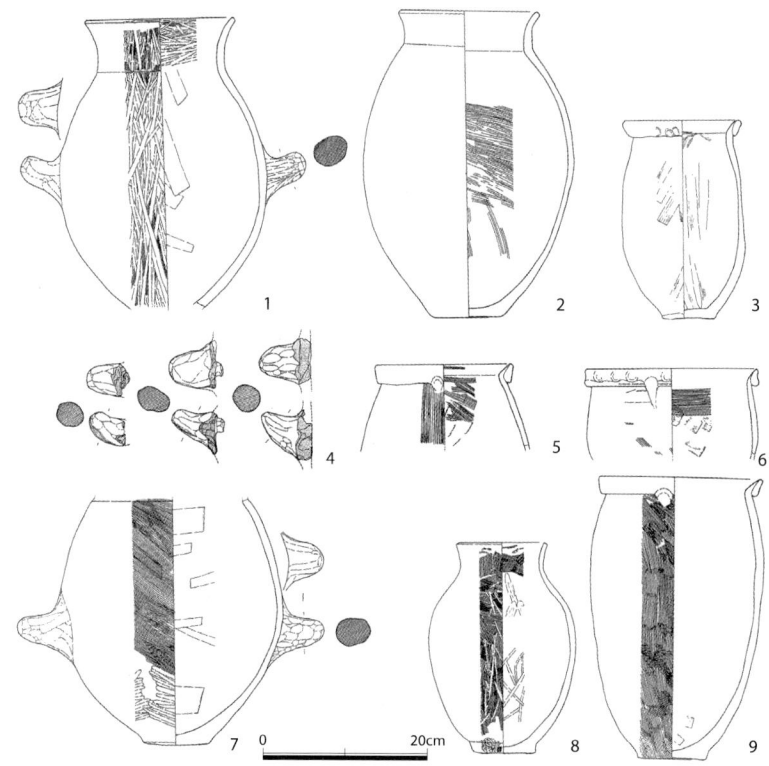

그림 4-12 늑도 ⅠA지구 주거지 출토 유물
1~3: 2호 | 4~6: 3호 | 7~9: 8호

(그림 4-12)으로도, 또 옹관으로도 사용하였음을[38] 고려하면, 생활 토기로 등장한 명사리식 토기를 관으로 전용한 것이라는 설명은 일리 있는 해석이다. 더욱이 죽음과 장구葬具에 대한 금기禁忌를 생각하면 단기간 내에 관棺을 생활 토기로 전용하기는 힘들었을 것이기 때문에 명사리식 토기가 처음에 옹관의 형태로 등장했다가 점차 생활 토기로 쓰임이 확대되었다고 보기에는 무리가 있다. 그보다 생활용 토기로 먼저 들어온 명사리식 토기 중 일부가 재지의 옹관묘 조영 전통에 따라 늑도 유적 단계에 옹관으로 전용되었다고 이해하는 것이 더욱

---

38 부산대학교박물관이 조사한 늑도 ⅠA지구의 전체 14개 유구 중 명사리식 토기가 출토된 유구는 2·8·9호 주거지와 3·10·14호 수혈이 있으며, 시기적으로는 Ⅰ기(2호), Ⅱ기(3·9·14호), Ⅲ기(8호) 전시기에 걸쳐 확인된다.

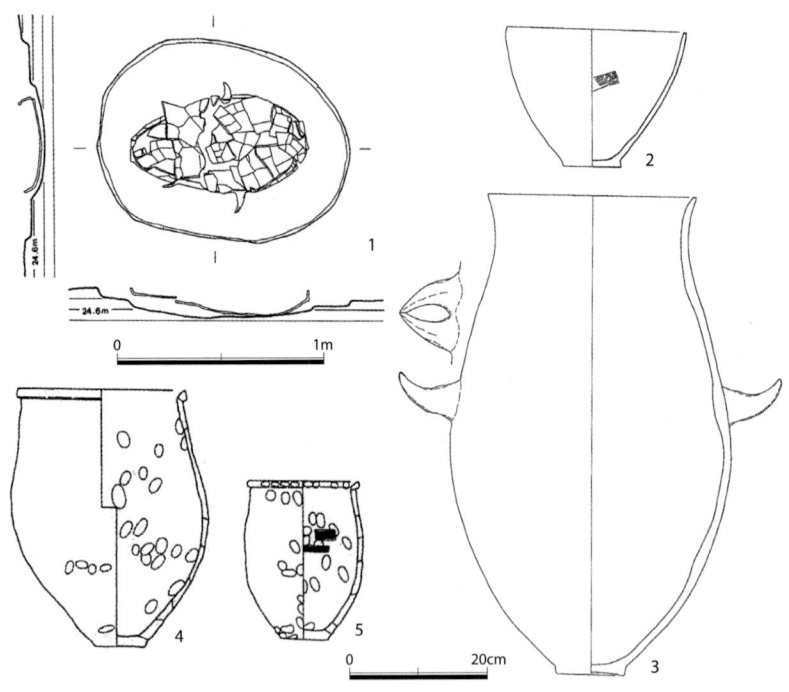

그림 4-13 중서부지역 등장기의 횡치합구식 옹관
1~3: 보령 관창리 F42호 | 4·5: 익산 어양동

합리적이다.

 이와 더불어 한반도 남부지역에서는 명사리식 옹관묘의 등장 이전부터 횡치합구식 옹관묘를 만들고 있었다는 점도 참고할 만하다(이재현 2003). 대표적인 유적이 보령 관창리 F-42호묘(오상탁·강현숙 1999)와 익산 어양동의 옹관묘인데 모두 횡치합구식이다(그림 4-13).[39] 이 중 관창리 옹관묘는 원형점토대토기 단계로 보이며, 조합우각형파수가 붙은 송국리식 토기가 주옹인 것으로 보아 송국리문화와 원형점토대토기문화의 접변으로 이해된다. 익산 어양동 옹관묘의 경우 두 점의 토기 모두 점토대토기를 사용하였다. 이렇듯 명사리식 옹관과 상관없으면서도 시기적으로 앞서는 횡치합구식 옹관묘가 남한에 이미 존재하고 있었다는 사실은 이후 전래된 명사리식 토기가 기존의 옹관묘 전통에 따라 횡치합구식 옹관의 관으로 전용되었을 개연성이 충분함을 보여준다.

---

39 김해패총 옹관묘는 늑도 I 기와 비슷한 시기일 것으로 판단된다.

재지 옹관묘의 조영 전통은 늑도 유적에도 그대로 반영되었다. 횡치합구, 판석을 이용한 입구 폐쇄, 단옹식 옹관묘가 다수를 차지하는 점과 옹관용 토기 동체부의 배수용 투공 등을 재지 옹관묘의 전통으로 볼 수 있는 것이다(서영남 2003). 다시 말하면, 횡치합구식 옹관묘의 조영 바탕에 청동기시대 중기나 후기의 옹관묘 조영 전통이 있다고 할 수 있다. 이러한 횡치합구식 옹관묘가 명사리식 토기의 등장 이후 더욱 성행하면서 송국리식 토기나 삼각형점토대토기와 결합하게 되는 것이다. 늑도 유적의 옹관 외에도 광주 운남동(**그림 4-14**, 조현종·

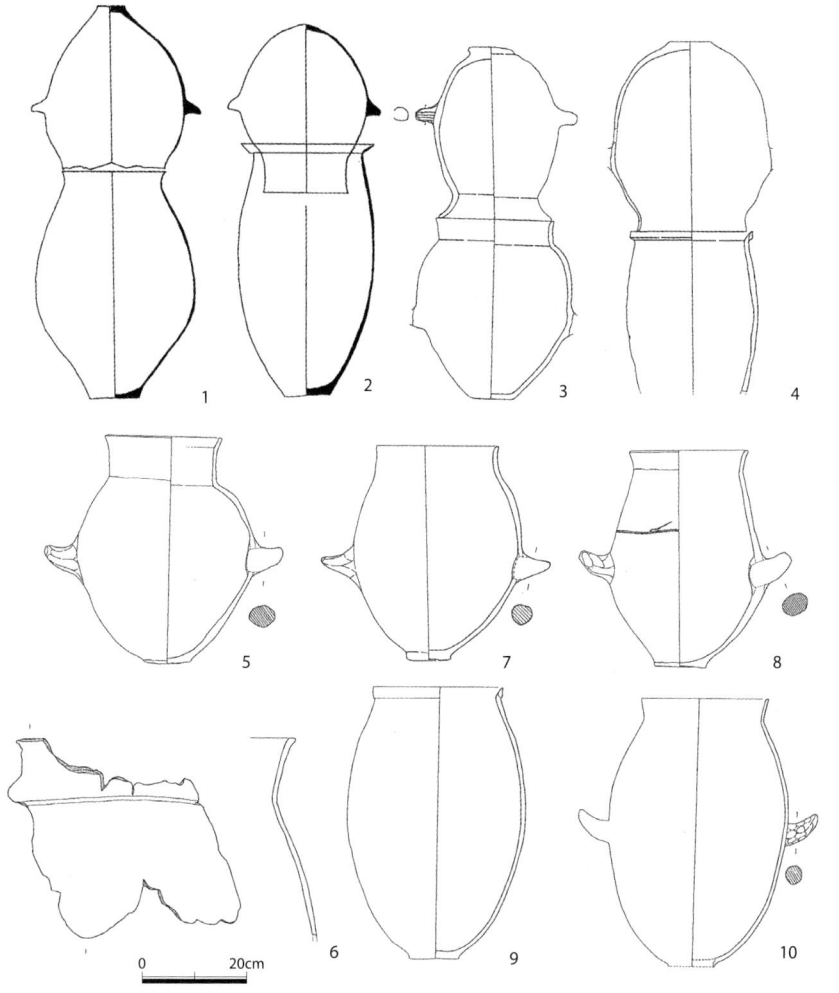

그림 4-14 호남 지역의 명사리식 옹관

1: 신창동40호 | 2: 同17호 | 3: 운남동3호 | 4: 同2호 | 5·6: 당하산2호
7·8: 同1호 | 9·10: 인평1호

신상효·장제근 1996), 함평 당하산 옹관(**그림 4-14**, 최성락·이헌종 2001), 무안 인평 옹관(**그림 4-14**, 최성락·이영철·한옥민 1999)에서 그 실례를 확인할 수 있다.

지금까지의 내용을 종합해보면, 명사리식 옹관묘는 서북한지역이 아니라 한반도 남부에서 발생한 것으로 보는 편이 타당하다. 그 논거로는 첫째, 명사리

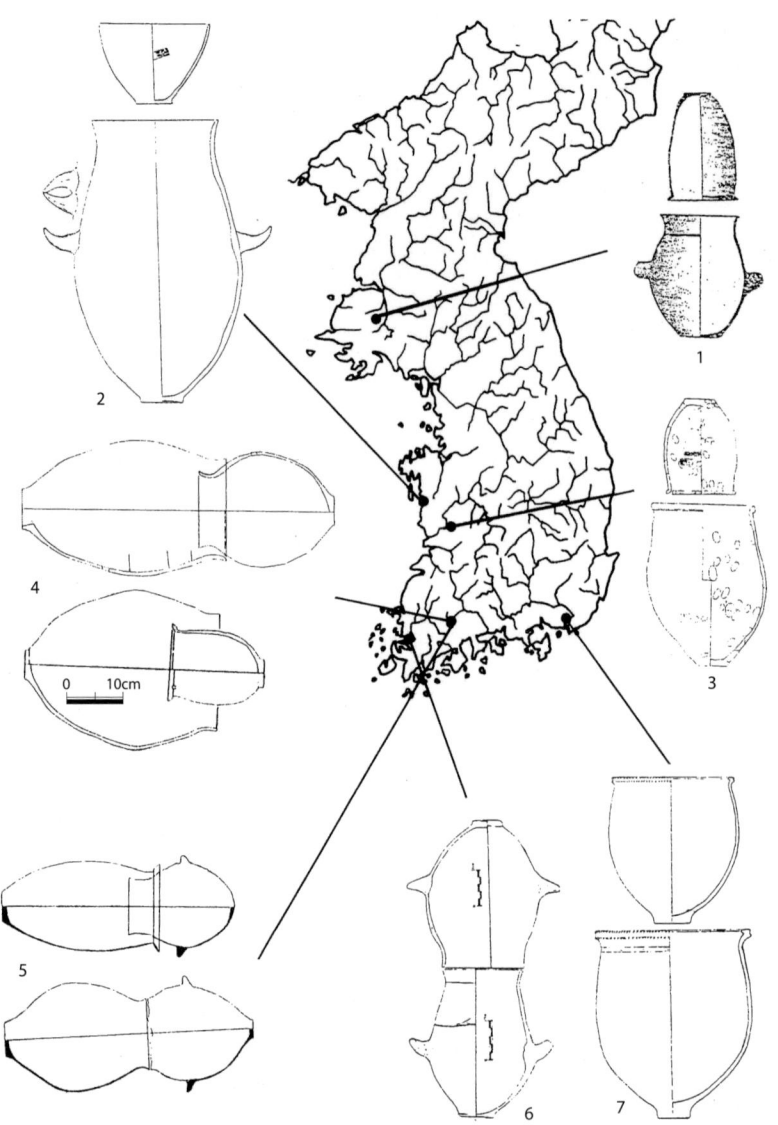

그림 4-15 등장기의 횡치합구식 옹관(서영남 2003에서 전재)

1: 신천 명사리 ｜ 2: 보령 관창리 ｜ 3: 익산 어양동 ｜ 4: 광주 운남동
5: 광주 신창동 ｜ 6: 함평 당하산 ｜ 7: 김해 회현리

유적에서 출토된 삼각형점토대토기가 늑도 유적 등장기의 삼각형점토대토기보다 늦은 형식이라는 점, 둘째, 명사리 유적을 제외하고 서북한 지역에서 명사리식 옹관묘가 확인되지 않아 서북한지역을 발생지로 특정할 근거가 약하다는 점, 셋째, 명사리식 토기가 옹관이 아닌 생활 토기로 서해안을 따라 전파되었을 가능성이 높다는 점, 넷째, 남해안 일대의 횡치합구식 옹관묘의 등장은 재지계 문화 요소에 기반한 것으로 명사리식 옹관의 등장 시점과 무관하다는 점을 들 수 있다. 그리고 명사리식 옹관묘가 서북한지역에서부터 한반도 남부로 전파되었다고 보기 어렵기 때문에, 당연히 서북한의 삼각형점토대토기가 명사리식 옹관묘의 형태로 경남 해안지역에 전파되었다는 주장은 설득력을 잃게 된다.

경남 해안 지역에 전파될 당시의 명사리식 토기는 생활 토기였고, 토기 형식으로 볼 때 늑도 I기의 삼각형점토대토기가 명사리 유적의 삼각형점토대토기보다 빠르다는 점은 늑도 유적의 명사리식 옹관묘가 오히려 서북한에 영향을 주었을 가능성을 시사한다. 서북한의 삼각형점토대토기가 돌발적일뿐더러 계보 또한 명확하지 않다는 점 역시 서북한 자체에서의 변화 결과라기보다 사천 늑도나 광주 신창동 유적 같은 남해안지역으로부터 전래된 것일 수 있음을 보여주는 것이다. 그렇다고 해서 이것이 곧 늑도 유적을 포함한 경남 해안 지역에서 한반도의 삼각형점토대토기가 발생했다는 것을 논증하는 것은 아니다. 경남 해안 이외에도 이른 시기의 삼각형점토대토기가 확인되는 곳이 있으므로 이 지역들을 자세히 살펴야 남한 삼각형점토대토기의 발생과 확산 과정의 전반적인 윤곽을 이해할 수 있을 것이다.

3. 남한 삼각형점토대토기의 확산 과정

앞서 신천 명사리 유적의 삼각형점토대토기가 늑도를 비롯한 경남 해안지역 삼각형점토대토기의 조형이 될 수 없음을 살펴보았다. 따라서 남한의 삼각형점토대토기 발생에 남한 외 지역의 토기문화가 영향을 주었다고 전제할 필요는 없겠다. 그렇다면 남한에서 삼각형점토대토기가 발생한 곳은 어디인가? 후보지로는 삼각형점토대토기가 초기철기와 함께 출토된 전북 지역, 특히 만경강 일대와 영남 내륙에서 가장 이른 시기의 삼각형점토대토기가 보이는 금호강 하류역, 그리고 원형점토대토기와 삼각형점토대토기가 함께 확인되면서 일찍부터 주목되어 온 경남 해안 지역을 들 수 있다. 이하에서는 이 지역들의 삼각형점토대토기 등장기 양상을 비교·검토함으로써 남한 삼각형점토대토기의 발생 및 전개 모습을 개관해보겠다.

1) 지역별 삼각형점토대토기 양상 개관

(1) 전북 지역 분묘

전북 지역에서는 완주 신풍·갈동, 익산 신동리 등의 군집 목관묘와 전주 마전(호남문화재연구원 2008a·b·c) 등의 생활 유적에서 삼각형점토대토기가 출토되었다. 이 중 원형점토대토기에서 삼각형점토대토기로의 변화를 가장 잘 보여주는 곳은 완주 갈동의 목관묘인데, 여기에서는 전국식 철기도 출토되어 분묘의 조영 순서와 연대를 가늠하기도 좋다.

완주 갈동 유적 군집 목관묘에 부장한 철기는 단조제인 철사鐵鉇를 제외하고는 모두 전국식 주조철기이다. 철겸鐵鎌, 철부鐵斧, 철착鐵鑿 등이 주종을 이룬다. 이 중에서 주조철겸은 2호묘와 3호묘에서 각각 1점씩 출토되었는데, 남한 내 다른 유적에서는 전혀 보이지 않는 기종일 뿐만 아니라 시기 또한 다른 초기철기 부장 무덤보다 일러서 서남한 초기철기 등장기의 모습을 가장 잘 보여주는 유물로 평가받는다(김상민 2020). 2호묘에서는 점토대토기가 출토되지 않았지만, 3호묘에서는 원형점토대토기가 출토되었다(그림 4-16 왼쪽). 주조철겸, 형지공이 있는 주조철부와 공반한 이 원형점토대토기는 구연단이 외반한 형태로서 삼각형점토대토기로 변하기 직전의 모습이다. 또한 4호묘에서는 형지공이 없는 주조철부 2점 및 조합우각형파수부호와 함께 점토대토기 3점이 출토되었다(그림 4-16 오른쪽). 이 중 한 점은 3호묘 출토품처럼 구연단이 외반한 원형점토대토기이고, 또 다른 한 점에는 타원형의 점토대가, 나머지 한 점에는 삼각형의 점토대가 붙어 있다. 함께 출토된 철부에 형지공이 없고 원형점토대토기와 공반한 것으로 미루어 4호묘 출토 삼각형점토대토기를 서남한 분묘 출토 삼각형점토대토기 중 가장 이른 시기의 것으로 보아도 좋을 것이다.

완주 신풍 유적에서도 삼각형점토대토기가 출토되었지만, 갈동 유적과 비

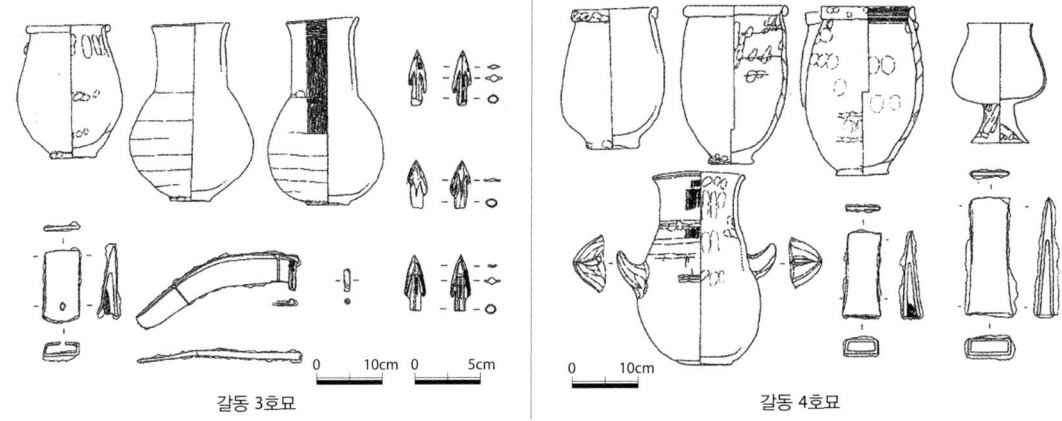

그림 4-16 완주 갈동 3, 4호묘 부장품

교하여 선후 관계를 특정하기는 어렵다. 즉 철도자가 출토된 신풍 가42호묘와 51호묘는 갈동 3호묘와 동일 시기로 판단되지만(김상민 2020) 삼각형점토대토기가 확인되지 않았고, 다른 여러 분묘에서 출토된 삼각형점토대토기는 갈동 4호묘 출토품보다 이른 시기일 가능성이 전혀 없는 것은 아니지만 현재로서는 증명할 방법이 없는 것이다. 이밖에 생활유적인 전주 마전 유적 등지에서도 삼각형점토대토기가 출토되었지만, 마찬가지로 갈동 4호묘와 선후 관계를 판단하기 어렵다.

(2) 금호강 하류역 분묘

금호강 하류역에서 삼각형점토대토기가 확인되는 군집 목관묘로는 대구 월성동 유적(경상북도문화재연구원 2008a)과 학정동 유적, 팔달동 유적(영남문화재연구원 2000a) 등이 있다. 이 중 가장 이른 시기로 볼 수 있는 곳은 대구 월성동 유적이다. 이 유적은 금호강 하류역에 조영한 최초의 군집 목관묘로 와질토기가 전혀 출토되지 않고 삼각형점토대토기단계인 점토대옹, 소형옹, 조합우각형파수부호와 봉상파수부호 등이 출토되었다. 철기는 주조철기가 중심인 서남한의 목관묘와 달리 진·변한식 단조철기가 주종이다(그림 4-17).

그런데 월성동 유적에서는 삼각형점토대옹, 두형토기, 평저장경호 등 삼각형점토대토기 단계의 유물 조합만 보이고 있어 원형점토대토기에서 삼각형점토대토기로의 변화가 관찰되지 않는다. 조합우각형파수부호도 1구역 1호에서

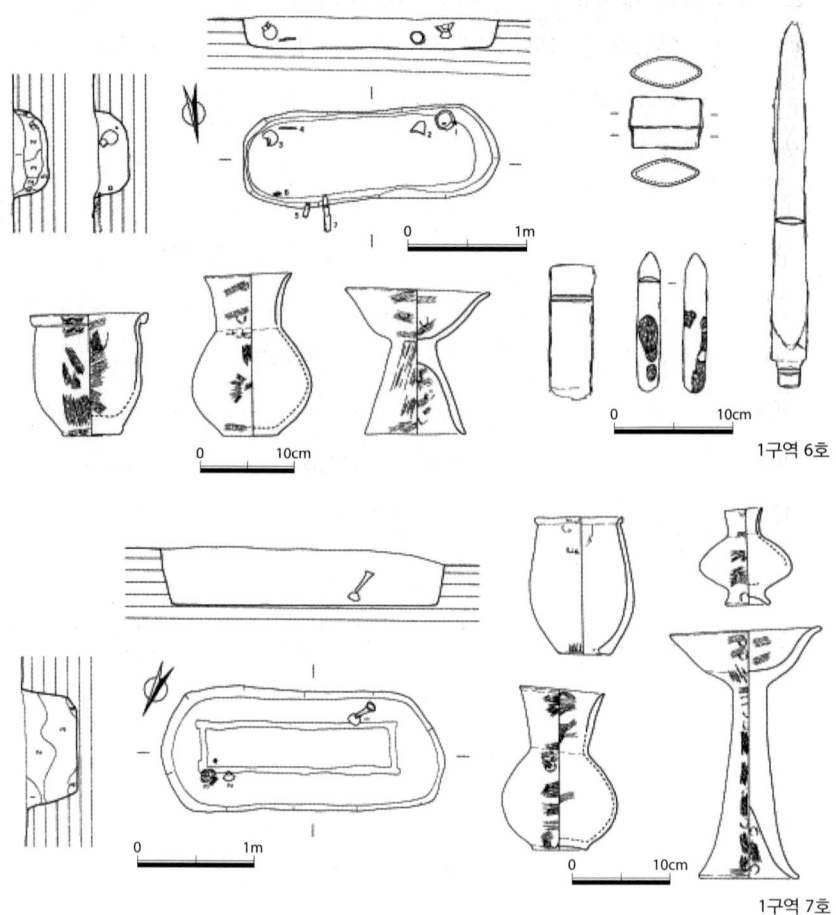

그림 4-17 대구 월성동 Ⅰ-6, 7호묘와 부장품

굽 모양 저부를 가지는 완전한 무문토기로 출토되었다. 회전판이나 타날 같은 와질토기 제작 기법을 찾아볼 수 없는 무문토기 일색이다. 소형옹의 구연부에서 간략화된 원형점토대가 보이기는 하지만, 완주 갈동 유적처럼 대형 옹은 모두 삼각형점토대를 붙였다. 이러한 정황으로 미루어 월성동 유적은 외부에서 이미 성립한 삼각형점토대토기문화가 유입된 지역으로 볼 수 있다. 철기의 경우 철검, 철사, 철착과 함께 소형 판상철부들이 출토되는 것으로 보아 완주 갈동 유적의 초기철기보다 늦은 시기인 것이 확실하므로 삼각형점토대토기 또한 갈동 4호묘보다 늦은 단계로 보아야 한다.

한편 대구 팔달동 목관묘에서도 와질토기가 등장하기 전 삼각형점토대토기

단계의 무문토기만 출토되는 시기가 있는데, 토기와 철기의 형식 및 조합으로 보아 월성동 유적보다도 늦은 시기인 것이 확실하다.

(3) 경남 해안 지역 생활 유적

경남 해안 지역에서의 삼각형점토대토기 양상을 잘 보여주는 유적으로 원형점토대토기단계와 삼각형점토대토기단계가 모두 확인되는 방지리 유적을 꼽을 수 있다. 이 유적은 주거지나 환호, 패총 같은 생활 유구에 비해 분묘의 수가 매우 적으며, 출토품은 토기가 주종이다. 이 토기들의 공반 관계를 근거로 방지리 유적의 전체 편년을 '1기: 원형점토대토기 단순기 → 2기: 원형·삼각형점토대토기 공반기 → 3기: 삼각형점토대토기 단순기'로 설정할 수 있다(**표 4-2**).

방지리 1기에는 중서부지역에서 종종 확인되는 뉴가 달린 원형점토대토기

표 4-2 방지리 유적의 편년

	무덤	주거지	수혈	구, 환호	패총	조사
방지리 1기 (원형점토대)	1, 2, 63-1	5, 6, 9, 11, 12, 14~22	24, 25, 29, 47, 54, 55, 56, 63, 65, 72, 72-1, 75~79, 86, 91	95, 97, 110, 113, 116~119	A패총1층-2·3, 2층, 3층	경발연
	1~4		2~6, 소성유구			경상대
방지리 2기 (원형+삼각형점토대)			27, 28, 30, 33, 50, 64[40], 89	93, 96, 101, 102, 105, 106	A패총1층-1 A패총7구역A1층-1 B패총2구역하층	경발연
					1패총	경상대
방지리 3기 (삼각형점토대)		3, 4, 7, 8, 10, 13, 23	26, 34~46, 48, 49, 51~53, 57~59, 59-1, 60, 66, 74, 82, 83~85, 87, 88, 90	92, 98, 107~ 109, 114, 115	A패총2~4구역 A패총7구역B~8구역 B패총1구역, 2구역상층	경발연
			1		2패총	경상대

---

[40] 경남발전연구원역사문화센터의 보고서(2007) 고찰에서 64호 수혈은 2단계(803쪽 〈표 14〉)와 3단계(803쪽 〈표 14〉, 814쪽 〈표 17〉)로 혼용되어 있지만, 본문 중에서는 원형점토대옹이 출토되었다고 기술하였기 때문에 64호 수혈을 2단계로 파악하였다.

가 출토되고 환상파수는 공반되지 않는다. 따라서 호서지역에 정착한 점토대토기문화가 전국적으로 확산되는 Ⅲ단계에 경남 해안지역으로 원형점토대토기문화가 전해졌음을 짐작할 수 있다. 더불어 방지리 2기에는 원형점토대토기와 삼각형점토대토기가 함께 출토되고, 3기에는 삼각형점토대토기만 출토되는 것으로 보아 방지리 유적은 영남지역 원형점토대토기의 늦은 시기부터 삼각형점토대토기의 등장까지의 시간 축을 가지는 것으로 이해해도 좋을 듯하다. 각 단계별 유물 구성에 대해 좀 더 구체적으로 살펴보자.

방지리 1기(**그림 4-18**)에는 원형점토대토기가 조합우각형파수, 봉상파수, 두형토기나 뚜껑과 함께 출토된다. 석기로는 이 시기에 종종 보이는 유구석부와 석도도 있다. 이런 상황으로 보아 농·공구류는 대개 석제였을 것으로 추정된다. 특히 주목되는 유물은 뉴가 달린 점토대토기인데, 상주 병성동 유적과 칠곡 심천리 유적(경상북도문화재연구원 2004) 등 경북에서 출토 사례가 있긴 하지만 경남의 점토대토기 유적에서는 잘 보이지 않는 형태이다. 호에 붙인 파수 역시 주목된다. 중서부지역에서는 원형점토대토기단계에 환상파수와 조합우각형파수가, 그리고 삼각형점토대토기단계에는 조합우각형파수와 봉상파수가 출토된다. 하지만 방지리 유적에서는 원형점토대토기 단계에 이미 봉상파수가 보이는데, 이것은 앞에서 자세히 다루었듯이 명사리식 토기가 삼각형점토대토기 등장 이전에 한반도 남부지역으로 전래되었기 때문이다.

방지리 2기(**그림 4-19**)에는 원형점토대토기와 삼각형점토대토기가 함께 출토된다. 1기와 마찬가지로 조합우각형파수와 봉상파수가 여전히 출토되는 가운데 봉상파수의 출토 수량이 많아진다. 뉴가 달린 원형점토대토기 또한 계속해서 출토되고 있기 때문에, 이런 토기는 삼각형점토대토기가 등장한 이후에도 일정 기간 제작되고 있었음을 짐작할 수 있다. 1기와 크게 달라진 점은 이 시기부터 시루가 출토되기 시작한다는 것이다.

방지리 3기(**그림 4-20**)에는 원형점토대토기 없이 삼각형점토대토기만 출토되며, 점토대토기에 달린 뉴도 더 이상 보이지 않는다. 봉상파수의 출토 수량이 특히 많으며, 조합우각형파수는 보이지 않지만, 대구 월성동 목관묘에서 조합우각형파수부호가 확인되는 점으로 미루어 존재 가능성은 충분하다. 유구석부와 석도가 사라져 삼각형점토대토기의 등장 즈음에 영남지역으로 파급된 철기

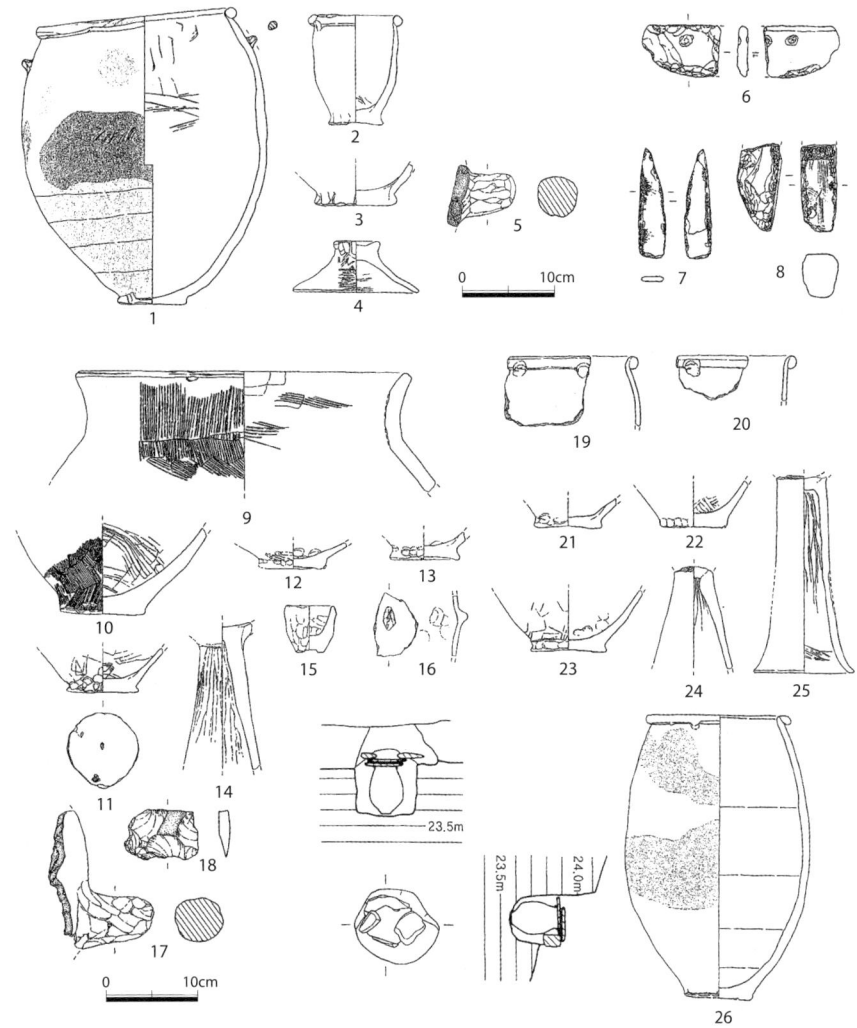

그림 4-18 사천 방지리 1기

1~4: 17호 | 5: 18호 | 6~8: 118호 | 9~18: 7구역 A3층(1층-3) | 19~25: 25호
26: 63-1호 옹관

문화의 확산을 시사하고 있다. 방지리 3기는 경남 해안 지역의 삼각형점토대토기 초현기로 늑도 1기(부산대학교박물관 1989)에 해당하는 것으로 이해할 수 있다.

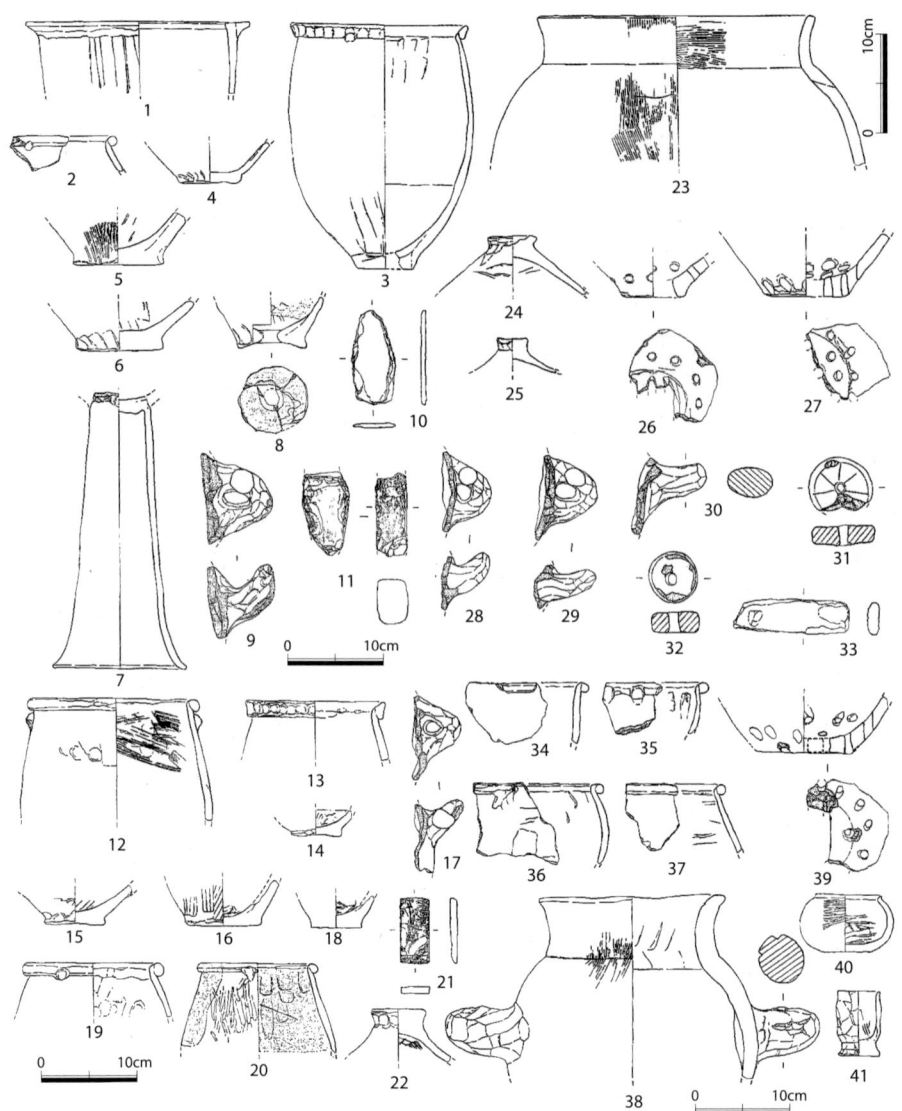

그림 4-19 사천 방지리 2기

1~11: 15호 | 12~17: A패총2구역Ⅲ층(1층-1-①)
18~22: A패총2구역Ⅲ층(1층-1-②) | 23~27: 101호Ⅰ-①층
28~33: 101호Ⅰ-②층 | 34~41: 101호Ⅰ-③층

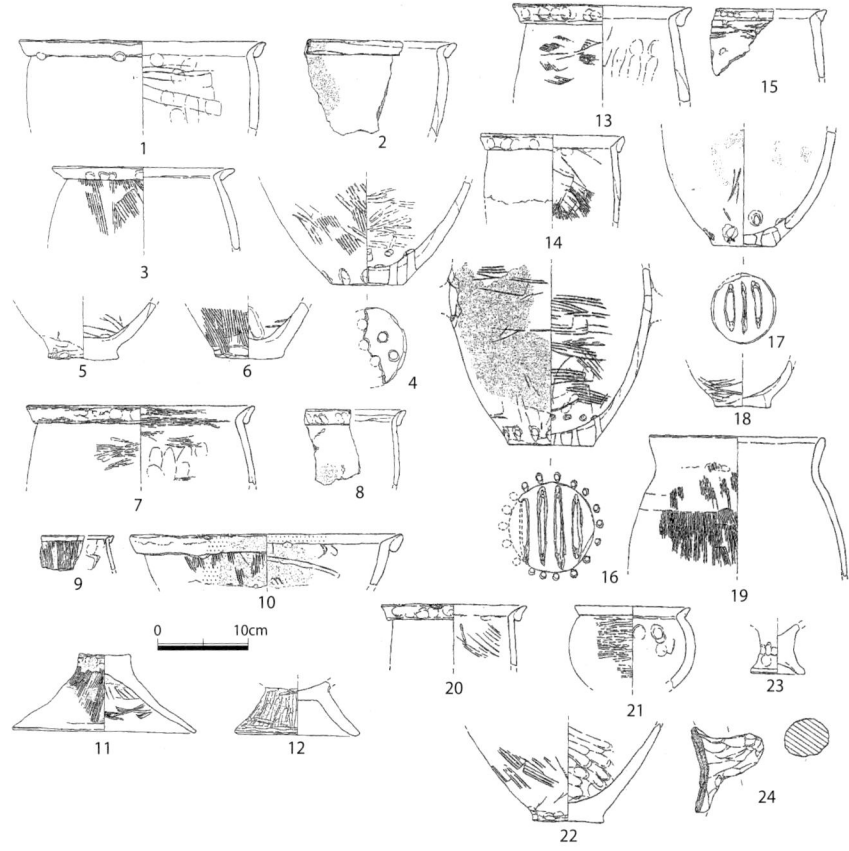

그림 4-20 사천 방지리 3기

1~12: B패층 1구역 상층 | 13~19: B패층 2구역 상층
20~24: A패층 8구역 Ⅲ층(1층-1)

2) 삼각형점토대토기의 발생 및 확산 과정

앞에서 보듯이 방지리 1기 → 2기 → 3기로 유물 조합의 변화는 점진적이고 연속적이다. 즉 삼각형점토대토기가 처음 모습을 나타내는 2기의 유물상은 1기의 그것과 크게 다름이 없으며, 시루의 등장을 제외한다면 파수의 종류나 형태, 두형토기, 뚜껑 등 여러 기종에서 돌발적인 요소는 찾아보기 힘들다. 삼각형점토대토기를 사용한 새로운 문화의 이식을 이야기할 만한 급격한 변동이나 단절이 보이지 않는 것이다. 이와 더불어 당시 생업경제 양상을 잘 살필 수 있는 공구의 조합 역시 주목되는 바이다. 경남 서부의 점토대토기단계 유적에서

133

출토된 도구를 통해 자원 이용 양상을 복원한 고은별(2010)은 방지리 1기의 주민들이 농경으로 곡물자원을 생산하고 야생동물을 수렵하였으며, 이 외에도 야생의 식물자원과 어·패류자원을 활발하게 획득하고 이용한 것으로 추정하였다. 이후 방지리 2기와 3기에는 수렵과 관련된 도구가 일부 감소하는 경향이 있긴 하지만 농경이나 어·패류 획득과 관련된 도구는 여전하다고 하였다. 방지리 유적의 원형점토대토기와 삼각형점토대토기 단계의 사람들이 유사한 자원이용 패턴을 가지고 있었다고 생각해 볼 수 있는 지점이다. 물론 수렵구가 감소하는 등의 변화는 있지만, 양자의 정체성이 급격하게 변했다고 볼 이유가 없으며, 최소한 원형점토대토기를 사용하던 사람들이 삼각형점토대토기를 큰 거부감 없이 받아들인 것으로 해석할 수 있겠다. 그렇다면 주민 교체 같은 급격한 변동은 고려하지 않아도 될 것이므로 경남 해안 지역의 삼각형점토대토기가 원래부터 이 지역에서 있었던 원형점토대토기에서부터 자체 변화한 것인지, 아니면 요동반도나 서북한을 제외한 다른 지역에서 완성된 형태의 삼각형점토대토기가 유입된 것인지를 살필 필요가 있다.

이와 관련하여서는 영남 삼각형점토대토기의 최초 등장이 경남 해안지역이 아닌 영남 내륙지역에서 이루어졌음을 지적하는 연구들이 있다. 구체적으로는 상주를 중심으로 한 경북내륙(이재현 2003)과 금호강 하류역의 대구 분지(신경철 2012)를 꼽는다. 그러나 어느 곳에도 삼각형점토대토기의 최초 발생을 확증할 증거는 없다. 그보다는 군집 목관묘와 철기의 확산과정, 그리고 낙동강과 영남 해안으로 이루어진 원삼국시대 조기와 전기의 교역망 확립이라는 관점에서 보아 전북지역에서 삼각형점토대토기가 발생하여 금호강 하류역을 거쳐 경남 해안 지역으로 확산된 것으로 보는 편이 합리적이다. 구체적으로는 앞에서 검토한 바와 같이 서남한 분묘 중에서 가장 이른 시기의 삼각형점토대토기가 출토된 완주 갈동 유적을 포함한 이 일대가 최초 발생지로서 유력하다.

다만 이런 구도가 확실한 논거를 얻기 위해서는 만경강과 금호강 하류역 목관묘에 부장한 삼각형점토대토기의 계보가 확인되어야 할 것이다. 공반 유물 조합의 연속성도 마찬가지다. 하지만 아쉽게도 만경강 일대에서 초기철기가 보이는 군집 목관묘와 금호강 하류역의 초기 군집 목관묘의 삼각형점토대토기는 고고학적 계보를 설정하기에 다소 무리가 따른다. 두형토기의 부장 여부로 대

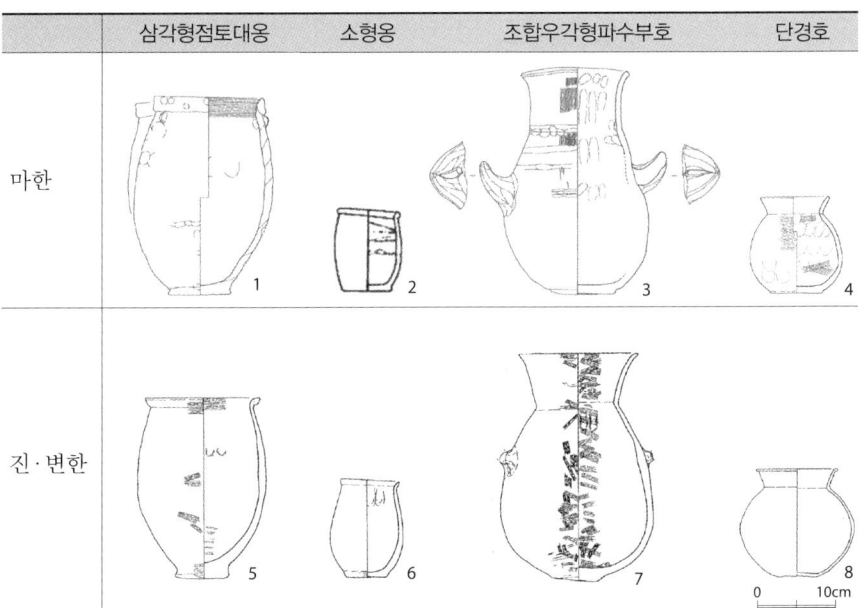

그림 4-21 (마)한과 진·변한 부장 토기 비교
1: 완주 갈동4 | 2: 청주 비하동 | 3: 완주 갈동4 | 4: 익산 구평리Ⅱ-3
5·7: 대구 월성동1-1 | 6: 대구 월성동2-1 | 8: 대구 팔달동41

표되는 공반 토기의 조합 역시 마찬가지이다. 이에 다소 정황적이기는 하지만, 만경강 일대의 군집 목관묘에서는 원형점토대토기가 삼각형점토대토기로 변하는 모습이 보이는데 비해 금호강 하류역에서는 완성된 삼각형점토대토기가 등장하였다는 점과 만경강 일대는 주조철기가 중심이고 금호강 하류는 단조철기가 중심이라는 점에서 만경강 일대의 군집 목관묘와 삼각형점토대토기, 철기가 금호강 하류역에 영향을 준 것으로 해석할 수 있다.[41] 나아가 단순히 토기의 형태만을 고려한다면 두 지역의 토기 중 서로 비슷한 것들도 찾을 수 있다(**그림 4-21**). 지역이 다르고 계보를 확실히 증명할 수가 없긴 하지만, 정황 상 마한의 군집 목관묘에 부장한 여러 토기가 금호강 하류역 토기문화에 영향을 주었을 가능성도 생각해 볼 수 있는 대목이다.

2조 돌대 주조철부를 비롯한 여러 자료로 보아 금호강 하류역과 사천 일대

---

41 필자가 이전에 주장했던 경남 해안 지역 삼각형점토대토기 발생설(박진일 2013)은 철회한다.

의 강한 연관성이 확인되는 것은 사실이다. 하지만 두 지역의 삼각형점토대토기는 분묘와 생활유적이라는 출토 유구의 차이로 인해 단순 비교하기도 힘들어 선후 관계를 확신하기는 어렵다. 다만 청동기·철기 문화의 우월성과 만경강 일대 유물조합과의 연관성, 지리적 위치라는 측면에서 본다면 늑도를 중심으로 한 경남 해안 지역보다 월성동을 중심으로 한 금호강 하류역에서 삼각형점토대토기가 먼저 등장했을 가능성이 높다고 판단된다. 금호강 하류역의 삼각형점토대토기는 낙동강과 남해안을 경유하는 교역 루트의 성장을 매개로 하여 경남 해안지역에 영향을 미쳤을 것이다.

4. 전국식 철기와 삼각형점토대토기의 연대

1) 전국식 철기의 서남한 등장 연대

서남한 지역에서 초기철기를 부장한 가장 이른 시기 유적 중 하나인 완주 갈동 유적의 3호묘에서는 뉴가 달린 원형점토대토기와 함께 형지공이 있는 철부, 주조철겸이 출토되었다. 또 갈동 4호묘에서는 삼각형점토대토기, 조합우각형파수부장경호와 함께 주조철겸, 장방형철부가 출토되었다. 철기와 토기 등 유물조합을 근거로 본다면 3호묘에서 4호묘로의 자연스러운 변화를 상정할 수

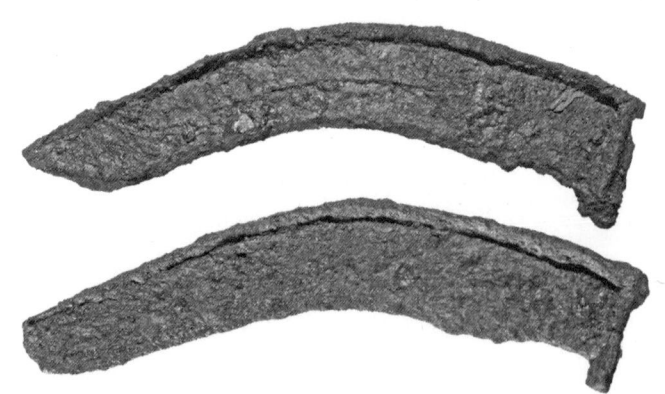
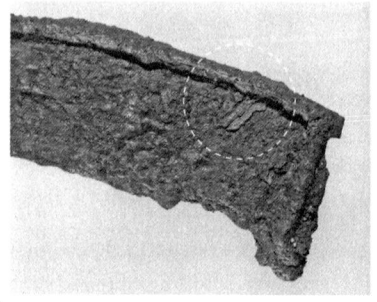

사진 4-1 완주 갈동 2(위)·3(아래)호묘 부장 주조철겸
국립전주박물관, 2011, 『금강의 새로운 힘』, 도판28

있겠다. 또 토기가 출토되지는 않았지만 주조철겸이 출토된 2호묘 역시 3호묘와 함께 가장 이른 단계의 초기철기로 볼 수 있으며, 신풍 유적 가44호와 46호에서 출토된 도자 역시 마찬가지로 등장기의 초기철기로 판단된다(김상민 2020).

주지하듯이 한반도의 초기철기는 전국시대 연나라의 철기에서 비롯되었다. 그렇다고 해서 연으로부터의 직접적인 파급은 아니어서 중간 경유지로서 요동과 서북한의 '연화보-세죽리'유형과의 관련성은 늘 지적되어 왔다. 하지만 앞서 중국 하북성에서 동남한에 이르기까지 주요 지역의 도자, 철부, 철착과 철겸을 비교해 본 결과 서남한에 등장한 전국식 철기의 기종과 형식이 가장 비슷한 곳은 요령성 일대임을 알 수 있었다. 형지공이 있는 마한1식 철부라든지, 연3식 도자, 연2식 철겸 등을 근거로 들 수 있다. 오히려 서북한의 초기 철기는 서남한 출토품과 세부 형식이 다른 것이 대부분이다. 따라서 서남한에 처음 등장한 철기는 세죽리를 포함한 서북한의 영향이라기보다 무순 연화보 등 요령성 일대의 철기문화가 영향을 미친 것으로 이해할 수 있다. 당연히 그 연대 역시 이러한 맥락에서 구해야 할 것이다.

이창희(2010)는 갈동 3호묘에 부장한 동촉 화살대의 AMS 연대를 근거로 서남한의 철기 유입연대를 서기전 4세기대로 보았다. 하지만 전국 연의 문물이 서기전 3세기가 되어서야 본격적으로 요동으로 유입되는 것을 고려한다면, 서기전 4세기에 서남한에 초기철기가 등장했다고 생각하기는 어렵다. 따라서 이 장에서는 AMS연대 자료는 고려하지 않고, 요동에서 서남한에 이르는 물질자료와 사료史料 기사記事를 함께 살핌으로써 서남한의 초기철기 등장 연대를 설정하겠다.

먼저 서남한의 한국식동검은 서기전 4세기 전엽에 등장하므로 초기철기의 등장은 그 이후이다. 또 갈동 4호묘에는 서남한 최초로 삼각형점토대토기를 부장하였는데, 직전 단계인 3호묘에서는 초기철기와 더불어 삼각형점토대토기보다 앞선 단계의 토기 형식인 원형점토대토기가 출토되었으므로 3호묘는 갈동 4호묘보다 늦은 시기로 비정되는 늑도 유적의 삼각형점토대토기 등장보다 적어도 2단계 정도 앞선 것으로 생각해 볼 수 있다. 따라서 서남한의 초기철기 등장 연대는 서기전 4세기 전엽 이후부터 늑도 유적 삼각형점토대토기 등장보다 앞선 시기까지의 시간 범위 안에서 구하여야 할 것이다.

더 구체적인 연대 비정을 위해 한반도 서남한 초기철기의 등장과 관련한 기사記事도 고려할 수도 있다. 때로는 기사의 기년에 대한 의문이 새롭게 생기기도 하고 주변국의 연대에 의존하는 방식에 대한 반성이 있기도 하였지만 여전히 유효한 논증이다. 서남한의 철기 등장과 관련하여 논의되고 있는 조선朝鮮·한韓과 관련한 기사는 모두 세 건이다. 첫 번째는 서기전 280년 무렵에 이루어진 연燕 장수將帥 진개秦開의 고조선 침공 기사이다. 이때 진개가 활동한 지역은 분명 요하 일대이므로 서기전 3세기에 요하 일대에 존재하던 고조선의 연식 철기가 서남한에 등장하였다고 추정한다. 두 번째는 서기전 194년의 준왕準王의 한지韓地 도착이다. 이 기록을 중시하는 입장에서는 후기 고조선이 서북한에 위치하였다는 전제 하에 서기전 2세기 초 서북한의 철기문화가 서남한으로 전파되었다고 이해하고 있다. 세 번째는 서기전 108년 낙랑군樂浪郡 설치 기사이다. 낙랑군의 설치를 계기로 해당 지역에 자리 잡고 있던 위만조선의 철기문화가 남쪽으로 파급되었다고 보는 것이다.

이 세 기사 중 준왕의 한지 도착과 낙랑군의 설치는 서남한의 삼각형점토대토기 발생 연대보다 늦다. 따라서 이 두 기사는 이 장의 고려 대상이 아니다. 하지만 진개의 고조선 침공으로 인한 연식 철기의 요하 유역 전파는 윤가촌 유적에서 보듯이 연계燕系 유물이 서기전 3세기에 요동으로 확산하는 모습과도 시기적으로 부합하고 있어 설득력 있다. 이런 이유로 필자는 연장燕將 진개의 고조선 침공이 서남한 초기철기의 등장과도 관련되었을 것으로 추정하며, 그 등장 시기는 서기전 3세기 중엽[42]으로 설정한다. 진개가 침공하였다고 기록된 고조선의 '서변西邊'은 곧 요령성 일대일 것으로 추정되므로 서기전 3세기에 요동 일대가 고조선과 연의 긴장 관계 하에 놓여있었음을 짐작할 수 있으며, 이러한 상황에서 무순 연화보 유적 같은 요하 중류의 철기문화가 서남한에 영향을 준

---

[42] 백운상(2013)도 부여 합송리와 당진 소소리에서 나온 주조철부와 완주 신풍 유적에서 출토된 도자가 연하도 유적에서 출토된 것과 같은 형식임을 지적하고 전북 지역 연계 철기의 등장 시기를 서기전 3세기로 보고 있다. 또 그 전파 경로는 요동과 한반도 북부를 경유하는 육로가 아닌 발해만과 서해를 경유하는 수로였던 것으로 보았다. 필자 역시 이에 공감한다.

것으로 이해하는 것이다. 이는 서남한지역의 철기문화 등장을 집중 고찰한 최근의 연구 경향과도 합치된다. 즉 김상민(2020)은 서남한으로의 철기 유입을 살피면서 이 지역의 철기문화를 모두 3기로 나누었는데, 그 중 갈동 2호·3호묘와 신풍 가44호·46호묘를 서남부 1기로 설정하고 그 연대를 서기전 3세기의 어느 시점으로 본 것이다.

그렇다면 서북한과 서남한의 철기 등장은 어떤 맥락에서 이해할 수 있을까? 서남한의 철기 등장을 준왕의 한지 도착과 관련시키는 입장에서는 이때 전국식 철기가 후기 고조선의 중심지였던 평양, 즉 서북한으로부터 준왕의 이동을 따라 서남한으로 유입되었다고 주장한다. 하지만 이미 본장의 1절에서 살폈듯이 서남한의 등장기 초기철기는 서북한지역의 철기와 크게 달라 유사성 측면에서 설득력이 떨어진다. 이와 관련하여 김상민(2020)의 서북한지역 철기의 연대 비정이 주목되는데, 분묘 출토 철기의 경우 확실한 상한은 서기전 2세기대이지만, 영변 세죽리 주거지에서 철기가 출토되는 양상을 보면 서기전 3세기까지도 올라갈 가능성이 있다고 보았다. 또 이와는 별개로 위원 용연동에서 출토된 철기는 요동1기로 설정하여 서기전 3세기대로 두고 있다. 이러한 연대관을 수용한다면, 서북한과 서남한의 철기는 무순 연화보를 중심으로 한 요하 일대의 전국식 철기문화에서 비롯하여 거의 비슷한 시기에 각각 등장하였다고 보아도 좋을 것이다. 이 경우, 서남한의 입장에서 보자면 서북한지역의 철기문화와는 상관없이 이전의 원형점토대토기나 한국식동검 등 여러 물질문화에서 깊은 관계를 가지고 있었던 요하 중류역으로부터 전국식 철기를 받아들였다고 보는 것이 오히려 자연스럽다.

한편 『삼국지三國志』「위서魏書」'동이전東夷傳' 한조韓條에서 인용한 『위략魏略』이나 『사기史記』 '동이열전東夷列傳' 등의 문헌기록에 기반하여 서북한을 경유한 서남한으로의 주민 이동 가능성을 이야기하기도 한다(이현혜 1993). 이에 따르면 전국계戰國系 유민遺民이 고조선 영역 내에 집단적으로 거주하기 시작한 것은 서기전 3세기 후반 진한秦漢 교체기부터이며, 또 준왕 당시 고조선 서변에 있던 중국계 유민의 대부분은 전한前漢 초에 이르러 대개 위만을 중심으로 하는 세력집단의 일부로 흡수되고 있었다고 한다. 이를 바탕으로 특히 서기전 3세기 후반에 고조선 영역으로 옮겨온 중국계 유민 중에 다시 한반도 중남부지역으로 이주해 간 세력이 존재했을 가능성을 전적으로 배제할 수 없다고 지적한 것이다. 물론 물질자료의 역동성을 고려한다면 진한 교체기 이전부터 전국 연의 철기문화가 고조선 영역으로 파급되었음은 의심의 여지가 없다. 하지만 원형점토대토기, 한국식동검문화 단계의 청동의기와 (적석)목관묘에서 잘 드러나듯이 서기전 5~4세기대에 이미 요하 중류역과 서남한 물질문화의 관련성이 두드러진다. 이런 맥락을 고려한다면 요하 중류역의 철기문화가 반드시 서북한을 거쳐 서남한에 이르렀다고 단정할 이유는 없다. 뿐만 아니라 서기전 3세기 요하 중류역의 철기문화 담당자를 군이 전국계 유민이라고 볼 근거도 없다. 고조선이거나 예맥 계통의 주민이었을 수도 있을 것이다.

이상의 정황들을 종합할 때, 서북한과 서남한의 초기철기는 거의 비슷한 시기(즉 서기전 3세기)에 등장하였다고 생각한다. 물론 두 지역 초기철기는 기종과 기형에서 차이가 있는 것은 앞서 살핀 바와 같지만 이것을 시기적 선후관계로 보아야 할 당위성은 없다. 요하 일대나 서북한의 발굴조사가 충분하지 않다는 점과 더불어 완주 갈동과 신풍 유적 발굴조사 이전에는 국내 연구자들 역시 이에 대한 인식이 부족했음을 상기한다면 앞으로 관련 자료가 점점 증가함에 따라 확실한 해결의 실마리를 찾게 될 수도 있을 것이다. 그렇다하더라도 현재로서는 서남한의 초기철기는 서기전 3세기 중엽 요하 중류역으로부터 직접 전파되었다고 보는 것이 가장 설득력 있는 설명이다. 나아가 앞에서 한의 성립을 군집 목관묘와 초기철기의 등장으로 정의한 바에 따라 한의 등장 연대 또한 초기철기의 서남한 등장 연대와 같은 서기전 3세기 중엽으로 비정할 수 있다.

2) 삼각형점토대토기의 발생 연대

경남 해안 지역 삼각형점토대토기의 등장 연대는 명사리 유적의 연대와 함께 일본 야요이시대 중기 개시 연대에서 단서를 얻을 수 있다. 서북한 명사리식 토기의 조형은 윤가촌 아래층 2기의 윤가촌식 토기이므로 윤가촌 아래층 2기의 연대를 먼저 살펴보겠다. 보고문(中國社會科學院考古學硏究所 1996)에서는 윤가촌 아래층 2기인 12호묘 출토 연식燕式 두형토기(**그림 4-7-12**)를 하북성 가각장賈
各庄 유적 출토품과 대비하여 전국 조기(서기전 5세기)로 보았다. 하지만 12호묘에서 출토된 동검을 보면, 양날이 평행하고 결입부가 형성되지 않은 소위 '윤가

촌-고산리식 동검' 형식인데, 이는 요령식동검의 소멸 이후 등장한 것이므로 춘추말로 편년되는 정가와자 6512호묘보다 늦은 시기일 것임이 확실하다. 요령식동검과의 형태 차이가 매우 커서 전국 중기까지도 올려보기 어렵다. 이런 이유에서 진평이新楓毅(1982, 1983)는 윤가촌 아래층 2기 문화의 연대를 전국 말~진한 초로 보았고, 쉬구앙훼이徐光輝(1997)는 전국 만기 무렵(서기전 3세기)로 설정하였다. 한편 12호묘 출토 두형토기에는 전국 연의 영향으로 추정되는 명문이 있고 환원염 소성이어서 연의 영향을 받았음이 확실하다. 서기전 280년 무렵 연의 고조선 침공 이후로 볼 여지가 있는 것이다. 더불어 연이 서기전 222년에 멸망하였음을 고려한다면 윤가촌 아래층 2기 문화는 서기전 3세기 중엽이나 후엽으로 볼 수 있겠다.

윤가촌 아래층 2기에서 영향을 받은 명사리 유적의 연대는 보고자인 도유호가 미송리 위층 문화와 관련시켜 서기전 5~4세기로 보았으며, 다니 도요노부谷豊信(1986)는 윤가촌 아래층 2기의 파수부호와 비교하여 한국식동검의 이른 단계로 보았다. 이에 비해 박순발(1998)은 위만조선의 성립과 관련하여 서기전 3세기 말에서 2세기 초로, 이재현(2003)은 윤가촌 아래층 2기와의 시간차와 한대 회도와의 관련성을 지적하며 서기전 3세기 후엽 이후로 보고 있다. 김일규(2007)는 늑도 유적에서 가장 이른 시기로 편년되는 IC지구 42호 옹관(**그림 4–10–3~5**)의 파수부호와 명사리 유적 출토 파수부호를 동일한 형식으로 보아 늑도 I기와 동일한 시기임을 시사[43]하고 있다. 이처럼 명사리 유적의 연대가 윤가촌 아래층 2기보다 늦다는 사실에는 대부분 동의하지만 정확한 연대를 가늠할 자료는 없다.

한편 명사리 유적의 명사리식 토기가 서북한에서 가장 이른 시기의 명사리식 토기라고 볼 근거는 없다. 명사리 유적의 조영 시기보다 명사리식 토기의 등장 시기가 이를 수도 있는 것이다. 앞서 살폈듯이 명사리 유적의 삼각형점토대토기가 늑도 유적 이른 단계의 삼각형점토대토기보다 형식학적으로 늦기 때문에 서북한의 명사리식 토기 등장시점은 명사리 유적의 조영연대보다 이를 것이다. 다시 말해서 서북한에서 유래한 명사리식 토기가 남한에서 '옹관'으로 전

---

43 이와 같은 연대관은 삼각형점토대토기의 등장을 고조선 멸망에 따른 고조선계 유이민의 남하와 관련시켜 본 이재현(2003)의 견해를 따른 것이다.

용되고 이것이 다시 서북한에 영향을 미쳤다고 한다면 서북한지역에서의 명사리식 토기 등장과 명사리 유적의 조영 사이에는 시차가 존재할 수밖에 없는 것이다. 구체적인 등장 시점을 확정하는 것은 어렵지만, 명사리식 토기의 조형祖形인 윤가촌 아래층 2기보다 늦고 삼각형점토대토기가 초현하는 늑도 1기보다 빠를 것이다. 또 명사리 옹관묘의 연대는 늑도 유적에서 명사리식 옹관묘가 조영되기 시작하는 상한 연대와 서북한지역의 한대漢式 회도灰陶의 등장 시점 사이일 것으로 추정된다. 이런 이유에서 늑도 유적의 상한 연대를 살피는 것이 필요해진다.

늑도 유적의 상한 연대를 처음에는 서기전 2세기 말(신경철 1986)이나 2세기 중엽(鄭澄元·申敬澈 1987; 부산대학교박물관 1989) 정도로 보았다. 이것은 야요이시대 중기 토기와의 교차 편년에 근거한 것이었다. 이후의 발굴조사에서 야요이시대 전기 말의 이타즈케Ⅱc식 토기가 출토되기도 하였지만,[44] 이것이 곧 늑도 유적 삼각형점토대토기의 상한은 아니며, 이는 늑도 유적에서 소량 출토되는 원형점토대토기와 같은 맥락에서 파악할 수 있다. 따라서 늑도 유적 삼각형점토대토기의 등장 시점을 야요이시대 중기의 시작과 동일시한 기존의 연대관은 타당한 것으로 생각한다. 야요이시대 개시 연대는 연구자마다 생각이 다르지만, 필자의 경우 서기전 2세기 전엽으로 생각하고 있으며, 야요이시대 전기 말인 이타즈케Ⅱc식 토기의 연대는 서기전 3세기 후엽 정도로 본다(박진일 2007b). 이 연대는 사천 방지리 유적에서 삼각형점토대토기가 처음 등장하는 방지리 2기의 상한과 같은 것이다. 다만 방지리 1기에 옹관으로 사용되지 않은 명사리식 토기의 파수(봉상파수)가 원형점토대토기와 함께 출토되며, 이 시기의 옹관이 명사리식 옹관이 아닌 직치단옹식임을 고려해 보면 늑도 유적에서 최초로 명사리식 옹관묘가 발생하였을 것으로 추정할 수 있다. 따라서 신천 명사리 유적의 연대는 늑도 유적에서 명사리식 옹관묘가 등장하는 서기전 2세기 전엽과

---

[44] 다케스에 준이치武末純一(2006)는 늑도 A지구에서 출토된 대부발이 야요이시대 전기 말에 속하는 후쿠오카현福岡縣 유쿠하시시生橋市 시모히에다下稗田 유적의 시모히에다 Ⅱ期에서 출토된 사례가 있다는 점에 근거하여 이것을 늑도 유적에서 가장 오래된 야요이 토기로 보았다.

서북한에서 한식漢式 회도灰陶가 출현하는 시점 사이일 것이다. 대체로 서기전 2세기 중엽이나 후엽으로 보는 편이 안정적이다.

앞서 살핀 바와 같이 만경강 하류역에서 삼각형점토대토기의 발생이 전국식 철기 등장인 서기전 3세기 중엽 직후라는 점과 이후 금호강 하류역으로 파급된 후 경남 해안 지역으로 영향을 미쳤다는 점에 늑도 유적의 삼각형점토대토기가 2세기 전엽에 등장하였다는 점을 덧붙여 종합하면 남한의 삼각형점토대토기 발생 및 확산 과정은 '①서기전 3세기 후엽 만경강 유역에서 삼각형점토대토기 발생 → ②금호강 하류역으로 확산 → ③서기전 2세기 전엽 경남 해안으로 확산'으로 정리할 수 있다.

5. 진·변한 점토대토기의 소멸

경상북도와 창원 이동 경남 동부 지역의 원삼국시대 후기 목곽묘인 포항 옥성리, 울산 중산리, 울산 하대, 김해 대성동, 김해 양동리 유적에서는 점토대토기가 출토되지 않았다. 따라서 원삼국시대 전기의 군집 목관묘 단계에는 점토대토기가 소멸하였음을 알 수 있다. 다만 경남 서부 지역의 주거지 등 생활유적에서는 3세기대까지 삼각형점토대토기가 존재하므로 영남의 점토대토기 소멸 시점은 지역에 따라 차이를 보인다.

1) 분묘

영남의 주요 군집 목관묘는 경산과 대구를 중심으로 한 금호강유역, 경주·포항을 중심으로 한 동해안, 울산·부산을 중심으로 한 동남해안, 창원·밀양·김해를 중심으로 한 낙동강하류 그리고 함안·합천 등 서부 경남에 분포한다. 목관묘에 부장한 점토대토기는 대부분 단면이 삼각형이지만 팔달동 유적처럼 단면 원형도 소수 있다. 또 천발이나 주머니호의 전신인 소형옹에 작은 점토대가 붙은 것도 있다. 소형옹을 제외하면 점토대토기만으로는 상대순서를 파악하기가 쉽지 않으므로 함께 부장한 전기와질토기의 형식을 살펴 군집 목관묘에서 점토대토기의 소멸시기를 가늠해 볼 수 있다.

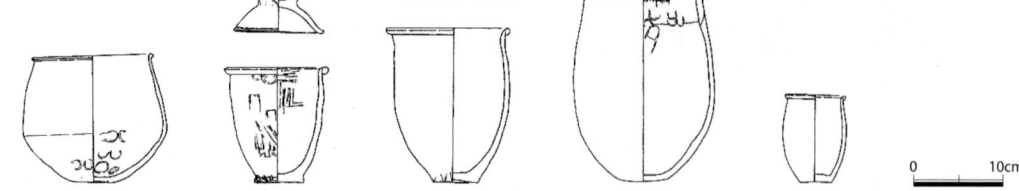

그림 4-22　대구 팔달동 30호묘 부장 토기

　먼저 경산·대구를 비롯한 금호강 하류 및 경주에서 삼각형점토대옹과 공반된 주머니호 중에는 굽 모양의 저부를 가지는 것이 없다. 대구 팔달동 30호 주머니호(**그림 4-22**)처럼 대개 구연단이 살짝 외반하거나 짧은 평면을 이루고, 저부는 모를 죽인 좁은 저부 혹은 약한 원저 등의 모습을 보인다. 주머니호의 형식 등을 고려한다면 대체로 서기전 1세기 후반에 점토대토기 부장이 종료되는 것으로 이해할 수 있다. 김해 양동리 유적 東52호(동의대학교박물관 2008)에서는 삼각형점토대발이 소형 승문타날 단경호와 공반되었는데, 다호리 1호보다 늦은 서기 1세기 전반 정도로 보인다. 다호리 유적에서도 비슷한 시기에 점토대토기의 공반이 끝난다(이 책 V장 참조). 밀양 교동 16호에서 삼각형점토대발과 공반된 타날문 단경호는 승문 타날과 횡침선이 7조 시문된 것으로 미루어 볼 때 소문단경호가 공반된 다호리 1호보다 늦음을 알 수 있다. 서기 1세기대로 보아도 무리가 없을 것이다.

　사례가 많지 않아 확언할 수는 없지만 금호강 하류와 경주에서는 대개 서기전 1세기에, 낙동강 하류지역에서는 서기 1세기에 군집 목관묘의 점토대토기 부장이 종료되는 것으로 추정된다. 특히 진한과 변한 양 지역의 최후 단계 점토대토기의 기종이 다르다는 점이 주목되는데, 진한에서는 모두 점토대옹인 것과 달리 반해 변한에서는 옹 이외의 기종도 확인된다.

2) 생활 유적

　경남 서부 해안지역을 중심으로 생활유적에서도 점토대토기의 소멸 양상을 잘 관찰할 수 있다. 사천 늑도 유적(경남고고학연구소 2006; 부산대학교박물관 1889,

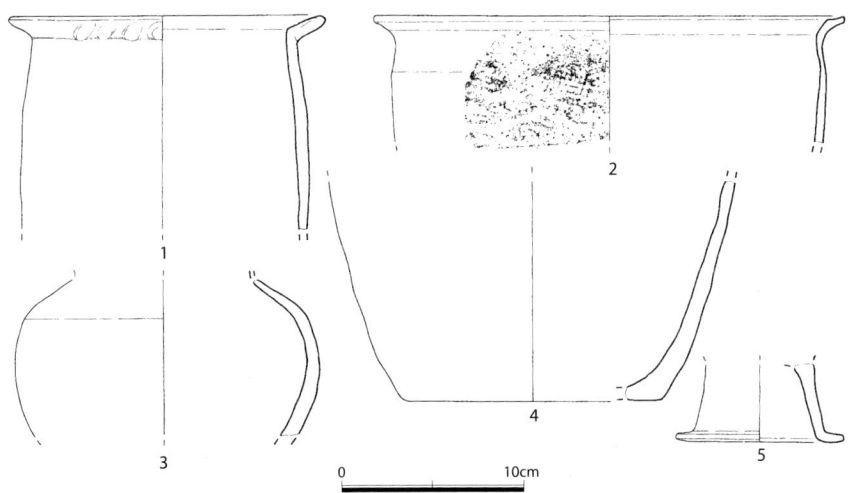

그림 4-23 사천 봉계리 101호 주거지 출토 토기

2004), 사천 봉계리 유적(경남고고학연구소 2002a), 진주 내촌리 유적(한양대학교박물관·문화인류학과 1999; 동아대학교박물관 2001) 등을 대표적으로 들 수 있다. 사천 늑도 유적의 삼각형점토대토기 하한 연대는 야요이(계)토기의 연대로 확인할 수 있다. 늑도 유적에서 출토되는 야요이(계)토기의 대다수는 야요이시대 중기의 토기이다. 따라서 서기 전후가 하한으로 생각되어 왔다. 하지만 부산대학교박물관이 2004년도에 야요이시대 후기인 다카미즈마高三瀦식 토기를 보고하면서 늑도 유적의 하한에 대한 재검토(이창희 2004a)가 이루어졌다. 이때 특히 일본 주中·시고쿠四國지역의 토기들에 주목하였는데, 늑도 C지구에서 기비계吉備系나 세토나이계瀬戶內系의 야요이 중기 후반 또는 후기 전반에 해당하는 토기가 출토된 것을 근거로 늑도 유적 3기의 하한 연대를 서기 2세기 중엽으로 추정하였다. 이것을 곧 현시점에서의 늑도 유적 삼각형점토대토기의 하한으로 보아도 무리가 없을 것이다.

사천 봉계리 유적에서 삼각형점토대토기가 출토된 유구는 1·2·3·58호 가마와 101호·133-2호·147호 주거지다. 여기에서 삼각형점토대토기를 비롯하여 시루, 봉상파수부호, 발, 천발, 컵, 국자 모양 토기 등 전형적인 삼각형점토대토기 단계 주거지 출토 기종과 함께 와질 단경호나 와질 고배도 확인되었다. 이 중 가마에서 출토된 유물은 동시기성을 확실히 담보할 수 있어 주목되는데, 1호와 2호 가마에서는 삼각형점토대토기가 시루나 봉상파수 등과 함께 출토되었지만, 3호 가마에서는 삼각형점토대토기가 승석타날 단경호뿐만 아니라 와질 격자타날 토기와도 함께 출토되었다. 101호 주거지의 유물출토 양상 역시 주목된다. 101호 주거지는 짧은 시간 내에 주거지가 여러 번 중복되면서 매우 복잡한 양상을 보이며, 각 주거지별 선후 관계는 '101-1호 → 101-5호 → 101-2호 → 101-3호 → 97-2호 → 101-6호 → 101-4호' 순서이다. 보고서에서는 이 주거지들을 모두 1기로 설정하였다. 이 중 가장 늦은 시기인 101-6호와 101-4호에서 삼각형점토대토기가 출토되었는데, 101-4호에서는 와질 승문타날 단경호와 공반되었다. 주목되는 바는 101-2호 주거지에서 출토된 격자타날 연질토기의 구연부편과 101-3호 주거지의 격자타날 연질토기의 저부편이다. 대개 영남지역에서 격자타날이 늦은 단계의 목관묘나 목곽묘 단계에 주로 출토되기 때문에 이보다 후행하는 101-6호와 101-4호 주거지의 하한은 빨라야 서기 2세기대로 볼 수 있을 것이다. **그림 4-23**에서 보듯이 101호 주거지에서 삼각형점토대토기와 격자타날 연질옹이 함께 출토되기 때문에 두 토기의 공반은 명확하다. 이런 양상은 삼각형점토대토기의 하한이 지역별로 달랐음을 보여주는 것이며, 삼각형점토대토기에서 홑구연옹을 지표로 하는 연질토기 단계로 순차적으로 변화했음을 보여주는 것이다. 또 한양대학교박물관이 조사한 진주 내촌리 유적 1호 주거지에서도 삼각형점토대토기가 다공시루, 두형토기, 뚜껑을 비롯하여 대부완과 격자타날된 와질토기와 함께 출토되었다.

위에서 살펴본 바와 같이 경남 서부지역을 중심으로 삼각형점토대토기는 야요이시대 후기 토기나 와질토기와 공반되어 출토되었다. 이 중 특히 격자타날한 와질토기는 주로 목곽묘단계에서 출토되는 것이므로 이 지역 삼각형점토대토기가 서기 2세기까지 존재하였음은 확실하며 서기 3세기까지도 잔존하고 있었을 가능성을 시사한다.

6. 소결

고고학적 관점에서 한(韓)의 등장을 둘러싼 문화 양상을 살펴보았다. 구체적으로는 남한의 초기철기 등장과 삼각형점토대토기의 발생 과정을 살피고 그 연대를 논증하는 것이었다. 서남한에 등장하는 초기철기와 삼각형점토대토기는 더 이상 같은 맥락에서 파악할 필요가 없어 그 등장 시기도 각각 살펴야 했다.

먼저 중국 하북성에서 한반도 남부지역에 이르기까지의 공간 범위를 대상으로 서남한 초기철기 등장기의 주요 기종인 철도자, 철부, 철착과 철겸을 비교하였다. 그 결과 완주 갈동이나 완주 신풍 유적에 등장한 초기철기와 가장 비슷한 형태의 철기는 서북한보다 요하 중류역을 중심으로 분포하고 있음을 확인하였다. 이에 따라 위만에 의한 고조선 멸망을 계기로 서기전 2세기 초 서남한 지역에 초기철기가 등장하였다고 보았던 이전의 연대 추론은 적절하지 않음을 지적하고, 무순 연화보를 중심으로 한 요하 중류역의 철기가 서기전 280년 무렵의 연나라 장수 진개의 고조선 침공 사건과 관련하여 서남한으로 전파된 것으로 추론하였다. 이때 서남한지역에서 초기철기가 처음 등장한 무렵의 분묘로 갈동 2호·3호와 완주 신풍 가44·46호를 지목하고, 그 구체적인 연대는 서기전 3세기 중엽으로 비정하였다.

삼각형점토대토기의 발생과 관련해서는 마한의 군집 목관묘와 금호강 하류의 군집 목관묘, 경남 해안 지역 생활유적에서 출토된 등장기의 삼각형점토대토기를 검토하여 살폈다. 그 결과 남한의 분묘에서 출토된 삼각형점토대토기 중 가장 이른 시기에 해당하는 것은 서기전 3세기 후엽의 완주 갈동 4호묘 출토품이었다. 나아가 전주 마전 생활 유적에서 출토된 삼각형점토대토기와의 선후 관계는 확인할 수 없어 일단 양자 사이의 영향관계는 고찰 대상에서 제외하고, 갈동 3호묘에서 출토된 것 같은 원형점토대토기가 변하여 갈동 4호묘 단계에 삼각형점토대토기가 발생했다고 추정하였다. 금호강 하류역의 삼각형점토대토기 등장은 갈동 4호묘 직후 단계로 추정되며, 대표 유적인 월성동 군집 목관묘의 개시 시점 역시 갈동 4호묘보다 조금 늦은 서기전 200년 전후 정도로 보인다. 대구 평촌리(경상북도문화재연구원 2010)나 대구 동천동(영남문화재연구원 2000b), 대구 칠곡 3택지 유적 등 금호강 하류역의 생활 유적에서도 삼각형점토대토기가 종종 확인되는데, 이것은 앞서 살핀 전북지역에서의 군집 목관묘와 생활 유적의 관계와 같은 맥락으로 이해할 수 있다. 경남 해안 지역은 분묘의 변화상이 명확하지 않기 때문에 생활 유적 출토품을 주로 살폈다. 서북한 명사리식 토기의 등장연대 및 일본 야요이시대 중기의 개시 연대와 교차 검토한 결과 이 지역에서는 서기전 2세기 전엽에 삼각형점토대토기가 등장한 것으로 추정하였다.

이렇게 살펴본 결과 남한의 삼각형점토대토기는 전라북도에서 서기전 3세기 후엽에 발생하였고, 이후 금호강 하류역에서 한번 지역화 한 뒤 영남 각지로 전파된 것으로 이해할 수 있다. 사천 방지리, 사천 늑도, 김해 구산동(경남고고학연구소 2010), 김해 흥동(동의대학교박물관 2003), 기장 방곡리(울산대학교박물관 2007), 울산 달천(울산문화재연구원 2008, 2010), 울산 중산동 약수 등의 생활 유적과 함께 창원 다호리, 대구 팔달동, 성주 예산리 등 분묘에서 삼각형점토대토기문화의 확산이 확인되었다. 이 유적들이 대체로 낙동강과 울산, 경남 해안 지역을 중심으로 분포하고 있기 때문에 당시의 삼각형점토대토기 확산이 큰 강과 해안을 이용한 교역 루트의 성장과 밀접한 관계를 가진 것으로 이해된다. 해남 군곡리, 광주 신창동과 무안 신평 등 전남의 삼각형점토대토기 관련 유적 역시 교역 루트의 성장이라는 관점에서의 확산 과정으로 볼 수 있다. 한편 진·변한의 점토대토기의 소멸 연대는 유구별, 지역별로 차이가 있었으며, 그 중 가장 늦은 경남 서부 생활 유적에서는 서기 2~3세기까지도 삼각형점토대토기가 확인되었다.

남한의 초기철기 및 삼각형점토대토기의 등장과 전개에 관한 이상의 내용을 군집 목관묘와 초기철기의 등장이라는 고고학적 정의에 기반하여 한의 성립 및 전개 모습으로 치환한다면, 곧 서기전 3세기 중엽에 전라북도에서 성립하였고, 이후 군집 목관묘 및 초기철기 문화가 영남 내륙을 거쳐 영남 각지로 확산하면서 진한과 변한 분립의 기틀이 되었다고 말할 수 있겠다.

* 이 장은 필자의 박사학위논문 일부를 수정·보완한 후 추가 기술한 것이다.
박진일, 2013, 『韓半島 粘土帶土器文化 硏究』, 釜山大博士學位論文.

제V장 　삼한三韓의 분립分立; 　　　　진·변한 군집 목관묘와 와질토기瓦質土器의 전개

　　고고학적 관점에서 한과 등장기의 마한이 같은 지역에 있었던 것은 확실하다. 군집 목관묘와 여기에 부장한 철기와 청동기, 토기 등 부장품의 유사성으로 확인할 수 있다. 하지만 고고학적으로 한과 마한을 구분해 내는 것은 쉽지 않은 문제이다. 이에 비해 진·변한은 한·마한과 존재했던 지역이 다르기 때문에 등장 양상을 확인하기가 더 쉽다. 영남지역에서 이전의 청동기시대 후기와 구분되는 군집 목관묘 및 철기를 찾으면 되는 것이다.

　　전통적인 원삼국시대론의 관점에서는 전기와질토기의 등장을 원삼국시대의 시작으로 삼기도 하였지만, Ⅱ장에서 살폈듯이 전기와질토기의 등장은 영남의 군집 목관묘 등장 시점보다 늦으므로 마한과 구별되는 정치체의 성립과 와질토기의 등장은 연동聯動하지 않는다고 말할 수 있다. 그럼에도 불구하고 와질토기가 진한과 변한의 대표 토기임은 확실하기 때문에 군집 목관묘를 대상으로 와질토기를 포함한 부장 토기의 양상을 살피면 자연스럽게 진한과 변한의 등장과 확산 과정을 확인할 수 있다. 따라서 이번 장에서는 영남지역을 대상으로 먼저 와질토기의 등장과 변천 과정을 검토한 후 이를 바탕으로 주요 군집 목관묘의 조영 양상을 살펴 마한과 구분되는 정치체로서의 진·변한의 성립 과정을 고찰하겠다.

1. 와질토기의 정의와 발생설 검토

1) 와질토기의 정의와 구분 실례

1980년대에 시작된 와질토기 정의 및 발생 배경에 대한 연구는 연구자에 따라 다양한 견해가 제시되며 지금까지 이어지고 있다. 그 전반적인 흐름은 이미 정인성(2008)에 의해 잘 정리되었으므로 여기에서는 이를 요약하여 살피겠다.

'와질토기'라는 용어를 처음으로 제안하고 사용한 연구자는 신경철(1982)과 최종규(1982)이다. 물론 그 전에 일본에서 간행한 보고서(長崎縣敎育委員會 1974)나 논문(武末純一 1974)에서 토기 질質의 일종으로 '와질瓦質'이란 표현을 쓰기는 했지만, 지금의 용례처럼 원삼국시대 목관묘와 목곽묘에 부장한 일군의 환원염 소성 토기를 지칭하는 개념은 아니었다. 그러던 중 신경철과 최종규가 경주 조양동 출토 토기 등을 '와질토기'라고 지칭하면서부터 이 용어가 본격적으로 사용되기 시작하였고, 이들이 제시한 와질토기 개념은 이후 후속 연구의 출발점이 되었다. 먼저 신경철의 경우 와질토기를 재래의 무문토기 문화 기반 위에 낙랑군 설치와 관련된 한식漢式 토기 제작 기술을 도입하여 창안해 낸 남부지역 특유의 토기라고 보았으며, 이때의 한식 토기 제작 기술의 핵심은 곧 환원염 소성이라고 하였다. 나아가 경주 조양동 5호묘와 창원 다호리 1호묘를 최고最古의 와질토기 단계로, 조양동 38호묘는 그 다음 단계로 설정하였다. 최종규 역시 와질토기를 재래 무문토기에 한식 토기의 영향이 더해져 성립한 것으로 보아 큰 틀에서는 신경철과 같은 관점을 취하였지만, 중요 특징으로 정선된 태토, 회전판 성형과 타날 기법의 도입을 꼽고, 와질토기 단계 설정에 있어서는 조양동 38호묘를 최고의 단계로 보는 등 세부적인 부분에서 차이를 보였다.

신경철과 최종규가 한식 토기의 영향을 이야기한 것과 달리 최병현(1998)은 와질토기를 전국계戰國系 토기의 영향을 받은 토기로 설명하였다. 즉 중부지역을 거쳐 내려온 전국계통의 타날문토기 요법窯法이 낙동강 유역으로 도입된 결과 와질토기가 발생하였다고 본 것이다. 시기적으로는 타날 토기가 출토된 조양동 38호묘보다 환원염 소성 토기가 출토된 창원 다호리 1호묘가 더 빠르다고 보고 이 단계부터 와질토기 단계로 인식하였는데, 이는 '타날'보다는 요법, 즉 '환원염 소성'에 더 큰 의미를 부여했기 때문이다.

최근 와질토기에 대해 재론한 이성주(2015b)는 아래와 같이 서술하였다.

(와질토기란) 원삼국시대의 영남지역 즉, 진·변한 지역을 중심으로 발달했던 토기이다. 원삼국시대에 접어들면 한반도 남부 각지에서는 고운 원료 점토로 빚고 회색 또는 회백색의 토기가 생산되기 시작했다. 가마 안에서 환원 소성을 했지만 낮은 온도로 처리되어 무른 편에 속하므로 와질토기라고 부른다. 우리가 흔히 와질토기라고 생각하는 범주에 포함되는 토기는 주로 진·변한 지역의 무덤에서 출토되는 다양한 종류의 제사용 토기를 일컫는 것이다. 원삼국시대 초기에 남한지역으로 확산되어 와질토기 출현의 토대가 된 새로운 토기 제작 기술은 다음과 같이 세 가지로 요약해서 설명할 수 있다. 첫째, 원료 점토의 선택과 가공기술이다. 이때부터 점토를 임의로 채취하는 것이 아니라 일정 수준 이상의 곱고 치밀한 점토를 선택하여 사용하고 필요에 따라 가공하기도 한다. 둘째로는 성형 기술의 혁신이다. 그릇을 물레 위에 놓고 돌리면서 경부와 구연부의 수평과 균형, 전체적인 대칭을 만들어 낸다. 그리고 반건조의 상태에서 그릇 안쪽을 받치면서 표면을 두드려 둥근 형태를 자유자재로 만드는 타날 기술이 적용된다. 셋째로는 소성 기술의 변화이다. 신기술 체계에서 토기의 소성은 밀폐할 수 있는 가마에서 이루어졌다.

위 인용문에서 보듯 이성주는 와질토기를 진·변한을 중심으로 가마 안에서 환원염으로 소성한 토기로 정의하였다. 모든 와질토기는 밀폐요에서 환원염으로 소성하므로 이성주의 지적은 타당하다. 하지만 위의 정의로는 목관묘에 부장한 토기가 와질토기인지 무문토기인지 판단할 수 없는 경우도 있다. 즉 토기의 형상이나 질감만으로는 환원염 소성 여부를 확정할 수 없는 것이다. 좀 더 명확한 개념 정의가 필요한데, 정인성(2015)의 견해를 살펴보자.

와질토기에 대하여 선학들은 태토의 정선화, 환원염 소성의 채용, 타날의 채용, 물레에서의 성형 등이 가장 주목해야 될 속성이라고 판단하였다. (중략) 태토의 정선화라는 것은 점진적으로 이루어진 변화이기 때문에 발생기의 와질토기를 무문토기와 구분해 내는 절대기준으로 삼는 것은 곤란하다. (중략) 와질토기화의 중요 속성으로 단순히 타날 성형을 언급하는 것은 옳지 않으며 이미 이재현이 지적한 것처럼 승문 타날의 도입에 더 무게를 두어야 한다. (중략) 한편 와질토기가 등장하면서 빠른 회전이 담보되는 회전대가 전격적으로 도입되었다고 판단해서도 안 된다. (중략) 초창기의 와질토기론자들이 주장하던 것처럼 처음부터 빠른 회전력이 수용된 토기제작이 아니었다.

환원염 소성이 무문토기와 와질토기를 가르는 중요한 기준이라는 것은 주지의 사실이다. 결국 이것이 가장 중요한 기술혁신이라고 할 수 있다. (중략) 어느 정도 회전성형이 예상되는 토기의 저부가 원저화 공정과 같은 2차 조정을 거쳤는지의 여부와 환원염 소성을 1차 기준으로 삼고, (승문)타날과 태토의 정선 정도 등을 2차 기준으로 삼는다면, 그간 연구자마다 일치되지 않았던 와질토기의 개념과 발생 시점에 대한 인식차를 극복할 수 있을 것으로 본다.

정인성은 기존에 제시된 와질토기 개념이 병렬적으로 열거한 주요 특징들의 총합으로서 제시되었던 것과 달리 이 특징들을 비판적으로 검토하여 와질토기 판정의 단계별 기준을 제안하였다는 점에서 진일보한 정의라고 평가할 수 있다. 특히 와질토기의 본질적 속성이 무엇인가를 기준으로 와질토기 개념의 명확한 지표를 제시한 것은 무문토기와 와질토기 구분의 일관성 확보에 도움을 줄 수 있으리라 기대된다. 문제는 와질토기 제작 기술이 최상의 수준을 유지한 상태로 낙동강 유역에 유입된 것이라고 전제하지 않는 한, 다시 말해서 낙동강 유역에 와질토기가 처음 등장했을 때부터 곧바로 기술적으로 완전한 수준의 와질토기를 생산해낸 것이 아니라고 한다면, 정인성이 제시한 개념은 와질토기로 분류할 범주를 축소시켜 무문토기도 와질토기도 아닌 중간적 성격의 토기 혹은 기준을 충족하지 못하였음에도 와질토기로 분류되는 예외 사례들을 만들어낼 수밖에 없다는 것이다. 환원염 소성과 원저화가 와질토기의 중요한 속성임은 분명하지만, 이 두 요소를 동시에 충족시키지 못하였음에도 와질토기의 범주에서 다루어야 할 토기들의 존재가 인정된다면 이러한 사례들을 포괄할 수 있는 개념으로서 와질토기의 정의를 다시 생각해 볼 필요가 있겠다.

위와 같은 논점을 가지고 필자가 생각하는 와질토기를 정의하겠다.

와질토기란 그 이름에서도 알 수 있듯이 기와 같은 질감, 즉 '와질瓦質'인 토기로서 환원염 소성 기술을 핵심으로 한다. 따라서 전반적인 성형 공정이 무문토기 제작 기술로 이루어졌다 하더라도 핵심적인 기술 요소인 환원염 소성 기술이 적용되었다면, 이는 와질토기의 제작 기술에 대한 고려가 있었다고 볼 수 있으므로 와질토기라 할 수 있다. 예컨대 나주 구기촌 유적 2호묘에서 출토된 단경호(표 5-1)는 토기의 성형이나 정면에서 와질토기적인 요소를 찾을 수 없지만 환원염으로 소성된 것이 확실하므로 와질토기로 보아도 무방하다.

문제는 지금 우리가 인지하는 토기의 질감과 색조로는 '와질' 소성인가 아닌가를 명백하게 구별하기 어렵다는 점이다. 특히 대구 팔달동이나 창원 다호리 유적에서 많이 출토된 등장기의 와질토기에서 무문토기 소성과 와질토기 소성을 구분해 내기는 거의 불가능하다. 다시 말해서 소성 결과로서의 토기의 질 만을 기준으로 와질토기를 정의하는 데에는 현실적인 어려움이 있는 것이다. 이를 보완하는 방법은 소성 결과와 별도로 와질토기의 특징적인 제작 기술이 적용되었는가를 확인하는 것이다. 여기에서의 와질토기 제작 기술이란 성형 기술로서의 승문繩文 타날打捺과 원저圓底, 물레 사용의 결과로서의 회전回轉 정면整面과 회전 침선문沈線文이다. 이런 관점에서 보면 태토만 정선한 토기나 겉보기에는 와질토기처럼 보이지만 실제로는 무문토기 제작 기술로 만든 토기(팔달동 28호묘 소문단경호素文短頸壺 등)들은 와질토기의 범주에서 제외해도 좋을 것이다.

와질토기 제작 기술 중 동체부와 저부에 베푸는 승문 타날과 원저는 무문토기 제작자가 와질토기 제작 과정을 관찰하는 것만으로도 손쉽게 따라할 수 있을 것 같지만, 실제로는 성형 도중 토기가 파손될 수 있기 때문에 완성품을 만들어 내기 위해서는 숙련된 기술이 필요하다. 물레를 사용한 회전 정면과 회전 침선의 시문은 좀 더 높은 수준의 숙련도를 갖추어야 한다. 하지만 무엇보다 어려운 기술은 환원염 소성 기술이다. 태토의 정선, 토기 제작, 건조, 밀폐요 제작, 소성 기술 등 토기 제작 과정의 전반에서 고도의 기술력이 요구되기 때문이다. 환원염 소성 기술을 가졌다는 것만으로 와질토기를 생산할 수 있는 것도 아니다. 땔감의 확보, 원료 점토 채취, 각종 설비 제작 등 와질토기 제작에 수반되는 노동력의 총량을 생각해보면 공정별로 분업화된 토기 제작 체계의 완비와 더불어 이 모든 과정을 적절하게 통제할 수 있는 권력 또한 필요하다. 결국 와질토기 완제품을 생산해 내기 위해서는 토기 제작자 개개인의 기술력과 공정의 분업화, 이를 운용할 수 있는 관리체계를 모두 갖추어야 한다는 것인데, 이는 곧 와질토기 제작 시스템의 존재를 의미한다.

와질토기 제작 시스템으로 제작하였음이 명백하다면, 비록 와질토기의 주요 특징 중 일부 요소를 충족시키지 못하였다 하더라도 그 토기는 와질토기라고 할 수 있다. 예컨대 대부분의 와질토기가 진·변한의 무덤에서 출토되었지만 호남이나 호서 지역에서의 출토 사례도 속속 보고되고 있는데, 여기에는 와질토기 제작 기법(원저, 타날, 물레)으로 성형한 후 환원염 소성을 시도했지만, 의도와 달리 환원염으로 소성되지 않은 토기들이 포함된다. 이 토기들은 소성 결과 '와질'의 특성을 갖추지는 못하였지만, 와질토기로서의 제작 의도가 충분할 뿐더러 와질토기 제작 시스템 속에서 만든 것이기 때문에 와질토기의 범주로 보는 것이 타당하다. 다시 말해서 실제 소성 결과와 상관없이 와질토기 제작 시스템을 적용하여 성형하거나 정면·시문한 토기인지를 확인하면 와질토기와 무문토기를 구분할 수 있는 것이다. 이것은 정인성이 제시한 '2차 조정'이라는 개념과도 유사하다.

한편 환원염 소성 기법이나 회전정면 같은 기술은 오랜 시간 동안 계속해서 사용되었기 때문에 원삼국시대 이후의 토기 중에서도 간혹 '와질'로 소성된 토기들이 있다. 질감이 '와질'이라는 이유로 이런 토기들도 와질토기에 포함시키게 되면 원삼국시대 대표 토기로서의 와질토기 개념에 혼란이 발생하게 되므로 그 대상 시기를 원삼국시대 전기와 후기로 한정할 필요가 있다. 즉 질감이 '와질'인 토기 중에서 원삼국시대의 토기만을 대상으로 와질토기를 구분해 내야 하는 것이다.

결론적으로 와질토기는 서기전 1세기~서기 3세기의 원삼국시대 토기 중에서 승문 타날·원저·회전 정면·회전 침선문 기법이 적용되었거나 환원염 소성으로 인한 '와질'임이 명백한 토기, 즉 '와질토기 제작 시스템에서 만들었다고 인정되는 토기'로 정의할 수 있다. 이렇게 정의한 개념을 대구 팔달동 목관묘 부장 토기에 적용하여 보면 어떤 토기들을 와질토기라 할 수 있는지 그 실례를 확인할 수 있다. 즉, 팔달동 출토 토기들을 먼저 제작 기술의 측면에서 무문토기 방식과 와질토기 방식으로 나누고, 이를 다시 무문토기 소성과 와질토기 소

표 5-1 무문토기와 와질토기의 구분

분류	제작 기술	소성	사례	사진	구분
'가'군	무문토기	무문	대구 팔달동 30호묘 주머니호		무문토기
'나'군	무문토기	와질	나주 구기촌 2호묘 단경호		와질토기
'다'군	와질토기	무문	대구 팔달동 41호묘 단경호		와질토기
'라'군	와질토기	와질	대구 팔달동 105호묘 단경호		와질토기

성으로 구분하면 표 5-1과 같이 4개의 그룹으로 분류된다.[45] 이 중에서 '무문토기 제작 기술 + 무문토기 소성'의 조합인 '가'군을 제외한 나머지 '나'군과 '다'군, '라'군이 곧 와질토기가 되는 것이다.

2) 와질토기 발생설 검토

일반적으로 와질토기는 재지의 토기제작 기술이 자체적으로 발전한 결과가 아니라 외지의 토기 제작 기술이 기존의 무문토기에 적용되면서 발생한 것으로 이해하고 있다. 이때의 외지 토기 제작 기술에 대해서는 연구자들의 견해가

---

45 '나'군은 팔달동 유적의 사례가 없어 나주 구기촌 2호묘 출토품(전남문화재연구원 2016)을 예시하였다.

갈리는데, 크게 세 가지로 나누어 볼 수 있다. 첫 번째는 한식漢式 토기 제작 기술이라는 주장으로 연구 초창기에 제기된 것이다. 이후 전국계戰國系 토기의 제작기술이라는 반론이 있었고, 이것이 구체화되어 전국계 토기란 곧 후기 고조선 토기라고 하는 견해도 제시되었다. 아래에서 좀 더 구체적으로 살펴보자.

(1) 한식 토기(낙랑 토기) 영향 발생설

한식 토기 영향 발생설은 1980년대 와질토기론이 처음 제창되었을 때 제기(신경철 1982; 최종규 1982)된 것으로 진·변한의 와질토기가 한식 토기, 구체적으로는 낙랑 토기 제작 기술의 영향을 받아 발생하였다고 보는 입장이다. 앞서 언급한 것처럼 세부적인 단계 설정에서는 견해 차이를 보이기도 했지만, 서기전 108년에 설치된 낙랑군의 영향을 상정하였기 때문에 진·변한 와질토기의 발생 연대는 당연히 낙랑군의 설치보다 이전인 서기전 2세기로 올라갈 수 없었다.

(2) 전국계 토기 영향 발생설

한식 토기 영향 발생설에 반대하여 전국계 토기 영향 발생설을 주장한 연구는 최병현(1998)에서부터 시작하였다. 그는 낙동강 유역권의 이른 시기 와질토기 중 하나인 조양동 38호묘 출토 타날문 단경호가 한반도 중부지역 토기에서 영향을 받은 것으로 보고, 중부지역 토기는 전국계 토기의 영향을 받았기 때문에 결국 낙동강 유역권 와질토기의 기술적 근원이 전국계 토기에 있다고 하였다. 그러나 전국계 타날문토기의 영향을 주장하면서도 낙동강 유역 와질토기의 발생 시기는 낙랑군 설치 이후로 내려 잡아 비판(최종규 1994; 이재현 1995)을 받기도 하였다.

이와는 결을 약간 달리하여 이성주(1999)는 와질토기의 기술적 전통을 전국과 낙랑(한)으로 나누어 설명하는 것이 큰 의미가 없다고 주장하였다. 한식 토기 영향 발생설에서 말하는 낙랑 회도灰陶의 기술적 전통이라는 것도 결국 전국계 회도에서 기원하였기 때문에 낙랑이냐 전국이냐는 강조점의 차이일 뿐 결국은 전국계 토기의 영향으로 귀결된다는 것이다. 그러면서 전국계 토기의 영향이 낙랑을 거쳐 진·변한으로 유입되었다는 데에 동의하고 있기 때문에 와질토기의 발생 시기 역시 낙랑군 설치 이전으로 올라가지는 않았다. 이성주가 와질토기의 발생 시점을 서기전 2세기로 소급시키지 않는 점은 군집 목관묘와 와질토기의 등장에 근거한 원삼국시대의 정의(이성주 2015a)에서도 잘 드러난다.

(3) 후기 고조선 토기 영향 발생설

정인성(2008)은 도쿄東京대학교가 소장한 낙랑 토기의 분석을 통해 와질토기의 한식 토기 영향 발생설을 비판하였다. 낙랑 토기와 와질토기의 제작 기법이 다르다는 것으로 일종의 전국계 토기 영향 발생설이라 할 수 있지만, 와질토기의 발생을 이끌어 낸 전국계 토기 영향이 한반도 중부지역을 거치지 않았다고 한 점에서 기존의 연구와 크게 다르다. 무엇보다 주목되는 점은 와질토기의 발생 시기를 서기전 2세기대로 소급시킬 수 있다고 주장한 것인데, 성주 예산리 3호 목관묘에 부장한 반파된 타날문 단경호에 근거한 것이었다. 이 토기는 낙랑의 타날문 단경호와 다르며, 오히려 동경대학 문학부 고고학연구실에 보관되어 있는 연하도 출토품과 유사하다고 한다. 하지만 태토와 소성, 횡침선의 폭이 약간 넓다는 차이로 인해 예산리 3호묘 단경호가 낙동강 유역권에서 연의 토기를 모방하여 제작한 것일 가능성에 더 무게를 두었다(정인성 2008). 또 금호강 하류역의 달성 평촌리 유적에서 삼각형점토대토기 단순기에 활석혼입계滑石混入系 화분형 토기와 함께 출토된 타날문 토기가 낙랑 토기보다 전국계 타날문토기의 제작기법과 비슷하다고 함으로써 낙랑군 설치 이전에 이미 '전국계 토기'가 진·변한 사회에 유입되었음을 강하게 시사하였다(정인성 2011a).

이후 정인성은 이 '전국계 토기'가 전국의 토기 그 자체가 아니라 후기 고조선에서 한번 지역화 된 토기임을 주장했다(정인성 2014). 연국 계열의 토기문화가 요동 및 한반도 북부지역으로 유입되어 '연화보-세죽리 유형'의 토기문화가 등장하였고, 이 '연화보-세죽리' 유형의 영향을 강하게 받아 늦어도 서기전 2세기 중엽, 즉 한 무제의 군현 설치보다 이른 시기에 서북한 지역에서 화분형 토기를 중심으로 하는 토기문화(화분형 토기를 포함한 '낙랑 토기 양식')가 성립하였는데,[46] 진·변한의 와질토기는 '연화보-세죽리 유형'의 '전국계 회도'와 서북

---

46   만약 화분형 토기와 회도를 중심으로 한 토기 양식이 낙랑군 설치 이전에 성립하였다면 이것을 굳이 '낙랑 토기 양식'이라 부를 이유가 없다. 예컨대 '후기 고조선 토기 양

한 지역의 '화분형 토기'를 동시에 사용하던 정치세력(곧 후기 고조선)과 깊이 관련되어 있다는 것이다. 와질토기 '후기 고조선토기 영향 발생설'이라 부를 수 있겠다.

정인성의 견해는 와질토기가 전국계 토기 제작 기술의 영향을 받아 발생했다고 하는 점에서는 최병현과 의견을 같이 하지만 이 기술이 중부지역 경유하지 않았다고 설정한 점에서는 다르다. 하지만 이전 연구와 가장 크게 다른 점은 와질토기의 발생을 낙랑 설치 이전으로 소급한 점이다. 근거는 성주 예산리 3호 출토 타날문단경호를 현지에서 제작한 와질토기로 인식한 점이다. 하지만 이 토기는 기형과 소성도, 공반 유물 등에서 와질토기의 범주로 보아야 하는지 의문점이 남는다. 이를 확인하기 위해 와질토기 발생을 전후한 시기 진변한 지역 군집 목관묘와 생활유적 출토 토기를 검토해 볼 필요가 있다.

2. 와질토기 출현 이전 금호강 일대의 토기

1) 타날문 단경호와 공반 토기의 검토

앞서 살폈듯이 현재 금호강 일대에서 전국계 회도로 주장되는 토기로는 성주 예산리 3호 목관묘와 달성 평촌리 주거지 및 수혈에서 출토된 타날문 단경호가 있다. 이하에서는 이 두 유적의 타날문 단경호와 더불어 공반된 토기들을 살펴 이 단경호들이 기존의 주장과 같이 전국계 회도가 맞는지의 여부를 검토하겠다.

(1) 성주 예산리 3호 목관묘

성주 예산리 유적(경상북도문화재연구원 2001)은 41기의 목관묘가 조사된 성주 지역 대표 군집 목관묘이다. 진한과 변한의 여느 군집 목관묘와 마찬가지로 통나무관과 판재관이 혼재하고, 요갱이 있는 것도 있다. 보고서에서는 무문토기와 와질토기의 형식 설정 및 공반 관계를 근거로 I~III기로 구분하고, I기와

식'과 같이 고조선계 토기 양식임을 용어상에서 명확히 할 필요가 있다.

Ⅱ기는 다시 a, b소기로 세분하였다. 전국계 단경호가 반파된 채 출토된 3호 목관묘는 Ⅰa기로 보고서에서 가장 이른 시기로 설정한 무덤이다.

예산리 3호묘에 부장한 토기로는 기존에 여러 연구자들이 전국계 회도라고 주장하였던 타날문 단경호와 주머니호 2점, 봉상파수부호 3점, 두형토기 5점(대각포함)과 평저장경호가 있다. 이하에서는 이 토기들을 대구 팔달동 유적 부장 토기의 속성에 근거하여 필자가 이미 설정한(박진일 2016) 편년 속에서 살피고자 한다. 대구 팔달동 유적은 금호강 하류를 포함한 대구 일대에서 가장 큰 규모의 군집 목관묘이고, 무문토기 단계부터 목곽묘 등장기까지 꾸준히 존속하였기 때문에 인근의 성주 예산리 유적 토기를 살피는 데에도 유효한 기준이 될 것으로 판단하기 때문이다.

먼저 많은 주목을 받은 타날문 단경호(사진 5-1, 그림 5-1의 주머니호 오른쪽)부터 살펴보면, 무덤의 북쪽 충전토 안에서 출토되어서 교란일 가능성은 없다. 가장 먼저 눈에 띄는 것은 기형이다. 대구 팔달동 41호묘에서 출토된 것과 같은 진·

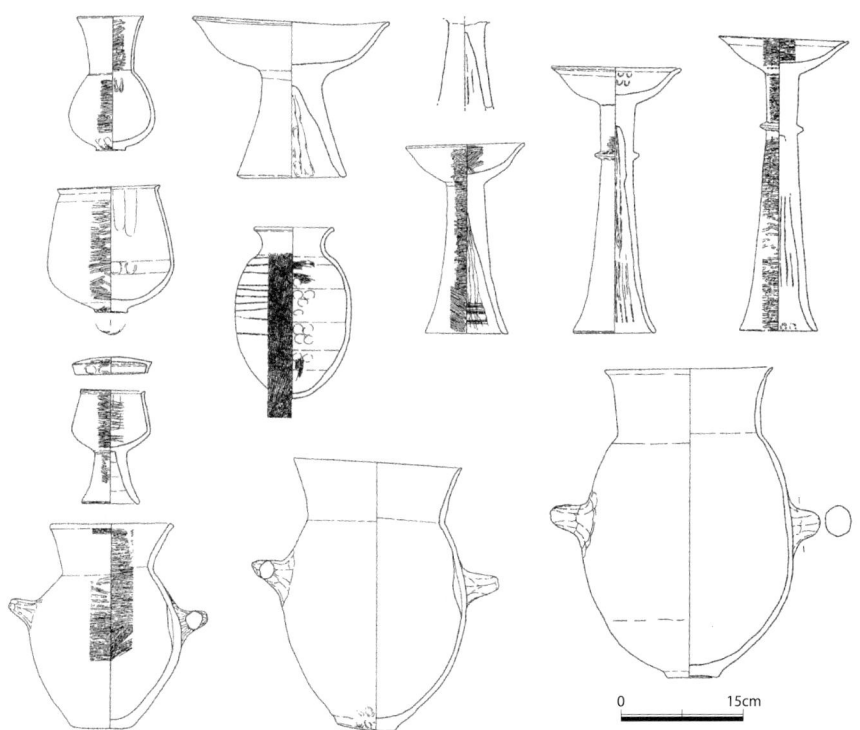

그림 5-1　성주 예산리 3호묘 부장 토기

사진 5-1　성주 예산리 3호묘 부장 타날문 단경호

변한의 초기 단경호보다 훨씬 소형이며, 동체는 장란형長卵形인데 진·변한의 등장기의 단경호 중에서 이와 비슷한 형태를 가진 사례는 단 한 점도 없다. 소성온도가 아주 높아 삼국시대 회청색 경질토기를 보는 듯하다. 매우 단단하고 기벽도 얇은데 구연은 높은 온도 때문에 찌그러진 것으로 보인다. 색조는 원삼국시대 와질토기에서 볼 수 없는 청색이 감도는 옅은 회색이다. 동체에 승문 타날을 한 후 횡침선을 둘렀고, 저부는 승문 타날판을 세로 방향으로 타날하여 원저로 만들었다. 구경부는 회전정면을 통해 정면한 흔적이 확연하다. 다만 정인성이 낙랑 단경호의 제작 기법이라고 했던 경부 외면의 1차 성형 타날흔은 전혀 보이지 않으며, 내면에도 목제 내박자 흔적이 없다.

두형토기는 파편 한 점을 포함하여 다섯 점이 출토되었다. 대각이 높고 돌대가 있는 것이 두 점이고, 대각이 높긴 하지만 앞의 두 점보다 약간 낮고 돌대가 없는 것이 한 점, 그리고 단각이 한 점이다. 영남지역의 두형토기 중 대각이 높은 것은 실심實芯인 것이 대부분이지만, 예산리 3호묘 출토품은 좀 다르다. 세 점 중 돌대가 붙은 한 점만 실심이고 나머지는 공심空芯이다. 두형토기는 그간 연구자들이 편년 근거로 잘 이용하지 않던 기종이다. 단각두短脚豆의 사용 기간이 매우 길어 후행하는 장각두長脚豆와 같은 시기에 출토되는 것이 많은 데다가, 장각두 역시 자체의 형식 설정이 어렵고 변화 방향 또한 명확하지 않기 때문이다. 그럼에도 불구하고 공심 단각두는 원형점토대토기의 등장기인 안성 반제리나 보령 교성리 유적부터 출토되고, 예산리 3호묘에서 출토된 것과 같은 장각두는 단각두보다 등장 연대가 늦다는 점은 확실하다. 특히 실심 장각두는 영남지역 삼각형점토대토기와 비슷한 시기에 등장하는 것으로 알려져 있다. 예산리 3호묘의 장각두는 모두 산화염으로 소성한 후 마연하여 무문토기 제작 시스템 속에서 만들어진 것임을 알 수 있으며, 비슷한 형식의 장각두로는 경주 조양동 5호묘나 밀양 교동 8호묘에서 출토된 것이 있다.

한편 두형토기를 근거로 성주 예산리 3호 목관묘의 연대를 추정하기도 하였다. 윤형준(2009)은 장각의 두형토기가 창원 다호리 1호묘에서는 칠기로, 밀양 교동 8호묘에서는 와질 조합우각형파수부호와 함께 출토되었다는 점을 근거로 예산리 3호묘의 연대를 다호리 1호묘보다 약간 이른 서기전 1세기 3/4분기로 추정하였다. 이에 대해 정인성(2011a)은 장각의 두형토기 존속 기간이 매우 길다는 점을 지적하면서 이러한 연대 추정에 반대하였다. 성주 예산리 3호묘와 밀양 교동 8호묘의 시기 폭이 매우 큰 것으로 생각한 것이다. 더불어 두형토기 굽다리 내부 천장의 높이 차이가 시간적 변화를 반영한다고 보고, 이를 기준으로 두 유적의 선후 관계가 명확하다고 이해하였다. 예산리 3호묘의 구체적인 연대는 언급하지 않았지만, 서기전 3세기까지 올라가지는 않을 것이고 밀양 교동 8호묘보다 이른 시기라고 한 것으로 미루어 서기전 2세기대로 보는 듯하다(정인성 2011a). 돌대가 있는 장각두는 전체 두형토기에서 특이한 형식으로 분류되며, 예산리 3호묘보다 훨씬 늦은 단계인 예산리 4호묘(필자의 팔달동 7기, 2세기 전엽)에서도 출토되었으므로 필자 역시 이 토기를 편년의 근거로 쓰는 것에 회의적이다. 이를 근거로 한 예산리 3호묘의 연대 비정 또한 무리라고 생각한다. 한편 이동관(2016)은 예산리 3호묘에서는 철기가 출토되지 않았지만, 1호묘에서는 철기가 출토되었음에 주목하여 3호묘는 서기전 2세기 말, 1호묘는 서기전 1세기 1/4분기로 보기도 하였다. 그러나 철기의 공반 여부로 유구 축조 시기의 선후를 가늠할 수는 없다. 예산리 3호묘에서는 점토대가 없는 주머니호가, 1호묘에서는 점토대가 있는 주머니호가 출토되어 토기 형식 조열과 부합하지 않는 문제점도 있다.

다음으로 주머니호는 예산리 3호에서 2점 출토되었다. 한 점은 바닥에 짧게 돌출된 굽이 있고 다른 한 점에는 대각이 붙었다. 굽이 있는 주머니호는 산화염으로 소성되었는데, 구연에 점토대가 보이지 않는다. 동체 상부가 살짝 오므라드는 모양으로 후술할 대구 팔달동 유적 기준 주머니호 형식 분류로는 Ib식에 해당한다(표 5-3). 다만 팔달동 출토품 중에는 동일한 형식이 없으나, Ib식보다 이른 형식인 先Ia식[47]과 Ia식이 팔달동 2기에 출토되었고, Ⅱb식이 팔달동 3기에 출토되었다. 따라서 예산리 3호묘에서 출토된 이 주머니호는 팔달동 2기나 팔달동 3기에 둘 수 있을 것인데, 팔달동 2기에는 주머니호의 전신으로 설정한 先Ia식 주머니호가 출토되었으므로 팔달동 3기(서기전 1세기 전반)에 두는 편이 적절하다고 생각한다. 굽이 없고 대각이 있는 주머니호 역시 굽 대신 대각을 채용한 것이 다를 뿐 전체적인 형태는 전술한 주머니호와 비슷하며, 여기에서 대각은 시기를 반영하지는 않는다. 회전정면 흔적 없이 표면을 흑색 마연하였으며, 소성 결과도 무문토기의 질감이므로 와질토기 제작 기법을 알지 못한 무문토기 공인이 만든 것임을 알 수 있다.

마지막으로 봉상파수부호는 모두 3점이 출토되었다. 세 점 중 두 점은 굽이 있고, 한 점은 약간 두꺼운 평저이다. 구경부는 외경하였으며 표면에서 회전물손질 흔적이 관찰되지 않아 물레를 사용했다고 볼 증거는 없다. 이 중 한 점의 내외면에 마연이 확인되었는데, 팔달동 출토 봉상파수부호 형식 분류 중 전형적인 Ia식에 해당한다. 이런 형식의 봉상파수부호는 대구 팔달동 유적 28호나 90호 목관묘에서 출토되었는데, 각각 팔달동 2기, 팔달동 3기에 해당한다. 세 점 모두 와질토기 제작 기법이 관찰되지 않는 무문토기이다.

지금까지 살펴 본 예산리 3호묘 출토 토기 중 가장 중요한 것은 역시 반파된 타날문 단경호이다. 정인성(2008)은 이 타날문 단경호가 전국계 회도의 형태와 기술적 전통을 가졌지만, 현지에서 제작한 것이라고 판단하였으나, 필자는 이러한 해석에 동의하지 않는다. 가장 먼저 고려해야 할 점은 원삼국시대의 진한과 변한의 그 어떤 단경호 중에도 이와 같은 기형이 없다는 점이다. 다시 말

---

[47] 이 기종은 엄밀히 말하면 주머니호가 아니지만 주머니호와의 연관성을 강조하기 위해 이 책에서는 '先Ia식 주머니호'라 하겠다.

해서 같은 형태의 단경호가 원삼국시대 진·변한의 무덤이나 취락에서 전혀 출토되지 않았다는 것이다. 소성도燒成度 측면에서도 마찬가지이다. 예산리 3호묘의 타날문 단경호는 연한 청회색 경질로 소성되었는데, 목곽묘에서 출토되는 후기와질토기보다 소성도가 좋아서 마치 삼국시대 회청색 경질토기를 보는 듯하다. 뿐만 아니라 이 단경호와 함께 출토된 다른 토기들은 모두 무문토기로서 와질토기 제작 기술이 전혀 보이지 않는다. 따라서 이 토기의 제작 주체를 진·변한으로 볼 논거論據가 박약薄弱하다. 진·변한에서 직접 생산한 '와질토기'가 아니라 외지外地에서 반입搬入된 '회도'로 보는 편이 좋겠다. 이런 토기는 초기 와질토기 공인이 와질토기 제작을 위해 참고했던 토기일 가능성이 높다고 생각한다. 만약 연燕나라에서 만들었다면 전국 토기이고, 연의 영향을 받은 지역에서 만든 것이라면 전국계 토기이다. 나아가 제작지를 고조선으로 특정할 수 있으면 후기 고조선 토기라 부를 수 있다. 반입 경로는 명확하게 밝혀낼 수 없지만 군집 목관묘의 등장 및 확산 과정을 고려한다면 금호강 하류역을 경유했을 가능성이 높아 보인다.

타날문 단경호가 외부에서 유입된 토기라고 한다면 예산리 3호 무덤의 연대는 타날문 단경호를 제외한 다른 토기를 편년 근거로 삼아야 하며, 주머니호와 봉상파수부호의 형식과 조합으로 보아 필자가 설정한 팔달동 3기인 서기전 1세기 전반의 어느 시점으로 설정할 수 있겠다. 더불어 여기에 부장한 타날문 단경호는 삼한의 최초 환원염 소성 토기이기는 하지만 와질토기는 아닌 것으로 파악한다.

(2) 달성 평촌리 유적

달성 평촌리 유적은 금호강 하류의 대표적인 원삼국시대 생활 유적이다. 여기에서 출토된 타날문 토기 중 일부에 대해 전국계 토기라는 주장이 있었는데(정인성 2011b), 보고서의 초기철기~원삼국시대 4호 주거지, 5호 주거지와 16호 수혈에서 출토된 타날문 토기가 그것이다. 이하에서 상세히 살펴보겠다.

4호 주거지는 평면 타원형으로 내부에서 아궁이, 터널식 노지와 함께 수혈이 확인되었으며, 수혈에서는 점토대옹 3점과 타날문 단경호의 저부가, 내부 퇴적토에서는 타날문옹의 구연부가 출토되었다. 타날문 단경호의 저부는 평저

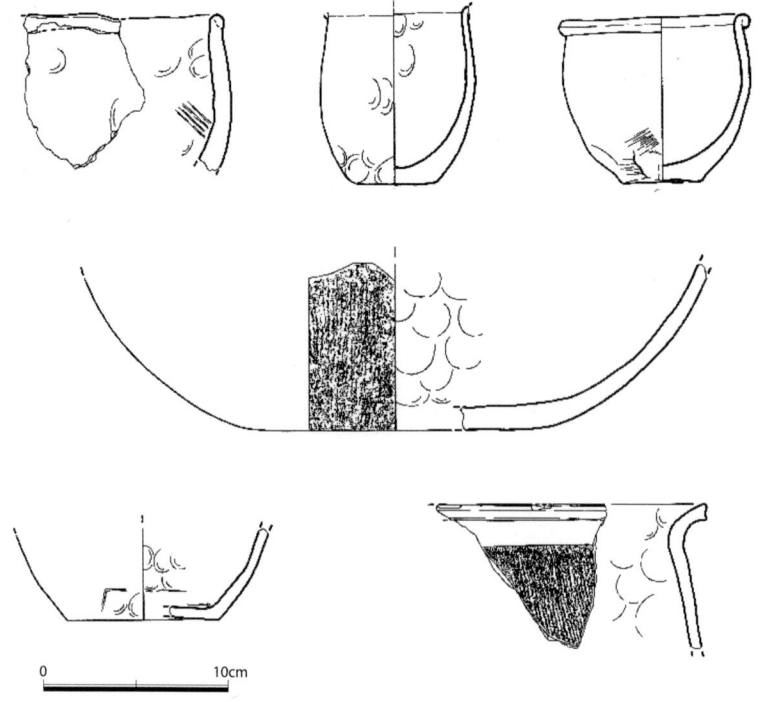

그림 5-2   달성 평촌리 4호 주거지 출토 토기

에 가깝고 세로 방향의 승문 타날흔이 있으며, 타날문옹의 구연부에도 세로 방향의 승문 타날흔이 남았는데 구연단에는 회전물손질의 흔적도 보인다. 두 점 모두 와질이 아닌 '연질軟質'이다. 함께 출토된 점토대옹은 소형이며, 이 중 한 점은 점토대가 거의 사라진 모습이다(그림 5-2).

5호 주거지는 평면 원형으로 석조 아궁이가 딸린 터널식 노지와 함께 내부 수혈이 조사되었다. 아궁이 부근에서는 타날문 토기의 동체편과 봉상파수부호가, 바닥에서는 홑구연옹과 소형배가 확인되었다. 이 중 타날문 토기편은 세로 방향으로 승문 타날을 하고 횡침선을 두른 단경호인데, 내외면과 속심 모두 암청회색을 띠고 소성도 매우 좋아 삼국시대에 나올 법한 '경질硬質'이다(그림 5-3).

16호 수혈은 길이 505cm로 대형이다. 출토된 토기는 다양하여 타날문 단경호의 구연·동체편과 함께 점토대토기옹, 두형토기, 봉상파수, 저부 등이 있다. 이 중 타날문 단경호는 세로 방향으로 승문 타날하고 횡침선을 둘렀다. 5호 주거지의 타날문 단경호와 마찬가지로 회청색이나 암회청색을 띨 정도로 소성이

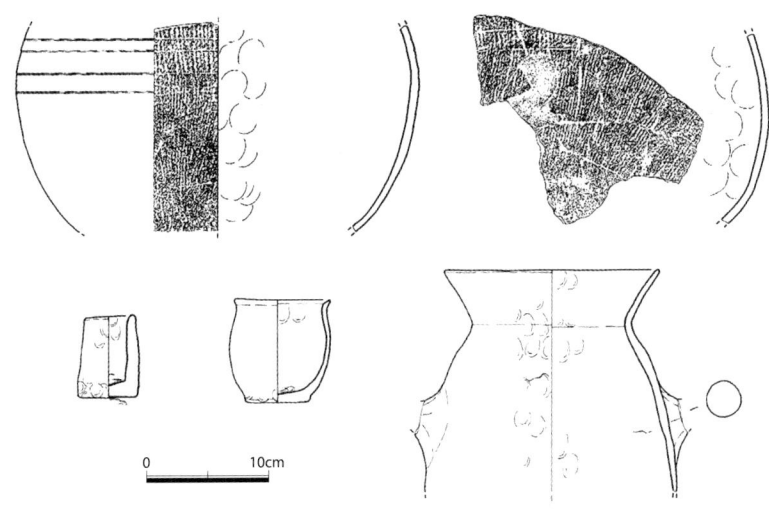

그림 5-3 달성 평촌리 5호 주거지 출토 토기

매우 좋은 '경질'이다(**그림 5-4**).

　위에서 살펴보았듯이 달성 평촌리 유적에서 출토된 타날문 토기는 모두 세로 방향으로 승문 타날한 것들이다. 이 중 보고서에서 주거지 내부 출토가 확실하다고 지적한 5호 주거지 출토 승문 타날 단경호가 '회백색 와질'이 아닌 '회청색 경질'인 점이 특히 주목된다. 16호 수혈에서 출토된 승문 타날 단경호 역시 '회청색 경질'이다. 색조와 소성도는 앞서 살펴본 성주 예산리 3호묘 출토 반파 단경호와 비슷하지만 형태는 전혀 다르다. 이 승문 타날 토기들의 제작기법에 대해 정인성(2011b)은 낙랑 토기와는 다르고 전국계 타날문토기와 비슷하다고 하였다.

　한편 6호 주거지에서 화분형 토기가 출토된 점이 주목된다. 활석이 혼입된 화분형 토기의 구연부가 삼각형점토대옹, 봉상파수부호와 함께 출토되었는데, 정작 여기에서는 타날문 토기가 확인되지 않았다(**그림 5-5**).

　그렇다면 달성 평촌리 4·5호 주거지와 16호 수혈에서 출토된 타날문 단경호편들은 전국(계) 회도인가? 성주 예산리 3호 목관묘에 부장한 타날문 단경호는 기형이나 소성도가 원삼국시대 전기의 타날문 단경호와 완전히 다르기 때문에 외지에서 이입된 전국(계) 토기로 볼 수 있다. 하지만 평촌리 출토 타날문

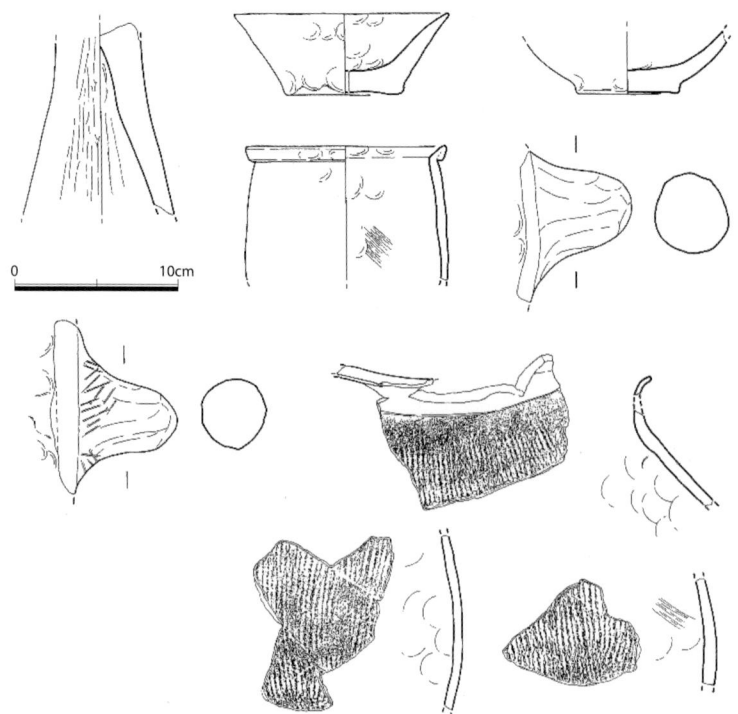

그림 5-4 달성 평촌리 16호 수혈 출토 토기

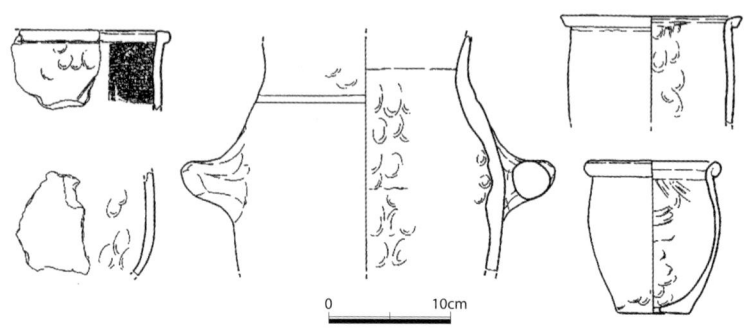

그림 5-5 달성 평촌리 6호 주거지 출토 토기

단경호편들은 크기와 형태가 예산리 3호묘 출토 타날문 단경호와 전혀 다르다. 또 연질로 소성되어 환원염 소성 회도인 예산리 3호의 단경호와 소성도도 다르다. 이런 형태와 소성도를 가진 단경호는 원삼국시대 전기나 후기에 출토되는 것이다. 특히 5호 주거지와 16호 수혈 출토품은 형태와 소성도가 삼국시대 단

경호와도 크게 다르지 않다. 이 주거지와 수혈의 내부 퇴적토가 얕았음을 고려하면 후대 유물의 이입일 가능성이 충분하므로 삼국시대 토기일 수도 있겠다. 물론 4호와 5호 주거지가 삼각형점토대토기 단계 주거지의 특징인 외줄고래가 있는 형태이기는 하지만, 삼각형점토대토기의 지표 유적인 사천 늑도 유적에서 외줄고래는 서기 2세기까지 확인되기 때문에 외줄고래의 존재를 근거로 4호 및 5호 주거지의 연대를 서기전 2세기까지 올려 볼 수는 없다. 이런 점들을 근거로 필자는 달성 평촌리에서 출토된 타날문 단경호는 낙랑 설치 이전 서기전 2세기의 전국(계) 회도가 아닌 것으로 판단한다.

2) 군집 목관묘 출토 무문토기 검토

진·변한에 처음으로 등장한 군집 목관묘에는 서남한 군집 목관묘의 영향이 보인다. 새로운 권력 집단의 등장을 의미하는데, 이성주(2015b)가 '지배집단 목관묘의 군집화'라 표현하는 것이다. 금호강 하류를 포함한 대구와 경주 일대에서 잘 관찰할 수 있다.

금호강 하류를 포함한 대구에서 가장 이른 시기의 목관묘는 대구 월성동 777-2번지 유적이다. 월성동 유적에서는 와질토기 없이 무문토기만 부장되며 철기는 단조제의 철사·철검·판상철부가 보이는데, 이것은 팔달동 유적의 단조철모와 단조철부가 나타나기 전의 조합이다. 따라서 월성동 유적의 토기와 철기조합을 진·변한 최초의 군집 목관묘 부장품 양식으로 보아도 무방하다.

월성동 유적의 목관묘는 토기의 조합에 따라 세 시기로 나눌 수 있다(**그림 5-6**). 1기는 Ⅰ구역 1호묘처럼 배부른 삼각형점토대옹이나 Ⅰ구역 5호묘처럼 단면이 원형에 가까운 점토대를 붙인 점토대옹이 출토되는 시기이다. 2기는 Ⅱ구역 4호묘처럼 구경口徑, 동최대경胴最大徑, 저경底徑의 차이가 크지 않은 원통 모양의 삼각형점토대옹이 출토되는 시기이다. 3기는 Ⅱ구역 1호묘와 6호묘처럼 소형 점토대옹이 출토되는 시기이다. 이런 소형의 점토대옹은 팔달동 1기인 51호묘나 83호묘에서도 보이는데, 무문 주머니호의 선행 형식이다. 그런데 삼각형점토대옹이 시간의 흐름에 따라 명확한 변화상을 보이지 않음을 고려한다면 1기와 2기를 묶어 같은 시기로 파악해도 좋을 것 같다.

이처럼 와질토기 출현 이전의 금호강 일대의 목관묘에서 원형점토대토기는

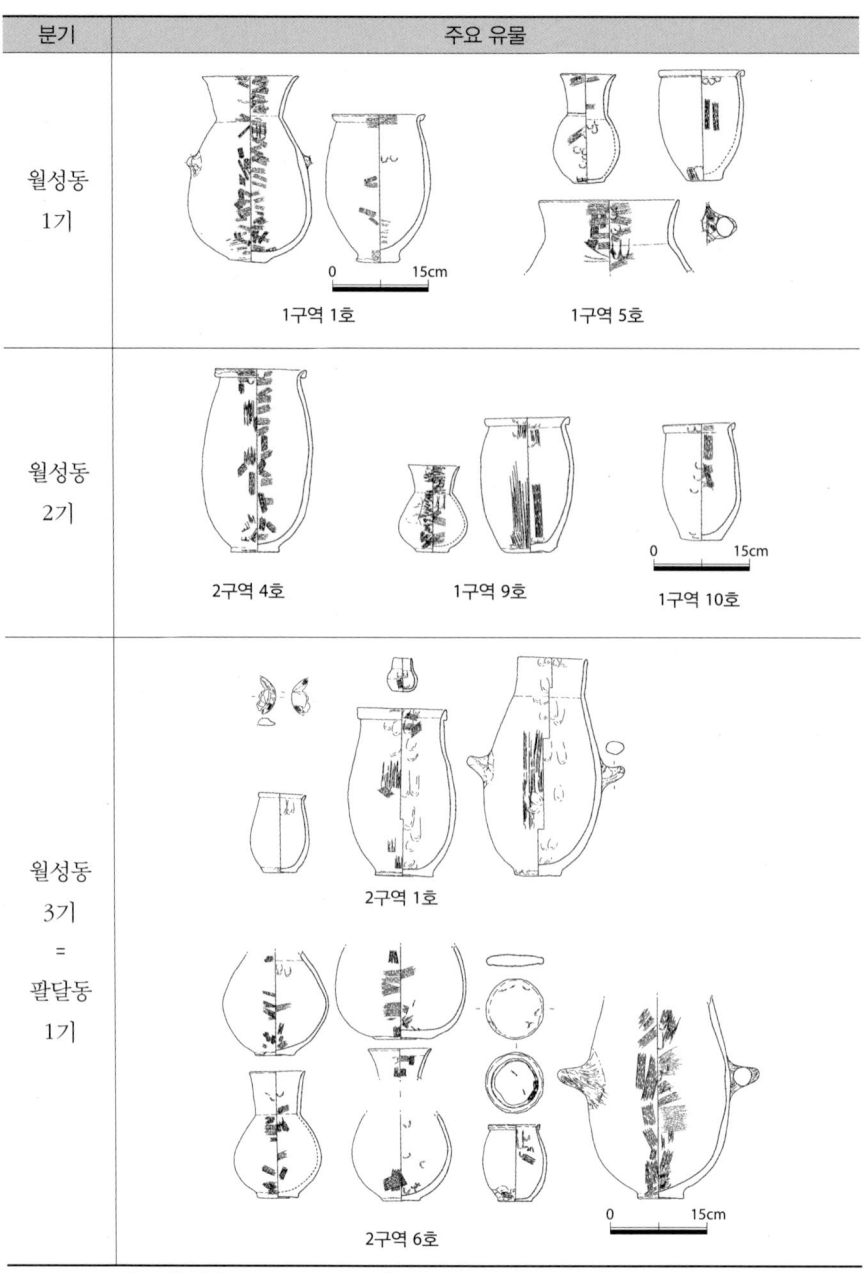

그림 5-6 대구 월성동 목관묘 부장 토기의 분기

보이지 않고 삼각형점토대토기 단계의 여러 토기들이 보인다. 구체적으로는 삼각형점토대옹, 소형옹, 평저장경호, 조합우각형파수부호, 봉상파수부호와 두형토기를 들 수 있다. 이 중 삼각형점토대옹, 소형옹, 평저장경호와 조합우각형파수부호는 서남한의 군집 목관묘에서도 비슷한 출토사례가 있다. 반면에 봉상파수부호와 두형토기는 서남한 일대의 분묘에는 부장하지 않는 기종이다. 특히 두형토기는 중서부 지역의 점토대토기 등장기부터 생활유적에서만 계속 보이던 기종이었는데, 영남의 군집 목관묘에서 주요 부장 토기로 바뀐 것이 매우 주목된다. 의례儀禮 변화를 생각해 볼 수 있는 대목이다.

3. 진·변한 지역의 와질토기 등장 과정

앞에서 와질토기 등장 직전 금호강 일대의 전국(계) 토기와 무문토기에 대해 살펴보았다. 그 결과 와질토기 제작을 위한 견본으로 쓰였을 것으로 보이는 예산리 3호묘 타날문 단경호 1점을 제외하면 진·변한 지역에서 전국계 회도라고 할 만한 토기는 보이지 않으며, 월성동 유적에서 보듯 삼각형점토대토기 단계의 무문토기들이 주종을 이루고 있었음을 확인하였다. 다음으로 이러한 무문토기들이 언제, 어떤 과정을 거쳐 와질토기로 변모했는지 살피기 위해 진한과 변한의 군집 목관묘 중 무문토기에서 와질토기로의 변천 과정을 가장 잘 볼 수 있는 대구 팔달동과 창원 다호리 유적의 부장 토기를 분석해 보겠다.

1) 대구 팔달동 유적 부장 토기

대구 팔달동 유적은 진한 목관묘 중 무문토기가 와질토기로 변해가는 과정을 가장 잘 보여주는 곳으로 낙동강에 합류하는 금호강 하류의 북안에 위치하고 있다. 주요 부장 토기로 주머니호, 단경호, (점토대)옹, 조합우각형파수부호, 봉상파수부호가 있는데, 이하에서 기종별 속성을 분석하여 형식을 설정하겠다. 논지의 전개는 앞서 와질토기의 속성으로 제시한 '저부의 형태, 승문 타날, 회전정면에 의한 구경부口頸部의 형태, 회전 침선문'을 기준으로 한다.

(1) 주머니호

주머니호는 점토대토기 소형옹에서 변화하는 것으로 앞서 살핀 대구 월성동 Ⅱ구역 1호와 6호 목관묘에 부장한 것이 대표적이다. 삼각형점토대토기의

사진 5-2   대구 팔달동 유적 항공사진
嶺南文化財硏究院, 2015a, 『대구 팔달동 유적Ⅱ』 원색사진1 유적원경(1, 2)

표지 유적인 늑도 8호 주거지(부산대학교박물관 1989)에서도 출토되었다. 51호묘나 83호묘 출토품처럼 동최대경이 강조되지 않고 구연부에 퇴화된 작은 점토대가 붙으며 기고가 구경보다 큰 것이 선행 형식이다. 가장 늦은 형식은 111호묘 출토품처럼 원저에 구경부의 외반도가 심한 것이다. 이 중 기고가 구경보다 확실히 큰 선행 형식은 무문 주머니호 등장 이전 짧은 기간 동안 확인되는 것으로 연구자들은 원형점토대 소형옹으로 분류하기도 한다. 전형적인 주머니호 중 가장 이른 형식을 Ia식으로 설정할 것이므로, '기고 〉 구경'인 점토대토기 소형옹을 '先Ia식'이라 하겠다. 다른 기종과 마찬가지로 무문토기에서 와질토기로 변화하는 주머니호의 방향성은 원저와 회전 정면의 채용이다. 속성 분석과 형식 설정은 아래와 같다.

표 5-2 주머니호의 속성 변화

	저부	동체 상부
古 ↓ 新	굽(Ⅰ) ↓ 평저&오목저(Ⅱ) ↓ 원저(Ⅲ)	점토대 구연(a) ↓ 동체 상부 내만(b) ↓ 동체 상부 약 외반(c) ↓ 동체 상부 강 외반(d)

표 5-3 팔달동 유적 주머니호의 형식

	a		b	c	d
(先)Ⅰ	51, 78, 83	44, 45, 78[48], 94			
Ⅱ			30, 31, 65, 87, 110		
Ⅲ			28, 29, 32, 37, 38, 48, 82, 85, 101, 121	47, 96, 112	111

---

[48] 78호묘 출토품의 경우 대각이 있는 형태이지만, 대각 역시 굽처럼 토기를 안정적으로 세우는 기능을 하는 것이므로 동일한 맥락에서 파악해도 무방하다.

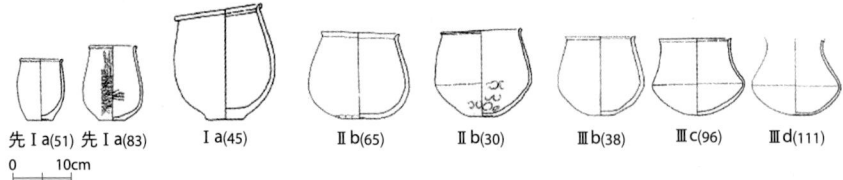

先Ⅰa(51)　先Ⅰa(83)　Ⅰa(45)　Ⅱb(65)　Ⅱb(30)　Ⅲb(38)　Ⅲc(96)　Ⅲd(111)

그림 5-7　팔달동 유적 주머니호

(2) (점토대)옹

점토대가 있는 것에서 없는 것으로의 변화는 자명自明하다. 굽 모양 저부나 평저, 점토대가 있는 것이 이른 속성이며, 원저와 회전 정면으로 인한 구연단의 변화는 늦은 속성이다. 속성 분석과 형식 설정은 아래와 같다.

표 5-4　(점토대)옹의 속성 변화

	저부	구경부
古 ↓ 新	굽 또는 평저(Ⅰ) ↓ 원저(Ⅱ)	점토대 有(a) ↓ 구연단 짧게 외반(b) ↓ 구연단 凹面(c)

표 5-5　팔달동 유적 (점토대)옹의 형식

	a	b	c
Ⅰ	30, 78, 90, 94	30	
Ⅱ		43, 117	50, 95

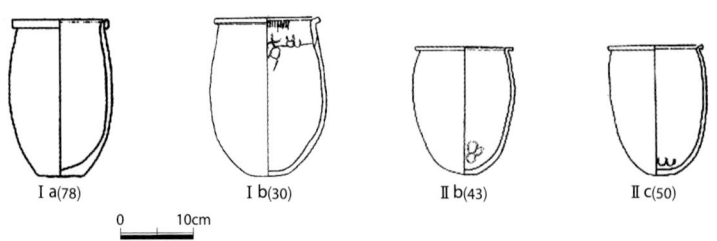

Ⅰa(78)　Ⅰb(30)　Ⅱb(43)　Ⅱc(50)

그림 5-8　팔달동 유적 (점토대)옹

(3) 조합우각형파수부호

팔달동 목관묘에서 출토된 조합우각형파수부호는 전체 출토 수량도 적지만, 그 중에서 타날과 횡침선이 시문된 것도 또한 적다.[49] 106호묘 출토품처럼 경부에 암문이 시문된 것도 있다. 회전력 증가에 의한 구경부의 변화를 주요 속성으로 설정할 수 있으며, 무문토기의 특징인 굽의 유무에 따라서도 선후 관계(有→無)를 파악할 수 있다. 속성 분석과 형식 설정은 아래와 같다.

표 5-6　조합우각형파수부호의 속성 변화

	저부	구경부
古	굽(Ⅰ)	구경부 직립 또는 외경(a)
↓	↓	↓
新	원저(Ⅱ)	구연부 외반(b)

표 5-7　팔달동 유적 조합우각형파수부호의 형식

	a	b
Ⅰ	45, 57, 100	
Ⅱ	85, 96?	106, 111

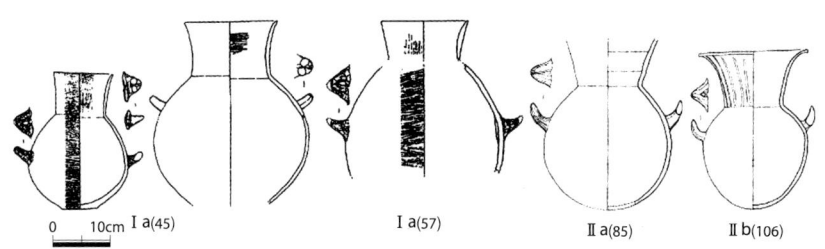

그림 5-9　팔달동 유적 조합우각형파수부호

(4) 봉상파수부호

굽 모양 저부나 평저, 구경부가 외경外傾한 것이 고식古式이며 원저, 물레 도입으로 구경부가 외반外反한 것이 신식新式이다. 그런데 팔달동 유적에서는 봉상

49　111호묘 출토 조합우각형파수부호에서는 승문 타날흔이 확실히 관찰된다. 하지만 사례가 적어 형식 설정의 속성으로는 사용하지 않았다.

파수부호의 출토 수량도 적을뿐더러 경부나 구연부가 파손된 것들이 많아 변화 양상을 자세히 파악하기 힘들다. 유상(乳狀) 파수는 106호묘에서 출토된 1점밖에 없다. 속성 분석과 형식 설정은 아래와 같다.

표 5-8 봉상파수부호의 속성 변화

	저부	구경부/파수
古 ↓ 新	굽 또는 평저(Ⅰ) ↓ 원저(Ⅱ)	구경부 외경(a) ↓ 구연단 외반(b) ↓ 구연단 외반(유상파수)(c)

표 5-9 팔달동 유적 봉상파수부호의 형식

	a	b	c
Ⅰ	28, 90		
Ⅱ		50, 102	106

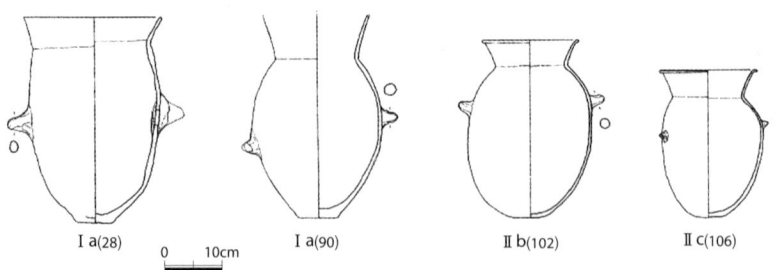

그림 5-10 팔달동 유적 봉상파수부호

(5) 단경호

단경호를 외지에서 이입된 기종으로 보아 등장부터 완전한 와질토기인 것으로 생각하기 쉽지만, 와질토기 속성이 전혀 없는 것이 선행 형식이다. 기존에는 전국계 회도인 타날문 단경호를 조형으로 보아왔지만, 최근 완주 신풍 나19호묘, 완주 덕동 D3호묘나 익산 구평리 Ⅱ-3호묘(전북문화재연구원 2013b)에서 굽이 있는 무문 단경호의 존재가 확인되어 전국계 타날문 단경호가 조형이 아닐 가능성이 충분해졌다. 뒤에서 살펴볼 창원 다호리 유적도 마찬가지이지만,

팔달동 유적의 단경호는 소형이면서 소문素文이었다가 승문 타날과 횡침선의 속성이 채용되면서 와질로 변한다. 또 회전력의 증대와 함께 구경부가 외경하는 I식에서 구연단에 수평면이 생기는 II식으로 변화한다. 구연단에 돌대나 요면凹面이 있는 것 또한 회전판의 속도 증가로 인한 것이다. 속성 분석과 형식 설정은 아래와 같다.

표 5-10 단경호의 속성 변화

	구경부	타날, 횡침선
古	외경(I)	無(a)
↓	↓	↓
新	구연단에 면 또는 凹面(II)	有(b)

표 5-11 팔달동 유적 단경호의 형식

	a	b
I	28, 31, 121	31
II	41	74[50], 82, 95, 101, 102, 111

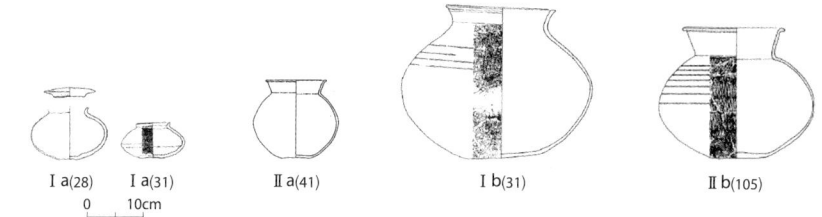

I a(28)　I a(31)　　II a(41)　　　I b(31)　　　II b(105)
0 10cm

그림 5-11 팔달동 유적 단경호

(6) 팔달동 유적의 분기

앞서 설정한 각 토기 형식의 공반 관계를 근거로 할 때 팔달동 유적의 목관묘는 **표 5-12**와 같이 7시기로 나눌 수 있다.

1기는 51호묘와 57호묘, 83호묘가 속하며, 무문토기만 출토되는 단계이다. 전형적인 주머니호는 아직 등장하지 않았지만, 점토대가 있고 기고가 구경보다

50　74호묘 출토 단경호에 대해 보고서에서는 세로 방향 승문 타날만 언급하였으나, 실제 관찰한 결과 최소 2~3조의 횡침선을 확인할 수 있었다.

표 5-12 팔달동 유적 시기별 토기 공반 관계

분기	주머니호	단경호	(점토대)옹	조합우각형파수부호	봉상파수부호
1기	先Ia		Ia	Ia	
2기	先Ia, Ia		Ia	Ia	Ia
3기	Ⅱb, Ⅲb	Ia	Ia, Ib		Ia
4기	Ⅱb, Ⅲb	Ia, Ib, Ⅱa			
5기	Ⅲb	Ⅱb		Ⅱb	
6기	Ⅲc	Ⅱb	Ⅱb	Ⅱb	Ⅱb
7기	Ⅲd	Ⅱb	Ⅱb, Ⅱc	Ⅱb	Ⅱb, Ⅱc
목곽묘		Ⅱb			

큰 先Ia식[51] 주머니호가 보인다. 57호묘에서는 마연한 Ia식 조합우각형파수부호가 출토되었는데, 공반된 주조철착, 단면 장방형 공부와 함께 단조 소형 판상철부, 철사, 철모, 철검은 팔달동 유적에서 가장 이른 시기의 철기 조합으로 볼 수 있다.

2기는 44·45·78·90·94호묘와 100호묘가 속하며, 역시 무문토기만 출토되는 단계이다. 先Ia식의 후신인 Ia식 주머니호가 등장한다. 점토대옹, 조합우각형파수부호, 봉상파수부호는 모두 Ia식으로 전부 굽이 있고, 일부는 점토대가 있는 경우도 있으며, 마연 같은 무문토기 정면기법도 관찰된다. 단경호는 여전히 보이지 않는다.

3기에는 28·30·65호묘와 87호묘가 속하며, 무문토기와 함께 처음으로 와질토기가 출토된다. 주머니호는 평저인 Ⅱb식과 함께 원저인 Ⅲb식도 출토된다. 65호묘와 87호묘의 주머니호는 평저인데, 65호묘 출토품의 바닥에는 제작대에서 떼어 낸 흔적이 잘 남아있다. 바닥이 오목한 30호묘 주머니호의 외면에는 목판으로 정면한 흔적이 보이며, 28호묘에서 출토된 주머니호는 Ⅲb식으로 원저이면서 와질로 소성되었다. Ⅱb식 주머니호는 팔달동 유적에서 가장 이른 시기의 와질토기로 볼 수 있다. (점토대)옹의 경우 30호묘에서 보듯이 점토대와 굽이 있는 Ia식과 점토대가 있고 평저인 Ib식이 함께 출토된다. 봉상파수

---

51 월성동 Ⅱ구역 1호묘와 6호묘에서 출토된 기형은 전형적인 주머니호와 다르며, 오히려 소형 원형점토대토기로 볼 만한 것이다. 하지만 형식학적으로 주머니호의 조형으로 볼 수 있으므로 이 장에서는 주머니호의 선행 형식으로 설정하겠다.

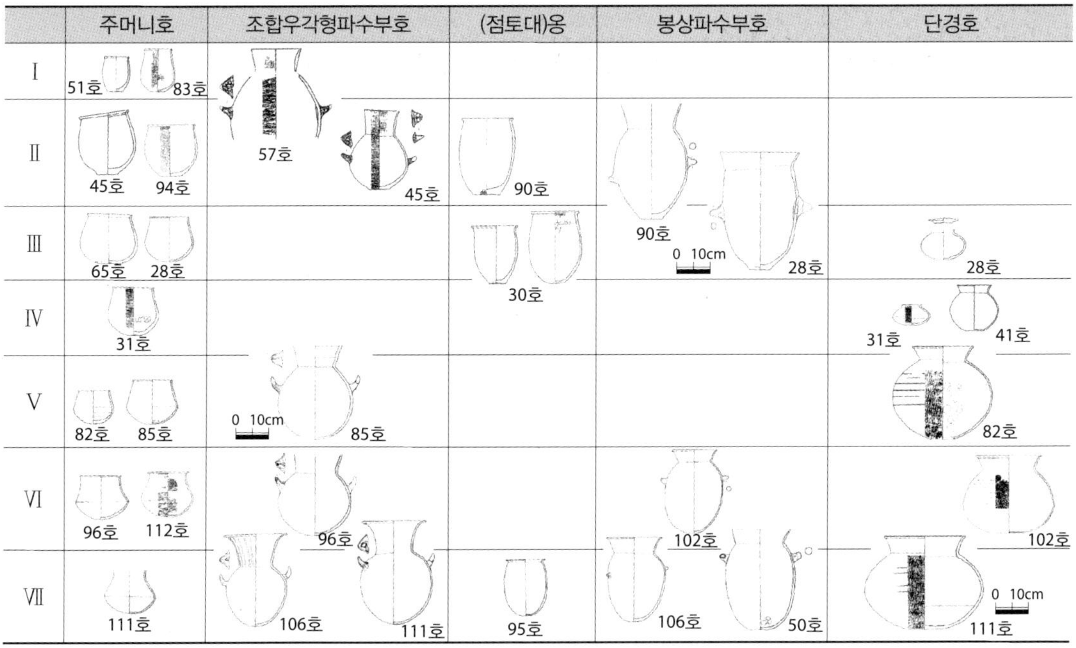

	주머니호	조합우각형파수부호	(점토대)옹	봉상파수부호	단경호
I	51호 83호	57호			
II	45호 94호	57호 45호	90호		
III	65호 28호		90호 30호	28호	28호
IV	31호			31호	41호
V	82호 85호	85호			82호
VI	96호 112호	96호		102호	102호
VII	111호	106호 111호	95호	106호 50호	111호

그림 5-12 대구 팔달동 목관묘 부장 토기 편년안

부호는 여전히 무문토기인 Ia식이다. 단경호가 처음으로 등장하는데, 소형이면서 소문素文인 Ia식이 28호묘에서 출토되었다. 이 단경호는 적갈색으로 소성되고 동체에서 회전정면흔이 관찰되지 않는다. 또 평저인 바닥에는 제작대에서 떼어 낸 흔적이 있어 무문토기임이 확실하다. 결과적으로 3기는 여러 기종 중 처음으로 주머니호가 와질로 변화하는 시기라 하겠다.

4기에는 31·41호묘와 121호묘가 속한다. 주머니호는 주로 IIIb식이 출토되는데, 31호묘에서는 이전 IIb식이 함께 출토되기도 한다. IIIb식 주머니호는 다른 군집 목관묘과 마찬가지로 출토되는 수량도 많고 지속되는 기간도 길다. 최초의 와질 단경호인 IIa식이 Ia식, Ib식과 공반한다. 41호묘에서 출토된 IIa식 단경호는 황갈색으로 소성되고, 동체에서 회전정면흔이 관찰되지 않으며, 평저이다. 하지만 수평으로 외반한 구연은 회전정면하여 와질토기 제작기법으로 만들었음을 알 수 있다. 팔달동 유적에서 가장 이른 시기의 '타날문 단경호'이다.

5기에는 82·85호묘와 101호묘가 속한다. 주머니호는 이전과 같은 IIIb식만 출토된다. 조합우각형파수부호와 단경호는 IIb식이 등장하는데, 이 형식의 단경호는 물레의 회전력이 이전 단계보다 훨씬 빨라졌음을 의미하는 것이다. (점토대)옹과 봉상파수부호는 명확히 이 시기로 볼 만한 것이 없다. 종합하면 5기부터는 무문토기 없이 와질토기만 보이는 시기라 할 수 있다.

6기에는 96·102호묘와 112호묘가 속한다. 주머니호는 동체의 상부가 약하게 외반하는 Ⅲc식이 등장하며, 봉상파수부호와 단경호 Ⅱb식이 보인다.

7기에는 50·95·106호묘와 111호묘가 속한다. 주머니호는 동체의 상부가 강하게 외반하는 Ⅲd식이 보이며, 조합우각형파수부호와 단경호는 Ⅱb식이, 봉상파수부호는 Ⅱb식과 Ⅱc식이 확인된다.

2) 창원 다호리 유적 부장 토기

창원 다호리 유적은 변한 목관묘 중 무문토기가 와질토기로 변해가는 과정을 가장 잘 보여주는 곳으로 낙동강의 남안에 발달한 저습지 끝의 미고지에 위치한다. 일관성을 위해 앞서 설정한 대구 팔달동 유적 토기의 형식을 다호리 유적 토기에도 그대로 적용하겠다. 다만 전형에서 벗어난 조합우각형파수부호와 단경호는 팔달동 유적에서 출토되지 않았고 목관묘 최후 단계에만 보이므로 모두 Ⅲ식으로 설정하겠다. 또한 팔달동 유적에서는 출토사례가 적거나 없어 형식 설정에 포함시키지 않았던 장동파수부호와 파수부발이 다호리 유적에서는 출토되었으므로 이 기종들에 대한 속성과 형식도 함께 살피겠다.

(1) 주머니호

주머니호의 속성 분석과 형식 설정은 앞서 살핀 팔달동 유적과 같다(**그림 5-13**).

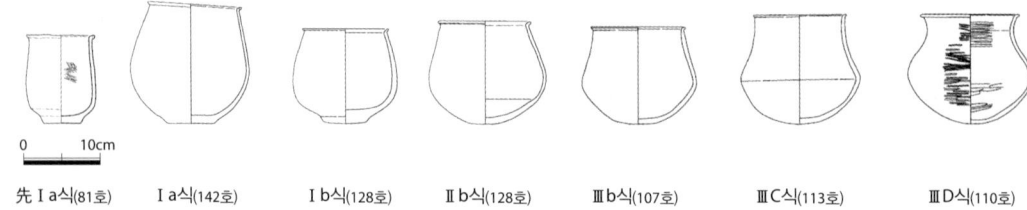

先Ⅰa식(81호)   Ⅰa식(142호)   Ⅰb식(128호)   Ⅱb식(128호)   Ⅲb식(107호)   ⅢC식(113호)   ⅢD식(110호)

그림 5-13   다호리 유적 주머니호

사진 5-3 창원 다호리 유적 항공사진

국립김해박물관, 2011, 『창원 다호리 유적』, 권두도판i.

(2) 조합우각형파수부호

조합우각형파수부호의 속성 분석과 형식 설정은 앞서 살핀 팔달동 유적과 같다. 다만 다호리 69호묘 출토품의 경우 구형의 동체에 조합우각형파수가 아닌 작은 봉상파수를 붙였는데, 팔달동 유적에서는 확인되지 않은 형식이다. 이에 Ⅲ식으로 따로 설정하였다(그림 5-14).

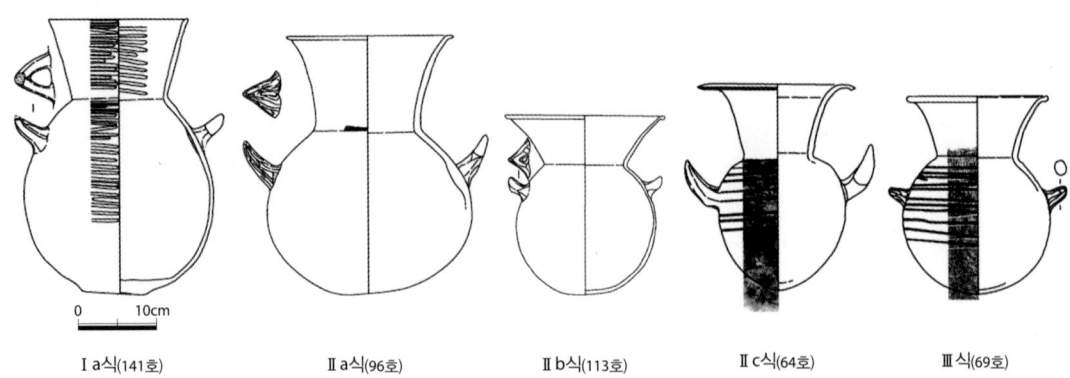

Ⅰa식(141호)　　Ⅱa식(96호)　　Ⅱb식(113호)　　Ⅱc식(64호)　　Ⅲ식(69호)

그림 5-14　다호리 유적 조합우각형파수부호

(3) (점토대)옹

(점토대)옹의 속성 분석과 형식 설정은 앞서 살핀 팔달동 유적과 같다. 한편 구연단에 점토대가 있지만 평저인 95호묘 출토품(Ⅰa′식)은 팔달동 유적에서 보이지 않는 형식인데, Ⅰa식의 변형으로 보아 함께 파악하여도 무리가 없을 것이다(그림 5-15).

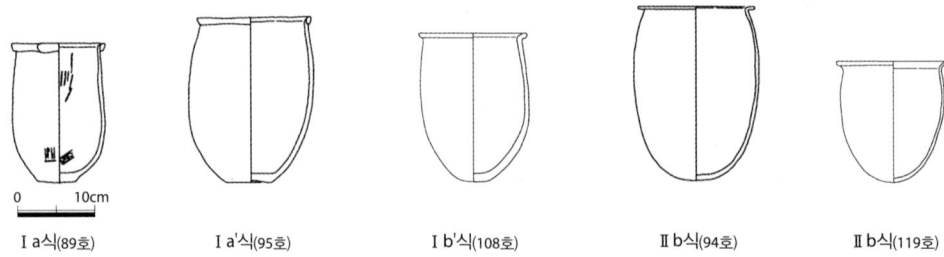

Ⅰa식(89호)　　Ⅰa′식(95호)　　Ⅰb′식(108호)　　Ⅱb식(94호)　　Ⅱb식(119호)

그림 5-15　다호리 유적 (점토대)옹

(4) 봉상파수부호

봉상파수부호의 속성 분석과 형식 설정은 앞서 살핀 팔달동 유적과 같다(그림 5-16).

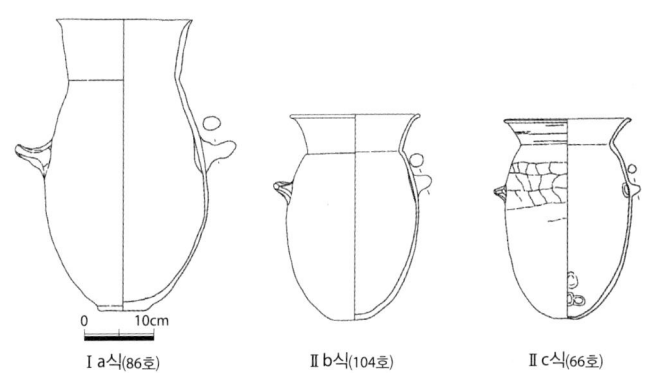

그림 5-16 다호리 유적 봉상파수부호

(5) 단경호

단경호의 속성 분석과 형식 설정은 앞서 살핀 팔달동 유적과 같다. 한편 다호리 119호묘 출토품은 장란형의 동체에 경부가 길게 외경하는 모양으로 팔달동 유적에서는 확인되지 않은 형식이다. Ⅲ식으로 따로 설정하였다(그림 5-17).

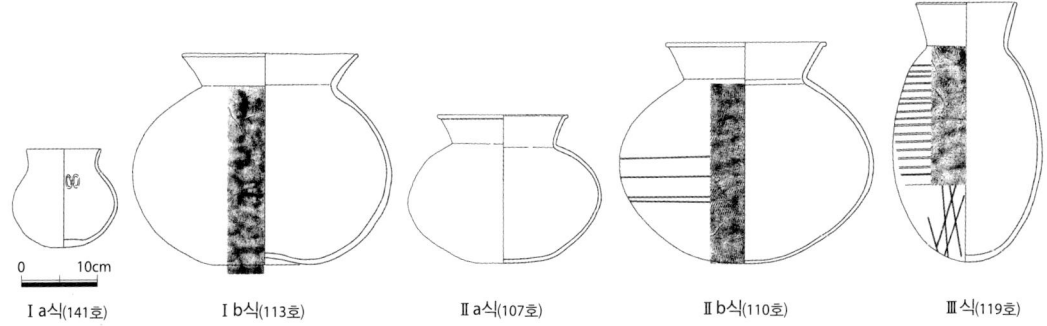

그림 5-17 다호리 유적 단경호

(6) 장동파수부호

무문토기 장동호에서 변화한 것으로 삼각형점토대토기 단계부터 존재하던

표 5-13 장동파수부호의 속성 변화

	저부	구경과 동최대경 크기	타날, 횡침선
古 ↓ 新	굽상, 파수 大(Ⅰ) ↓ 굽상, 파수 小(Ⅱ) ↓ 돌출형 저부(Ⅲ)	구경≒동최대경(a) ↓ 구경〉동최대경, 동체 내만(b) ↓ 구경〉동최대경, 동체상위 '〈〉'형(c)	無(가) ↓ 有(나)

표 5-14 저부와 구경·동최대경의 상관관계

	a	b	c
Ⅰ	84		
Ⅱ	(1),45,46	104	
Ⅲ		102	36,64

표 5-15 표 5-14와 타날, 횡침선의 상관관계

	가	나
Ⅰa	84	
Ⅱa	(1),45,46	
Ⅱb	104	
Ⅲb		102
Ⅲc		36,64

기종이다. 이른 시기 목관묘인 경주 조양동 5호묘에서도 Ⅰa식의 주머니호와 함께 출토되므로 초기 목관묘 단계부터 봉상파수부호와 별개로 존재했던 기종으로 이해할 수 있다. 무문토기의 특징인 굽 모양 저부, 큰 파수, 타날·횡침선이 없는 것을 오래된 속성으로, 와질토기의 특징인 돌출형突出形 저부, 작은 파수, 타날·횡침선이 있는 것을 새로운 속성으로 볼 수 있다. 뒤로 갈수록 구경이 커지며 동체의 돌출도가 심해진다. 속성 분석과 형식 설정은 아래와 같다. 형식 설정은 저부와 구경·동체대경을 기준으로 한 1차 분류, 여기에 타날·횡침선 변화를 반영한 2차 분류의 2단계를 거쳤다.

장동파수부호는 출토 수량이 적기는 하지만 변화 방향은 매우 명확하여 'Ⅰa가 → Ⅱa가 → Ⅱb가 → Ⅲb나 → Ⅲc나'로 확실하게 나타난다(그림 5-18).

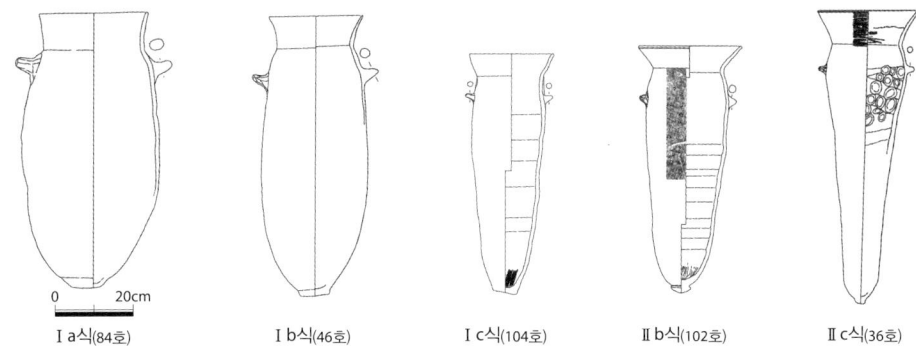

Ⅰa식(84호)　　Ⅰb식(46호)　　Ⅰc식(104호)　　Ⅱb식(102호)　　Ⅱc식(36호)

그림 5-18　다호리 유적 장동파수부호

(7) 파수부발

이 기종을 '반구완半球椀'이라고 칭하며 다호리 5-2·45호묘와 46호묘 출토품을 102호묘 출토품과 다른 기종으로 보는 견해(이춘선 2010)도 있다. 하지만 크기나 형태, 사용례(막음옹)로 보아 같은 계열이다. 무문토기 속성인 굽, 점토대, 파수가 있는 것이 빠른 속성이며, 와질토기 속성인 판상저부板狀底部, 홑구연, 파수가 없는 속성이 좀 더 늦다. 구체적인 속성 분석과 형식 설정은 **표 5-16**과 같다.

장동파수부호와 마찬가지로 파수부발 또한 출토 수량이 매우 적지만, 'Ⅰa → Ⅰb가 → Ⅱb'식으로의 변화 방향은 확실하다(**그림 5-19**).

표 5-16　(파수부)발의 속성 변화

	저부	점토대	파수	정면수법
古 ↓ 新	굽상(Ⅰ) ↓ 판상(Ⅱ)	有(a) ↓ 無(b)	有(가) ↓ 無(나)	물손질 ↓ 회전정면

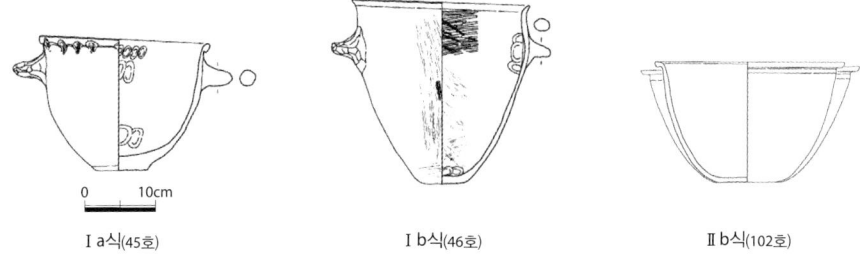

Ⅰa식(45호)　　　　Ⅰb식(46호)　　　　Ⅱb식(102호)

그림 5-19　다호리 유적 파수부발

(8) 다호리 유적의 분기

앞서 설정한 각 토기 형식의 공반 관계를 근거로 다호리 유적의 목관묘를 아래와 같이 8기로 나눌 수 있다. 팔달동 유적에서는 8기를 설정하지 않았지만, 다호리 유적에서는 Ⅲ식의 조합우각형파수부호나 단경호 같이 정형에서 벗어난 형태의 늦은 토기가 출토되기 때문에 이 토기들을 근거로 다호리 8기를 설정하였다. 다호리 8기는 팔달동 7기에 후행한다(표 5-17, 그림 5-20).

1기에는 81호묘와 126호묘가 속하며, 무문토기만 출토되는 시기이다. 전형적인 주머니호는 아직 보이지 않고 이보다 앞선 형식인 先Ⅰa식이 81호묘와 126호묘에서 출토되었는데, 특히 81호묘에서는 점토대와 굽상저부를 가진 Ⅰa식 (점토대)옹과 공반하였다. 다호리 1기의 토기 조합은 팔달동 1기와 비슷하지만, 조합우각형파수부호는 출토되지 않았다.

2기에는 34·73·84호묘와 124호묘 등이 속하며, 여전히 무문토기만 보인다. 이 시기까지는 단경호가 보이지 않고, 주머니호는 선행 형식인 先Ⅰa식과 함께 Ⅰa식이 등장한다. 73호묘와 142호묘에서는 조합우각형파수부호 Ⅰa식이 출토되었고, 84호묘에서는 장동파수부호 Ⅰa식이 확인되었다. 34호묘에서 보듯이 (점토대)옹도 여전히 Ⅰa식만 출토되는 단계이다.

3기는 45·61·62·128호묘와 134호묘 등이 속하며, 다호리 유적에서 처음으로 주머니호가 와질토기로 변하는 시기이다. 주머니호 Ⅱb식이 나타나는 유일한 시기인데, 이것이 팔달동 3기에서와 마찬가지로 최초의 와질토기인 것이다. 단경호 또한 처음 등장하며, 팔달동 유적처럼 무문인 Ⅰa식만 보인다. 그 외

표 5-17 다호리 유적 시기별 토기 공반 관계

분기	주머니호	단경호	조합우각형 파수부호	(점토대)옹	봉상 파수부호	장동 파수부호	파수부발
1기	先Ⅰa			Ⅰa			
2기	先Ⅰa, Ⅰa		Ⅰa	Ⅰa			
3기	Ⅰa, Ⅰb, Ⅱb	Ⅰa	Ⅰa	Ⅰa	Ⅰa	Ⅰb	Ⅰa
4기	Ⅲb	Ⅰa, Ⅰb	Ⅰa	Ⅰa	Ⅰa	Ⅰb	Ⅰb
5기	Ⅲb	Ⅱa, Ⅱb	Ⅰa, Ⅱa, Ⅱb	Ⅰa, Ⅰa′, Ⅰb	Ⅰa		
6기	Ⅲb	Ⅱa, Ⅱb	Ⅰa, Ⅱa, Ⅱb	Ⅰa, Ⅱb	Ⅰa, Ⅱb	Ⅰc	
7기	Ⅲb, Ⅲc	Ⅰb, Ⅱb	Ⅱa, Ⅱb, Ⅱc	Ⅱb	Ⅱb	Ⅱb	Ⅱb
8기	Ⅲc, Ⅲd	Ⅱb, Ⅲ	Ⅱb, Ⅱc, Ⅲ	Ⅱb, Ⅱc	Ⅱc	Ⅱc	

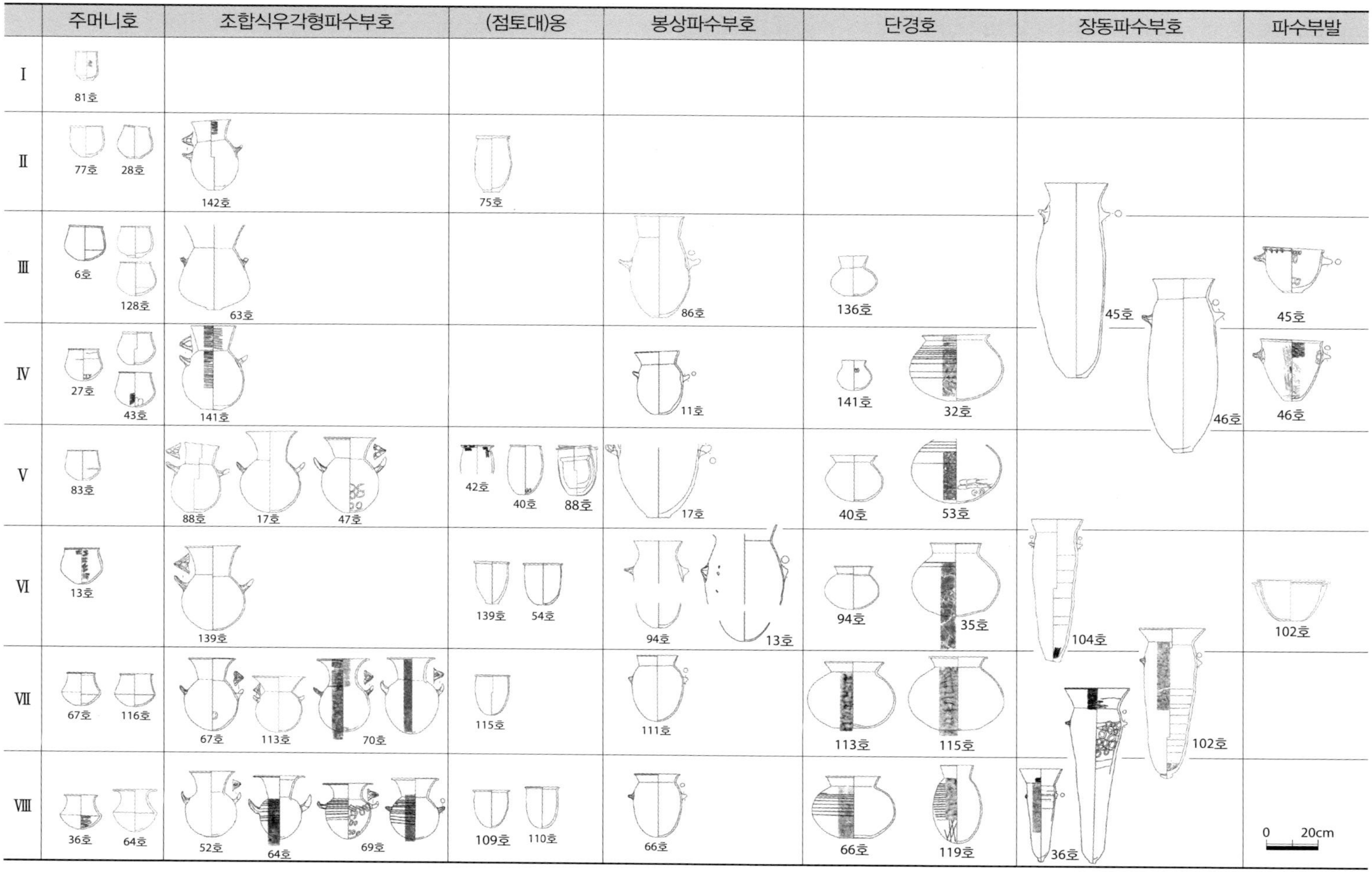

그림 5-20 창원 다호리 목관묘 부장 토기 편년안

의 토기로 조합우각형파수부호, (점토대)옹, 봉상파수부호와 파수부호 Ⅰa식과 장동파수부발 Ⅰb식이 있는데, 모두 무문토기이다.

4기에는 1·11·32·43호묘와 141호묘 등이 속한다. 팔달동 유적과 마찬가지로 최초의 와질 단경호가 확인되는 시기이다. 주머니호는 Ⅲb식이 나타나는데, 단경호 Ⅰb식도 함께 등장한다. Ⅰb식 단경호는 팔달동 유적과 마찬가지로 주머니호를 제외한 나머지 기종 중 가장 먼저 와질토기로 변화하는 기종이다. 그 외에 조합우각형파수부호, (점토대)옹, 봉상파수부호는 여전히 Ⅰa식이 출토되며, 모두 무문토기이다. 또 장동파수부호와 파수부발은 모두 Ⅰb식이다.

5기는 40·47·83호묘와 88호묘 등이 속하는 시기이다. 조합우각형파수부호와 (점토대)옹이 와질로 변한다. 주머니호는 여전히 Ⅲb식이며, 단경호는 Ⅱa식과 Ⅱb식이 함께 출토된다. 조합우각형파수부호는 Ⅱa식과 Ⅱb식이 공반하고, (점토대)옹은 Ⅰa식과 Ⅰb식이 함께 보인다. 장동파수부호와 파수부발은 확인되지 않는다.

6기에는 13·54·94호묘와 139호묘 등이 속한다. 봉상파수부호와 장동파수부호가 와질로 출토되는 단계이다. 이 시기에는 대부분의 기종이 와질로 변했을 가능성이 크다. 주머니호는 여전히 Ⅲb식이며, 단경호는 Ⅱa식과 Ⅱb식이 공반한다. 조합우각형파수부호의 경우 Ⅱa식과 Ⅱb식이 공반하는 점은 앞선 5기와 같다. (점토대)옹 Ⅱb식과 함께 장동파수부호 Ⅰc식도 등장한다. 장동파수부호는 팔달동 유적에서 보이지 않는 기종으로 다호리 5기에는 출토사례가 없다. 봉상파수부호가 와질로 변하는 점은 팔달동 유적과 동일하다.

7기에는 70·102·111호묘와 116호묘 등이 속한다. 파수부발이 와질로 출토되는데, 다호리 유적에서 가장 늦게 와질로 변하는 기종이다. 이 시기부터는 무문토기가 없이 다호리 유적의 모든 토기가 와질로 확인된다. 주머니호는 Ⅲc식이 주로 출토되며, 조합우각형파수부호 Ⅱb식, Ⅱc식과 공반한다. (점토대)옹, 단경호, 장동파수부호와 파수부발은 Ⅱb식만 출토된다.

8기는 다호리 유적의 마지막 단계로 36·64·66호묘와 119호묘 등이 속한다. 앞선 팔달동에서는 설정하지 않았던 시기이다. 주머니호 Ⅲc식, Ⅲd식이 단경호 Ⅱb식, Ⅲ식과 공반하는데, 단경호 Ⅲ식은 팔달동 유적에서는 볼 수 없는 기종이다. 조합우각형파수부호의 경우 Ⅱb식, Ⅱc식과 함께 Ⅲ식도 확인되었는데, 이 역시 팔달동 유적에서는 보이지 않았던 형식이다. (점토대)옹은 Ⅱb식과 함께 Ⅱc식도 있으며, 봉상파수부호 Ⅱc식과 함께 출토된다. 장동파수부호는 Ⅱc식이 출토된다.

3) 연대 검토 및 와질토기화 과정 비교

앞서 대구 팔달동 유적은 7기로, 창원 다호리 유적은 8기로 나누었다. 여기에서는 두 유적 분기의 동시기성을 확인하여 연대를 검토하고, 이어서 기종별 와질화 시기를 비교 고찰하여 진한과 변한의 와질토기 등장 과정을 고찰해 보도록 한다.

(1) 팔달동 및 다호리 유적의 연대

먼저 기종 별 형식의 공반 관계를 살펴 팔달동 유적과 다호리 유적 분기의 동시기성을 검토해보자. 팔달동 1기의 무덤인 51호묘와 83호묘에서는 先Ⅰa식 주머니호만 출토되는데, 이 형식은 다호리 1기인 81호묘에서도 출토되었다. 팔달동 2기의 先Ⅰa식과 Ⅰa식 주머니호 역시 다호리 2기에 출토된다. Ⅰa식 점토대옹의 출토 양상도 팔달동 유적과 다호리 유적이 공통된다. 이런 방식으로 팔달동과 다호리의 1기~7기의 토기 형식을 비교하면, 기종 간의 형식 조합에서 미미한 차이점이 있기는 해도 팔달동과 다호리 유적 각 시기의 주머니호, 단경호, 조합우각형파수부호와 점토대옹의 조합 양상이 비슷함을 알 수 있다. 물론 팔달동 유적에서는 보이지 않던 장동파수부호나 파수부발이 다호리 유적에서 확인되는 차이점은 있다.

한편 팔달동 유적에서는 7기 이후 더 이상 목관묘가 확인되지 않고 목곽묘로 이행하지만, 다호리 7기 이후에는 다호리 8기가 존재한다. 다호리 8기에는 팔달동에서 보이지 않았던 단경호 Ⅲ식과 조합우각형파수부호 Ⅲ식이 존재하기 때문에 이 시기를 팔달동 7기 이후, 즉 팔달동의 목곽묘 단계로 보아도 무리가 없을 것이다. 이런 점들로 미루어 보아 두 유적 분기의 동시기성은 충분히 담보된다고 할 수 있겠다.

다음으로 분기별 연대를 살펴보자. 앞서 다호리 8기를 팔달동의 목곽묘 단계로 설정하였는데, 영남 각지에서 후기와질토기가 출토되는 목곽묘의 등장을 대개 서기 2세기 중엽 정도로 설정하는 것을 고려한다면 팔달동·다호리 7기의 연대는 서기 2세기 전엽으로 설정할 수 있다. 가장 이른 시기인 1기의 연대가 중요한데, 이 시기에는 先Ia식 주머니호가 팔달동 51호묘와 다호리 81호묘에서 모두 확인되었다. 앞서 언급하였듯이 이런 형식의 소형옹은 월성동 3기와 늑도 8호 주거지에서 삼각형점토대토기와 함께 출토된 것이다. 앞서 월성동 유적의 상한을 서기전 2세기 전엽으로 설정하였으므로 월성동 3기의 연대는 서기전 2세기 중엽 정도가 안정적일 것이라 생각한다. 월성동 3기는 팔달동·다호리 1기와 동시기이므로 이 유적들이 처음 등장하는 상한을 서기전 2세기 중엽으로 설정할 수 있다. 바꾸어 말하면, 진한과 변한이 분립하여 각각의 군집목관묘를 만들기 시작하는 시기가 서기전 2세기 중엽 무렵이 된다는 것이다.

팔달동 유적과 다호리 유적 분기의 상한과 하한이 설정되었으므로 그 사이에서 2기는 서기전 2세기 후엽으로, 3기와 4기는 서기전 1세기로, 5기와 6기는 서기 1세기로 각각 추정할 수 있겠다. 이상의 분기별 연대 설정 내용을 표로 정리하면 **표 5-18**과 같다.

표 5-18 팔달동과 다호리의 병행관계와 연대

팔달동 분기	연대	다호리 분기
1기	前2C중엽	1기
2기	前2C후엽	2기
3기	前1C전반	3기
4기	前1C후반	4기
5기	後1C전반	5기
6기	後1C후반	6기
7기	後2C전엽	7기
목곽묘	後2C중엽	8기

(2) 진·변한의 와질토기 등장 양상

다음으로 팔달동 유적과 다호리 유적 토기들이 와질토기로 변화하는 양상이 어떠한지 기종별로 살펴보자. 먼저 대구 팔달동 목관묘에서 출토된 각 토기의 와질화 시기를 정리하면 **표 5-19**와 같다.

표 5-19를 살펴보면 팔달동 유적에서는 기종별로 와질토기화가 진행되는 시기가 다르다는 것을 알 수 있다. '주머니호 → 단경호 → (점토대)옹 → 조합우

표 5-19 팔달동 유적 기종별 와질토기 등장 시기

시기	주머니호	단경호	(점토대)옹	조합우각형 파수부호	봉상 파수부호
1기					
2기					
3기					
4기					
5기					
6기					
7기					
목곽묘					

각형파수부호 → 봉상파수부호'의 순서대로 무문토기의 와질화가 이루어지는 것이다. 크기로 보면 작은 토기에서 큰 토기로의 방향성이 설정된다.[52] 팔달동 유적의 토기 공인들은 와질토기의 제작 기술을 모든 무문토기에 한 번에 적용하지 않고 시차를 두었던 것이다. 재지 공인 집단의 단계적인 기술 적용임을 짐작하게 한다. 또 기술적으로 보자면 '저부 원저화 → 회전 정면 → 승문 타날 → 회전 횡침선'의 순으로 새로운 기술을 토기 제작에 적용해 가는 경향을 발견할 수 있다. 주머니호와 (점토대)옹에서 점토대가 사라지는 것은 물레 사용으로 인한 고속 회전 정면의 필연적 결과이다. 와질토기의 제작 기술이 발전함에 따라 와질로 제작 가능한 토기의 종류 또한 점점 많아졌다는 것을 알 수 있다.

다음으로 창원 다호리 목관묘에서 출토된 각 토기의 와질화 시기를 정리하면 **표 5-20**과 같다.

표 5-20을 살펴보면 팔달동 유적과 마찬가지로 다호리 유적에서도 기종별로 와질토기화가 진행되는 시기가 다르다는 것을 알 수 있다. '주머니호 → 단경호 → (점토대)옹 → 조합우각형파수부호 → 봉상파수부호·장동파수부호 → 파수부발'의 순서대로 무문토기의 와질화가 이루어지는 것이다. 장동파수부호와 파수부발을 제외하고 앞서 살핀 대구 팔달동 유적의 와질토기 등장 시기 차와 같은 맥락임을 알 수 있다. 역시 소형 무문토기에서 대형 무문토기로 순차적으로

---

52 이희준(2002) 역시 와질토기의 지역성을 지적하면서 여러 기종의 와질토기가 동시에 발생하지 않고 시점을 달리하면서 등장한다고 보았다.

표 5-20　다호리 유적 기종별 와질토기 등장 시기

시기	주머니호	단경호	(점토대)옹	조합우각형 파수부호	봉상 파수부호	장동 파수부호	파수부발
1기							
2기							
3기	■						
4기	■	■					
5기	■	■	■	■			
6기	■	■	■	■	■	■	
7기	■	■	■	■	■	■	
8기	■	■	■	■	■	■	■

와질토기화가 진행된다. 재지 집단의 단계적인 기술 적용의 결과이다.

　진한의 대표분묘인 대구 팔달동 유적과 변한의 대표분묘인 창원 다호리 유적에서 무문토기가 와질토기로 변해가는 과정을 살펴보았다. 그 결과 두 유적의 무문토기 와질화 과정은 매우 비슷함을 알 수 있었다. 작은 토기에서 큰 토기로 점차 와질토기 제작 기술을 확대해 나간 것은 진·변한에서 와질토기를 만들었던 공인이 외부에서 이주해 온 전국계 회도 전문 제작자가 아니었음을 강하게 시사한다. 만약 전국계 회도 전문 제작자였다면 처음부터 숙련된 솜씨로 토기를 만들었을 것이므로 분명 등장기의 와질토기 중에 전국(계)토기와 아주 비슷한 기종이나 기형이 있었을 것이다. 또 전국(계) 토기와 비슷한 소성도를 가진 토기도 존재하였을 것이다. 하지만 성주 예산리 3호묘에서 출토된 타날문 단경호를 제외한다면 아직까지 진한과 변한에서 그런 토기는 출토되지 않았다. 팔달동 유적과 다호리 유적의 토기 양상으로 보면, 초기에 와질토기를 만들었던 공인은 재지의 무문토기 공인으로서 제작의 실패를 경계하여 소형이면서 작업이 간단한 주머니호에 처음으로 와질토기 제작 기술을 적용해 본 것으로 이해할 수 있겠다. 이후 차차 대형 토기의 제작에도 기술을 적용해 나갔기 때문에 기종별로 와질토기로 변하는 시기가 다르게 나타나는 것이다.

　분기별 연대나 기종의 변화 양상에서 두 유적은 거의 같은 맥락을 보이며, 처음으로 와질토기가 등장한 팔달동 3기와 다호리 3기는 동일하게 서기전 1세기 전반이다. 물리적으로 멀리 떨어져 있는 진한과 변한의 각기 다른 집단이 같은 시기에 와질토기를 만들어내기 시작하였을 뿐만 아니라 순차적으로 기술을 적용해 간 방식 역시 동일하다는 점은 진한과 변한의 활발한 교류를 단적으로 보여준다고 생각한다.

한편 유기적인 전후 맥락을 확인하기 힘든 성주 예산리 3호묘 출토 전국계 타날문 단경호는 팔달동이나 다호리 유적의 공인들처럼 초기에 와질토기를 제작하고자 했던 이들이 참고했던 견본으로 보인다. 즉 진·변한의 토기 제작자들은 이런 토기를 인지한 후 제작의 모델로 삼아 기술을 재현하였고, 이 과정에서 와질토기가 발생한 것으로 볼 여지가 있다. 그래서 진·변한의 와질토기 발생기 무덤에서 기술 수준이 높은 타날문 단경호가 출토되지 않는 것은 바로 이러한 이유 때문이라 할 수 있다.

4. 군집 목관묘와 전기와질토기의 변한 확산 과정

금호강 하류역에 처음 등장한 군집 목관묘는 진한과 변한 여러 지역으로 확산된다. 특히 변한 지역은 낙동강을 끼고 있다는 지리적 특성으로 인하여 창원, 밀양, 김해 등 낙동강 유역을 중심으로 주요 군집 목관묘가 축조되며, 군집 목관묘와 함께 전기와질토기 또한 확산해 나간다. 여기에서는 변한 목관묘 중에서도 가장 이른 단계부터 장기간 지속적으로 조영되면서 토기의 출토 사례가 많은 창원 다호리 유적을 중심으로 부장 토기의 형식을 살펴 변한 주요 군집 목관묘와 전기와질토기의 확산 과정을 고찰하겠다.

1) 주요 목관묘 및 부장 토기 검토

(1) 창원 다호리 유적

다호리 유적(국립김해박물관 2011, 2013, 2014; 국립중앙박물관 2001a, 2012)은 우리나라 최대 규모의 원삼국시대 군집 목관묘이다. 해발 약 10m의 낮은 고지와 평지에 입지하며, 국립중앙박물관이 8차례, 국립김해박물관이 3차례 발굴조사하였다.

국립중앙박물관의 조사에서 72기의 무덤이 발굴되었는데, 직장묘直葬墓를

사진 5-4 창원 다호리 1호묘 통나무관
국립중앙박물관, 2008, 『갈대밭 속의 나라 다호리』, 123쪽 사진.

포함한 원삼국시대 목관묘가 68기이고 옹관묘가 4기이다. 목관은 통나무관과 판재관이 있는데 판재관의 비율이 훨씬 높으며, 1호묘에서는 요갱과 함께 통나무관(**사진 5-4**)이 온전하게 남아있는 채로 발견되어 큰 주목을 받았다. 국립김해박물관이 조사한 무덤은 모두 80기였는데, 직장묘를 포함한 목관묘가 77기로 대부분을 차지하고 옹관묘는 3기이다. 목관은 통나무관도 있고 판재관도 있었다.

다호리 유적에서 출토된 유물의 종류는 토기, 청동기, 철기, 칠기 등 매우 다양하다. 그 중 토기는 소형의 원형점토대옹을 포함한 삼각형점토대토기 단계의 여러 무문토기에서 목곽묘 직전의 소성도가 높은 전기와질토기까지 그 종류와 수가 많다. 다만 아직 후기와질토기가 출토되었다는 보고는 없다. 청동기 중에는 1호묘에서 출토된 (칠초)동검, 동모, 성운문경星雲文鏡과 오수전五銖錢 등이 특히 주목된다. 김해박물관의 조사에서는 가상부귀명家常富貴銘 한경이 출토되기도 하였다. 철기는 농공구류와 무기류가 많이 출토되었으며 이른 시기의 소형 판상철부도 있다. 특히 용기를 중심으로 한 목심 칠기가 다량 출토된 점이 특징적이다.

다호리의 군집 목관묘에서 출토된 토기의 형식 설정은 앞서 살핀 바와 같고, 토기 공반으로 본 분기 또한 앞의 **표 5-17**과 같다. **그림 5-20**은 이를 근거로 한 다호리 유적 출토 토기의 편년안이다. 이하의 변한 분묘는 다호리 출토 토기의 형식에 근거하여 살피겠다.

(2) 밀양 일대의 군집 목관묘

밀양 교동 유적(밀양대학교박물관 2004)에서는 22기의 원삼국시대 목관묘가 발굴되었다. 판재관 없이 22기 모두가 통나무관인 점이 매우 특징적으로 원삼국시대 진·변한 군집 목관묘 중 유일한 사례이다. 1·6·7·12·15호묘와 16호묘에서 충전석이 확인되었는데, 이 또한 변한 군집 목관묘에서는 이례적異例的이다. 충전석이 묘광의 단벽 쪽 한 군데에만 있는 무덤이 많아 아마도 통나무관을 묘광 바닥에 고정하기 위해 자체적으로 고안한 교동 유적 고유의 방식인 듯하다. 17호 목관묘에서 유일하게 요갱이 확인되었으나, 부장품은 없었다. 토기는 점토대토기·두형토기와 흑색마연장경호 등 무문토기도 출토되었지만, 와질토기의 비율이 훨씬 높다. 8호 목관묘에 부장한 장각의 두형토기는 대각에 돌대를 두른 것이 특징인데, 앞서 살핀 성주 예산리 3호 목관묘에서도 확인된 기종이다. 청동기 중에는 3호묘에서 출토된 성운문경星雲文鏡과 17호묘에서 출토된 소명경昭明鏡이 주목되며, 철기로는 농공구류와 무기류가 고루 출토되었는데, 그 중에서도 단조철부가 가장 많다.

밀양 제대리 유적(동서문물연구원 2011a)에서는 원삼국시대 목관묘 10기와 옹관묘 3기가 조사되었다. 목관묘의 경우 모두 판재식이어서 앞의 교동 유적과 정반대의 경향을 보인다. 부장 토기는 와질토기가 대부분이인데, 이 중 단연코 주목되는 것이 4호 목관묘에서 출토된 유개대부토기이다. 이 토기는 밀양 일대의 목관묘를 제외하면 변한의 영역이라 생각하는 경상남도의 다른 군집 목관묘에서는 거의 확인되지 않는 기종이다. 진·변한에서 유개대부토기가 출토된 분묘로는 밀양 전사포리유적 1·13·14호 목관묘와 경주 황성동 575번지 유적(영남문화재연구원 2010c) 13·19호 목곽묘, 경산 임당 유적 c-94호 목관묘, c-141·162호 목곽묘 등이 있다. 영남의 유개대부토기는 서기 2세기 목관묘에서 목곽묘로의 교체기부터 출토되기 시작하는데, 그 중 일부는 묘형이 목관묘이긴 하지만 목곽묘와 병행하는 2세기 후엽~3세기에 해당하는 것도 있으리라 생각한다. 청동기는 출토 사례가 매우 적어 호형대구와 청동환 정도이며, 철기는 무기가 중심이다.

밀양 전사포리 유적(동서문물연구원 2011b)에서는 원삼국시대의 직장묘를 포함한 목관묘 14기와 옹관묘 3기가 조사되었다. 목관은 모두 판재관으로 보고되었으며, 통나무관은 확인되지 않았다. 9호 목관묘에서 유일하게 요갱이 조사되었지만, 부장품의 질과 양이 뛰어나지는 않다. 토기는 대부분 와질토기로 유개대부토기, 단경호와 함께 점토대가 없는 옹, 대부호 등이 있다. 철기는 공구와 무기가 중심이다. 이 중 철모를 살펴보면 기부에 못 구멍이 있는 철모가 2호 목관묘에서, 이단관식 철모가 3호 목관묘에서 출토되었는데, 이런 형태의 철모는 김해 양동리 유적에서 보듯이 최후 단계의 목관묘나 초기 목곽묘에서 종종 확인되는 것이다.

이상에서 살핀 밀양 지역 군집 목관묘 부장 토기들을 앞에서 설정한 다호리 유적 출토 토기 형식을 기준으로 분류해보면 **표 5-21**, **그림 5-21**와 같다.

표 5-21에서 보이듯 밀양 지역의 목관묘는 다호리 3기부터 등장함을 알 수 있다. 특징적인 것은 목곽묘 단계에 유개대부토기라 부르는 독특한 기종의 토

표 5-21 밀양 지역 목관묘 시기별 토기 공반 관계

시기	주머니호	조합우각형파수부호	(점토대)옹	봉상파수부호	단경호	장동파수부호
다호리 3기	Ⅱb		Ⅰa		Ⅱb	
다호리 4기	Ⅲb		Ⅰa	Ⅰa		
다호리 5기	Ⅲb		Ⅱb		Ⅱb	Ⅰb
다호리 6기	Ⅲb					Ⅰc
목곽묘 단계			Ⅱb		Ⅱb	

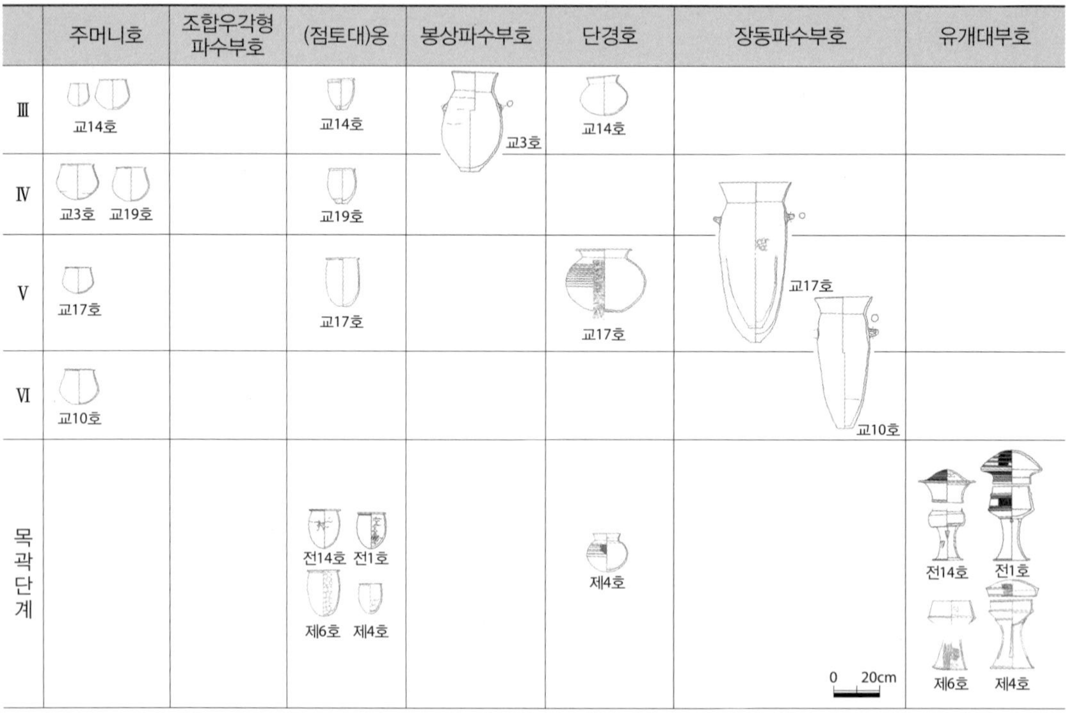

그림 5-21 밀양 지역 목관묘 부장 토기 편년표

기를 다수 부장하였다는 점이다. 교동 유적을 제외하고 제대리와 전사포리 유적에서 출토되었다. 유개대부토기에 대해서는 최근들어 다양한 연구가 진행되고 있지만 아직까지 정설은 없는 상황이다. 예컨대 유개대부토기가 처음 등장한 곳에 대해서는 아산이나 평택, 오산 같은 호서 해안 지역으로 보는 견해와 영남으로 보는 견해로 양분되어 있으며, 등장 연대와 시기 등에 관해서도 의견이 분분하다. 필자는 밀양 일대의 유개대부토기를 삼한의 유개대부토기 중 가장 늦은 형식 및 시기로 설정한다. 구체적으로 밀양 제대리 4호묘와 전사포리 1호묘 출토품을 원삼국시대 후기인 서기 3세기로 판단한다(박진일 2019e).

정리하자면 밀양 교동 유적의 목관묘는 '다호리 3기~6기'에 조영되었다고 할 수 있으며, 전사포리와 제대리에서는 3세기대의 목관묘도 확인된다. 다만 두 유적 사이의 부장품 차이를 곧 집단 정체성의 차이로 이해하는 것이 가능할지에 대해서는 앞으로의 검토가 필요하다.

(3) 김해 일대의 군집 목관묘

서西김해 일대의 가장 대표적인 군집 목관묘 유적인 김해 양동리 유적(국립문화재연구소 1989; 국립김해박물관·대성동고분박물관 2012; 동의대학교박물관 2008)은 1970년에 검파두식과 한경을 비롯한 여러 유물이 보고되면서 주목받았고, 이후 국립문화재연구소에서 1차례, 동의대학교박물관에서 5차례, 그리고 국립김해박물관이 대성동고분박물관과 함께 1차례 발굴조사를 실시하였다.

국립문화재연구소의 발굴 결과 2~3세기대의 목관묘 9기, 목곽묘 17기와 옹관묘 3기 등이 확인되었는데, 이 중 통나무관으로 보고된 것은 없다. 부장 토기로는 단경호·조합우각형파수부호와 함께 최후 단계의 주머니호 등이 보고되었다. 철기는 단면 육각형 주조철부와 이단관식철모 등 목관과 목곽 교체기의 유물이 많았다. 동의대학교박물관의 발굴조사에서 원삼국시대 목관묘는 총 9기가 발굴되었는데, 묘광은 말각한 장방형으로 장축방향이 등고선에 나란한 것과 직교하는 것이 혼재해 있다. 목관은 모두 판재식으로 17호묘는 주위에 할석 등을 쌓은 위석식 목관묘이고, 55호묘는 묘광 바닥에 요갱을 설치하였다. 부장품으로는 토기·청동기·철기와 경식頸飾 등이 있다.

이 유적에서 가장 이른 시기인 70호묘는 목관묘 중 가장 먼저 조성되었을 뿐만 아니라, 단독으로 입지하면서 장축을 등고선과 직교하여 설치한 조립식 상형목관이다. 삼각형점토대토기와 두형토기, 평저장경호가 출토되어 원삼국시대 조기에 해당함을 알 수 있다. 더 구체적으로는 평저장경호와 점토대옹을 근거로 서기전 2세기의 무덤으로 볼 수도 있지만 확실하지는 않다. 더불어 충전석이 확인된 점이 주목되는데, 충전석은 서남한이나 대구 일대에서 주로 확인되는 요소이다. 이후로 후속하는 시기의 무덤은 보이지 않다가 서기 후의 목관묘에서 와질의 조합식우각형파수부호와 단경호, 청동기로 방제경과 변형한 국식동검 등이 출토된다. 52호묘의 경우 삼각형점토대발과 타날문 단경호가 공반되었는데, 이 단경호로 보아 서기 1세기 정도일 것으로 추정되는 것이다. 이 목관묘를 제외하면 대부분의 무덤에서 원삼국시대 전기 늦은 단계의 주머니호와 조합식우각형파수부호, 이단관식二段關式 철모와 무경역자식 철촉이 출토된다. 따라서 서기전 2세기에 단독 입지로 등장한 70호묘와 1세기 이후 군집 목관묘를 분리해서 파악할 필요가 있다.

국립김해박물관과 대성동고분박물관의 발굴조사 결과 1지구에서만 원삼국시대 분묘 39기가 조사되었다. 목관묘 25기, 직장묘 6기, 옹관묘 8기이다. 그 중 목관묘는 모두 판재식인데 장축은 대부분이 등고선과 평행한 방향이어서 원삼국시대 전기 목관묘의 일반적인 장축방향과 다르다. 부장 토기는 대부분이 전기와질토기이다. 철기로는 철모와 장검 등이 출토되었으며, 이 중 철모는 일단관식과 원삼국시대 후기에 등장하는 것으로 알려진 이단관식이 모두 출토되었다. 이외에 많은 유리구슬과 칠기도 일부 확인되었다. 보고서에 근거하면 중심 연대는 서기 2세기대이다.

김해 망덕리 유적(동서문물연구원 2015)에서는 원삼국시대 전기의 목관묘 3기가 조사되었다. 여기에서 주머니호나 조합우각형파수부호 등 와질토기와 철모나 철부 같은 철기가 출토되었는데, 특히 주머니호 Ib식은 진·변한 전체 목관묘 출토 토기 중에서도 매우 드문 형식에 속하는 것이다.

김해 시례리 유적(강산문화재연구원 2020) 1-1지점에서는 원삼국시대 전기의 목관묘 14기와 옹관묘 3기가 조사되었다. 통나무관은 없다. 목관묘에서는 주머니호 함께 조합우각형파수부호, 점토대옹, 봉상파수부호, 단경호, 장동파수부호 등 다양한 토기와 함께 철검, 철부, 철모 등 철기가 출토되었다. 주머니호의 출토수량이 가장 많은데 5호묘에서 출토된 것처럼 구연부에 점토대가 남아 있는 Ⅰa식도 있지만, 대부분은 Ⅱb·Ⅱc식과 Ⅲb식이다. 다호리 유적의 편년에 근거해서 보자면 Ⅰa식 주머니호가 출토된 5호묘가 가장 이른 다호리 2기이다. 또 Ⅱb식 주머니호가 출토된 3·9호묘는 다호리 3기로 볼 수 있겠다. 그 외의 분묘는 다호리 4~5기 정도에 해당한다. 한편 출토 토기가 적어 정확한 시기를 특정할 수는 없지만, Ⅰa식 (점토대)옹이 출토된 12·13호묘는 다호리 1~4기에 속하며, Ⅱb식 단경호가 출토된 7호묘는 4~8기에 속한다.

다음으로 동東 김해 지역의 구지로 유적(경성대학교박물관 2000a)에서는 원삼국시대 전기의 통나무관과 판재식 목관묘 14기가 확인되었다. 부장 토기로 와질토기와 연질토기가 있고 무문토기는 없었다. 철기는 공구와 무기류가 출토되었다. 이 유적에서 무문토기만 출토되는 단계의 무덤은 전무하고, 소성도가 높은 원저 주머니호와 타날한 조합식우각형파수부호가 출토되는 것으로 보아 늦은 목관묘 단계임을 알 수 있다.

김해 대성동 유적(경성대학교박물관 2000b, 2003)은 구지로 유적과 같은 묘역으로서 모두 56기의 원삼국시대 목관묘가 확인되었다. 토층으로 볼 때 대부분 판재식 목관을 사용한 것으로 판단된다. 부장 토기는 모두 와질토기로 주머니호와 조합식우각형파수부호 등이 있다. 특히 주변 1지구 13호묘에서 출토된 대형의 조합식우각형파수부호는 파수가 3개 달린 특이한 형태로서 주목된다. 철기는 대체로 무기가 중심이다. 이 유적의 연대는 전기와질토기 중에서도 가장 늦은 단계의 주머니호와 조합식우각형파수부호가 부장된 점으로 보아 앞의 구지로 유적과 마찬가지로 늦은 목관묘 단계임을 알 수 있다.

가야의 숲 유적(동아세아문화재연구원 2006)에서 조사된 원삼국시대 목관묘는 전체 3기이다. 매장주체부는 모두 통나무관이며, 이 중 3호묘에는 요갱이 있지만 부장품은 없다. 부장 토기는 와질토기뿐이며, 철기는 공구와 무기 중심이다. 3호묘에 부장한 주머니호와 조합우각형파수부호로 보아 서기 1세기대가 중심이다.

위에서 살핀 김해 양동리, 망덕리, 구지로, 대성동과 가야의 숲 유적 군집 목관묘의 출토 토기를 앞서 설정한 다호리 유적의 토기 형식에 비추어 분기하면 **표 5-22, 그림 5-22**와 같다.

다호리 유적의 분기와 비교할 때, 김해 일대의 군집 목관묘 중 서김해에 속

표 5-22 김해 지역 목관묘 시기별 토기 공반 관계

시기	주머니호	조합우각형 파수부호	(점토대)옹	봉상 파수부호	단경호	장동 파수부호
다호리 2기	Ia					
다호리 3기	Ib, IIb					
다호리 4기	IIc		Ia	Ia		
다호리 5기	IIc, IIIb	IIa			Ib	Ib
다호리 6기						
다호리 7기	IIIc	IIb		IIb	IIb	IIb
다호리 8기	IIId	IIb, IIc	IIb	IIc	IIb	IIb
목곽 단계	IIId	IIc, III	IIb		Ib, IIb, III	

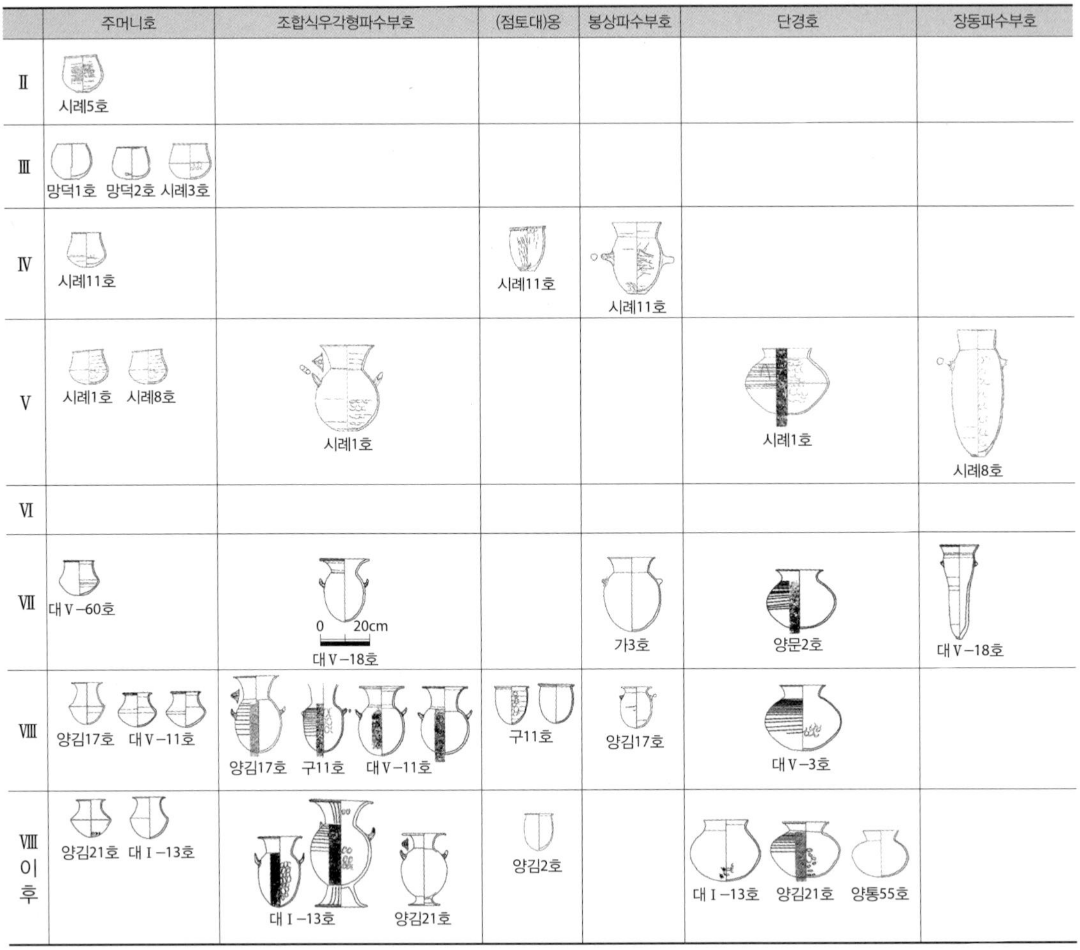

	주머니호	조합식우각형파수부호	(점토대)옹	봉상파수부호	단경호	장동파수부호
II	시례5호					
III	망덕1호 망덕2호 시례3호					
IV	시례11호		시례11호	시례11호		
V	시례1호 시례8호	시례1호			시례1호	시례8호
VI						
VII	대V-60호	대V-18호		가3호	양문2호	대V-18호
VIII	양김17호 대V-11호	양김17호 구11호 대V-11호	구11호	양김17호	대V-3호	
VIII 이후	양김21호 대I-13호	대I-13호 양김21호	양김2호		대I-13호 양김21호	양통55호

그림 5-22 김해 지역 목관묘 부장 토기 편년표

한 시례리, 망덕리 유적은 다호리 2~5기에 해당하며, 동김해에 속한 구지로, 대성동, 가야의 숲 유적은 7기 이후에 해당한다. 물론 단독 입지 목관묘인 양동리 70호묘는 다호리 1~2기까지 상향될 가능성이 있다. 더불어 전반적인 경향으로 보아 시례리, 양동리와 망덕리가 있는 서西 김해 일대 군집 목관묘의 조영 개시 시기가 구지로와 대성동이 있는 동東 김해보다 이르다는 것을 알 수 있다.

2) 군집 목관묘와 전기와질토기의 변한 확산 방식

다호리 유적의 조영 기간은 월성동 3기에 병행하는 시기부터 목곽묘 등장기까지이다. 직장묘를 포함하여 지금까지 조사한 목관묘의 수만 해도 140기가 넘으며, 분묘의 존재가 추정되는 미발굴 지역을 포함하면 전체 목관묘의 수는 조사된 수의 2~3배에 이를 것이다. 등장기의 다호리 군집 목관묘는 묘형과 부장품 모두에서 진·변한 최초의 군집 목관묘인 월성동 유적과 흡사한 양상을 보인다. 조립식 상형 목관이 주된 묘형이고, 전국식 철기 문화에서 영향을 받은 진·변한식 철기와 삼각형점토대토기단계의 여러 토기를 주요 부장품으로 삼고 있기 때문이다. 더불어 변한 지역의 군집 목관묘 중 다호리 유적보다 이른 시기로 확인된 것은 아직 없으므로 다호리 유적을 변한 최초의 군집 목관묘이자 전형典型으로 보아도 좋을 것이다. 따라서 다호리 유적의 존재는 곧 군집 목관묘 및 전기와질토기의 변한 지역 확산을 의미한다고 할 수 있다. 그 과정은 부장 토기와 이를 근거로 한 편년을 살펴 확인할 수 있었다. 즉, 주머니호, 조합우각형파수부호, (점토대)옹, 봉상파수부호, 단경호, 장동파수부호와 파수부발의 형식을 분류한 후, 형식 간의 조합을 살펴 다호리 유적의 전체 편년을 8기로 분기하였는데, 와질토기는 다호리 3기에 이르러 등장하였던 것이다.

밀양 일대에서는 다호리 3기에 해당하는 시기부터 군집 목관묘와 전기와질토기가 등장하였다. 교동 유적의 목관묘는 다호리 3~6기에 해당하지만, 다호리 7기와 8기의 목관묘는 확인되지 않았다. 인접하고 있는 밀양 제대리와 전사포리 목관묘는 유개대부토기라 부르는 독특한 기종의 토기가 다수 확인된 점이 특징적인데, 필자의 유개대부토기의 연구(박진일 2019e)를 참고하면 제대리와 전사포리 목관묘의 연대는 서기 3세기에 해당할 것으로 추정된다. 결국 밀양 교동을 중심으로 한 '다호리 3기~다호리 6기'의 목관묘와 제대리 및 전사포리를 중심으로 한 3세기대의 목관묘가 존재한 것이 되며, 이 두 부류는 계보가 달랐을 가능성이 고려된다. 다음으로 김해 일대의 목관묘 중 가장 이른 시기의 것은 양동리 70호묘이지만, 이 무덤은 단독 입지이다. 군집 목관묘 중에는 시례리 5호 목관묘가 가장 빠르다. 여기에서 출토된 Ⅰa식 주머니호는 진변한 일대에서 처음으로 등장한 것으로 굽과 구연단에 점토대가 있는 형식이다. 다호리 2~3기에 출토되는데 시례리 5호묘는 공반유물로 보아 다호리 2기로 추정된다. 이로써 볼 때, 밀양 일대보다 조금 이른 다호리 2기 무렵부터 김해 서부에 군집 목관묘와 전기와질토기가 확산하였음을 알 수 있다. 하지만 대성동을 중심으로 한 김해 동부에서는 모두 다호리 7기부터 축조된 분묘만 확인된다.

이상의 흐름을 종합하면, 월성동 유적으로 대표되는 금호강 유역의 군집 목관묘가 창원으로 먼저 전파되어 변한 전형의 군집 목관묘 문화로 정착한 후 다시 낙동강을 따라 확산하면서 밀양, 김해 등지에 순차적으로 군집 목관묘를 축조하였다고 정리할 수 있겠다. 나아가 군집 목관묘와 함께 전기 와질토기 또한 낙동강 유역을 따라 확산한 것으로 이해할 수 있다. 나아가 위 유적들은 토기 출토 양상에 따라 세 가지 유형으로 나눠볼 수 있는데, 첫 번째는 와질토기 없이 무문토기만 출토되는 목관묘로 구성된 유형으로서 대구 월성동 유적을 표지로 하여 월성동 유형이라 할 수 있다. 두 번째는 무문토기만 출토되는 목관묘와 와질토기가 함께 출토되는 목관묘가 혼재하는 유형으로 창원 다호리 유적을 표지로 하여 다호리 유형이라 하겠다. 세 번째는 무문토기만 출토되는 목관묘가 존재하지 않는 유형으로 밀양 교동 유적을 표지로 하여 교동 유형이라 할 수 있다. 이렇게 구분한 세 유형 사이의 상관관계를 앞서의 군집 목관묘 및 와질토기의 확산 양상에 비추어 살피면 '월성동 유형 → 다호리 유형 → 교동 유형'으로의 변천을 상정할 수 있다.

요컨대, 변한의 군집 목관묘는 금호강 하류역에서 상대적으로 가까운 창원 다호리 유적에 처음으로 등장하였고, 여기에서 무문토기가 와질토기로 변하여 전형을 형성한 후 '밀양(서 김해) → 동 김해'의 순서로 확산되었다. 변한 목관묘의 이런 확산 과정은 낙동강 본류를 매개로 한 '선형線型 확산 모델'이라 부를 만하다(그림 5-23). 물론 함안을 포함한 서부 경남 지역의 목관묘의 확산 과정은 포함하지 않은 것이다. 이 지역들은 창원, 밀양, 김해와 마찬가지로 주요 수계

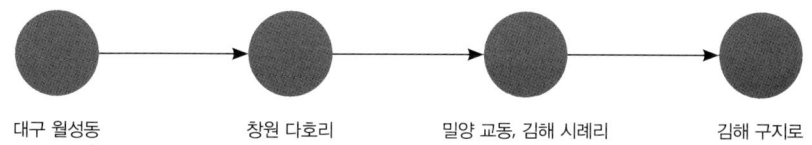

그림 5-23 　선형 확산 모델 개념도

를 매개로 하여 확산했을 가능성도 있고, 혹은 이와는 다른 별개의 확산 방식이 었을 수도 있다.

　한편 이 장에서는 자세히 살피지 않았지만 부산박물관에서 조사한 동래 온천동유적Ⅱ(부산박물관 2013) 역시 주목되는 유적이다. 서기 1세기나 2세기로 보이는 목관묘 5기가 조사된 온천동유적은 토기로 보아 김해 구지로 목관묘와 연대가 비슷하거나 조금 이르다고 판단된다. 하지만 무덤의 조영 방식에서는 확연한 차이를 보인다. 온천동의 목관묘는 목관의 주위나 상부를 메우는 데에 토석土石을 함께 사용했는데, 보고서에서도 지적하였듯이 이러한 양상은 대구 팔달동 같은 진한의 목관묘에서 주로 보이는 모습이다. 물론 밀양 교동 유적에서 통나무관을 고정하기 위해 관 주위 일부분에 충전석을 설치한 사례가 보이기는 하지만 온천동 유적에서 처럼 목관의 상부에 두지는 않았다. 또 다호리 104호묘의 상부에서 약간의 적석이 확인되기도 했지만 전면적이지 않고 소량일 뿐만 아니라 토석土石의 혼축混築이 아니어서 축조 방식에서도 온천동 유적과 전혀 다르다. 온천동 군집 목관묘가 낙동강 유역이 아닌 금정산의 동쪽 사면에 위치하고 있음을 고려하면 변한 목관묘의 확산 과정과는 다른 맥락에서 이해할 필요가 있어 보인다. 온천동 유적을 포함하여 기장 방곡리(울산대학교박물관 2007) 등 동남해안에서 와질토기를 부장한 군집 목관묘의 이해 방식은 앞으로 좀 더 살펴야 할 부분이다.

5. 군집 목관묘와 전기와질토기의 진한 확산 과정

1) 주요 목관묘 및 부장 토기 검토

(1) 대구 및 경주의 군집 목관묘

진한의 군집 목관묘와 전기와질토기의 확산에서 특히 주목할 만 한 점은 진

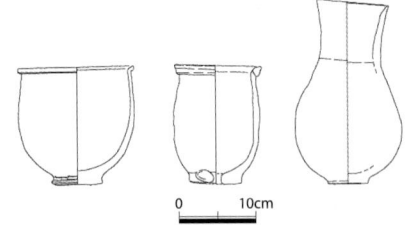

그림 5-24 경주 하구리 7호묘 부장 토기

한의 두 거점 지역인 대구와 경주에서 와질토기 비공반 군집 목관묘가 거의 동시에 확인된다는 점이다. 진·변한 목관묘의 공통 조형인 월성동 유적과 쌍둥이 같은 군집 목관묘가 경주 하구리 유적(신라문화유산연구원 2013)에서 확인된 것이다.

보고서에 따르면 하구리 유적 D구역에서는 인접한 축사신축부지의 4기를 포함하여 모두 19기의 목관묘가 조사되었다. 와질토기는 전혀 출토되지 않아 삼각형점토대토기 단계의 군집 목관묘라는 것을 알 수 있다. 부장한 토기는 삼각형점토대옹, 평저장경호와 두형토기가 있는데, 가장 늦은 시기로 볼 수 있는 것은 하구리 7호묘에서 출토된 Ia식 주머니호로 팔달동 2기부터 확인되는 형식이다(그림 5-24). 하구리 유적의 상한을 특정하기는 힘들지만 월성동 1기인 I구역 1호묘에서 출토된 것과 같은 배부른 삼각형점토대옹이 보이지 않는 점을 고려한다면 월성동 2기 정도로 보면 좋겠다. 물론 앞서 언급한 것처럼 월성동 1기와 2기의 시기 차이가 없을 수도 있기 때문에 대부분의 무덤은 월성동 유적과 조영시기가 겹칠 것으로 보인다. 7호묘에 부장한 Ia식 주머니호는 월성동 유적에서는 확인되지 않는 것이므로 하구리 유적의 하한 연대는 월성동 유적보다 조금 늦을 것이다.

경주 일대에도 대구 팔달동 유적처럼 무문토기가 와질토기로 변해가는 과정을 확인할 수 있는 군집 목관묘가 있다. 경주 조양동과 북토리의 군집 목관묘가 대표적이다. 두 유적은 팔달동 유적처럼 무문토기 단계부터 와질토기 단계에 이르는 긴 기간에 걸쳐 조영되었다. 물론 팔달동 유적에 비해 분묘의 수량 자체가 매우 적기는 하지만 전체적인 양상을 파악하기에는 무리가 없다.

(2) 경산 일대의 군집 목관묘

진한 군집 목관묘의 또 다른 거점 지역으로 주목되는 곳은 경산 일대로서 조영동을 포함한 임당동 유적(영남대학교박물관 1998a, 1998b, 1998c; 영남문화재연구원 1999, 2001; 한국문화재보호재단 1998a, 1998b, 1998c, 1998d)과 신대리 유적(영남문화재연구원 2009, 2010a, 2010b)에서 대규모 군집 목관묘가 조사되었다. 임당동 유적은 영남대박물관에서 처음으로 조사한 이후 영남문화재연구원과 한국문화재보호재단에서 모두 9차에 걸쳐 발굴을 진행하였고, 그 결과 총 94기의 분묘가 확인되었다. 이 중 가장 이른 시기로 볼 수 있는 것은 先Ia식 주머니호가 출토된 F1-15호 목관묘이다. 앞서 살핀 팔달동 1기에 해당한다. 한편 많은 연구자들이 주목하고 있는 2조 돌대 주조철부는 F2-34호묘에서 Ia식 조합우각형파수부호와 함께 출토된 것이다. Ia식 조합우각형파수부호는 존속 기간이 매우 긴 토기이기 때문에 이를 바탕으로 무덤의 정확한 시기를 추정할 수는 없지만, 2조 돌대 주조철부가 전국식의 초기철기라는 점을 감안하여 팔달동 1기나 2기에 해당할 가능성을 제안해 두고 싶다(**그림 5-25**).

이처럼 팔달동 1기부터 조영하기 시작한 경산 임당동 유적에는 팔달동의 전 시기에 해당하는 목관묘가 군집한다. 뿐만 아니라 A-1-36호묘의 대부조합우각형파수부호와 A-1-84호묘의 끝이 말린 우각형파수부호의 경우 팔달동에서는 보이지 않는 형태이기 때문에 이 무덤들은 팔달동의 마지막 분기인 7기보다도 늦은 시기로 볼 수 있다(**그림 5-26**).

임당동과 달리 신대리 유적에서는 무문토기만 출토되는 단계의 목관묘가 전혀 확인되지 않는다. 가장 이른 시기는 팔달동 3기에 해당하며 26호묘와 32

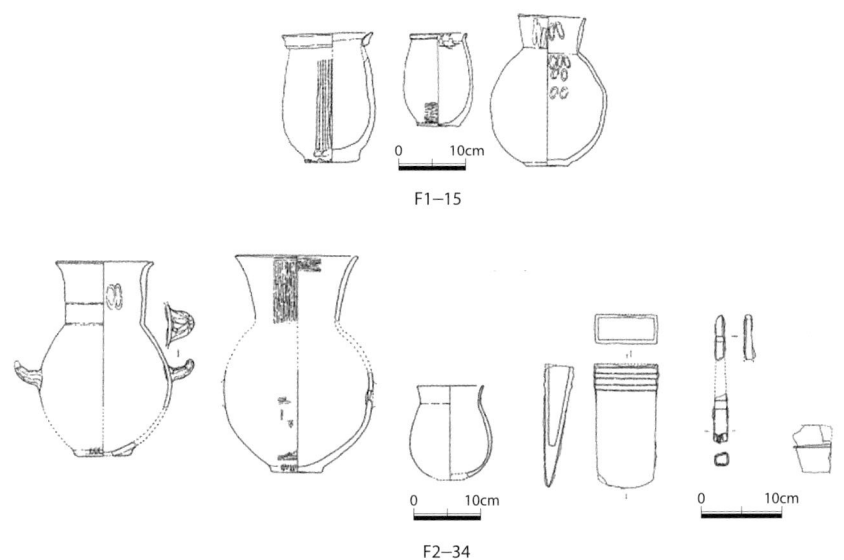

그림 5-25 경산 임당동 F1-15호, F2-34호 부장품

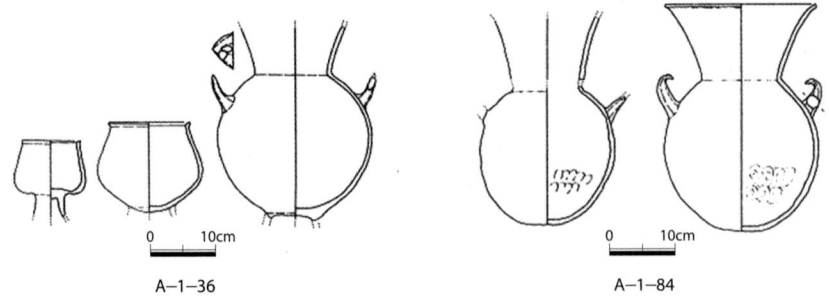

그림 5-26 경산 임당동 A-1-36, A-1-84호묘 부장 토기

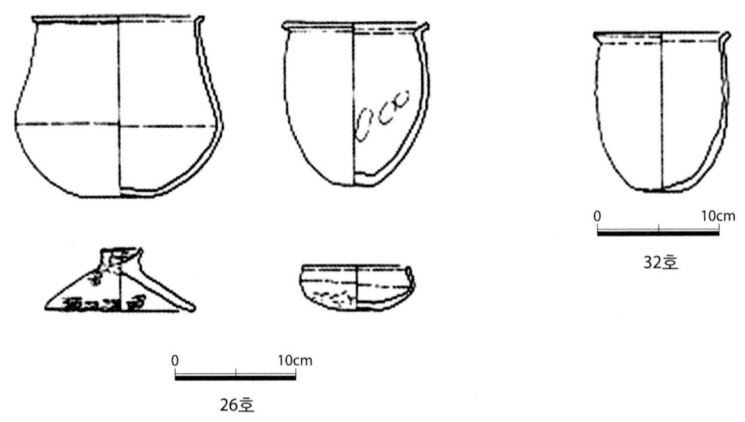

그림 5-27 경산 신대리 26, 32호묘 부장 토기

호묘가 대표적이고, 하한은 임당동 유적과 양상이 비슷하다(**그림 5-27**).

한편 행정구역은 다르지만 금호강을 사이에 두고 경산과 마주 보고 있는 대구 신서혁신지구 목관묘(경상북도문화재연구원 2011a, 2011b)도 경산의 군집 목관묘와 함께 살필 필요가 있다. 신서혁신지구 목관묘의 존속기간은 팔달동 유적과 동일하여서 팔달동 1기~7기까지이다. 가장 이른 팔달동 1기에 해당하는 무덤으로는 B3-남-1호묘와 3호묘를 들 수 있으며, 가장 늦은 팔달동 7기로는 B1-1-북-6호묘와 B2-5호묘가 대표적이다(**그림 5-28, 그림 5-29**).

경산 임당동과 신서혁신지구에서 보듯 경산 일대의 진한 군집 목관묘는 팔달동 1기부터 시작되며, 대구 월성동이나 경주 하구리처럼 팔달동 1기보다 앞서면서 와질토기가 전혀 출토되지 않는 군집 목관묘는 아직 보고되지 않았다.

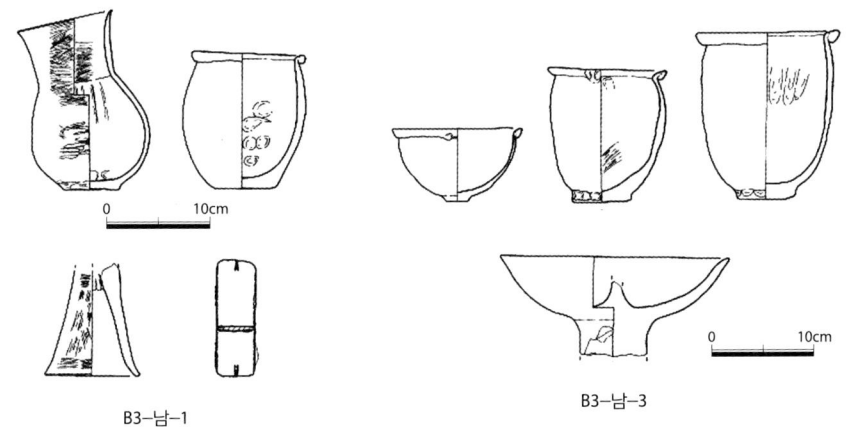

B3-남-1   B3-남-3

그림 5-28   신서혁신지구 B3-남-1, 3호묘 부장품

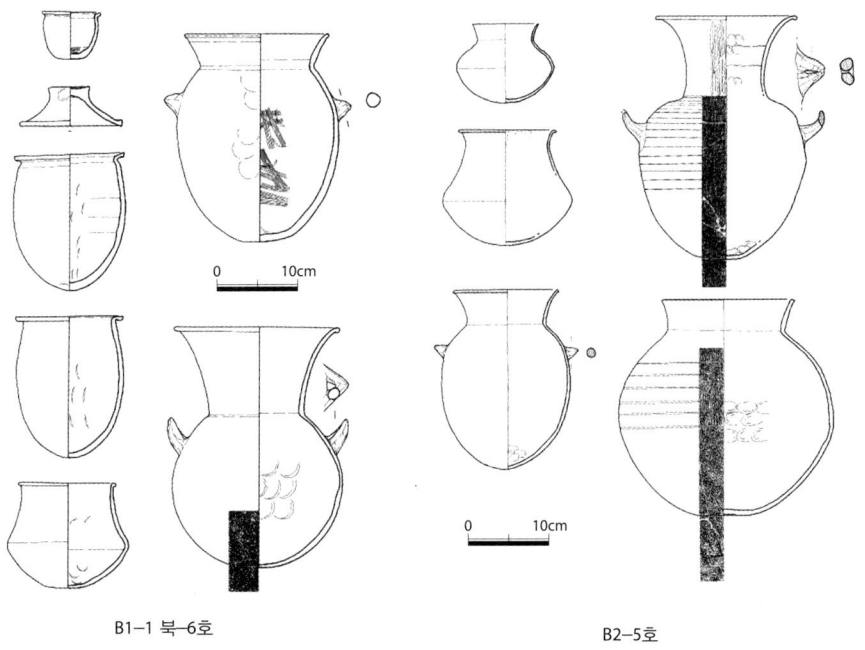

B1-1 북-6호   B2-5호

그림 5-29   신서혁신지구 B1-1-북-6호, B2-5호묘 부장 토기

한편 경산 임당이나 신서동 유적(한국문화재보호재단 2012a, 2012b, 2013a, 2013b)에서는 팔달동 7기보다 늦은 단계로 보아야 할 목관묘도 확인되는데, 유적별로 목관묘에서 목곽묘로 이행하는 양상이 다른 것으로 이해하고 싶다.

2) 군집 목관묘 및 전기와질토기의 진한 확산 방식

진한의 군집 목관묘 확산 양상은 지리적 환경을 요인으로 하여 월성동 유형의 목관묘와 전기와질토기가 낙동강을 매개로 확산하였던 변한의 모습과 크게 다르다. 가장 큰 특징은 월성동과 성격이 거의 같은 경주 하구리 군집 목관묘의 존재이다. 대구 월성동에 군집 목관묘가 먼저 등장한 후 주변 지역으로 확산하는 와중에 와질토기가 발생한 것과 같이, 경주 하구리 군집 목관묘 또한 등장 이후 조양동이나 북토리 등 주변지역으로 확산하였고, 이 과정에서 와질토기가 등장하였다. 대구와 경주는 변한과 같은 선형線型의 형태가 아니라 몇몇의 거점 지역을 중심으로 하여 단위 지역 내에서 군집 목관묘가 확산하는 양상을 보이는 것이다. 단위 지역별 확산 시기 또한 특별한 차이가 관찰되지 않는다. 이처럼 군집 목관묘가 입지한 거점 지역이 존재하고, 여기에서부터 군집 목관묘 및 와질토기 문화가 주변 지역으로 각각 확산하는 방식을 '거점형據點型 확산 모델'이라 할 수 있겠다. 이때 거점으로 기능했던 지역의 성격을 좀 더 명료하게 구분해낼 수 있다면 다벌국多伐國 같은 진한 소국의 등장을 추적할 수 있는 논거로 삼을 수도 있을 것이다.

한편 월성동 유적의 조영이 끝날 때 쯤엔 금호강 하류역 뿐만 아니라 신서혁신지구와 경산 임당동, 성주 예산리 등지에서도 대규모 군집 목관묘의 축조가 시작되었다. 월성동 유적에서 주변지역으로, 또 경주 하구리 유적에서 주변지역으로 군집 목관묘가 확산하는 '거점형 확산 모델'이 경산 및 성주 지역에 동일하게 적용된다고 한다면, 이 일대에도 임당동이나 예산리 유적보다 앞서서 거점으로 기능하였던 군집 목관묘 유적이 있었을 것이다. 아직까지 확인되지는 않았지만, 경산이나 성주에서도 대구 월성동 유형과 비슷한 와질토기 비공반

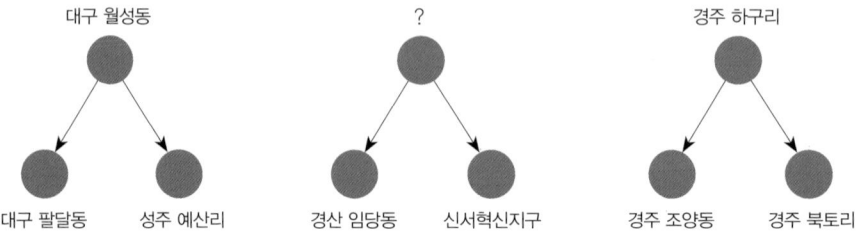

그림 5-30 거점형 확산 모델 개념도

군집 목관묘가 존재할 가능성이 충분한 것이다.

6. 소결

이상에서 와질토기가 등장한 과정과 군집 목관묘의 확산 모습을 살펴보고, 각 단계별 구체적인 연대를 비정해 보았다. 이는 곧 한韓이 삼한三韓으로 분립하는 과정을 이해하기 위한 과정이었다. 지금까지는 학계에서 삼한의 분립 연대에 대해 고고학적 근거를 들어 구체적으로 논증하려는 노력이 부족했던 것이 사실이다. 삼한의 물질문화를 연구하면서도 정작 삼한이 언제, 어떻게 성립하였는지에 대해서는 확실한 주장을 하지 못하는 상황이었다고도 할 수 있겠다. 이에 본 장에서는 삼한의 정립 과정, 다시 말하면 진한과 변한의 분립 과정을 고고학적 근거로써 설명하는 것을 목표로 설정하였고, 이를 위해 전통적인 연대관에서 원삼국시대의 개시의 두 축으로 상정되어온 와질토기의 발생과 군집 목관묘의 등장 연대를 살필 필요가 있었던 것이다. 그 주요 내용을 정리하면 아래와 같다.

먼저 와질토기는 진·변한의 서기전 1세기~서기 3세기 토기 중 '승문 타날'·'원저'·'회전 정면'·'회전 침선문'이 적용되었거나 환원염 소성으로 인한 '와질'임이 명백하여 와질토기 제작 시스템에서 만들었다고 인정되는 토기로 정의하였다. 여기에는 와질토기 제작 기법(원저, 타날, 물레)으로 만든 이후 환원염 소성을 시도했으나 성공하지 못한 토기들도 포함된다. 다음으로 와질토기의 발생 배경에 대해 검토한 결과 재지 공인이 삼각형점토대토기 단계의 여러 무문토기에 환원염 소성 기술을 적용하여 와질토기를 만들어 낸 것임을 알 수 있었다. 재지 공인들이 참고한 견본이었을 성주 예산리 3호묘 단경호를 제외하면 진·변한지역에서 전국계의 회도灰陶는 출토되지 않았을 뿐더러 외지에서 회도 제작 기술을 지닌 공인이 이주해왔다고 상정할 만한 증거도 전혀 없음을 확인한 결과였다. 나아가 진한의 팔달동 유적과 변한의 다호리 유적에서 출토된 토기들의 와질토기화 양상을 살펴 더 구체적인 근거를 얻을 수 있었다. 즉, 팔달동유적에서는 '주머니호 → 단경호 → (점토대)옹 → 조합우각형파수부호 → 봉상파수부호'의 순서로, 다호리 유적에서는 '주머니호 → 단경호 → (점토대)

옹 → 조합우각형파수부호 → 봉상파수부호·장동파수부호 → 파수부발'의 순서로 무문토기가 와질화되고 있어서 두 유적의 기종별 진행 순서가 비슷하였고, 크기 측면에서도 작은 토기에서 큰 토기로의 방향성이 동일하였던 것이다. 이는 기존의 무문토기 제작 공인들이 와질토기의 제작 기술을 모든 무문토기에 한 번에 적용하지 않고 시차를 두었음을 의미한다. 재지 공인의 주체적인 기술 수용임을 알 수 있다.

진·변한의 군집 목관묘 등장은 와질토기 발생 이전이었다. 서기전 2세기 전반을 중심인 대구 월성동의 군집 목관묘에서는 와질토기가 전혀 출토되지 않았는데, 이 유적의 등장이 곧 마한과 구분되는 진·변한 정치체의 성립이다. 다만 아직은 진한과 변한의 구분이 보이지 않기 때문에 월성동 유적이 진한과 변한의 공통 조형인 것으로 이해하였다. 이후 대구 팔달동 유적과 창원 다호리 유적이 각각 등장하면서 비로소 진한과 변한이 분립한 것으로 보았으며, 두 유적의 등장기인 서기전 2세기 중엽이 곧 고고학적으로 본 삼한의 시작이라 할 수 있다.

팔달동과 다호리 유적에서 전형을 보이는 군집 목관묘와 와질토기는 진한과 변한 각지로 확산해 간다. 먼저 변한 지역에서는 '창원 → 밀양(서 김해) → 동 김해'의 순서로 군집 목관묘 등장 시기 차이가 확인되며, 당연히 이것은 와질토기의 등장 시차와도 일치한다. 이를 '선형線型 확산 모델'이라고 하였다. 진한의 군집 목관묘와 와질토기의 확산과정은 이와 달랐다. 즉, 대구 월성동 유적을 거점으로 하여 팔달동 중심의 금호강 하류역으로 확산하는 모습이 경주 하구리 유적을 거점으로 조양동·북토리로 대표되는 경주 분지 일대로 확산하는 양상과 거의 비슷하였고, 또 경산이나 성주에서도 거점 유적으로서 대구 월성동과 비슷한 유형의 와질토기 비공반 군집 목관묘가 존재할 수도 있다. 이런 점을 고려하여 진한의 군집 목관묘 확산 모델을 '거점형 확산 모델'이라 하였다. 향후 진한과 변한의 확산 모델의 세부적인 모습을 좀 더 구체화하고 개념적으로 유형화해 간다면 진·변한 소국의 개별 등장과정을 추정할 수 있는 근거로 발전시킬 수 있을 것이다.

* 이 장은 영남문화재연구원의 발표문과 한국학중앙연구원의 한국문화심층연구 공동연구과제의 연구결과물의 일부를 요약하고 추가 기술한 후 보완한 것이다.

박진일, 2016, 「대구 팔달동 유적 무문토기의 와질화와 그 의미」, 『제29회 조사연구회자료집』, (재)영남문화재연구원.

박진일, 2019b, 「무문토기의 와질화과정에서 보이는 전국 토기 제작기술의 수용방식」, 『철기시대 토기 제작기술의 확산과 수용』, 한국학중앙연구원출판부.

박진일, 2019c, 「전기 와질토기의 변한 지역 출현과 확산 과정」, 『철기시대 토기와 토기문화의 변동』, 한국학중앙연구원출판부.

제Ⅵ장 삼한三韓의 분묘墳墓

　삼한의 분묘를 이해하려면 삼한이 분립하기 이전 한韓의 분묘를 살펴야 하고 이후 진한과 변한으로는 어떻게 확산하였는가를 살펴야 한다. 고고학적으로 한의 분묘의 시작은 곧 서남한 지역의 군집 목관묘에 전국식 철기가 등장하는 것이다. 괴정동 유형이라 일컫는 철기를 부장하지 않은 단독 입지의 (적석)목관묘나 석관묘는 한 등장 이전 청동기시대 후기의 무덤이 된다. 단독 입지와 군집이라는 분묘의 밀집도를 제외하면 묘형墓型과 부장품에서 청동기시대 후기부터 마한에 이르는 분묘는 계통성을 가진 것들이 많다.
　이것을 가장 잘 보여주는 부장품은 점토대토기와 (흑색마연)평저장경호를 중심으로 한 토기이다. 청동기시대 후기에 등장한 단면 원형의 점토대토기(대부분 옹)는 한의 등장 직후 서남한에서 단면이 삼각형으로 변한다. 삼각형점토대토기는 영남 지역으로 전래된 후 번성하여 진·변한 군집 목관묘뿐만 아니라 생활 유적에서도 종종 출토된다. 원형점토대옹은 크기가 작아지면서 와질 주머니호로 변하기도 한다. 평저장경호(이하 장경호)는 일부 분묘 출토품처럼 정교한 흑색마연이 이루어진 것도 있지만, 대다수는 마연이 없는 것이다. 인천 백령도나 남양주 수석리 출토품처럼 파수가 붙은 것도 있는데, 환상파수부장경호에서 유래한 조합우각형파수부호라는 기종은 마한의 목관묘에도 부장한다. 진·변한으로 전래된 후에는 와질로 변한 후 진·변한 목관묘의 대표 부장 토기가 된다. 당연히 토기의 변화 과정은 한과 삼한의 분묘의 변화와 연동하기 때문에 분묘 변화 과정의 검토라는 것은 결국 토기를 포함한 부장품의 편년에 기초할 수밖에 없다.

위와 같은 기본 인식을 두고 청동기시대 후기와 한·마한에 이르는 경기~전북에 이르는 서남한의 토기의 형식을 설정하고 이를 근거로 시기를 나눈 후 시기별로 묘형을 검토하겠다. 검토하는 토기의 기종은 점토대토기, 장경호와 함께 이전까지는 잘 살피지 않았던 단경소호, 단경호와 조합우각형파수부호이다. 이후 점토대토기 등장기의 묘제를 설정하고 한과 삼한 분묘의 계승성과 특징을 고찰하겠다.

1. 한·마한 부장 토기의 형식과 분기

한과 마한의 부장 토기 중 가장 많이 알려진 것이 옹을 기본 기형으로 하는 점토대토기이다. 청동기시대 후기~마한에 이르기까지 서남한에서 출토되는 점토대토기는 거의 대부분이 옹이어서, 옹을 주종으로 하지만 다른 기종에도 점토대를 덧붙이는 진한·변한과는 다르다. 원형점토대옹은 서기전 5세기에 등장하여 서기전 200년을 전후하여 삼각형점토대옹으로 변하고 이후 점토대가 사라져 홑구연옹으로 변하는 것은 주지의 사실이다. 그런데 논산 원북리 유적에서 다수 출토된 것 같은 점토대가 없는 홑구연옹을 점토대옹의 연장선상에서 인식하지 않는 경우가 있다. 점토대가 없다는 것을 차치하고 옹이라는 기형의 유사성으로 보면 점토대옹의 계통으로 파악하여야 한다. 대전 괴정동 유적에서 원형점토대옹과 장경호가 같이 출토되면서 장경호 역시 연구 초기부터 주목하는 기종이 되었다. 정교하게 흑색마연이 된 것도 있고 그렇지 않은 것도 있어 모두를 흑색마연장경호라 부를 수는 없다. 지금까지 이 시기의 부장 토기 연구는 두 기종이 중심이었는데, 최근에는 부여 구봉리에서 출토된 것과 같은 단경소호나 완주 갈동에서 출토된 조합우각형파수부호 등도 심심치 않게 부장품으로 확인되고 있다. 이처럼 연구 초기보다 다양한 토기의 출토 사례가 쌓이고 있고 편년에 필요한 수량도 충분하여 현 시점에서 새로운 토기 편년 연구가 필요하다.

편년 연구를 위해 살피는 분묘의 시기와 지역은 다음과 같다. 한과 마한 분묘라 하였지만 시기적으로는 점토대토기와 장경호를 부장한 무덤, 즉 청동기시대 후기부터 마한까지의 분묘를 대상으로 하겠다. 지역적으로는 경기도, 충청북도, 충청남도와 전라북도를 대상으로 한다. 전라남도는 광주 신창동과 같은 옹관묘가 유행한 지역으로 서기전의 한·마한과는 다른 시각으로 접근하여할 필요가 있기 때문이다. 또 비슷한 양상을 보이는 경기도와 충청북도는 하나로 묶어 살피겠다.

첫 번째, 충청남도는 아산 매곡리 다2-1호묘처럼 점토대토기문화 등장기의 무덤도 있지만 곧 대전 괴정동처럼 화려한 청동기를 부장하는 무덤이 축조된다. 이후 논산 원북리나 세종(舊 연기) 장재리 유적(백제문화재연구원 2013)처럼 군집 목관묘도 등장하지만, 기본적으로는 철기 없이 청동기를 부장한 단독 입지의 분묘가 중심이다. 물론 당진 소소리나 부여 합송리, 공주 수촌리처럼 철기를 부장하는 무덤도 존재하지만, 기존의 청동기를 부장하는 무덤에 교역이나 교환으로 입수한 철기 몇 점을 부장한 사례라 생각한다. 충청남도는 등장기의 분묘부터 홀구연옹이 출토된 논산 원북리 유적까지 청동기시대 후기~마한 무덤의 다양한 양상을 살필 수 있는 곳이다. 두 번째, 경기도는 안성 반제리 유적처럼 일찍부터 점토대토기를 부장한 분묘가 등장하지만 군집하지 못한 채 세기 이하만 조영되는 특징을 보인다. 이런 양상은 충청북도에서도 확인되는 양상으로 두 지역은 초기철기의 양상도 뚜렷하지 않다. 그래서 한과 마한 분묘의 주변지역으로 같이 묶어 살피겠다. 세 번째, 전라북도는 경기도나 충청남도처럼 아주 이른 시기의 무덤은 보이지 않는 곳이다. 전주 여의동 유적(전주대학교 박물관 1990)처럼 한국식동검 단계의 청동기를 부장한 단독 무덤이 조영되기는 하였지만, 이 지역에서 본격적으로 무덤을 축조하기 시작하는 시기는 초기철기의 등장 즈음으로 삼한의 기원이 되는 곳이다.

1) 주요 분묘와 부장품 검토

(1) 충청남도

충청남도에서 살펴볼 주요 분묘[53]와 부장품은 **표 6-1**과 같다. 충청남도는 한

---

53 부여 구봉리나 청송리에서 유구는 확인되지는 않았지만 분묘로 추정된다.

표 6-1 충청남도의 주요 분묘와 부장품

연번	출토지	부장 토기	그 외 부장품
1	공주 수촌리 1	점토대옹, 장경호	동검, 검파두식, 동모, 동부, 동사, 동착
	공주 수촌리 적석목관	장경호?	동검, 검파두식, 동착, 철부, 철사, 유리관옥
2	금산 수당리 M1	점토대옹, 장경호	
3	논산 산노리 가1	점토대옹, 장경호	
4	논산 원북리 나1적석목관	홑구연옹	동사
	논산 원북리 나1	단경소호	동부, 정문경
	논산 원북리 나2	홑구연옹, 단경소호	
	논산 원북리 나6		동검, 동사, 동착, 정문경
	논산 원북리 나10	토기편	동검
	논산 원북리 나12		석촉, 철기편
	논산 원북리 나13	홑구연옹	
	논산 원북리 다1		동검, 검파두식, 동부, 동착, 정문경, 철부
5	논산 정지리 Ⅰ지역 1		동검, 철도자
	논산 정지리 Ⅰ지역 2	장경호	동검, 검파두식, 동사
	논산 정지리 Ⅰ지역 3	장경호	
6	당진 소소리	장경호	동검, 검파두식, 동과, 정문경, 유리관옥, 철부, 철착
7	대전 괴정동	점토대옹, 장경호	동검, 동착, 원개, 방패, 검파형동기, 동탁, 조문경곡옥, 석촉
8	대전 궁동	점토대옹, 장경호	검파두식
9	대전 노은동 A1지구	점토대옹	
10	대전 도안동 음지말	점토대옹(양뉴)	벽옥제 곡옥
11	보령 관창리 KM437	점토대옹, 장경호	동경, 관옥
12	부여 구봉리	장경호, 단경소호	동검, 동과, 동모, 동부, 동착, 동사, 정문경
13	부여 청송리		동검, 검파두식, 동모, 동부, 동과, 동사, 동착, 동령, 정문경
14	부여 합송리	장경호	동검, 동과, 정문경, 철부, 철착
15	서산 동문동	장경호	동검, 검파두식, 검초연결구, 동과, 주조철부, 철사, 석촉
16	서천 봉선리 3 - Ⅲ구역	점토대옹, 장경호	관옥
17	아산 권곡동 6	점토대옹, 장경호	석촉
18	아산 남성리	점토대옹, 장경호	동검, 선형동부, 동착, 방패, 검파형동기, 정문경
19	아산 매곡리 다2-1		선형동부, 동착, 동사
20	아산 풍기동 앞골	장경호, 토기편	
21	세종 장재리 1	점토대옹, 장경호	동검2, 동부, 동착
	세종 장재리 2	원형점토대옹	
	세종 장재리 3	점토대옹(양뉴), 단경소호	
	세종 장재리 4	직구호	동사

연번	출토지	부장 토기	그 외 부장품
21	세종 장재리 5	토기편	
	세종 장재리 6	홑구연옹	
	세종 장재리 7	홑구연옹	
	세종 장재리 8	홑구연옹	
22	예산 동서리	장경호	동검, 원개, 나팔, 검파형동기, 관옥, 석촉, 조문경
23	청양 분향리	점토대옹, 장경호	유구석부, 석촉
24	홍성 석택리	점토대옹, 장경호	

국식동검문화의 중심 지역으로 대전, 아산, 부여 등을 중심으로 하여 청동기를 다량 부장하는 단독 입지의 (적석)목관묘가 특징적인 곳이다.

가장 주목되는 부장품은 역시 한국식동검을 비롯한 각종 청동기다. 익히 잘 알려진 대전 괴정동 유적에서는 한국식동검을 비롯하여 방패형동기, 검파형동기, 동탁과 조문경 등 다양한 청동기가 출토되었다. 이와 비슷한 출토품의 조합을 보이는 분묘로 아산 남성리나 예산 동서리가 손꼽혀 왔다. 최근 확인된 부여 청송리 유적(국립부여문화재연구소 2017)에서는 한국식동검, 동모, 동부, 동과와 동령 등이 확인되었지만 유구는 보고되지 않았다. 출토품의 성격과 조합으로 보아 분묘 출토품일 것으로 생각할 수 있다. 아산 매곡리 다2-1호묘에서는 선형동부, 동착과 함께 바닥이 편평扁平하고 인부刃部가 넓은 동사가 출토되었는데, 한국식동검과는 공반되지 않았다.

충청남도에서는 전국식 철기가 확인되기도 한다. 당진 소소리 유적에서는 주조철부와 주조철착이 한국식동검, 검파두식, 동과, 정문경 등과 함께 출토되었다. 부여 합송리 유적에서도 주조철부와 주조철착이 한국식동검, 동과, 정문경과 출토된 바 있으며, 공주 수촌리 적석목관묘[54]에서도 주조철부, 철사와 함께 한국식동검과 검파두식이 출토되었다. 또 논산 원북리 다1호묘(중앙문화재연구원 2001)에서는 단면과 평면이 장방형인 주조철부가 한국식동검, 검파두식, 정문경과 함께 출토되었다. 이외에도 논산 정지리(가경고고학연구소 2013), 서산 동문동 유적(충청문화재연구원 2017)에서 철기가 출토된 바 있다. 한편 공주 수촌리 적석목관묘와 당진 소소리 유적에서는 유리관옥이 출토되었는데 초기철기

---

54 보고서의 유구 명칭을 따른 것이다.

의 부장과 관계가 있는 것으로 생각할 수 있다.

토기의 부장 양상을 살펴보면 연구 초창기부터 알려진 점토대옹과 장경호가 기본 조합이 된다. 공주 수촌리 1호묘, 금산 수당리 M1(충남대학교백제연구소 2002), 금산 산노리 가1호묘, 대전 괴정동, 대전 궁동(충남대학교박물관 2006), 보령 관창리 KM437(고려대학교 매장문화재연구소 1997), 서천 봉선리 3 - Ⅲ구역(충청남도역사문화원 2005), 아산 권곡동 6호묘(중앙문화재연구원 2006), 아산 남성리, 청양 분향리(충청남도역사문화연구원 2006), 홍성 석택리(동방문화재연구원 2017), 세종 장재리 1호묘(백제문화재연구원 2013) 등 많은 무덤에 점토대옹과 장경호 각 1점을 부장하였다. 물론 단면 삼각형도 있다. 논산 원북리 나2호묘의 홑구연옹도 같은 맥락이다. 이와는 달리 세종 장재리 2호묘처럼 점토대옹만 부장한 곳도 있고, 부여 구봉리처럼 장경호만 부장한 곳도 있다. 더불어 충청남도에서 주목되는 부장 토기는 단경소호이다. 부여 구봉리 유적 출토품이 전형인데 논산 원북리 나1호묘, 나2호묘와 세종 장재리 3호묘에서 출토되었다. 가장 주목되는 점은 이 지역 최대 군집 목관묘인 논산 원북리(논산 정지리 포함) 유적에서는 점토대옹이 전혀 출토되지 않았다는 점이다. 홑구연옹만 보이는데, 출토 맥락이나 공반 유물 등으로 미루어 본다면 점토대가 사라진 이후의 홑구연옹인 것은 확실하다.

한편 분묘의 군집도를 살펴보면 군집하지 않은 채 1기의 분묘가 단독 조성된 것이 대부분을 차지한다. 3기 이하가 확인 된 곳은 공주 수촌리 유적(충청남도역사문화원 2007)과 논산 정지리 유적(가경고고학연구소 2013)이다. 그런데 정지리 유적은 논산 원북리 유적과 연접하고 있으므로 원북리 유적의 일부로 보아도 무방하다. 이런 상황으로 봤을 때 충청남도에서 진정한 의미의 군집 목관묘는 정지리를 포함한 논산 원북리 유적과 세종 장재리 유적밖에 없다.

(2) 경기도와 충청북도

경기도와 충청북도에서 조사된 주요 분묘와 부장품 **표 6-2**와 같다. 경기도는 잘 알려져 있다시피 원형점토대토기의 등장지로 추정되는 곳이다. 많은 연구자들은 일찍부터 남양주 수석리 유적을 점토대토기 등장기의 취락으로 생각해 왔으며 토기와 석기의 출토 양상으로 보아 타당하다. 더불어 안성 반제리 유적 역시 한반도에 도래한 점토대토기인들이 살던 초기 고지성 취락이다. 수석

표 6-2 경기도와 충청북도의 주요 분묘와 부장품

연번	출토지	부장 토기	그 외 부장품
1	성남 삼평동 19구역 가	점토대옹, 장경호	
2	수원 율전동 Ⅱ1	장경호	
3	안성 만정리 2지점 나1		석촉, 철촉
	안성 만정리 4지점 1		동검
	안성 만정리 6지점 1	점토대옹, 장경호	석도
4	안성 반제리 1	점토대옹, 장경호	방추차
	안성 반제리 2	점토대옹, 장경호	
	안성 반제리 3	장경호	
5	오산 탑동	점토대옹	
6	용인 농서리 2지역 1	장경호	유경식석검, 석촉, 검파두식
7	파주 당하리 Ⅱ구역 1	점토대옹, 장경호	
	파주 당하리 Ⅱ구역 2		동체편
8	파주 와동리 Ⅰ-11지점	홑구연옹	
9	파주 운정Ⅰ 5지점 1	점토대옹	토기편, 동검, 검파두식
10	평택 소사벌 2지점 1	점토대옹, 장경호	방추차
11	평택 양교리		곡옥
12	평택 율북리 6-2-2	점토대옹	동검, 주조철부
13	평택 토진리	점토대옹2	
14	평택 한산리	점토대옹	
15	화성 발안리 1	점토대옹, 장경호	
	화성 발안리 2	점토대옹, 장경호	
16	인천 검단동 Ⅲ-3 A구역	점토대옹, 장경호	
	인천 검단동 Ⅴ-1 B구역	점토대옹, 장경호	주조철부
17	인천 검암동 1	점토대옹, 장경호	동검, 주조철부, 단조철편
18	인천 운양동	점토대옹	
19	청주 가경동	장경호	동검
20	청주 마산리	점토대옹, 장경호	
21	청주 비하동	점토대옹, 장경호	방추차, 동검
22	청주 오송 7지점 1	장경호, 단경소호	동검
	청주 오송 12지점 1-1	장경호, 단경소호2	동검5, 동과, 동착, 동사2, 정문경, 검파두식, 석도
	청주 오송 12지점 1-2	장경호, 단경소호	동부, 석촉12, 석착, 방추차4, 지석4
	청주 오송 13지점 1		토기저부
23	청주 주성리 1지구	장경호	동사, 정문경
24	충주 금릉동	장경호	
25	충주 호암동 Ⅰ-2 적석목관	장경호	동검, 동모, 동과, 동사, 동착, 동부, 정문경, 칠기
	충주 호암동 Ⅰ-2	단경소호, 단경호	동사
	충주 호암동 Ⅱ-1	장경호, 단경소호	동검

리 유적에서는 분묘가 확인되지 않았지만, 반제리 유적에서는 대규모 생활유구가 존재함에도 분묘는 단 3기만 조사되어 등장기의 점토대토기집단의 불안정했던 상황을 짐작하게 한다. 충청북도는 점토대토기와 한국식동검을 부장한 무덤의 조사 사례가 매우 드문 지역이었다. 유적은 최근 대규모 조사가 있었던 오송 유적을 비롯하여 대부분 청주 지역에 분포하고 있다. 또 충주에도 호암동(중원문화재연구원 2017)과 금릉동 유적(충북대학교박물관 2007)이 조사되었다. 충청북도에서 청주와 충주를 제외하고는 이 시기의 분묘가 조사되지 않았다. 경기도에서는 청동기를 다량 부장하는 단독 입지의 (적석)목관묘가 확인되지 않았고 토기, 청동기, 철기 모두 빈약한 부장양상을 보인다. 이에 비해 청주 오송과 청주 호암동에서는 대규모 청동기를 부장한 분묘가 확인되어 대조를 이룬다.

부장품을 살펴보면 먼저 청동기는 전체 분묘에서 출토되는 비율도 낮지만 부장했더라도 한국식동검이나 동사, 정문경 등 한두 점만 보인다. 하지만 청주 오송 12지점 1-1호묘에는 한국식동검 5점을 비롯하여 동과, 동착, 동사, 정문경, 동사 등을 부장하였다. 이와 함께 충주 호암동 Ⅰ-2호 적석목관묘도 청동기 부장양이 많은데, 한국식동검을 비롯하여 동모, 동과, 동사, 동착, 동부와 정문경을 부장하였다. 오송 12지점 1-1호묘와 호암동 Ⅰ-2호 적석목관묘는 경기도와 충청북도에서 매우 우월적인 지위를 가진 무덤이다. 대전 괴정동 같은 단독입지 적석목관묘와 비견되는 양상이다. 이 두 사례를 제외하면 경기도와 충청북도에서 청동기를 다량으로 부장한 사례는 전혀 없다. 곧 살필 전라북도보다 청동기의 질과 양이 떨어진다.

한편 전국계 철기로 볼 만한 부장품은 없다. 충청북도에서 철기를 부장한 무덤은 아직 발견되지 않았다. 안성 만정리 2지점에서 출토된 철촉은 철사를 재가공한 것이다. 또 인천 검단동(대동문화재연구원 2016)과 검암동(중부고고학연구소 2014)에 부장한 철부는 초기철기가 아닌 것으로 보인다.

토기의 부장 양상을 살펴보면 충청남도와 마찬가지로 점토대옹과 장경호를 기본 조합으로 한다. 두 기종이 모두 출토된 곳으로는 안성 만정리 6지점, 평택 소사벌 2지점 1호묘, 화성 발안리 1·2호묘(경기문화재연구원 2007), 청주 마산리(중앙문화재연구원 2005), 청주 비하동과 인천 검암동이 있다. 인천 검암동의 점토대옹은 단면 삼각형이고, 안성 만정리의 점토대옹은 소형으로 작은 원형점토대를 붙인 것이다. 또 파주 와동리 Ⅰ-11지점(기전문화재연구원 2009b)에서는 홑구연옹도 출토되었다. 그 외에 점토대옹이나 장경호 1점만 부장한 곳도 여러 곳이다. 단경소호는 청주 오송에서 3점, 충주 호암동에서 2점이 출토되었는데 경기도에서는 보이지 않는다.

한편 분묘의 군집도를 살펴보면 군집하지 않은 채 1기의 분묘가 단독 조성된 곳이 대부분을 차지한다. 2~3기가 확인된 곳은 안성 만정리, 안성 반제리, 화성 발안리, 인천 검단동과 청주 오송, 청주 호암동 유적이 있다. 논산 원북리 같은 군집 목관묘는 아직 확인되지 않았다.

(3) 전라북도

전라북도에서 살펴볼 주요 분묘와 부장품은 **표 6-3**과 같다. 전라북도는 서남한 군집 목관묘의 최대 밀집지역으로 특히 전주와 완주를 중심으로 분묘의 수와 전국식 철기의 부장양은 다른 지역을 압도한다. 한국식동검을 비롯한 청동기를 다량 부장하는 단독 입지의 (적석)목관묘의 확인사례는 충청남도보다 적다. 초기철기 등장 이후 분묘가 폭발적으로 증가하는 것을 알 수 있는 곳이다. 충청남도, 충청북도와 경기도에서 확인된 이 시기 분묘의 합보다 전라북도 분묘의 수량이 많을 정도이다.

먼저 청동기를 살펴보면 군산 선제리 적석목관묘 출토품이 주목된다. 한국식동검과 함께 검파형동기, 선형동부, 동착, 동사와 관상동기가 출토되었다. 여기서는 점토대옹, 평저장경호와 더불어 천하석제 환옥도 다수 확인되었다. 전라북도에서 처음으로 출토된 검파형동기라 주목된다. 이외에도 김제 서정동Ⅱ(전라문화유산연구원 2014), 완주 갈동, 완주 덕동, 완주 신풍, 익산 평장리, 장수 남양리, 전주 여의동, 전주 원장동(전북문화재연구원 2013a) 등 많은 유적에서 한국식동검을 비롯하여 검파두식, 선형동부, 다뉴경, 동사, 동착, 동모 등 많은 청동기가 출토되었다.

철기는 완주 일대의 군집 목관묘에서 압도적인 출토수량을 보인다. 초기철기를 최초로 부장한 곳으로 알려진 완주 갈동, 완주 신풍 유적과 더불어 김제 서정동, 익산 신동리, 장수 남양리의 군집 목관묘에서 철기가 출토되었다. 주요 철기로는 전국계인 철도자, 주조철부, 주조철착과 주조철겸이 있고 이와 더

표 6-3　전라북도의 주요 분묘와 부장품

연번	출토지	부장 토기	그 외 부장품
1	고창 왕촌리	장경호2	
2	군산 둔율리	장경호2	
3	군산 선제리	점토대옹, 장경호	동검, 선형동부, 검파형동기, 동사, 동착, 관상동기, 환옥
4	김제 부거리XII	점토대옹, 장경호(추정)	
5	김제 산치리 2	점토대옹(추정), 장경호(추정)	석촉
6	김제 서정동 2		동부, 동사, 동착, 정문경
6	김제 서정동 3	단경소호	
6	김제 서정동 4	점토대옹, 장경호	동사
7	김제 서정동Ⅱ-1		동검, 검파두식, 단조철겸, 철모공부
7	김제 서정동Ⅱ-2		석촉, 주조철부2
7	김제 서정동Ⅱ-3	점토대옹 장경호	
7	김제 서정동Ⅱ-5	점토대옹, 장경호2, 대부호	
7	김제 서정동Ⅱ-6		석촉, 유리관옥
8	김제 수록리A-1		동부
8	김제 수록리A-3	토기저부, 토기구연편	
8	김제 수록리A-4	토기저부	
8	김제 수록리A-6	소호	
8	부장품 없음	2, 5, 7호	
9	순창 동촌리		동검, 동부, 동사, 동착, 지석
10	완주 갈동 1		동검 거푸집
10	완주 갈동 2	장경호	파수, 유리환, 주조철겸
10	완주 갈동 3	점토대옹, 장경호	동촉, 유리관옥, 주조철겸, 주조철부
10	완주 갈동 4	점토대옹3+, 조합우각형파수부호, 조합우각형파수, 대부단경호,	주조철부
10	완주 갈동 5	장경호	정문경
10	완주 갈동 6	장경호, 조합우각형파수부호	주조철부, 철사
10	완주 갈동 7		정문경
10	완주 갈동 8	천발	동모
10	완주 갈동 9		동사, 동부, 주조철부
10	완주 갈동 10	점토대옹	
10	완주 갈동 11		소호, 유리관옥?
10	완주 갈동 12		동검
10	완주 갈동 13	완, 호편	
10	완주 갈동 14		동검

연번	출토지	부장 토기	그 외 부장품
11	완주 덕동 D1	점토대옹2, 단경소호, 원저소호	동검, 동사, 정문경, 석촉
	완주 덕동 D2	대부소호	동부, 동사, 동착, 지석
	완주 덕동 D3	점토대옹(추정), 조합우각형파수부단경호	
	완주 덕동 F1	장경호	
	완주 덕동 F2		검파두식, 동과
	완주 덕동 G1	장경호	동검, 동부
	완주 덕동 G2		동검, 조문경
12	완주 둔산리 1-3	단경소호	동부, 동사
	완주 둔산리 1-4		동검
	완주 둔산리 1-5		동검
	완주 둔산리 2-1	장경호, 단경소호	
	완주 둔산리 2-4	단경소호	동검
	완주 둔산리 2-5	천발	
	완주 둔산리 2-8	단경소호	
	완주 둔산리 2-13	장경호	
	완주 둔산리 2-14	점토대옹(추정), 장경호	동검, 동사
	완주 둔산리 2-15	점토대옹, 장경호	
	완주 둔산리 2-17	장경호	동부
13	완주 수계리 1	장경호	
	완주 수계리 2	점토대옹(추정)	
	완주 수계리 3	점토대옹	방추차
	완주 수계리 5		동검
14	완주 신풍 가2	장경호	정문경
	완주 신풍 가3	단경소호(대부)	
	완주 신풍 가5	장경호	
	완주 신풍 가7	점토대옹	
	완주 신풍 가8	발	발
	완주 신풍 가9	점토대옹	
	완주 신풍 가10	장경호	
	완주 신풍 가11	토기저부	
	완주 신풍 가13	점토대옹, 장경호	
	완주 신풍 가15	점토대옹, 장경호	
	완주 신풍 가16	장경호	
	완주 신풍 가19	점토대옹, 단경소호	동사
	완주 신풍 가22		동검, 철부
	완주 신풍 가24	토기동체편	
	완주 신풍 가25	토기저부편	

연번	출토지	부장 토기	그 외 부장품
14	완주 신풍 가27	장경호	
	완주 신풍 가29	점토대옹	
	완주 신풍 가30	단경소호	
	완주 신풍 가31	토기구연편	정문경
	완주 신풍 가32	토기동체편	
	완주 신풍 가33	장경호	
	완주 신풍 가34	토기저부편	
	완주 신풍 가35		동착, 정문경
	완주 신풍 가36	장경호2	철부
	완주 신풍 가37	장경호, 천발	
	완주 신풍 가39	점토대옹, 소호	
	완주 신풍 가40		동착, 철기편
	완주 신풍 가41	토기저부, 토기동체편	철착2
	완주 신풍 가42	장경호	석촉, 관옥, 유리관옥, 유리환옥, 유리환, 철도자
	완주 신풍 가43	장경호	정문경, 철사, 철도자
	완주 신풍 가44	장경호	
	완주 신풍 가45	장경호	
	완주 신풍 가47		동검, 철부
	완주 신풍 가49	점토대옹, 장경호, 단경소호, 송국리형토기, 원통형토기	
	완주 신풍 가51		철도자
	완주 신풍 가53	점토대옹3, 장경호3, 조합우각형파수부호, 발	동검, 검파두식, 동과, 관옥
	완주 신풍 가54	장경호5	동사, 간두령, 철부, 철도자
	완주 신풍 가55	점토대옹, 장경호, 조합우각형파수부호2	정문경
	완주 신풍 가56	장경호, 대부발	철부, 철도자
	완주 신풍 가57	점토대옹, 장경호	석촉, 철촉3
	완주 신풍 나1	점토대옹	정문경
	완주 신풍 나2	점토대옹	
	완주 신풍 나4	장경호	동검
	완주 신풍 나6	토기저부	
	완주 신풍 나7	장경호	
	완주 신풍 나10	장경호	
	완주 신풍 나12	토기저부	
	완주 신풍 나19	환상파수부장경호	
	완주 신풍 나21		정문경
	완주 신풍 나22		동사, 동착
	완주 신풍 나23	장경호	동검, 검파두식, 동과, 동사, 동착, 정문경
	완주 신풍 나24	토기편	

연번	출토지	부장 토기	그 외 부장품
15	익산 계문동	토기편	검파두식, 철촉, 철도자
16	익산 구평리Ⅱ-1	점토대옹, 장경호	동검
	익산 구평리Ⅱ-2	점토대옹	
	익산 구평리Ⅱ-3	점토대옹2, 평저단경호	
	익산 구평리Ⅱ-4	점토대옹, 장경호	
17	익산 다송리	토기편	동포, 조문경, 관옥
18	익산 서두리1		동사
19	익산 신동리 6-1	장경호	
	익산 신동리 7-1	점토대옹	동검, 검파두식, 철부
	익산 신동리 7-2	점토대옹	철사
20	익산 오룡리 3지점	점토대옹, 장경호	동검, 석촉
	익산 오룡리 4지점	장경호	
	익산 오룡리 5-1	점토대옹, 장경호	동검, 석촉
	익산 오룡리 5-2	점토대옹, 장경호	동검, 엽맥문경
21	익산 평장리		동검, 동모, 동과, 초엽문경
22	장수 남양리 1	장경호경부	동검, 검파두식, 동모, 정문경, 석도, 석촉, 철부, 철착
	장수 남양리 2	점토대옹	철사, 유리관옥
	장수 남양리 3		동검, 검파두식, 철부, 철사
	장수 남양리 4		동검, 검파두식, 동모, 동착, 정문경, 철부, 철착, 철사, 유리관옥
	장수 남양리 5	장경호	
23	전주 마전 Ⅳ구역	점토대옹, 토기편	
24	전주 만성동	장경호	동검, 검파두식, 동사, 정문경, 관옥
25	전주 여의동	장경호	선형동부, 동착, 조문경
26	전주 원장동 G1		동검, 검파두식, 동과, 동사, 동부, 정문경, 관옥
	전주 원장동 G2	평저단경호	동검
	전주 원장동 G3	장경호	동검, 검파두식, 석촉
	전주 원장동 G4	점토대옹	
	전주 원장동 G5	장경호	동검, 동사
27	전주 중동A 다1	점토대옹2+, 두형토기, (우각형)파수, 저부	
28	전주 중인동 1	점토대옹, 토기저부	
	전주 중인동 6	점토대옹, 장경호	
	전주 중인동 7	천발, 토기저부	
29	전주 중인동 하봉	점토대옹2	동부
30	전주 중화산동 8	점토대옹	
	전주 중화산동 12	소형 발	

연번	출토지	부장 토기	그 외 부장품
31	전주 효자 4		동검, 정문경, 환옥, 관옥
32	정읍 정토리	점토대옹, 장경호	

불어 단조제인 철사도 종종 출토된다. 이중 김제 서정동 Ⅱ-1호묘에서 출토된 단조철겸과 철모공부는 이 시기 서남한에서 출토 사례가 거의 없는 것으로 진·변한과의 관련성을 검토해봐야 할 유물이다. 더불어 주조철기와 세트 관계인 유리제품도 완주 신풍, 장수 남양리나 김제 서정동 유적 등에서 출토되었다. 이처럼 전라북도 지역의 철기는 등장기의 전국식 주조철기부터 철사, 단조철겸, 철모까지 종류도 다양하고 수량 또한 많다. 앞서 살핀 충청남도에서 주조철부와 주조철착이 출토되는 것과 다른 양상으로 전라북도가 서남한 초기철기문화의 중심지임을 보여주는 증거이다.

토기의 부장 양상 역시 앞서 살핀 충청남도, 경기도, 충청북도와 다르다. 군산 선제리 유적처럼 괴정동 유형 단계의 단독묘는 점토대옹과 장경호를 기본으로 한다. 김제 부거리 유적(전북문화재연구원 2014)이나, 김제 서정동 4호묘, 완주 둔산리 2-14호묘(전라문화유산연구원 2017), 익산 구평리 Ⅱ-1호묘, 전주 중인동 6호묘(전북문화재연구원 2008a) 등 이런 토기 조합을 가진 분묘는 많다. 당연히 다른 지역처럼 점토대옹이나 장경호 하나만 부장한 무덤 역시 많다. 점토대옹은 구연의 단면이 원형에서 삼각형으로 변해가는 모습을 보이는데 가장 대표적인 삼각형점토대옹이 완주 갈동 4호묘 출토품이다. 하지만 이 지역 부장 토기의 가장 큰 특징은 다른 지역에서는 전혀 보이지 않던 새로운 기종의 부장이다. 대표적인 것이 조합우각형파수부호인데 완주 갈동 4·6호묘와 완주 신풍 가53·55호묘 등 주로 완주 지역에서 출토되는 특징을 보인다. 또 평저 단경호도 완주 신풍 나19호묘, 완주 덕동 D3호묘와 익산 구평리 Ⅱ-3호묘 등지에서 출토되었다. 단경호에는 소형의 환상파수가 붙은 것도, 조합우각형파수가 붙은 것도 있다. 물론 충주 호암동 유적에서 단경호가 출토된 사례가 있기는 하지만 이것을 제외하면 모두 전라북도에서만 출토되었다. 단경소호는 주로 충청남도를 중심으로 출토되는 기종인데 김제 서정동 3호묘에서 구연부가 파손된 채 출토되었다. 또 창원 다호리 유적에서 출토되었던 원통형 토기도 신풍 가59호묘에서 확인되었다. 진·변한 초기 군집 목관묘부터 부장이 이루어지는 두형토기가 출토된 것으로 보고된 전주 중동A 다1호묘는 보고자도 지적하듯이 주변의 생활유적 토기가 교란되어 유입되었을 가능성이 높다.

분묘의 군집도 역시 주목된다. 군산 선제리나 전주 여의동처럼 단독 입지의 분묘가 각지에 분포하며 3기 이하의 군집을 보이는 익산 신동리나 익산 오룡리 5지점(원광대학교 마한·백제문화재연구소 2013)도 있다. 하지만 논산 원북리 유적을 제외하면 10기 이상의 대규모 군집은 전라북도에서만 확인되는 양상이다. 한수영(2015)에 따르면 15기 이상의 군집은 완주 신풍, 완주 갈동, 전주 중화산동(전북문화재연구원 2008c)에서 확인되었으며, 11기 미만의 군집묘는 익산 구평리Ⅱ, 김제 서정동, 서정동Ⅱ와 수록리(군산대학교박물관 2014), 전주 원장동과 중인동, 완주 덕동, 정읍 정토 유적(전주문화유산연구원 2013) 등에서 확인되었다. 대부분 철기를 부장하는 특징이 있어 철기의 등장과 분묘의 군집화 사이에 중요한 연계가 있을 것이라고 추정할 수 있겠다. 또 유리 제품 역시 전라북도 이 시기 목관묘에서 종종 발견되는 것으로 철기의 등장과 관련되어 있음은 주지의 사실이다.

2) 부장 토기의 형식 설정과 변천

앞서 충청남도, 경기도, 충청남도와 전라북도의 청동기시대 후기~마한의 주요 분묘와 부장품을 살펴보았다. 이 시기 분묘의 편년은 부장품 중 한국식동검을 비롯한 청동기를 대상으로 하는 경우가 많았는데, 전국식 철기를 비롯한 철기의 편년 연구도 증가하고 있다. 아마도 10여 년 전까지만 해도 분묘에 부장한 토기의 수량 자체가 많지 않아 형식 설정이 어렵다는 현실적인 한계 때문이었을 것이다. 더불어 점토대옹과 장경호라고 하는 두 기종만으로 편년만으로 분묘의 상대 순서를 살피기에 쉽지 않은 문제도 있었다. 하지만 현재는 분묘에서 출토한 토기의 종류와 수량이 충분하여 이를 통한 분묘 편년이 가능한 수준에 이르렀다고 생각한다. 따라서 분묘 부장품 중 청동기와 철기는 보조 자료로 활용하고 토기의 형식과 조합에 따라 편년하겠다. 현재까지 확인된 기종 중에서 시간 축에 따른 형식 설정은 점토대옹, 장경호, 단경소호, 단경호와 조합우각형파수부호가 가능하다고 생각한다. 이외에도 천발, 원통형 토기 등의 기종도 출토되었지만 수량 자체가 적어 편년 자료로 적당하지 않다.

(1) 점토대옹粘土帶甕

중국 동북지역의 단면 원형 또는 단면 삼각형 이중구연토기에서 기원한 점토대옹 중 한반도에 등장한 것은 단면 원형점토대옹뿐이다. 이후 점토대의 단면이 삼각형으로 변했다가 최후에는 점토대가 사라진 홑구연으로 변하는 것이 정설이다. 연구 초기에는 경주 금장리에서 출토된 것과 같은 단면 타원형점토대옹을 원형과 삼각형 사이에 위치시키기도 하였다. 원형에서 타원형으로의 변화는 당연하지만 타원형에서 삼각형으로의 변화가 확실하지 않을 뿐더러 일부 지역에서만 확인되는 양상으로 일반화시키기 어렵다는 한계가 명확하여 최근에 이를 지지하는 연구자는 없다. 단면 타원형점토대옹은 단면 원형의 점토대를 변형한다는 점에서 삼각형점토대옹과 같은 방향성과 시간 축을 가지는 것으로 본다. 곧 시간의 흐름에 따라 '단면 원형 → 단면 삼각형 → 홑구연'으로의 변화를 보이는 단선론적單線論的 변천이 핵심 논지였다.

그런데 위와 같은 인식으로는 청주 비하동과 안성 만정리 6지점에서 출토된 원형점토대 소형옹(그림 6-1-4, 5)은 잘 이해되지 않는다. 이 형식은 여느 점토대옹보다 훨씬 작은데, 영남의 초기 군집 목관묘인 월성동이나 팔달동 유적에서는 와질 주머니호가 등장 직전까지 삼각형점토대옹과 함께 출토된다. 따라서 원형점토대 소형옹과 삼각형점토대옹은 동시기에 따로 존재한 각각의 형식으로 인식할 필요가 있다. 기존 단선론적 인식에서 이런 소형옹의 점토대가 원형이라는 이유만으로 삼각형점토대옹보다 이른 시기로 설정하게 되면 진·변한에서 와질토기가 등장하기 직전의 원형점토대 소형옹을 완주 신풍 유적 4호묘에 부장한 가장 이른 시기 삼각형점토대옹보다 이른 형식으로 보아야 한다. 이런 형식 설정 상의 오류를 보완하기 위해 점토대옹의 계열을 분리하여 '소형화' 계열과 '홑구연화' 계열로 나누어 살피겠다. 각각 I식과 II식으로 설정한다.

무덤에 부장한 점토대옹 중 가장 이른 형식은 경기도의 안성 반제리 2호묘에서 장경호와 함께 출토된 것이다(그림 3-15). 이 토기는 마치 팔달동 45호묘에서 출토된 원형점토대가 붙은 주머니호를 연상시킨다. 물론 두 유물은 시기가 전혀 다르다. 기고에 비해 구경이 비교적 넓고 양쪽에 유乳가 붙은 모습이다. 이와 같은 형식으로 볼 만 한 것이 금산 수당리와 논산 산노리에서 출토된 것으로 점토대토기 Ia식으로 설정한다. 이 형식이 한 계열은 소형으로 또 다른

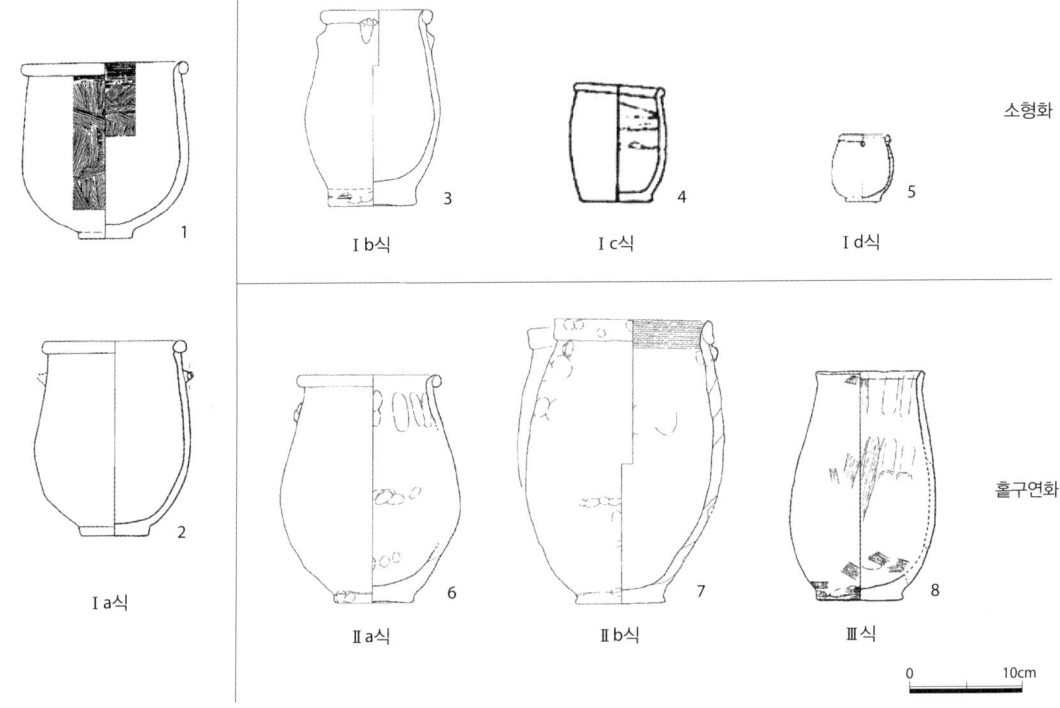

그림 6-1 점토대토기의 형식
1: 금산 수당리 M1 | 2: 논산 산노리 | 3: 장수 남양리 2호 | 4: 청주 비하동 | 5: 안성 만정리 6지점 | 6: 완주 갈동 3호 | 7: 완주 갈동 4호 | 8: 논산 원북리 나2호

계열은 홑구연으로 변하는 것이다.

　먼저 소형화 계열의 최후 형식은 안성 만정리 6지점의 소형옹이다. 소형옹은 기고가 12cm 이하로 구연단에 작은 원형점토대를 붙인 형식이다. 기고가 10cm 내외인 것(Ic식)과 6cm인 것(Id식)으로 나눌 수 있다. 그 사이에는 수당리 M1 출토품보다 동최대경이 줄어들어 기고에 비해 동최대경이 확실히 작아지는 Ib식(장수 남양리 2호묘 출토품)과 Ic식(청주 비하동 출토품)을 둘 수 있을 것이다. 홑구연화 계열 역시 Ia식이 조형이다. 논산 원북리 나2호묘나 김제 서정동Ⅱ 3호묘 출토품 같은 홑구연옹(Ⅲ식)으로 변해간다. 구연단이 외반하는 Ⅱa식(완주 갈동 3호묘 출토품)과 분묘에서 출토된 최초의 삼각형점토대옹인 Ⅱb식(완주 갈동 4호묘 출토품)을 그 사이에 둘 수 있을 것이다. 두 계열의 형식 변천을 그림으로 살피면 **그림 6-1**과 같다.

(2) 장경호長頸壺

Ⅲ장에서 언급하였듯이 취락 같은 생활 유적에서 출토된 장경호는 파수의 형태가 편년의 주요 속성이다. '환상파수 → 조합우각형파수 → 봉상파수'의 변화는 유효하다. 이처럼 파수의 형태로 편년을 시도할 수밖에 없었던 가장 큰 이유는 파수를 제외한 장경호 자체의 명목적名目的 속성과 계측적計測的 속성으로 형식 설정이 쉽지 않기 때문이다. 생활 유적 출토품은 정형화되지 않은 측면이 강하기 때문일 것이다. 더불어 비교적 최근까지만 해도 분묘에서 출토된 장경호의 수 자체가 많지 않아 분묘에 부장한 장경호를 대상으로 삼아도 의미 있는 편년을 도출하기 힘들었다. 하지만 완주 갈동이나 신풍 등 서남한을 중심으로 분묘에서 출토된 장경호가 다수 보고되면서 분묘 출토품만으로 편년이 가능한 상황이 되었다.

분묘 출토품을 포함한 장경호의 편년 연구와 관련하여서는 연구 초기부터 기고器高와 경고頸高의 비율은 늘 주목되어 왔다. 이와 더불어 동체의 형태가 구형球形인지 편구형偏球形인지를 주요 속성으로 설정하는 연구도 있었다. 그런데 최근 발굴조사에서 동체부의 형태는 편년에 적합하지 않다는 점이 드러나고 있다. 즉 가장 이른 형식의 원형점토대옹과 공반한 금산 수당리 M1의 장경호도, 전국식 철기가 출토되는 대표적인 유적인 장수 남양리 6호묘에서 출토된 장경호의 동체도 모두 구형이고, 동체의 종단면이 타원형인 장경호도 속속 보고되면서 동체의 형태는 장경호의 시간성을 반영하는 속성으로 적당하지 않다고 생각하게 되었다. 반면 기고와 경고의 비율은 유효하다. 즉 목이 긴 장경호에서 목이 짧은 장경호로의 변화 방향이다. 그런데 기고에 비해 목이 긴 장경호는 금산 수당리 M1 출토품(그림 6-2-1)처럼 가장 이른 형식의 점토대토기와 공반하는 것도 있지만, 완주 신풍 가53호묘 출토품(그림 6-2-5)처럼 조합우각형파수부호와 함께 출토되는 것도 있어 혼란을 준다. 그래도 장수 남양리 5호묘나 청주 가경동(고려대학교 한국고고환경연구소 2014) 출토품처럼 목이 극단적으로 짧은 장경호는 이른 단계에 확인되지 않는 것이 확실하다. 따라서 기고와 경고의 비율은 제한된 조건에서 속성으로 삼을 수 있을 것이다. 더불어 최근 발굴조사의 보고에서 주목되는 기형은 경부와 동체부의 경계가 명확하지 않은 장경호들이다. 이런 장경호는 결국 동체와 목의 경계가 없어지다시피 하여 완주 둔산리 2-13호묘 출토품(그림 6-2-10)처럼 심발 같은 모습으로 변한다. 그런데 기고

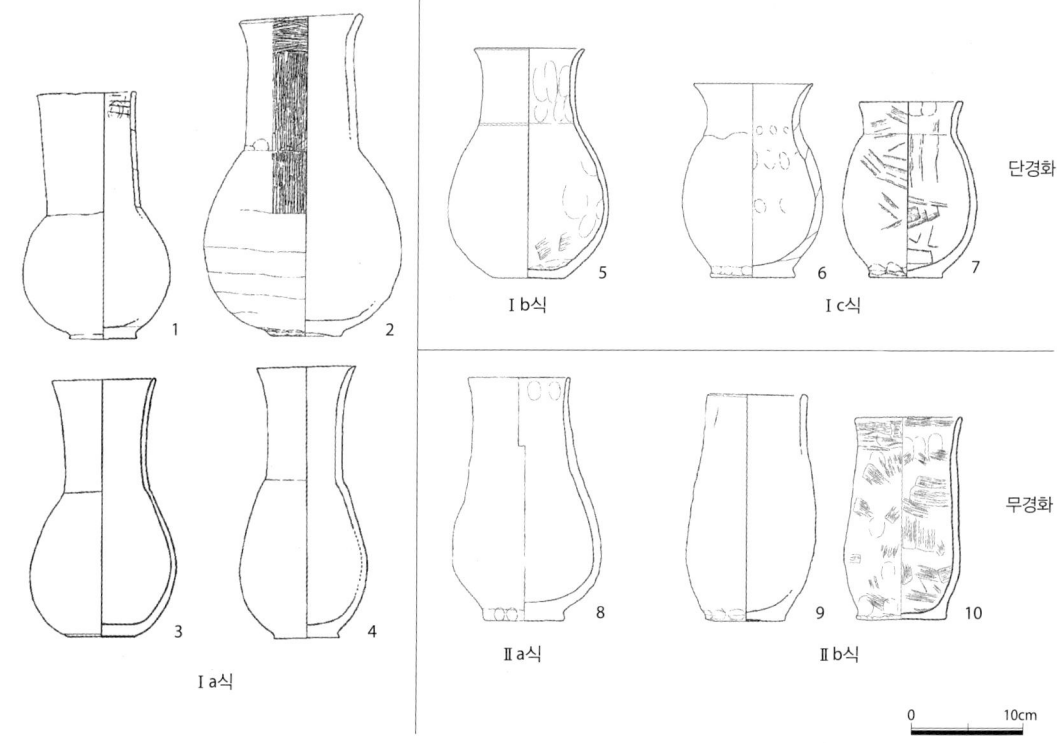

그림 6-2 장경호의 형식
1: 금산 수당리M1 | 2: 완주 갈동 3호 | 3: 논산 산노리 | 4: 부여 구봉리 | 5: 완주 신풍 가15호 | 6: 장수 남양리 5호 | 7: 청주 가경동 | 8: 완주 갈동 5호 | 9: 충주 호암동 Ⅱ-1호 | 10: 완주 둔산리 2-13호

에 비해 목이 긴 형식의 장경호와 함께 출토되는 경우도 많아 형식 설정에 꽤 까다로운 존재이기는 하다. 이런 형식 설정의 난점을 해결하기 위해 필자는 장경호를 '단경화短頸化' 계열과 '무경화無頸化' 계열로 나누어 살피겠다. 각각 Ⅰ식과 Ⅱ식으로 설정한다.

먼저 단경화 계열은 '기고/경고'를 주 속성으로 하여 형식을 설정한다. 기고/경고를 기준으로 Ⅰa식은 2.8 미만으로, Ⅰb식은 2.8~3.5로 그리고 Ⅰc식은 3.5 초과로 나눈다. 금산 수당리나 논산 산노리 출토품이 선행 형식(Ⅰa식)이고 청주 가경동 출토품(그림 6-2-7)이 최후 형식(Ⅰc식)이다. 그 사이에 완주 신풍 가15호묘 출토품(Ⅰb식)을 둘 수 있다. 금산 수당리에서 출토된 장경호의 '기고/경고'는 2.0이고 청주 가경동 출토품은 5.4이다. 엄밀히 말해 가경동 출토품은 장경호보다 단경호라 불러야할 형태이지만 동일 계열임은 확실하다. 무경화 계열 역시 Ia식을 조형으로 한다. 동체와 목의 경계가 사라진 Ⅱb식(충주 호암동 Ⅱ-1호묘, 완주 둔산리 2-13호묘 출토품)처럼 변해간다. 동체부와 경부의 경계가 뚜렷하지 않은 채 살짝 외반하는 갈동 5호묘와 완주 덕동 F-1호묘 출토품(Ⅱa식)을 그 사이에 둘 수 있을 것 같다. 두 계열의 형식 변천을 그림으로 살피면 그림 6-2와 같다. 특기할 점은 Ia식은 분명 등장기의 형식이기는 하지만 김제 서정동 Ⅱ-5호묘처럼 아주 늦은 단계에도 출토되는 특징을 가진다.

(3) 단경소호短頸小壺

단경소호는 부여 구봉리 유적에서 일찍부터 확인된 기종이지만, 구봉리 유적의 보고 이후에도 한 동안 출토 사례가 없어 편년 연구 자료로 활용하지 않았던 기종이다. 하지만 최근 많은 수는 아니라도 서남한 여러 목관묘에서 출토 사례가 증가하고 있다. 편구형의 동체에 짧게 직립한 경부, 수평으로 외반한 구연부가 특징이다. 속성에 따른 형식은 다음과 같다.

먼저 굽이 있는 것(I식)과 없는 것(Ⅱ식)으로 대별할 수 있다. 경부의 형태는 길게 직립하는 것(a식)과 짧게 외반하는 것(b식)으로 나눈다. 형식학적 관점에서 'Ia식 → Ib식·Ⅱa식 → Ⅱb식'으로의 변화 방향을 설정할 수 있는데 공반 유물의 변화 방향과도 일치한다. 형식 변천을 그림으로 살피면 **그림 6-3**과 같다.

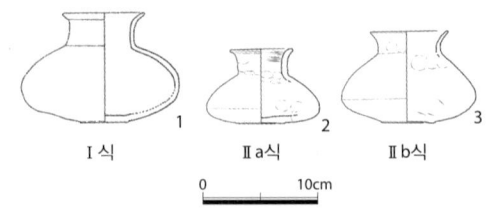

그림 6-3 단경소호의 형식
1: 부여 구봉리 │ 2: 세종 장재리 3호
3: 충주 호암동 Ⅱ-1호

(4) 단경호短頸壺

진한과 변한 일대 군집 목관묘에서는 굽을 가진 단경호의 출토 사례는 없다. 이에 비해 서남한 군집 목관묘에 부장한 단경호는 모두 굽을 가지고 있어 대조를 이룬다. 먼저 파수가 있는 것과 없는 것으로 나눌 수 있다. 완주 신풍 나 19호묘 출토품에는 환상파수가, 완주 덕동 D3호묘 출토품에는 조합우각형파수가 붙어 있지만 실제 사용하기 힘든 크기이다. 따라서 부장전용副葬專用으로 만든 것으로 짐작된다.

주거지나 구 등 생활유적에서 출토된 파수부장경호는 환상파수부장경호가 조합우각형파수부장경호에 선행한다. 주거지와 분묘 출토품의 변화 방향이 연동할 가능성이 높으므로 신풍 나19호 무덤에서 출토된 환상파수부단경호를 가장 이른 형식인 Ia식으로 설정하겠다. 또 조합우각형파수부단경호는 Ib식으로 설정하겠다. 'Ia식 → Ib식'의 변화가 상정된다. 파수가 없는 단경호는 익산 구평리Ⅱ-3호묘에서 출토된 것처럼 동체의 종단면이 원에 가까운 것과 충주 호암동Ⅰ-2호묘 출토품처럼 동체의 종단면이 역삼각형인 것으로 나눌 수 있다. 익산 구평리 출토품은 파수를 제외하면 완주 덕동 D3호묘 출토 단경호와 유사한 모습을 보이므로 Ⅱa식으로 설정한다. 충주 호암동Ⅰ-2지점 목관묘의 단경호는 Ⅱb식으로 설정하며 구평리 출토품에 후행한다. 유일한 Ⅱb식인 충주 호암동 출토품은 Ⅱb식의 단경소호와 공반하였다. 'Ia식 → Ib식 → Ⅱa식 → Ⅱb식'으로의 형식 변화를 설정할 수 있다. 이 중 완주 신풍이나 덕동에서 출토된 단경호는 동체부와 구연부의 형태가 영남의 초기 소문단경호素文短頸壺와 비슷한 모습이라 향후 관련성의 규명이 필요할 것이다. 형식 변천을 그림으로 살피면 **그림 6-4**와 같다.

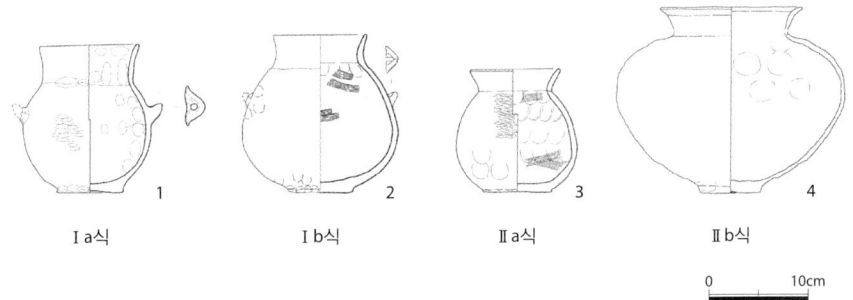

그림 6-4 단경호의 형식
1: 완주 신풍 나19 | 2: 완주 덕동 D3 | 3: 익산 구평리 Ⅱ-3 | 4: 충주 호암동 Ⅰ-2

(5) **조합우각형파수호**組合牛角形把手附壺

완주 갈동 유적과 신풍 유적이 조사되기 전 한·마한 권역에서 조합우각형파수부호가 부장된 무덤은 없었다. 이런 이유로 이 기종은 두형토기豆形土器와 마찬가지로 대구 월성동 같은 영남의 초기 군집 목관묘부터 부장하기 시작했다고 생각되었다. 물론 주거지 같은 생활 유적에서는 출토된 사례는 많다. 이러던 와중 완주 일대에서 조합우각형파수부호의 부장 사례가 보고되면서 이에 대한 초보적인 검토가 가능하게 되었다. 물론 충청남도와 경기도, 충청북도에서는 여전히 분묘 출토 사례가 없다. 따라서 현재의 자료에서는 이 기종의 최초 부장은 전북지역에서 이루어졌다고 생각된다. 전체적인 변화의 방향은 장경호의 변화 방향과 같이 설정한다. 즉 기고/경부의 비가 큰 것(Ia식)에서 작은 것(Ib식)으로의 변화를 상정할 수 있다. 또 이 외에 경부와 동체부의 구분이 명확하지 않은 것(Ⅱ식)도 있다. 'Ia식 → Ib식·Ⅱ식'으로의 변화가 추정되기는 하지만 출토사례가 매우 드물고 Ⅱ식은 송국리식 토기와도 닮은 모양이라 좀 더 살펴봐야 할 여지가 있을 것이다. 앞으로 출토 사례의 증가하면 다시 논의해야 할 기종이다. 공반 유물로 보아 세 형식은 시기차가 거의 없다. 여러 형식 중 영남군집 목관묘의 조합우각형파수부호와의 비슷한 형태는 완주 갈동 4호묘에 부장한 Ia식이다. 형식 변천을 그림으로 살피면 **그림 6-5**와 같다.

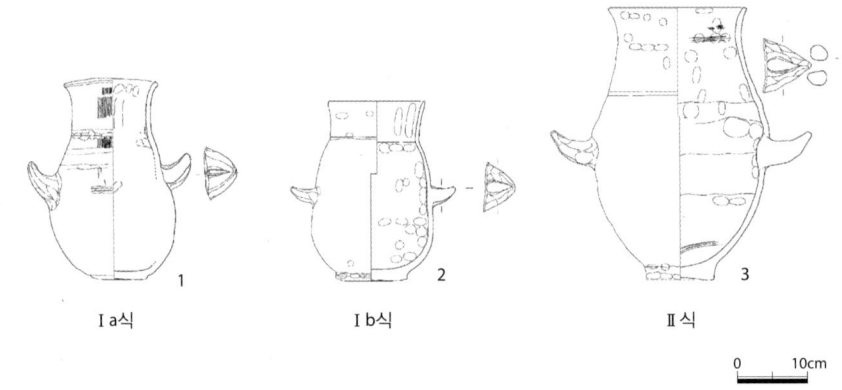

그림 6-5   조합우각형파수부호의 형식
1: 완주 갈동 4호 | 2·3: 완주 신풍 가55호

3) 분기와 연대

앞서 점토대옹, 장경호, 단경소호, 단경호와 조합우각형파수부호의 형식을 설정하였다. 설정한 토기들의 형식을 조합하면 서남한의 청동기시대 후기~마한 분묘의 단계는 **표 6-4**와 같이 4기로 나눌 수 있다. 이 분기는 순전히 분묘에 부장한 토기를 주 대상으로 한 분기이므로 한국식동검 등의 청동기나 철기로

표 6–4 서남한 청동기시대 후기~마한 분묘 부장 토기의 분기별 공반 상황

	점토대옹	장경호	단경소호	단경호	조합우각형파수부호
1기	Ia	Ia	–	Ia	–
2기	Ib, IIa	Ia, Ib, IIa	Ia	Ib	–
3기	Ic, IIb	Ia, Ic, IIb	Ib, IIa	IIa	Ia, Ib, II
4기	Id, III	Ia, IIb	IIb	IIb	?

표 6–5 1기 주요 무덤

1기 古	안성 반제리 1~3, 아산 매곡리 다2 – 1
1기 新	대전 괴정동, 아산 남성리, 예산 동서리, 완주 신풍 나19호, 익산 오룡동 3지점, 同 5지점 1·2
1기	성남 삼평동, 청원 마산리, 금산 수당리, 논산 산노리, 대전 도안동

분기한다면 다른 결과가 나올 것이다.

　(1) 1기의 부장 토기 구성이 매우 간단하다. 대부분 점토대옹 Ia식과 장경호 Ia식만 출토된다. 원형점토대토기 등장 이후 한국식동검이 등장하기까지 한국식동검 미공반 시기가 존재하므로, 1기는 안성 반제리 분묘처럼 한국식동검이 등장하기 이전인 고古단계와 대전 괴정동처럼 한국식동검이 등장한 신新단계로 나눌 수 있다. 한국식동검 등장 이후라 하더라도 모든 무덤에 한국식동검을 부장하지 않은 것은 자명自明하므로 한국식동검을 부장하지 않은 모든 분묘를 고단계로 설정할 수는 없다. 다만 안성 반제리 유적은 III장에서 설정한 점토대토기 II단계이므로 1기의 고단계로 두어도 문제없다. 더불어 선형동부와 가장 이른 형식인 동사를 한국식동검 없이 부장한 아산 매곡리 다2 – 1호묘도 1기의 고단계일 것이다. 하지만 성남 삼평동(한국문화재보호재단 2007·2008)이나 논산 산노리 같은 유적은 세부 단계까지 구분할 수는 없다. 한편 1기의 무덤 중 유일하게 단경호가 출토된 완주 신풍 나19호묘는 특정 기종의 연속성이라는 측면에서는 1기의 신단계 중에서도 2기에 아주 가까운 가장 늦은 시기일 것 같다.

　무덤의 등장 시기는 원형점토대토기의 등장 시점보다 약간 늦은 서기전 5세기 후엽 정도인데 한반도 점토대토기 II단계에 해당한다. 또 대전 괴정동 유적을 포함하여 한국식동검을 부장한 1기의 신단계는 III장에서 설정한 단계로는 IIIa단계이므로 서기전 4세기가 중심이다. 이렇게 살핀 1기의 주요 무덤은 **표 6–5**와 같다.

(2) 2기에는 부장 토기가 다양해진다. 1기의 점토대옹, 장경호에 단경소호, 단경호가 더해지는 시기다. 점토대옹은 Ib식, Ⅱa식이, 장경호는 Ia식, Ib식과 Ⅱa식이 출토된다. 전라북도에서만 보이는 단경호 Ib식과 함께 단경소호가 나타난다. 하지만 가장 큰 특징은 역시 전국식 철기의 등장이다. 전국식 철기가 출토된 무덤 중 가장 이른 시기인 완주 갈동 3호묘는 원삼국시대 무덤의 효시嚆矢다. 철기 등장 이후에도 청동기만 부장한 무덤이 분명 있을 것이지만, 이를 명확하게 구분해 낼 수는 없다. 토기의 공반 양상으로도 철기 등장 이전과 이후의 차이가 확인되지 않는다. 또 토기를 아예 부장하지 않은 무덤도 있어 시기 설정이 힘든 것도 많다. 초기철기 없이 동과를 부장한 구봉리 유적을 잠정적으로 고단계로 추정해 두겠다.

서남한에서 동과의 등장이 서기전 4세기 후엽부터이고 철기의 등장이 서기전 3세기 중엽이므로 서기전 4세기 후엽부터 서기전 3세기를 중심으로 2기로 설정하면 적당하리라 생각한다.

* 2기 주요 무덤
부여 구봉리, 공주 수촌리 적목橫木·토광묘, 홍성 석택리, 서천 봉선리, 논산 원북리 나1, 충주 호암동Ⅰ-2 적목, 충주 금릉동, 청원 주성리, 청주 오송7,12지점, 완주 갈동 3호, 덕동 D1·D3, 신풍 가15·가49, 둔산리 2지점1·4·15, 전주 원장동 G-4·5, 김제 서정동4, 익산 구평리Ⅱ-1, 장수 남양리2, 화성 발안리1·2, 파주 운정

(3) 3기는 서남한 분묘에 부장한 토기의 종류와 양이 가장 많은 시기이다. 기존의 점토대옹, 장경호, 단경소호, 단경호와 함께 조합우각형파수부호가 보인다. 점토대옹은 Ic식과 Ⅱb식이, 장경호는 Ia식, Ic식과 Ⅱb식이 출토된다. 단경소호는 Ib식과 Ⅱa식이, 단경호는 Ⅱa식이 등장한다. 조합우각형파수부호는 Ia식, Ib식과 Ⅱ식이 모두 전라북도에서만 확인되었다. 출토 사례가 워낙 적어 향후 출토사례를 더해 다시 살피고 싶다.

상한 연대는 갈동 3호묘 이후인 서기전 3세기 후엽 정도면 적당하겠지만, 하한 연대는 확정하기 어려우며 서기전 2세기를 중심 연대로 두면 좋을 듯하다.

* 3기 주요 무덤

파주 당하리 2구역1, 청주 비하동, 충주 호암동 Ⅱ-1, 세종 장재리1·2·3, 아산 풍기동 앞골, 서산 동문동, 완주 갈동 4·6, 신풍 가53·55,나1, 전주 중인동1·6, 익산 구평리 Ⅱ-3, 익산 신동리 7지점1·2, 장수 남양리5

(4) 4기는 부장 토기의 종류와 양이 3기보다 적다. 3기에 보이던 조합우각형파수부호는 확인되지 않았다. 단경호 Ⅱb식은 충주 호암동 유적에서만 확인되었다. 이런 양상은 조합우각형파수부호와 단경호가 영남지역 초기 군집 목관묘에서 다수 발견되는 것에 계보적 시사점이 있을지도 모르겠다. 점토대옹은 Id식과 Ⅲ식이, 장경호는 Ⅰa식과 Ⅱb식이, 단경소호는 Ⅱb식이 보인다. 옹은 점토대가 사라진 홑구연이다.

이 시기의 절대연대를 추정할 수 있는 자료는 거의 없다. 일단 영남지역 분묘에서 유력 개인묘가 등장하는 서기전 1세기 후반부터로 설정해 두겠다.

* 4기 주요 무덤

안성 만정리 6지점1, 파주 와동리, 충주 호암동 Ⅰ-2, 청주 가경동, 세종 장재리6·7·8, 보령 관창리, 논산 원북리 나1 적목·나2·나13, 완주 신풍 가13, 김제 서정동Ⅱ3·5, 둔산리 2지점13

지금까지 살핀 서남한의 분묘 편년을 Ⅲ장에서 살핀 한반도 점토대토기문화의 전개와 대비해보면 **표 6-6**과 같다.

표 6-6 한반도 점토대토기단계와 서남한 분묘 편년의 대비

연대 추정	점토대토기 단계	서남한 분묘	대표 분묘	비고	시대
BC5C중엽	Ⅰ단계	—			청동기시대 후기
BC5C후엽	Ⅱ단계	1기 古	반제리, 매곡리	한국식동검 無	
BC4C대	Ⅲa단계	1기 新	괴정동, 동서리	한국식동검 등장	
BC4C후엽~	Ⅲb단계	2기 古	구봉리	동과 등장	
BC3C중엽	Ⅳ단계	2기 新	갈동, 신풍	초기철기 등장	원삼국시대
BC3C후엽~		3기	신동리, 남양리	군집 목관묘 성행	
BC1C후반~	Ⅴ단계	4기	가경동, 서정동	단조철기	

4) 서남한 분묘 부장 토기의 시기별 특징

1기는 한반도에 등장한 원형점토대토기문화 집단이 처음으로 무덤을 만드는 단계로 점토대토기 등장 이후 약간의 기간이 경과한 시기이다. 처음에는 원형점토대옹과 장경호만 무덤에 부장했으며 다른 토기는 부장하지 않았다. 본문에서 1기를 한국식동검의 등장 이전(고단계)과 등장 이후(신단계)로 나누었는데, 토기의 부장 양상에서 차이를 확인하지 못하였다. 안성 반제리 1~3호묘나 아산 매곡리 다2-1호묘처럼 등장기의 분묘는 이 시기의 대표 주거유적인 안성 반제리나 보령 교성리 등과 비슷한 지역에 위치하므로 경기 남부와 충남 북부를 중심으로 분묘 조영이 시작되었다고 볼 수 있겠다. 이후 주변 지역으로 확산하는데 대전 괴정동이나 아산 남성리 유적 등이 대표적이다.

2기에는 점토대옹과 장경호의 형식이 다양해지는 특징이 있다. 더불어 단경소호가 등장하였다. 2기 중 전라북도에서는 원형점토대옹이 삼각형점토대옹으로 변한다. 더불어 전국식 철기가 등장하는 것도 2기 중이다. 또 기고에 비해 구경이 작아져 원통형의 몸통을 가지는 점토대옹도 확인된다. 지역 차는 뚜렷해서 경기도와 충청북도에서는 여전히 점토대옹과 장경호라는 기종 구성에 거의 변화가 없다. 이에 비해 충청남도와 전라북도에서는 단경소호와 단경호를 부장하는 무덤도 등장한다. 특징적인 점은 단경소호는 철기 없이 청동기만 부장한 무덤에 부장한 점이다. 금속기는 청동기만 부장하는 부여 구봉리 유적과 같은 곳도 있지만, 전북을 중심으로 전국식 철기가 등장한다. 분묘의 수에서 확인할 수 있듯이 철기가 등장하면서 전북을 중심으로 목관묘의 군집화가 시작되는 것은 확실하다. 논산 원북리 같은 충청남도에 위치한 유적들도 군집화를 보이는데 전라북도의 양상보다는 약한 군집도를 보인다. 군집 목관묘의 초현지인 전라북도와 가까운 지리적 요인 때문일 수도 있어 보인다. 당진 소소리나 논산 원북리 같은 분묘에서도 전국식 철기 한두 점을 부장하는데, 기존 청동기문화에 공구를 중심으로 한 일부 철기가 추가되는 지엽적인 양상에 머문다. 지역 구분은 매우 뚜렷하여 충청남도는 청동기 중심, 전라북도는 철기 중심이다.

3기의 가장 큰 특징은 부장 토기의 대표인 점토대옹과 장경호의 계열 분화가 시작되는 점이다. 점토대토기는 크기가 작아지거나 삼각형점토대옹으로 변한다. 장경호 역시 목이 짧아지는 단경화 계열과 몸통과 구분이 모호한 무경화 계열로 나뉜다. 경기도에서는 여전히 점토대옹과 장경호의 조합이 지속되는 것으로 보인다. 전라북도 군집 목관묘의 토기 조합이 가장 다양하다. 서남한의 분묘에서는 거의 찾아볼 수 없는 조합우각형파수부호도 무덤에 부장한다.

4기에는 더 이상 점토대옹이 보이지 않는다. 점토대가 사라진 홑구연옹이 경부가 아주 짧은 장경호나 경부와 동체부의 구분이 없는 장경호와 공반한다. 사례가 적어 예외적이기는 하지만 충주 호암동 유적에서 단경소호와 종단면이 역삼각형 단경호가 같이 출토되었다.

이상에서 살핀 서남한 분묘의 토기 편년을 시기와 기종에 따라 살피면 **그림 6-6**과 그림에서 보듯 Ⅰa식장경호는 1기에서 4기까지 출토된다.

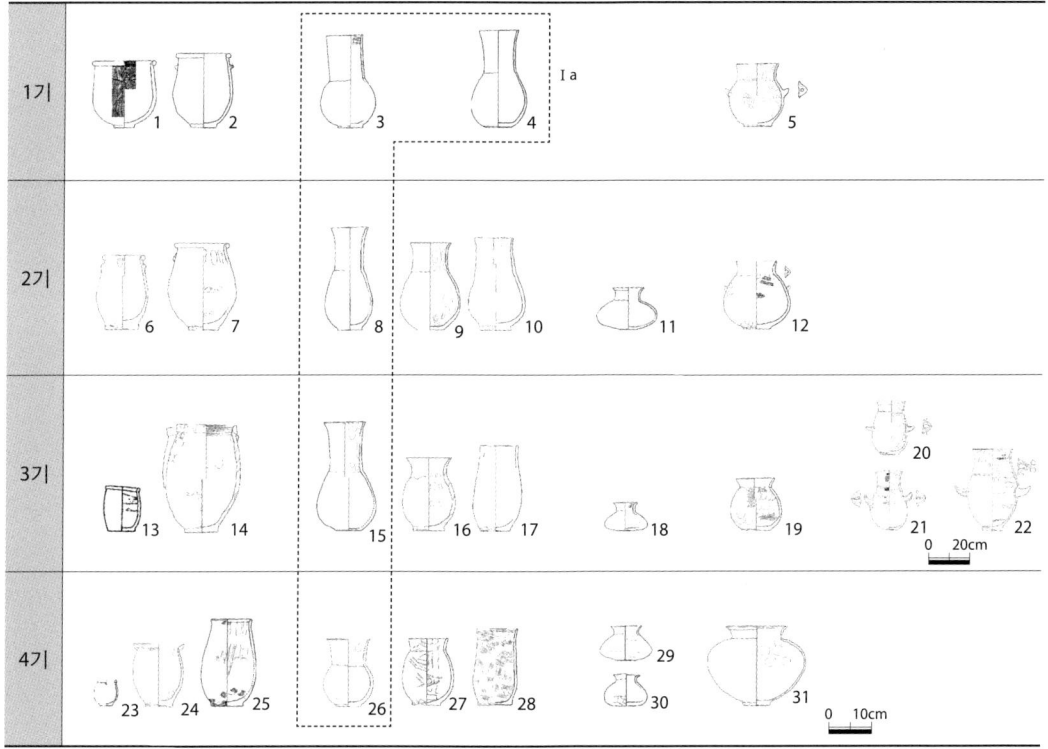

그림 6-6 서남한 분묘 부장 토기 편년안(점선 안은 모두 Ⅰa식 장경호)

1·3: 금산 수당리M1 | 2·4: 논산 산노리 | 5: 완주 신풍 나19 | 6: 장수 남양리2 | 7: 완주 갈동3 | 8·11: 부여 구봉리 | 9: 완주 신풍 가15 | 10: 완주 갈동5 | 12: 완주 덕동 D3 | 13: 청주 비하동 | 14·21: 완주 갈동4 | 15: 완주 신풍 가53 | 16: 장수 남양리5 | 17·18: 충주 호암동Ⅱ-1 | 19: 익산 구평리Ⅱ-3 | 20·22: 완주 신풍 가55 | 23: 안성 만정리 6지점 | 24·26: 김제 서정동Ⅱ-5 | 25·30: 논산 원북리 나2 | 27: 청주 가경동 | 28: 완주 둔산리2-13 | 29·31: 충주 호암동Ⅰ-2

237

2. 청동기시대 후기~마한 분묘의 검토

삼한의 분묘를 검토하려면 한의 분묘를 살펴야 한다. 서남한의 군집 목관묘에 전국식 철기를 부장한 최초의 무덤, 즉 완주 갈동 3호 목관묘 단계부터인데, 주지하듯이 학계에서는 대전 괴정동과 같은 서기전 4세기 청동기시대 후기의 적석목관묘부터 김제 서정동 같은 서기전 2~1세기의 마한 목관묘를 함께 연구해 왔다. 당연히 연구 성과 축적도 청동기시대 후기부터를 대상으로 한 것이어서 마한에 이르기까지의 분묘를 함께 살필 필요가 있다.

청동기시대 후기의 대표적인 물질문화인 한국식동검을 포함한 점토대토기 문화는 중국 동북 지역에서 유래되었으므로 분묘의 형식도 중국 동북 지역과 관련되었을 가능성이 있어 이를 살필 필요가 있다. 구체적으로는 요령성 일대의 춘추 말~전국시대 무덤 중 청동기시대 후기 무덤과 관련성이 확인된 사례를 살핀 후 청동기시대 후기 무덤의 등장, 이후 한과 삼한 분묘의 변천 과정과 특징을 검토한다.

1) 연구 성과

이 시기 무덤의 구조에 대한 연구는 1960년대부터 시작되었다. 초창기에는 무덤의 조사 사례가 드물었기 때문에 조사가 이루어진 개별 무덤의 구조에 대한 연구가 주를 이루었다. 이후 분묘의 조사사례가 점차 증가함에 따라 무덤의 여러 구성 요소의 속성을 설정하고 조합하여 살피려는 연구가 증가하고 있다. 이에 비해 무덤의 계보에 대한 연구는 자료의 한계로 인해 부족한 편이다. 아래에서는 지금까지 이루어진 연구를 시기별로 간단히 살피겠다.

점토대토기를 부장한 무덤에 대한 본격적인 연구는 대전 괴정동 유적의 보고(이은창1968)가 효시다. 한반도 전체 점토대토기 부장 무덤 중에서도 독보적인 위치를 차지하고 있는 대전 괴정동 유적의 보고는 1960년대에 이루어진 것을 감안하면 매우 정치한 것이었다. 보고자는 매장주체부를 석실로 보았지만, 묘광 바닥에서 목질이 출토되어 목관의 존재 가능성도 시사하였다. 이종선(1976)은 이런 분묘를 내부에 목관이 있는 석곽묘이며 송국리형 석관묘가 퇴화하는 과정 중에 출현한 것으로 보았다. 한편 남성리 유적은 보고자(한병삼·이건무 1977)에 의해 석관묘로 추정되었다. 초포리 유적은 보고서(이건무·서성훈1988)에서 할석으로 석관을 구축한 후 목개木蓋를 설치하고 그 위에 적석積石한 적석석관묘이거나, 석관 없이 목관을 둔 적석목관묘일 가능성을 모두 제시하였는데, 이 중 적석목관묘일 가능성이 크다고 했다. 이건무(1992)는 할석割石으로 만든 석관의 상부에 적석한 묘형이 시대의 대표적인 묘제라 하였지만, 이후 목관의 존재 가능성도 제시(이건무 1944)하였다. 이경순(1994)은 분묘 상부의 적석유무를 근거로 토광적석묘와 토광위석묘로 나누었는데, 모두 목관을 설치하는 구조로 보았다. 분묘 상부의 적석 유무를 묘형 분류의 근거로 삼았다는 점에서 중요하다. 이처럼 1990년대까지의 연구는 대전 괴정동이나 예산 동서리, 함평 초포리 유적처럼 대규모 청동기를 부장한 무덤 자체에 대한 연구가 주류를 이루었는데, 발굴조사의 수가 많지 않아 묘형의 다양성과 분묘의 계보에 대한 검토는 부족할 수밖에 없었다. 또 목관의 존재 여부를 포함한 매장주체부의 구조에 대한 관심이 두드러졌지만 한정된 자료 때문에 명확한 결론에 이르지는 못하였다.

 2000년 이후 연구의 특징은 분묘를 매장주체부의 재질, 충전석, 상부의 적석, 굴광 등 여러 구성 요소의 속성을 분석하고 다시 조합하여 분묘의 형식을 설정했다는 점이다. 최우림(2014)은 점토대토기가 출토되는 중서남부 지역의 무덤을 적석의 유무와 묘광 내부의 석재石材 사용 여부, 목관 종류에 따라 모두 5종류로 나누었다. a1식은 적석하고 매장주체부에 석재를 쌓은 것, a2식은 적석하지 않고 매장주체부 주위에 석재를 두른 것, b1식은 순수토광묘, b2식은 통나무관묘, b3식은 판재板材 목관묘로 세분하였다. 한반도에 점토대토기가 등장한 초기에는 모두 사용되었으나 시간이 지남에 따라 b식만 사용한 것으로 이해하였다. 최우림의 연구는 단독 입지 분묘에서 군집 목관묘로의 변화로 이해할 수 있다. 김규정(2017)은 묘광墓壙에 석재가 있는 분묘만을 떼 내어 석재 사용 분묘라는 개념을 설정하고 분석하였다. 구체적으로는 ①삼국시대 석곽묘와 같은 견고한 구조의 석곽묘, ②목관과 묘광 사이를 할석을 이용하여 뒤채움한 유사석곽형, ③목관과 묘광 사이에 판석을 석관처럼 가로로 세워 놓은 석관형, ④묘광의 장벽이나 단벽을 따라 목관을 고정하기 위해 몇 매의 석재를 듬성듬성 놓은 위석형으로 세분하였다. 석재 사용 분묘가 다양한 구조로 확인되는 것은 중국 동북지역의 주민 이주가 일회성에 그치지 않은 점을 나타내는 것으로 해석하였으며 특히 호서와 호남지역에서 다량의 의례용 청동기가 출토되는 점으로 미루어 보아 상당한 위계를 가진 집단이 이주했던 결과로 이해하였다. 최근 연구 중에는 서길덕의 연구(2018)가 주목된다. 점토대토기를 부장한 단계의 무덤을 고인돌(지석묘), 돌덧널무덤(석곽묘), 돌널무덤(석관묘), 돌무지덧널무덤(적석석관묘), 돌무지나무널무덤(적석목관묘), 돌무지움무덤(적석토광묘), 독무덤(옹관묘), 움무덤(토광묘), 주구움무덤(주구토광묘)과 조개무지 민무덤의 10종류[55]로 나누었다. 재지계와 외래계를 따로 나누지는 않아 지석묘 같은 확실한 재지계 분묘까지 대상으로 삼았다. 7기로 분기하였는데 1기의 상한을 서기전 500년을 전후한 시점으로, 7기의 하한을 서기 전후로 설정하였다. 토광묘는 통나무관, 판재관과 뒤채움관 세 종류로 구분하고 있는데, 뒤채움관은 1기(서기전 5세기 전반)부터 통나무관과 판재관은 2기(서기전 5세기 후반)부터 등장한 것이라 하였다. 한편 적석목관묘는 2단 굴광과 1단 굴광으로 나누어서 살폈는데, 3기(서기전 4세기 전반)부터 나타난 묘형으로 인식하였다.

    이와 더불어 소수이기는 해도 청동기시대 후기 무덤의 기원에 대한 연구도 이루어졌다. 한반도의 원형점토대토기와 각종 의기류를 수반한 한국식동검문화는 심양을 중심으로 한 요하 중류역에서 기원하였음을 살핀 바 있다. 물론 한국식동검의 조형과 관련하여서는 건창 동대장자 유적을 중심으로 한 요서 지역을 꼽는 연구자도 있다. 더불어 윤가촌식 동검과의 관련성이 지적되기도 한다. 이런 관점에서 중국 동북지역의 분묘를 살필 이유는 충분하다.

    오강원(2002a)은 중국 동북지역의 분묘를 분류하고 공간성을 살폈다. 분묘의 종류는 석곽묘, 석관묘, 지석묘, 토광묘와 적석총으로 나누었다. 이 중 석곽묘는 대개 괴석塊石으로 쌓는데 장벽을 1m 전후로 두껍게 쌓고 묘광이 2m 이상으로 깊으며 조양朝陽 등의 요서와 대련大連 등의 요동 남부가 중심이라 하였다. 이 중 전형典型은 요서에만 분포하고, 형식화된 무덤은 요동, 북한이 중심인데 대전 괴정동 유적도 포함되는 것이라 하였다. 더불어 토광묘는 형식을 불문하고 요서, 요동 북부에서 남부에 이르기까지 넓은 지역에 분포하며 심양 정가

---

[55] 서길덕(2018)은 한자식 용어를 사용하지 않았다.

와자 일대의 무덤을 전형으로 보았다. 이 연구는 대전 괴정동 유적의 조형을 한반도 내부가 아닌 중국 동북지방에서 찾았다는 점에 중요한 의미가 있다.

이후석(2014)은 요동과 서북한지역의 한국식동검문화를 살피면서 중국 동북지방을 4기로 나눈 후 한반도와 관련된 묘제로서 적석목관묘를 살폈다. 요동에서는 2단계(서기전 4세기 후엽~3세기 전엽)에 적석목관묘형 분묘가 조영되는데, 전국 중기에는 정가와자를 중심으로 한 요동 서부(요하 중류역)를 중심으로 점토대옹, 장경호의 조합과 함께 적석목관묘형 분묘가 확인된다고 하였다. 특히 윤가촌의 적석목관묘형 분묘와 윤가촌식 동검도 요동반도보다 요서지역에서 먼저 확인되고, 윤가촌 12호묘로 대표되는 요동반도의 적석목관묘의 기원과 관련하여서는 요서의 전국시대 유적인 건창 동대장자 유적과 조양 오가장자 유적을 주목하였다. 특히 동대장자 유적에서는 적석 구조의 목관묘(M13)와 목곽묘(M6, M14, M17)가 확인되는데, 윤가촌 유적의 분묘와 거의 같은 구조라 한다. 묘광 내의 적석 충전, 직인에 가까운 동검의 형태와 두형토기의 부장 등으로 보아 윤가촌 유형의 성립 과정에 관련이 있었던 것으로 파악하였다. 정리하자면 전국시대에 요서지역과 요하 중류역에는 모두 적석목관묘가 존재하고 있으며, 요서지역의 적석목관묘는 서기전 4세기 말에 요동반도로 영향을 주었다는 것이다.

이렇듯 중국 동북지역을 포함한 서남한의 청동기시대 후기~마한 분묘의 연구 경향을 살핀 결과, 최초 특정 유구의 묘형 검토에서 시작한 연구가 분묘 구성 요소에 대한 분석으로 확대되어 지금까지 이르고 있음을 알 수 있다. 조형과 관련하여 적석목관묘는 요서, 요중, 요동반도에 모두 분포하고 있어 중국 동북지역과 청동기시대 후기 한반도 무덤의 관련성이 지적되었다. 이하에서는 중국 동북 지역의 분묘를 검토한 후 한반도 청동기시대 후기 무덤과 관련성을 살피겠다.

2) 중국 동북 지역 전국시대 분묘 검토

앞선 연구 성과에서 보듯이 한반도 청동기시대 후기 원형점토대토기 등장기 무덤의 기원과 관련해서는 건창 동대장자를 중심으로 한 요서지역, 심양 정가와자를 중심으로 한 요하 중류역과 여순 윤가촌을 중심으로 한 요동반도 남단을 살필 필요가 있다. 시기는 춘추 말과 전국시대가 중심이다.

(1) 건창 동대장자 유적

건창 동대장자 유적은 오강원(2006b)에 의해 소개되었고, 이후 조사 결과 중 일부가 요령성문물고고연구소 등에 의해 보고되었다(요령성문물고고연구소 등 2014a, 2014b, 2015). 동대장자 유적은 2000년 7월부터 2012년 12월까지 요령성 문물고고연구소 등이 7차에 걸쳐 47기를 조사 하였는데(成璟瑭 2017), 무적석 목관묘, 적석 목관묘와 적석 목곽묘 등의 묘형이 있다. 이 중 청동기시대 후기 분묘와 비슷한 구조를 가진 것으로 알려진 분묘를 살펴보겠다.

이 중 보고문에서 도면이 제시된 5호 목관묘는 '봉석묘封石墓'로 보고되었는데, 도면에서 볼 수 있듯이 매장주체부 상부에 적석이 있는 구조이다. '숙토熟土'라고 기술한 부분은 충전토로 추정되는데, 그 안에 충전석 있었는지는 알 수 없다. 장구葬具는 목곽이라고 기술하였지만, 무덤의 규모로 보아 목관으로 보는 편이 좋겠다. 2단 굴광으로 묘광 상면은 길이 4.25m, 너비 2.5~2.65m, 깊이 1.47~1.52m이고, 상면에서 0.6m 아래에서 2단 굴광이 있다. 매장주체부는 2.28×0.78m이다. 5호묘에서는 동과銅戈, 동부銅斧, 동도銅刀, 요령식동검遼寧式銅劍, 검파劍把 등의 청동기와 두형토기 등의 토기가 출토되었다. 13호도 목관묘로 동대장자 유적에서 가장 작은 규모에 속한다. 길이 2.1m, 너비 1.4m, 깊이 0.8m이고, 매장주체부는 2.1×0.6m이다. 목관과 묘광 사이에 충전석을 둔 것이 사진에서 확인되며 상부 적석도 있었던 것으로 추정(이후석 2014)한다. 목관 안에서는 동과, 동모銅鉾, 동도 등의 청동기와 뚜껑 있는 두형토기 등이 출토되었다.

5호와 13호 목관묘는 한반도의 청동기시대 후기 무덤과 구조가 흡사하다. 두 무덤 모두 매장주체가 조립식 목관이며, 5호묘는 확실하지는 않아도 충전석이 있었던 것으로 보인다. 아산 매곡리 다2-1호묘, 안성 반제리 1~3호묘나 대전 괴정동 유적과 같은 구조이다. 물론 상부 적석 여부에 따라 나뉘기는 한다. 하지만 두형토기를 부장한 점은 요서와 청동기시대 후기 목관묘의 가장 확실한 차이다.

목곽묘인 6호는 길이 4.25m, 너비 2.5~2.65m, 깊이 1.45m이며 매장주체부는 약 2.3×0.8m이다. 묘광 입구부터 목곽 상면까지 적석이 있었으며, 목곽 안에서는 요령식동검과 두형토기 5점을 비롯하여 각종 토기와 청동기가 출토되었다(그림 6-7). 이 동검은 양날이 직선적이면서 검신의 하부만 부풀어 올랐는데 이른바 중간식동검이다. 14호 목곽묘는 길이 4.3m, 너비 2.65m, 깊이 0.9m이며 매장주체부는 3.5×1.3m이다. 목곽의 동쪽에 유물 부장칸이 있었는데, 여

그림 6-7   건창 동대장자 출토 유물(이후석 2006에서 전재)

기에서는 요령식동검(**그림 6-7의 사진**)과 검파두식을 비롯하여 동과, 동정銅鼎, 동부, 동두銅豆 등 다량의 청동기가 출토되었다. 14호묘에서 출토된 요령식동검은 직인화된 검신 상부에 퇴화된 엽돌葉突이 있어, 요령식동검의 최후 형태인 것을 알 수 있다. 13호묘와 14호묘는 매장주체부가 목관이 아닌 목곽이라 청동기시대 후기 서남한의 무덤과 묘형이 다르다. 또 11호 목곽묘는 보고서에서 자세한 기술은 없지만 무덤의 크기로 보아 목곽묘로 추정된다. 2단 굴광이며 상부의 적석이 도면으로 보고되었다. 출토 유물로는 동두, 동정, 동호銅壺, 동과, 동착, 동도 등의 청동기와 최말기의 요령식동검이 있다.

동대장자 고분군의 연대와 관련하여 오강원(2017)은 최초 조성 시점이 십이대영자문화 남동구유형 후기부터이지만, 유적 전체로 보자면 전국 연계 유물이 중심이기 때문에 남동구유형보다 늦은 서기전 4~3세기가 중심 연대일 것으로 추정한 바 있다.

한편 윤가촌 유적의 성립은 동대장자를 중심으로 한 요서지역의 문화요소가 영향을 미친 결과로 보는 견해가 일반적이다. 오강원(2006b, 2011, 2018)은 윤가촌 유적에 전국계 동검과 명도전 등 전국 연 유물이 출토되고 있는 점 등을 고려하여, 윤가촌 유형이 전국 연과의 관계 속에서 등장한 것으로 이해하고 있다. 또 이후석(2012)은 동대장자 유적과 비슷한 동검이 출토된 오한기 오란보랍격 유적과 객좌 북산근 유적 그리고 전국계 두형토기가 출토된 건창 우도구 유

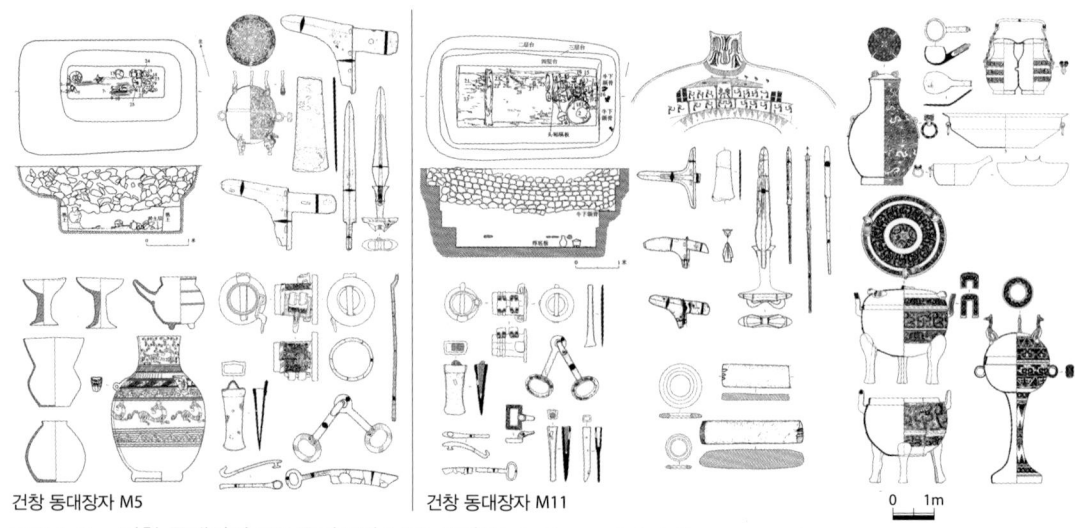

건창 동대장자 M5 건창 동대장자 M11

그림 6-8 건창 동대장자 5호 목관묘와 11호 목곽묘(허준양 2020에서 전재)

적 등 요서지역의 문화요소가 요동반도 남단 윤가촌 유형의 성립에 영향을 준 것으로 생각한다.

(2) 심양 정가와자 유적

심양 정가와자 유적은 6512호 목곽묘와 부장품이 잘 알려져 있지만, 이와 함께 적석목관묘형 분묘도 있다고 한다(이후석 2014). 정가와자 3지점의 656호 묘에서는 매장주체부 주위에 돌로 만든 시설과 2단 굴광이 확인되었는데, 돌로 만든 시설은 충전석일 가능성이 있다. 또 6503호묘에서는 석곽과 비슷한 모양의 적석 혹은 위석시설이 뚜렷하게 보이고, 충분한 양의 석재石材가 확인되어 위석과 적석을 상정하여도 될 것 같다. 두 무덤의 매장주체부가 목관인지 확실하게 알 수는 없지만, 모두 매장주체부 주위에서 충전석이 확인되었고 비슷한 시기의 한반도의 상황으로 미루어 본다면 조립식 목관의 존재 가능성이 높다고 생각한다. 주지하다시피 요하 중류역은 점토대토기문화와 한국식동검문화의 기원지이다.

(3) 여순 윤가촌 유적

여순 윤가촌 유적 12호 무덤의 묘광 크기는 길이가 대략 2.4m, 너비 1.3m에 깊이 1.7m이다. 묘광의 벽 쪽에서 길이 30~50cm의 석재가 확인되는 것으로 보아 조립식 상형목관을 설치하고 충전석과 충전토로 판재를 지지하는 구조인 것으로 추정된다. 목관의 상부에도 일정 높이만큼 석재를 쌓았다. 한 때는 윤가촌 12호 무덤을 위석식 분묘로 생각하기도 하였지만 이후석의 주장(2014)처럼 묘광 상부를 돌로 적석한 구조로 보는 편이 타당하다.

윤가촌 12호묘가 포함된 윤가촌 유형은 양날이 직선인 윤가촌식 동검과 함께 두형토기, 윤가촌식 토기가 특징적인데, 건창 동대장자 유적과 같은 요서의 전국문화가 요동반도 남단에 영향을 준 결과로 이해되고 있다. 따라서 윤가촌 유적의 적석목관묘나 목관묘의 축조 시기는 전국 후기부터 전한 초기 정도로 이해할 수 있다. 오강원 역시 윤가촌유형의 연대에 대해 서기전 4~3세기로 보았던 기존의 입장(오강원 2006b)을 서기전 3세기로 보는 입장(오강원 2011)으로 수정하였다. 따라서 윤가촌 유적의 연대는 한국식동검을 부장한 서기전 4세기

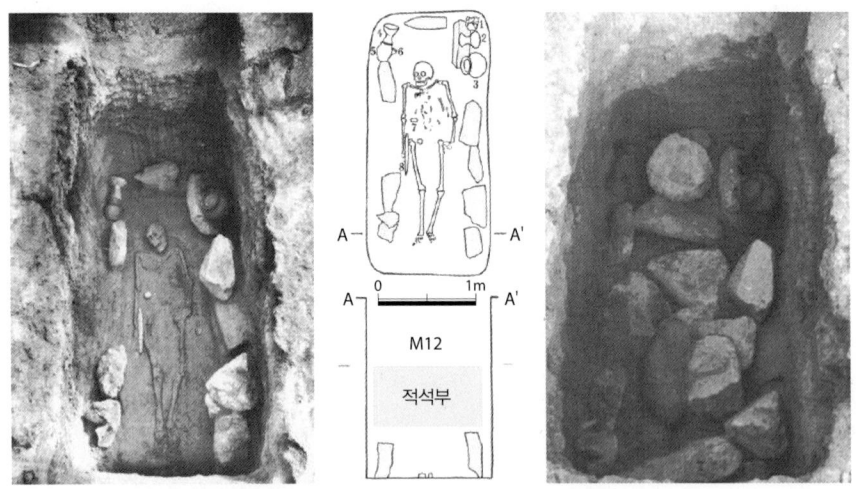

그림 6-9　여순 윤가촌 12호묘의 구조(이후석 2012에서 전재)

대전 괴정동이나 아산 남성리 유적보다 시기적으로 이를 수 없다. 윤가촌 12호묘 이외에도 요동반도 남단에서는 장해 서가구에서 적석목관묘가 확인되었고 이외에도 금주 대령저촌이나 보란점 후원대에도 적석목관묘로 추정되는 무덤이 있다고 한다(이후석 2014).

이상에서 살핀 중국 동북지역에서 한반도와 관계있는 전국~서한 초의 주요 적석목관묘의 구조를 정리하면 **표 6-7**과 같다. 이 무덤들에서 요갱은 확인되지 않았다.

표 6-7　중국 동북지역 주요 적석묘의 구조

지역	분묘	충전석	적석	관의 종류	굴광
요서	건창 동대장자 5호묘	●?	●	조립식 목관	2단
요서	건창 동대장자 13호묘	●	●	조립식 목관	1단
요중	심양 정가와자 656호묘	●	●?	조립식 목관	2단
요중	심양 정가와자 6503호묘	●	●	조립식 목관	1단
요동반도	여순 윤가촌 12호묘	●	●	조립식 목관	1단

3) 청동기시대 후기(점토대토기 등장기)의 분묘 검토

앞선 Ⅲ장에서 청동기시대 후기의 무덤은 Ⅱ단계부터 시작한다고 하였다. 즉 한반도 점토대토기의 Ⅱ단계가 곧 서남한의 청동기시대 후기~마한 분묘의

1기가 되는 것이다.

1기의 분묘는 성남 삼평동, 안성 반제리, 아산 매곡리, 대전 괴정동, 예산 동서리, 익산 오룡동 등 경기도부터 전라북도에 이르기까지 분포하고 있다. 경기지역에서 청동기를 부장한 무덤[56]은 아직 보고되지 않았다. 1기의 무덤 중 한국식동검을 부장한 무덤은 충청남도를 중심으로 전북 일대에도 분포한다. 대전 괴정동, 아산 남성리(그림 6-10, 11), 예산 동서리, 군산 선제리, 익산 오룡동 3지점, 同 5지점 1·2호 무덤이 있다. 또 청동기를 부장하지 않았지만 1기로 볼 수 있는 아산 매곡리 다2-1호묘도 있다. 부장품 중 주목되는 선형동부扇形銅斧가 아산 매곡리 다2-1호묘, 남성리, 전주 여의동 1호묘(그림 6-12)와 군산 선제리 무덤에서 출토되었다. 모두 동착과 공반하는데, 이 조합은 중국 동북지역에서 십이대영자문화부터 시작된 것이라고 한다(오강원 2006a). 아산 남성리 유적은 선형동부와 함께 한국식동검, 검파형동기 등 한반도에서 만든 것이 확실한 청동기와 함께 출토되었다. 필자는 무덤에서도 한국식동검 등장 이전의 단계를 설정하므로 한국식동검을 부장한 무덤은 1기의 신新단계로 설정해 두겠다.

이런 관점에서 1기의 무덤 중 한국식동검을 부장하지 않은 것 중 일부를 고古단계에 둘 수 있을 것이다. 특히 선형동부와 동착·동사를 한국식동검 없이 부장한 아산 매곡리 다2-1호묘(그림 6-13)는 확실히 괴정동보다 이른 단계이다. 선형동부는 날의 외반도가 심해 속초 조양동에서 출토된 선형동부와 비슷한 느낌이다. 청동기시대 후기에 등장한 동사銅鍦에 대해서는 아직 출현 시기와 조형을 특정하지 못한다고 한다.[57] 그런데 매곡리 다2-1호묘 출토 동사는 한반

---

56 필자는 이전 연구(2007a)에서 원형점토대토기를 부장한 무덤 중 청동기를 부장하지 않은 무덤은 청동기를 부장한 무덤보다 시기적으로 앞설 것이라 주장한 바 있다. 원형점토대토기를 부장한 무덤 자체가 매우 적은 상황에서 원형점토대토기와 한국식동검의 등장 시점에 차이가 분명하고 무덤의 사례가 거의 알려지지 않은 상황에서 과도하게 추정한 것인데, 이 주장은 이 장을 통해 철회하고자 한다. 그래도 원형점토대토기의 등장 이후 한국식동검이 등장하기까지의 기간을 고려한다면 한국식동검을 부장하지 않은 무덤의 단계를 설정하는 것은 적정하다.

57 이에 대해 니시타니 다다시西谷正(1966)은 화남지역 초楚문화권을, 가타오카 고지片岡宏二(1999)는 화북지역을 들었다. 또 등장 이유에 대해 윤태영(2010)은 서기전 4~3세

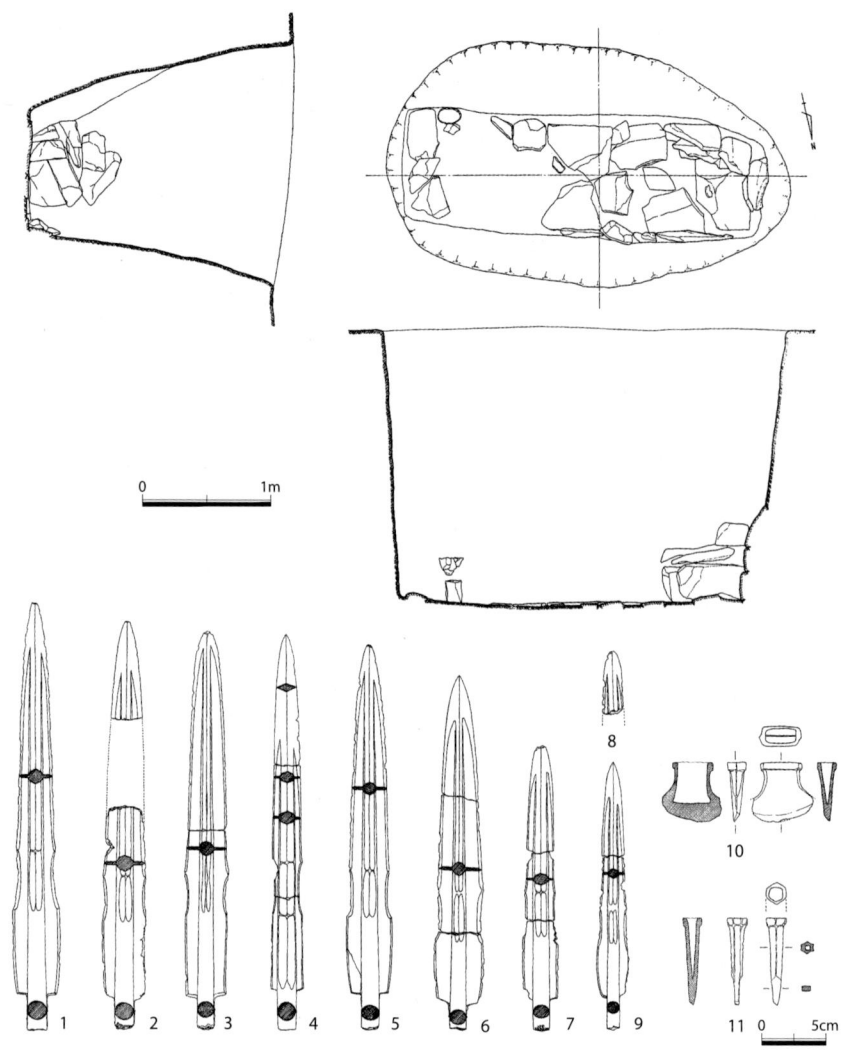

그림 6-10   아산 남성리 분묘와 부장품

도의 다른 동사와 달리 인부가 유달리 넓어 특징적이다. 또 바닥은 편평하고 기부에 돌대[58]가 있어 다른 유적 출토품과 세부 속성이 전혀 다르며 한반도에 출토된 동사 중 유일한 사례이다. 이런 형태는 우리나라 동사 중에서 가장 이른

기 무렵에 금강유역에서 중국과의 교역을 위해 한문자를 수용하여 사용하면서 도입되었을 것으로 추정하였다.

58   동사뿐만 아니라 동착과 동부의 기부에도 돌대가 있다.

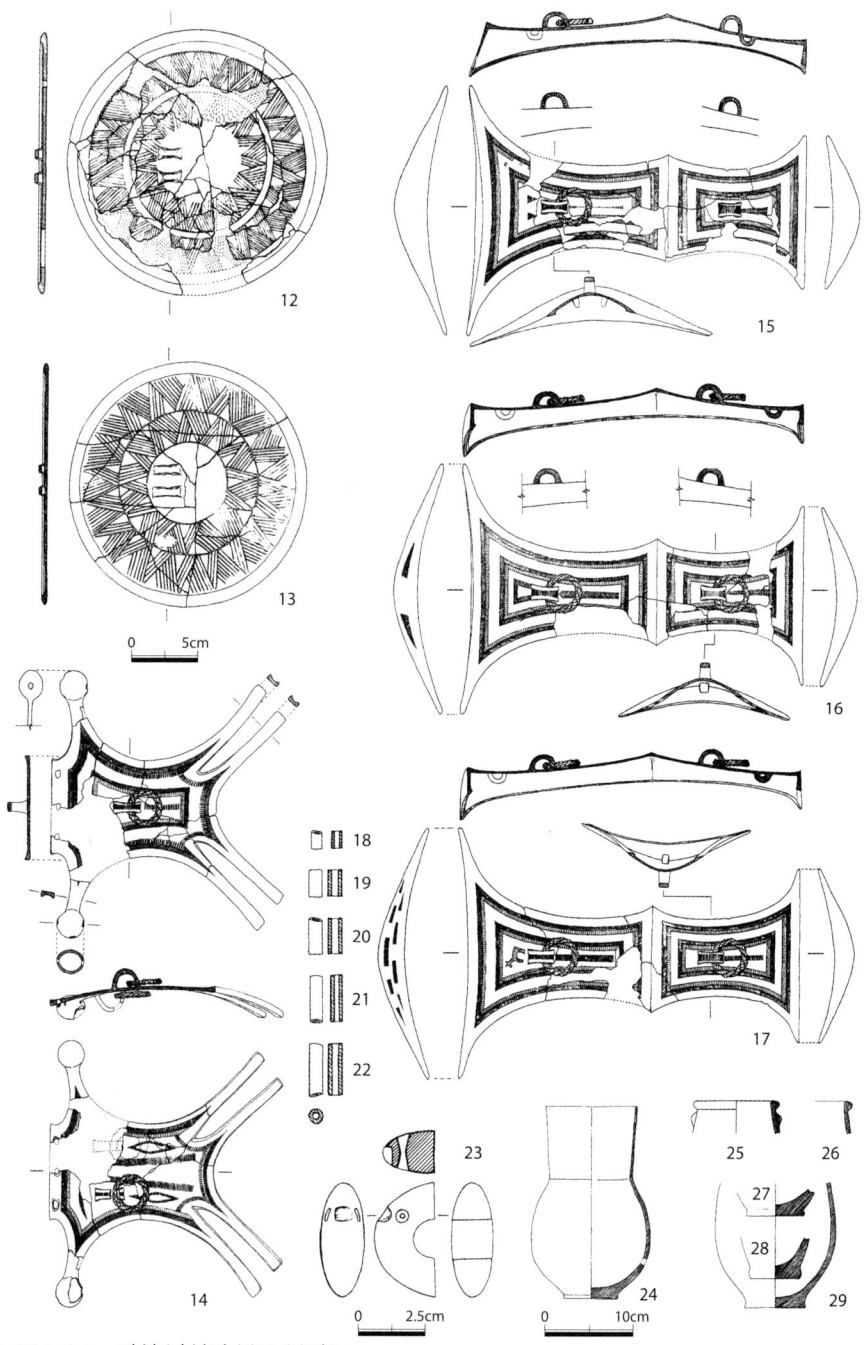

그림 6-11 아산 남성리 분묘 부장품

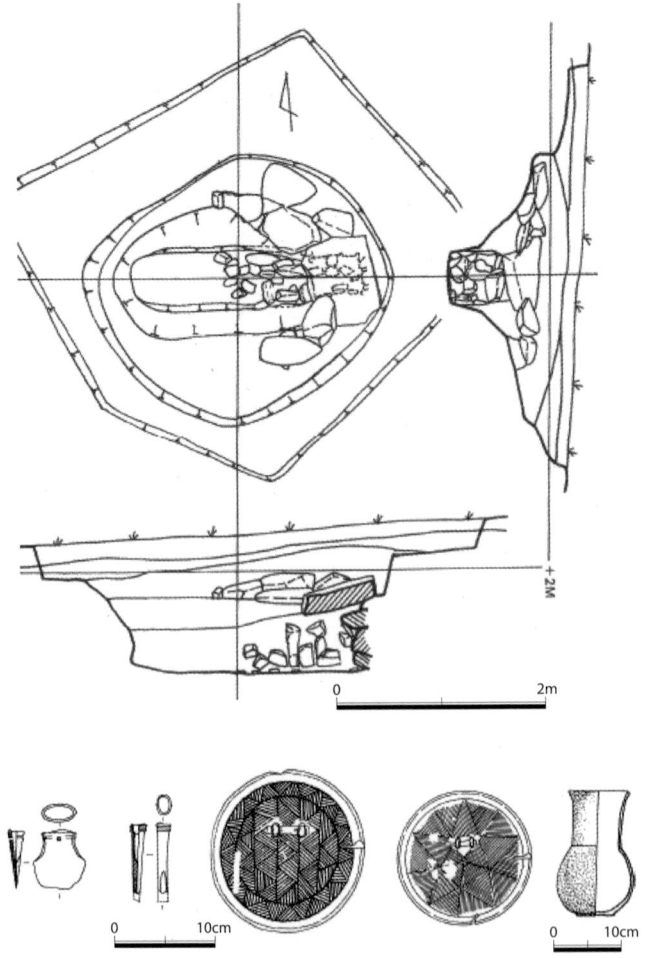

그림 6-12　전주 여의동 1호묘와 부장품

형태로 볼 수 있다고 한다.[59] 이처럼 아산 매곡리 다2-1호묘에 부장한 청동기는 십이대영자문화의 조합(오강원 2006a)을 보이지만 한국식동검을 부장하지 않았고, 선형동부와 동사의 형식을 고려하여 1기의 고단계로 볼 수 있다. 또 안성 반제리 유적의 1~3호묘 역시 앞선 Ⅲ장에서 한국식동검이 등장하기 이전의 한반도 점토대토기문화 Ⅱ단계로 설정하였으므로 1기의 고단계로 볼 수 있겠다.

한편 전주 여의동 유적에서도 선형동부가 조문경·동착, 평저장경호와 출토되었다. 유물조합으로 보아 1기인데, 개석蓋石이 있는 묘형이어서 청동기시대

59　국립경주박물관 윤태영선생님의 가르침이 있었다.

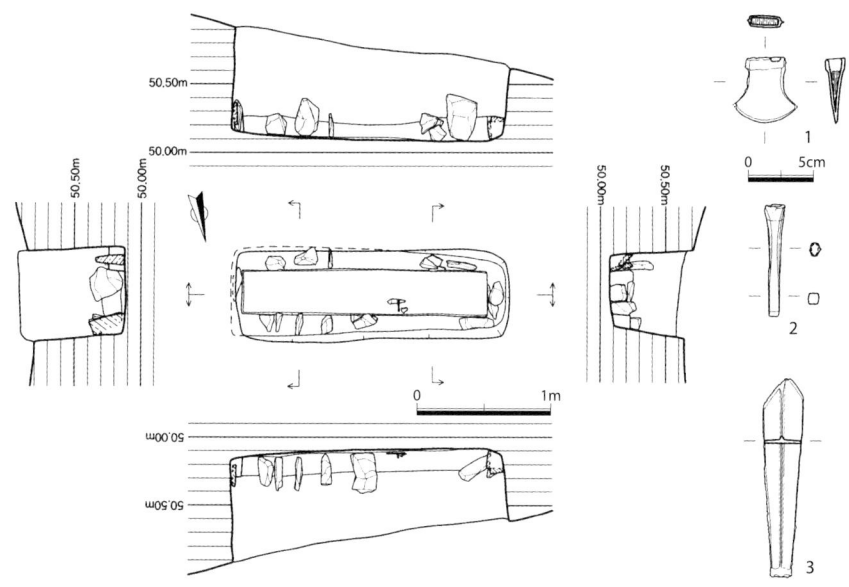

그림 6-13 아산 매곡리 다2-1호묘와 부장품

후기의 일반적인 (적석)목관묘와 계보가 달라 보인다. 이런 묘형은 익산 다송리 유적(전영래 1975)에서도 확인되었는데, 전북을 중심으로 분포하여 전형적인 점토대토기 부장 무덤과는 다른 맥락, 즉 재지 분묘와의 절충이라는 측면에서 살필 여지가 있다. 한국식 청동기를 부장하지는 않았지만 Ia식 단경호가 출토된 완주 신풍 나19호 무덤은 한국식 청동기를 부장한 남성리와 같은 1기의 신新단계로 보아도 될 것이다.

1기의 무덤 중 가장 이른 시기로 설정한 분묘의 특징을 자세히 살펴보자. 아산 매곡리 다2-1호묘는 언덕 정상부 해발 51m 지점에 단독으로 입지한다. 보고서에서는 묘형을 위석식圍石式 토광묘라 하였다. 무덤의 길이는 184cm이고 너비는 74cm이다. 매장주체부 주위로 충전토充塡土와 내부토가 명확히 구분된다는 보고서의 기술로 보아 전형적인 조립식 상형목관[60]으로 보인다. 잔존 깊이가 얕아 확실하지는 않지만 묘의 규모와 부장품의 질과 양으로 보아 1단 굴광이고 매장주체부의 상부에 적석은 없었던 것으로 추정된다. 보고서에서도 상

---

60 전고(2002)에서 대전 괴정동 등 점토대토기를 부장한 무덤의 묘형에 대해 목관의 확실한 증거가 확인되지 않아 이 모두 적석석관묘라 주장한 적이 있었는데, 아산 매곡리 다2-1호묘 등 최근의 발굴성과를 고려하여 철회하겠다.

부 적석을 추정하지 않았다. 역시 주목할 점은 목관 주위에 충전토와 함께 발견된 돌이다. 충전토를 넣은 후 돌을 넣을 수 없으므로 토석土石을 함께 충전하거나, 아니면 흙으로 충전하기 전에 미리 돌을 설치했음을 알 수 있다. 그런데 북쪽과 남쪽 단벽에서 확인된 돌이 등 간격으로 배치된 점(그림 6-13)을 고려한다면 돌을 먼저 설치하였을 것이다. 매장주체부와 묘광 사이 사방에 설치한 이 돌로 조립식 목관의 판재를 지지한 후, 매장주체부 주위를 흙으로 충전했던 것으로 이해할 수 있겠다. 즉 보고서에서 매장주체부 주위의 위석圍石으로 이해한 것은 충전토를 넣기 전에 목관을 움직이지 않게 고정한 충전석充填石으로 해석함이 가장 타당하다. '충전석+적석 無+조립식 목관+1단 굴광'의 형식인 셈이다.

안성 반제리 유적에서는 대규모의 생활 유구가 조사되었지만 무덤은 단 3기만 확인되었다. 무덤은 모두 유적의 정상부인 마안형馬鞍形 평탄면에서 남쪽으로 흘러내린 능선의 중단부에 있었으며 3기의 간격은 그리 멀지 않다. 3기 모두 매장주체부 주위에서 앞서 살핀 아산 매곡리 다2-1호묘와 같은 돌이 확인되었는데, 앞서 살핀 이유에서 충전석으로 보아도 될 것이다. 1호묘는 길이 217cm, 너비 59cm에 잔존깊이 31cm이다. 매장주체부 바깥 2면에서 충전석이 확인되었는데 발굴 이전 이미 묘가 삭평되었음을 감안한다면 3면 또는 4면 모두에 충전석이 있었을 수도 있다. 그 안쪽 면에서 목관의 흔적이 확인되었는데 구조로 보아 조립식 상형목관일 것이다. 1단 굴광으로 보이며 적석은 없었다. 1호묘에는 원형점토대옹, 장경호와 방추차를 부장하였다. 2호묘(그림 6-16)는 길이 200cm, 너비 75cm에 잔존깊이 43cm이다. 매장주체부 주위 3면에서 충전석이 확인되었는데 발굴 이전 묘의 한쪽 면이 파괴되었음을 감안한다면 4면 모두에 충전석이 있었을 것으로 생각된다. 조립식 상형목관에 1단 굴광이었을 것으로 추정된다. 적석은 없었다. 여기에서는 양뉴가 붙은 원형점토대옹과 장경호가 출토되었다. 3호묘는 길이 183cm, 너비 64cm에 잔존깊이 32cm이다. 매장주체부의 주위 3면에서 충전석이 확인되었다. 조립식 상형목관에 1단 굴광이었을 것이다. 적석은 없었다. 3호묘에서는 평저장경호의 동체부가 출토되었다. 이렇듯 반제리 1~3호 무덤은 모두 '충전석+적석 無+조립식 목관+1단 굴광'의 형식으로 보이는데 앞서 살핀 아산 매곡리 다2-1호묘와 같은 묘형이다.

1기 신단계의 무덤은 대전 괴정동(그림 6-14), 아산 남성리와 예산 동서리 유

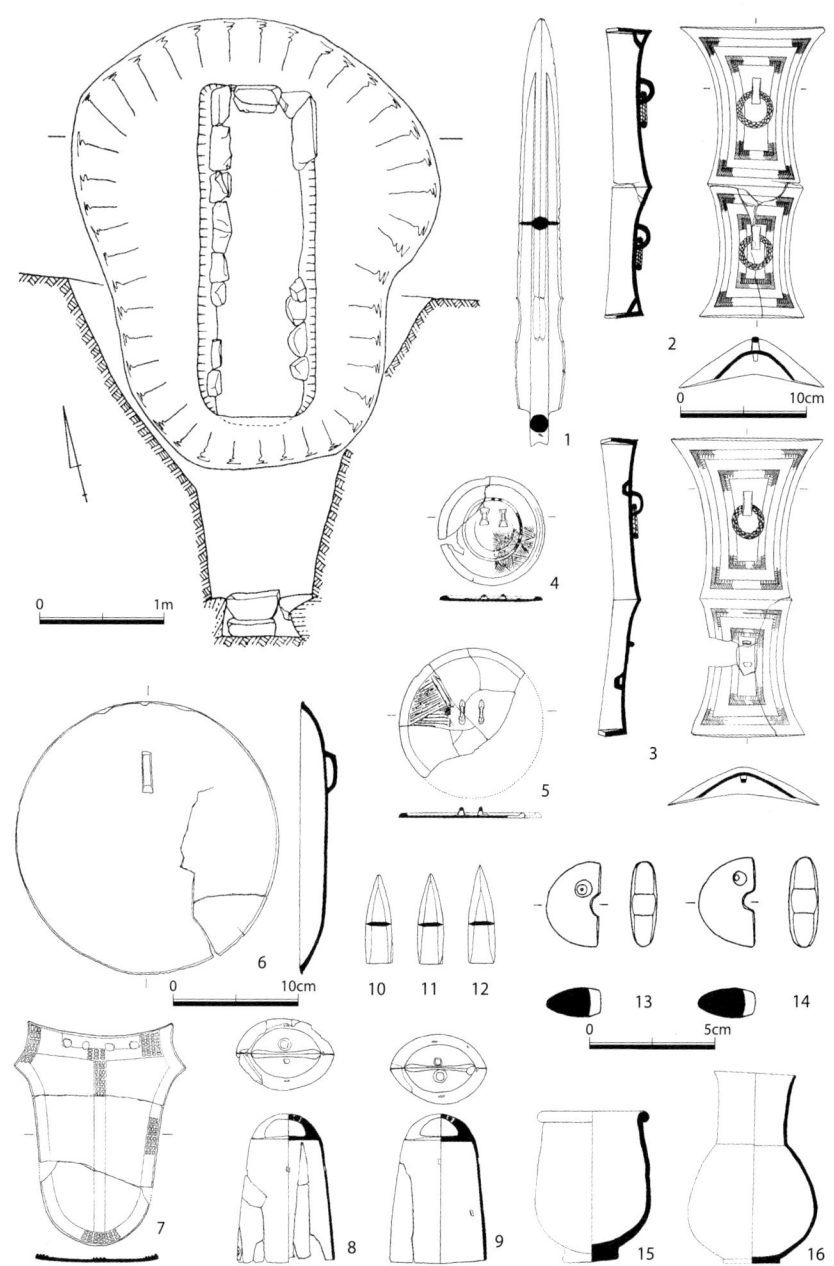

그림 6-14 대전 괴정동 분묘와 부장품

적이 대표적이다. 대전 괴정동 유적은 오래 전에 보고된 것이고 정식 발굴조사를 거치지 않은 것이라 토층을 비롯한 현대적 개념의 자료가 온전히 남아 있지는 않다. 보고된 평면도와 단면도를 살펴보면 무덤이 확인된 면의 너비가 매장주체부에 비해 매우 넓다. 따라서 2단 굴광으로 보아도 좋겠다. 매장주체부 주위의 돌은 아산 매곡리나, 안성 반제리의 사례처럼 충전석으로 볼 수 있다. 목관의 존재는 확실하지 않지만 앞선 사례로 보아 조립식 상형목관으로 추정하는 것이 타당하다. 또 상부에서 적석이 확인되었다. '충전석+적석+조립식 목관+2단 굴광'의 묘형으로 볼 수 있다.

아산 남성리는 석관묘로 보고되었는데, 보고서의 기술을 살피면 묘광 내부에 석재가 가득했다고 한다. 상부에서 확인한 묘광은 평면 타원형이었는데, 매장주체부는 장방형이므로 대전 괴정동 유적과 마찬가지로 2단 굴광에 적석이 있는 묘형일 가능성이 있다. 매장주체부의 목관 존재 여부는 알 수 없지만, 사진에서 판석으로 조성한 관이 보이고 보고서에도 석관으로 보고하였으므로 석관으로 파악해 둔다. 충전석이나 충전토는 보고되지 않았다. '충전석 無+적석+석관+2단 굴광'의 묘형으로 볼 수 있다.

예산 동서리 유적은 길이 180cm, 폭 90cm, 깊이 60cm 정도의 장방형 묘광만 확인되었는데, 유구의 대부분이 훼손되어 정확히 알 수 없는 상황이다. 인근에 다수의 돌이 노출되어 있었다는 말에 따라 상부 적석의 존재를 추정할 여지도 있다. 더불어 내부에 목재 흔적이 있었다는 주민의 전언을 적극적으로 고려한다면 목관의 존재를 예상할 수도 있겠다.

물론 1기의 무덤 중 매장주체부 주변에 충전석이 없는 무덤도 확인되었다. 1기 신단계인 익산 오룡리의 3지점 무덤에서는 충전석과 목관이 확인되지 않았다. '충전석 無+적석 無+직장+1단 굴광' 형식이며, 5지점의 1호묘와 2호묘 **(그림 6-15)**는 '충전석 無+적석 無+조립식 목관+1단 굴광' 형식인 것으로 보고되었다. 이런 점으로 미루어 보면 1기의 신단계에는 최소 5가지 형식의 묘형이 존재했던 것으로 이해할 수 있다.

앞서 살핀 특징을 정리하여 보면 한반도에서 등장한 점토대토기를 부장한 무덤 중 최초의 묘형은 '충전석+적석 無+조립식 목관+1단 굴광'이다. 이후 1기 신단계에 '충전석+적석+조립식 목관+2단 굴광'의 묘형이 더해지는데, 2단 굴광과 상부 적석의 등장이 가장 큰 변화이다. 또 '충전석 無+적석 無+직장+1단 굴광' 형식과 '충전석 無+적석 無+조립식 목관+1단 굴광'의 형식도 등장한다.

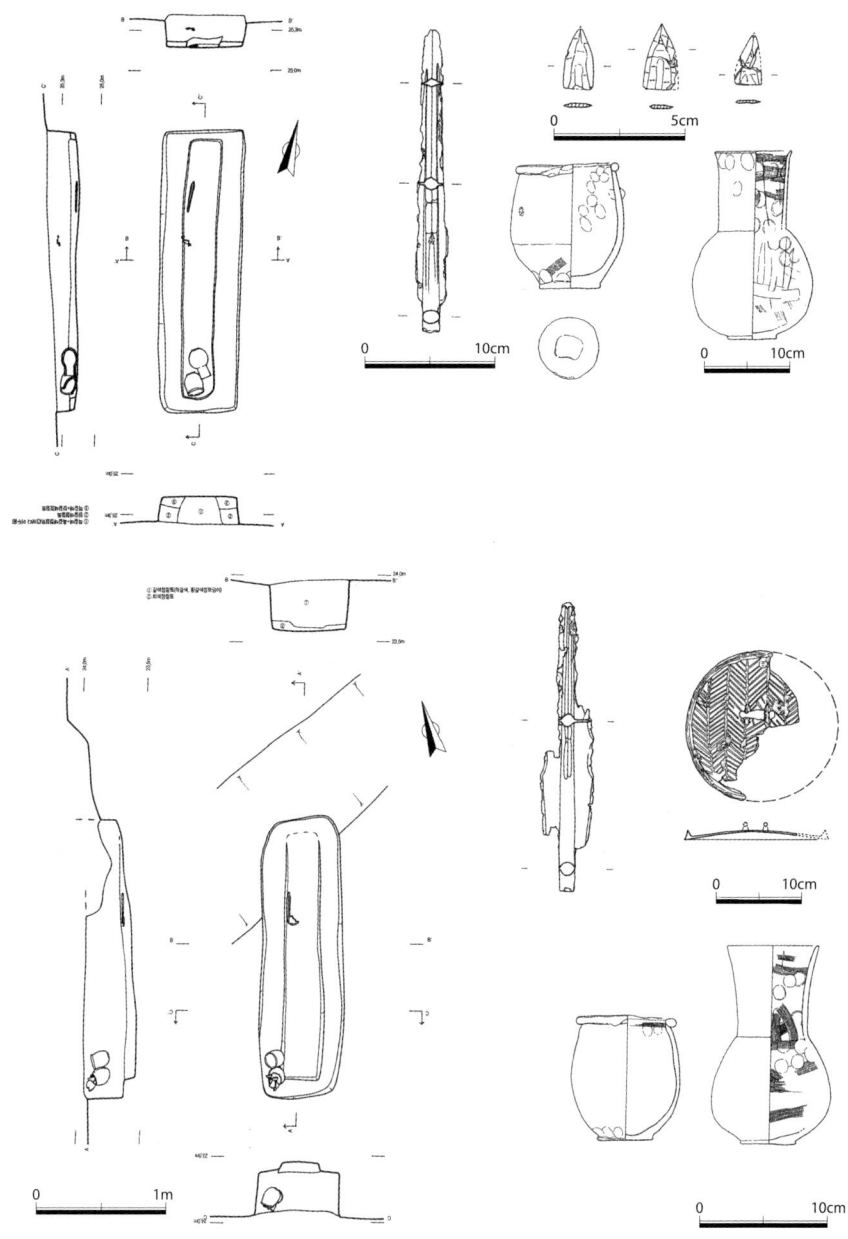

그림 6-15 익산 오룡리 5지점 1호묘(위) · 2호묘(아래)와 부장품

지금까지 살핀 1기 분묘의 속성을 정리하면 **표 6-8**과 같다.

 한편 1기로 설정하였지만 부장품 만으로만 고신古新을 특정할 수 없는 무덤들도 많다. 세 종류로 나누어 볼 수 있다. 첫 번째는, 아산 매곡리와 같은 '충전

표 6-8　1기 주요 분묘의 구조

시기	분묘	충전석	적석	관의 종류	(추정)굴광
1기 고단계	아산 매곡리 다2-1호	●	-	조립식 목관	1단
	안성 반제리 1호	●	-	조립식 목관	1단
	안성 반제리 2호	●	-	조립식 목관	1단
	안성 반제리 3호	●	-	조립식 목관	1단
1기 신단계	대전 괴정동	●	●	조립식 목관	2단
	아산 남성리	-	●	석관	2단
	익산 오룡리 3지점	-	-	직장	1단
	익산 오룡리 5지점 1호	-	-	조립식 목관	1단
	익산 오룡리 5지점 2호	-	-	조립식 목관	1단

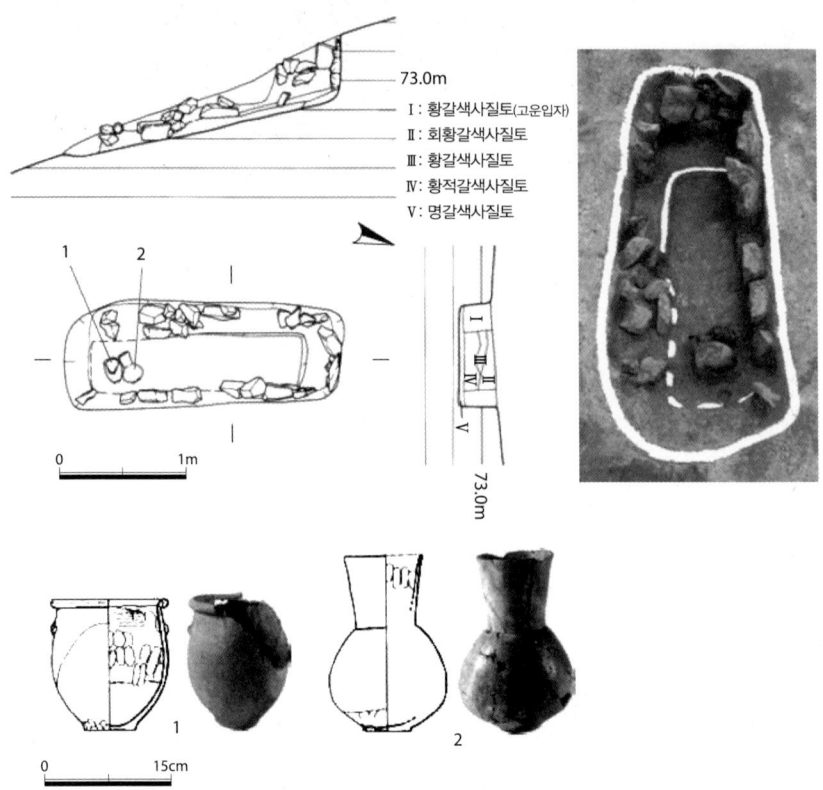

그림 6-16　안성 반제리 2호묘와 부장품

석+적석 無+조립식 목관+1단 굴광' 형식으로 성남 삼평동 가지구, 인천 검단동 3-3 A구역, 대전 도안동 1-2호묘(중앙문화재연구원 2011), 청양 분향리 분묘가 있다. 두 번째는, 익산 오룡리 5지점과 같은 '충전석 無+적석 無+조립식 목관

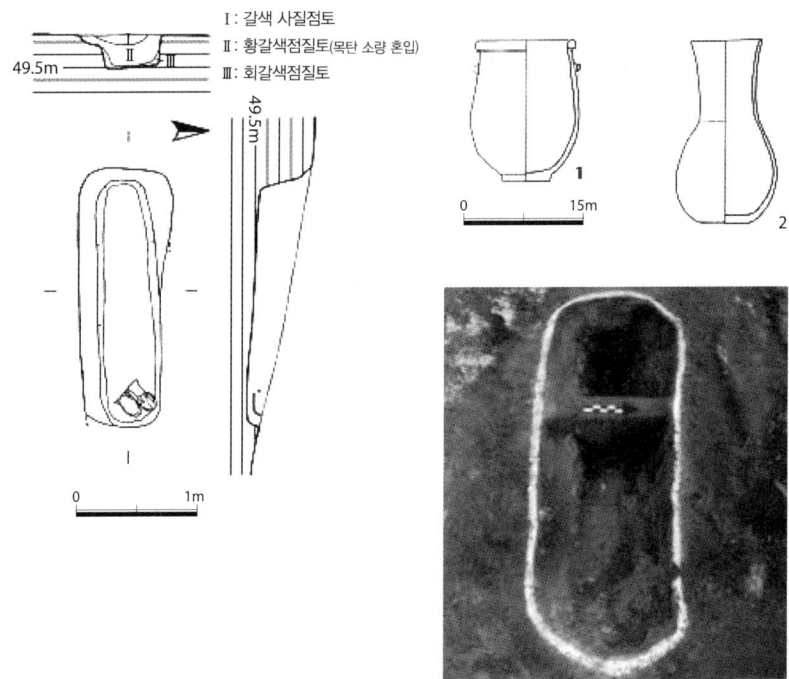

그림 6-17 논산 산노리 가1호묘와 부장품

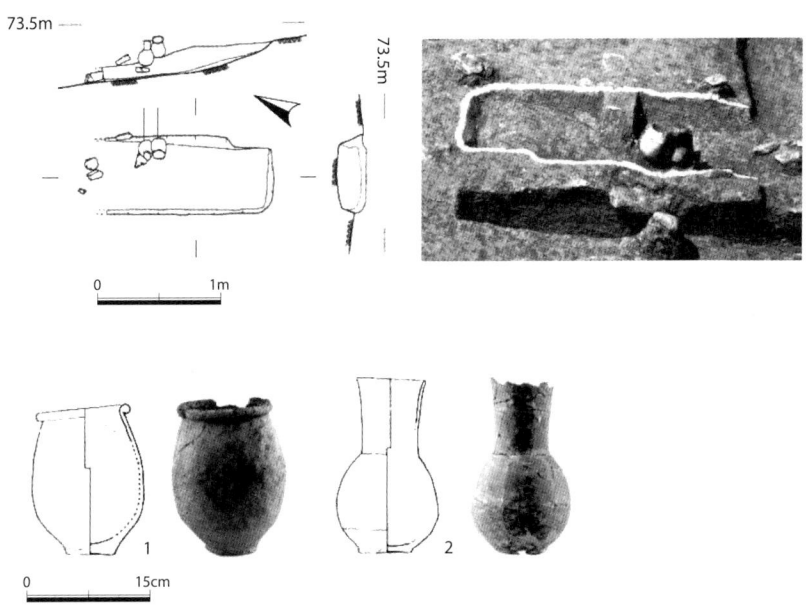

그림 6-18 청원 마산리 1호묘와 부장품

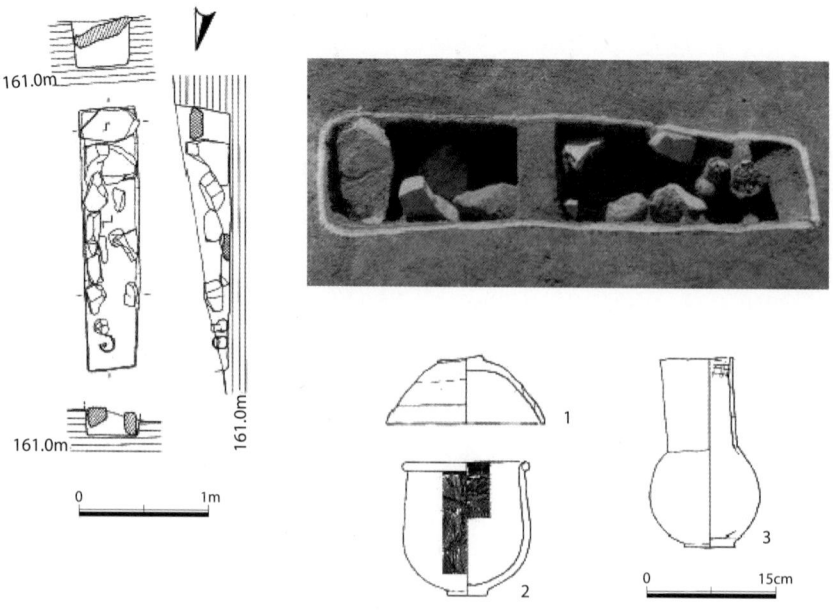

그림 6-19   금산 수당리 M1과 부장품

'+1단 굴광' 형식으로 논산 산노리 가1호묘(그림 6-17)가 대표적이다. 세 번째는, '충전석 無+적석 無+직장+1단 굴광' 형식으로 대전 궁동과 청원 마산리 유적(그림 6-18)이 있다. 한편 금산 수당리 M1(그림 6-19)은 벽 사이의 폭이 워낙 좁아 현실적으로 조립식 목관을 설치할 수 있을지 의문스럽다. 목판을 지지하기 위한 충전석이 있는 형식은 1기의 이른 시기에 해당하는 분묘가 좀 더 많은 것처럼 보인다. 그렇다 하더라도 산노리, 궁동, 마산리 유적에는 충전석이 없는 무덤이 존재하기 때문에 점토대토기인들이 가장 먼저 만든 무덤 중에 충전석이 없는 목관묘와 직장묘가 포함되어 있을 가능성이 충분하다.

4) 청동기시대 후기 무덤의 조형 검토

그렇다면 청동기시대 후기 분묘의 조형은 어느 지역의 어떤 분묘인가? 연구 초기에는 청동기시대 중기의 송국리 석관묘에서 구하기도 하였지만, 아산 남성리를 제외하면 청동기시대 후기의 무덤 중 판석조板石造 석관이 확인되지 않으므로 청동기시대 중기의 무덤에서 찾아야 할 필요는 없다. 한반도 내부에서 자체 발생했을 수도 있지만, 한반도 내부가 아닌 외부를 주목한다면 당연히 점토대토기와 한국식동검문화와의 연관성이 높은 중국 동북지역의 전국시대와 한반도 청동기시대 후기의 무덤을 비교하여 살펴볼 필요가 있다.

청동기시대 후기 분묘 중 1기의 고단계에는 최대 세 가지 묘형을 상정하였다. 첫 번째는 아산 매곡리 다2-1호묘나 안성 반제리 1~3호묘처럼 '충전석+적석 無+조립식 목관+1단 굴광'의 묘형이다. 두 번째는 '충전석 無+적석 無+조립식 목관+1단 굴광', 세 번째는 '충전석 無+적석 無+직장+1단 굴광'의 묘형이다. 이 중 두 번째와 세 번째는 토층의 잔존 상태에 따라 구분하기 힘든 경우가 많다. 이런 묘형은 요령 일대뿐만 아니라 한반도에서도 시대를 불문하고 종종 확인되는 것이라 계보 연구의 대상으로는 적절하지 않다. 결국 청동기시대 후기의 '충전석+적석 無+조립식 목관+1단 굴광'의 묘형과 같으면서 시기적으로 앞서는 중국 동북 지역의 분묘를 찾을 필요가 있다. 앞서 살핀 중국 동북지역의 분묘 중 적석을 제외한 '충전석+적석+조립식 목관+1단 굴광'이라는 조건의 무덤은 건창 동대장자 13호묘, 심양 정가와자 6503호묘와 여순 윤가촌 12호묘 등 세 지역에서 공통적으로 확인된다. 물론 적석의 유무는 차이가 있다. 그런데 앞서 살폈듯이 요동반도 남단의 윤가촌 12호묘에서 출토된 동검은 한국식동검보다 등장 시기가 늦기 때문에 후보에서 제외한다.

따라서 지금까지 확인할 수 있는 견지에서는 동대장자 유적이 위치한 요서와 정가와자 유적이 위치한 요하 중류역에서 한반도 중서부로의 파급을 생각해 볼 수 있다. 두 지역 모두 발굴 후 보고된 자료가 충분하지 않아서 보고된 소수의 무덤만으로 청동기시대 후기 무덤의 조형으로 설정하는 것은 무리한 추측이다. 이를 보완하기 위해서 양 지역 분묘 부장품의 친연성을 함께 고려할 필요가 있다. 우리나라 등장기의 점토대토기와 평저장경호 등의 토기와 함께 한국식동검과 공반한 주요 청동의기인 방패형동기, 나팔형동기와 원개형동기 등은 일찍부터 요하 중류역과 관련성이 지적되어 왔다. 즉 심양 공주둔 후산 주거지의 토기와 정가와자 6512호묘의 청동기와 관련성을 부정할 수 없다. 이런 배경은 요서보다 요중 지역의 분묘를 1기 고단계 분묘의 조형으로 설정해야 할 이유를 보여주고 있다. 또 건창 동대장자 무덤에는 전국계 두형토기를 부장하였지만, 심양 정가와자 무덤에는 두형토기를 부장하지 않은 점에서도 점토대토기 등장기 한반도 분묘의 부장 습속과 맥락이 닿는 곳은 요중 지역인 것을 알 수 있다. 한편 정가와자의 3지점 생활유적에서는 요서지역과 같은 형식의 단각두가 출토(배현준 2019)되었는데, 이 역시 한반도 점토대토기 등장기의 생활유적의 상황과 비슷하다. 이런 여러 상황을 고려하여 필자는 청동기시대 후기 분묘는 요하 중류역 일대의 분묘에서 영향을 받은 것으로 이해한다.

그렇지만 남은 논점도 있다. 정가와자 6512호 무덤(그림 3-7)에 부장한 요령식동검이 건창 동대장자에서 출토된 최말기 요령식동검보다 선행 형식이라는 점, 다시 말해 한반도 등장기 한국식동검이 요중보다 요서 지역의 요령식동검과 더 비슷하다는 점은 앞으로의 재검토 여지를 남긴다. 심양 일대에서 충전석이 있는 무덤의 수가 그리 많지 않다는 점 역시 그렇다. 또 지금으로서는 가능성일 뿐이지만, 요동반도의 남단 일대에 윤가촌 12호묘보다 이른 시기에 서남한 분묘 1기 고단계와 비슷한 묘형이 존재했을 가능성도 제안해 두고 싶다. 즉 윤가촌 12호 무덤 이전에 요령식동검을 부장하지만 두형토기를 부장하지 않으면서 '충전석+적석 無+조립식 목관+1단 굴광'의 묘형이 존재하고 있었을 가능성이다. 이런 무덤과 부장품이 한반도에 영향을 주어 아산 매곡리 다2-1호묘 같은 무덤을 만들고, 이후 한반도에 성공적으로 정착한 점토대토기 집단이 깊은 2단 굴광에 적석을 한 대전 괴정동 같은 형식의 무덤을 더했다는 것으로 생각할 여지가 있겠다. 이렇다 한다면 '적석'이라는 문화요소는 이미 널리 분포하고 있었던 요동반도 일대에서 구할 수도 있을 것이다.

5) 청동기시대 후기~마한 분묘의 변천

앞서 청동기시대 후기 분묘의 조형을 살폈는데 현재로서는 심양 정가와자 유적을 중심으로 한 요하 중류역의 (적석)목관묘일 가능성이 가장 높다. 청동기시대 후기 최초의 무덤인 아산 매곡리 다2-1호묘나 안성 반제리 유적의 분묘처럼 '충전석+적석 無+조립식 목관+1단 굴광'의 묘형이 충전석이 없는 목관묘나 직장묘와 함께 존재한 것으로 이해하였다. 이후 1기의 신단계가 되면 깊은 2단 굴광에 상부 적석이 있는 전형적인 적석목관묘가 더해지는데, 이런 2단 굴광 요소 역시 정가와자의 656호묘에서 확인할 수 있다. 한편 전주 여의동 등 전라북도 지역에서는 재지계 분묘와 절충한 묘형이 보이기도 한다.

2기에도 조립식 목관 주위에 충전석을 설치한 무덤은 존재한다. 2기의 무덤 중에는 충주 호암동 1-2 적석목관묘와 공주 수촌리 적석목관묘에서 충전석이 확인되었다. 충주 호암동 1-2호 적석목관묘는 2단 굴광이며 상부 적석이 있는 구조이다. 공주 수촌리 적석목관묘에도 적석이 있다. 한편 이와 달리 충전석이 아닌 본격적인 석벽을 쌓은 무덤도 등장하는데, 전국식 철기를 부장한 장수 남양리 2호묘가 대표적이다. 충전석과 석벽의 차이는 충전석이 외부와 격리된 매장주체부를 가지기 위해서는 구조물(대부분은 목관)이 필요하다면 석벽은 별도의 구조물이 없어도 격리된 매장주체부를 가질 수 있다. 따라서 목관의 확실한 흔적이 확인되지 않는 한 후자를 (적석)목관묘로 단정할 수는 없다. 한편 2기가 되면 매장주체부 주위에 충전석이 없는 목관묘와 토광묘의 비율이 높아진다. 이 중에서는 논산 원북리 나1호묘처럼 매장주체부의 상부에 적석이 있는 묘형도 있다. 매우 독특한 형태이다. 하지만 파주 운정(경기문화재연구원 2009c), 평택 토진리, 화성 발안리 1·2호묘, 아산 권곡동 6호묘, 김제 서정동 IA4, 완주 덕동 D1·D2호묘, 완주 신풍 가15호묘, 익산 구평리 Ⅱ-1호묘, 전주 원장동 G4·G5호묘처럼 2기 분묘의 대부분은 상부에 적석이 없는 목관묘나 토광묘이다.

 3기에도 충전석이 있는 분묘가 존재한다. 파주 당하리 Ⅱ구역 목관묘(기전문화재연구원 2006), 세종 장재리 2호묘에서 확인되었다. 이 무덤에서 적석은 확인되지 않았다. 장수 남양리 5호묘는 석벽에 적석이 있는 구조이다. 앞선 2기의 남양리 2호묘도 그렇지만 이 유적은 입지 자체에 석재가 많아 석벽과 적석을 가진 묘형이 발달할 수밖에 없는 이유가 되었을지도 모르겠다. 이와는 달리 세종 장재리 1호 무덤은 논산 원북리 나1호묘처럼 충전석은 없지만, 상부 적석이 있다. 하지만 3기의 무덤 대부분은 적석이 없는 목관묘 또는 토광묘이다. 이와 더불어 사례가 적기는 하지만 삼각형점토대옹을 사용한 횡치합구식 옹관도 이 시기에 등장했을 가능성이 있는 것으로 보인다. 서산 예천동 유적(백제문화재연구원 2012)에서 목관묘 2기와 옹관 1기가 조사되었는데, 2호 목관묘에는 삼각형점토대토기를 부장하였고 1호 옹관은 삼각형점토대옹과 봉상파수부호를 횡치하여 조성하였다. 2호 토광묘 삼각형점토대옹으로 보아 3기일 가능성이 충분하다. 서해안에서 지금까지 확인된 유일한 명사리식 옹관묘이다.

 4기의 무덤 중 충전석과 적석이 없는 무덤이 파주 와동리 11지점, 논산 거사리, 보령 관창리 KM437에서 확인되었다. 적석이 있는 무덤으로는 논산 원

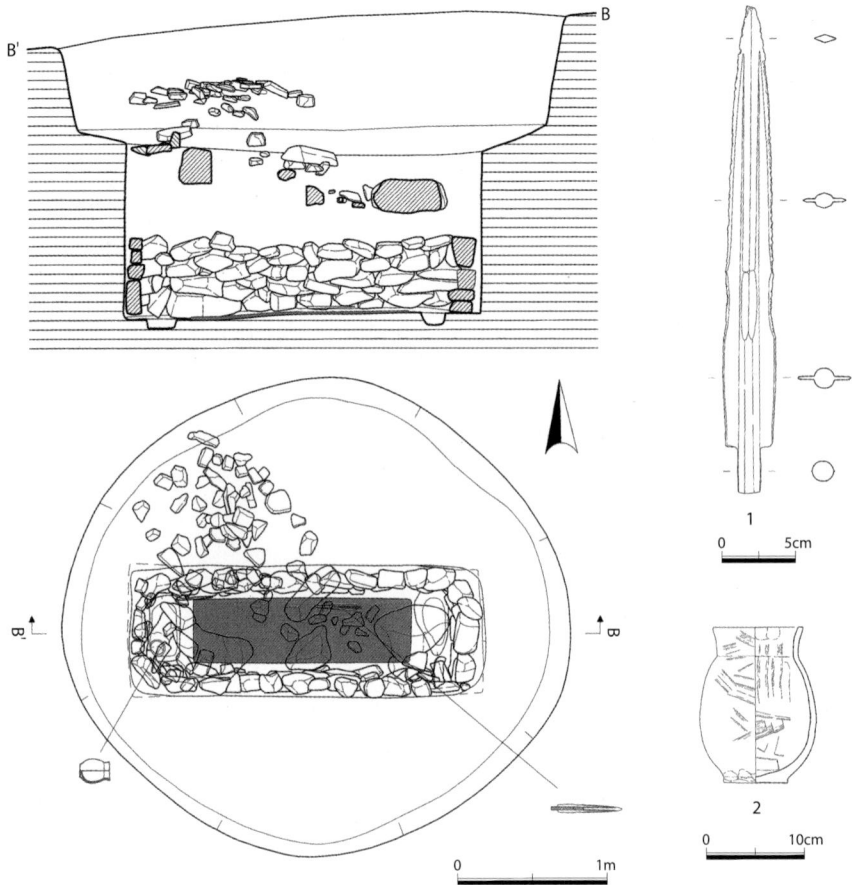

그림 6-20 청주 가경동 KM002와 부장품

북리 나1호묘 적석목관묘와 청주 가경동 유적(그림 6-20)이 있는데 두 사례 모두 정연한 석벽이 있는 구조이다. 목관의 존재 여부는 확실하지 않다. 4기 역시 적석이 없는 목관묘나 토광묘의 사례가 가장 많다.

위에서 청동기시대 후기부터 마한에 이르기까지 서남한의 분묘의 형식을 시기별로 개관하였다. 요하 중류역 분묘에서 영향을 받아 1기의 고古단계에 '충전석+적석 無+조립식 목관+1단 굴광'의 묘형으로 등장한 4기에 이르기까지 꾸준하게 조영되었다. 이 묘형은 1기의 신新단계가 되면 상부의 적석과 2단 굴광이 더해져 전형적인 적석목관묘로 발전한다. 이것은 재지 사회에 성공적으로 적응한 점토대토기집단이 규모가 크고 부장품의 질과 양이 우월한 대형 분묘를 만들 수 있는 여건이 조성된 결과로 이해할 수 있다. 이런 적석목관묘에 나팔형동기, 방패형동기나 원개형동기처럼 그들의 고지故地인 요중 지역에서 만들었던 청동의기를 충실히 복원해 부장한 점에서도 점토대토기 집단의 생활 여건 개선을 추정해 볼 수 있다. 매장주체부 상부의 적석 역시 그들의 요중 지역 무덤의 전통을 충실히 복원한 결과일 것이다. '충전석+적석+조립식목관+2단 굴광'의 묘형은 2기까지만 확인되었다.

 2기에는 기존의 묘형에 '석벽+적석'의 형식이 더해진다. 장수 남양리 유적의 분묘나 청주 가경동, 논산 원북리 나1호 적석석관묘가 대표적이다. 이런 묘형은 2기에서 4기까지 꾸준하게 축조되지만, 무덤의 수 자체는 급격히 줄어든다. 한편 충전석이나 석벽이 없는 무덤 중에도 적석이 있는 형태가 있는데 2기의 논산 원북리 나1호묘와 3기의 세종 장재리 1호묘가 이에 속한다. 이런 무덤은 이후 대구 팔달동 같은 진한 군집 목관묘에서의 사례가 있다. 또 완주 갈동이나 신풍 유적처럼 완주 일대를 중심으로 군집 목관묘가 등장하는데, 전국식 철기의 파급과 연동하여 서남한에 새롭게 등장한 분묘 조영 방식으로 한韓의 등장으로 규정할 수 있다. 군집 목관묘라는 조영 방식은 이후 대구 월성동 유적이나 경주 하구리 유적처럼 영남지역의 초기 군집 목관묘에도 영향을 미치게 되는데, 곧 서남한의 한韓 문화가 동남한으로 확산한 결과이다. 서남한에서는 군집 목관묘의 등장과 함께 청동기시대 후기부터 이어진 석관묘의 조영은 급격하게 줄어드는 양상을 보인다.

 한편 점토대토기나 한국식동검문화와 마찬가지로 이 시기의 분묘 조영 전통 역시 중국 동북 지역에서 유입되었을 가능성이 크다. 정가와자 유형으로 대표되는 요하 중류역과의 관련성을 설정하는 것이 현재로서는 가장 유력하다. 이와 관련하여 이후석(2014)도 두형토기의 부장 양상을 살피면서 윤가촌을 중심으로 한 요동반도 남단과 서북한·동남한의 목관묘는 두형토기를 부장한다는 공통점이 있지만, 요중지역과 서남한의 목관묘에는 두형토기를 부장하지 않는다는 공통점이 있다는 점을 지적하였다. 이를 근거로 '요중 – 서북한 – 서남한'으로 연결되는 관계망關係網과 '요동반도 – 서북한 – 동남한'으로 연결하는 교류망交流網을 설정하였다. 필자는 요중 지역의 분묘 조영 전통이 서북한을 경유했다는 점에 대해 유보적인 입장이만, 서남한 청동기시대 후기 분묘의 조영 전통이 요중 지역에서 비롯했다는 견해에는 동의한다.

이처럼 점토대토기나 청동의기류와 마찬가지로 심양을 중심으로 한 요하 중류역 물질문화의 영향으로 서남한에 등장한 무덤은 시간의 흐름에 따라 변하면서 지역사회에 서서히 정착해 나간 것으로 이해할 수 있겠다.

3. 진·변한 등장기의 분묘

진한과 변한은 한韓에서 마한과 나뉘어 성립하였으므로 마한처럼 분묘 조영 전통이 한韓의 분묘에 있을 것으로 추정하는 것은 당연하다. 하지만 이에 대한 구체적인 연구는 전무하다시피 하다. 그 이유로 생각해 볼 수 있는 것은 무엇보다도 연대와 편년 문제이다. 연대 문제는 여러 논점이 도출되며 그 중에서도 청동기시대 후기(괴정동 유형)의 개시 연대, 한의 등장 연대와 진·변한의 분립 연대가 중요하다. 물질문화와 연동한 한의 등장과 관련하여서는 초기철기의 서남한 등장이 중요한데, 서기전 3세기 중엽과 서기전 2세기 초를 주장하는 연구가 있으며 필자의 의견이 전자前者임은 앞서 살핀 바와 같다. 물론 서남한의 초기철기 등장을 서기전 2세기 초로 보는 입장에서는 한국식동검문화의 등장을 한의 등장과 동일시하는 관점도 논리적인 지점이 있다. 편년과 관련해서는 한·마한의 분묘와 진한·변한 초기 군집 목관묘를 분기하고 각 시기를 교차하는 작업이 필요하다. 이런 맥락에서 앞서 청동기시대 후기를 포함한 한과 마한 분묘를 1~4기로 나누고 그 중 2기에 한韓이 등장한다고 하였으므로, 진한과 변한의 군집 목관묘의 등장 연대를 설정하고 분기한 후 서남한의 분묘와 교차해서 살피겠다.

진한과 변한의 군집 목관묘는 영남 각지에서 확인되는데, 이 중에서 분석 대상을 어떻게 설정할 것이냐는 중요한 문제다. 가장 먼저 한과 마한의 군집 목관묘가 진·변한에 영향을 미치는 군집 목관묘 등장기의 양상을 파악해야 한다. 그 다음 등장기 군집 목관묘가 진한과 변한에 어떻게 변해 가는지 그 양상을 살펴야 할 것이다. 그런데 한과 마한의 군집 목관묘에 비한다면 진·변한의 군집 목관묘는 유적의 수가 훨씬 많고 분포 지역이 넓으며 시기 폭은 유적마다 다르다. 또 각 유적마다의 분묘 수량 자체도 서남한과 비교할 수 없을 정도로 많다. 이로 인해 진한과 변한의 모든 군집 목관묘를 분석한다면 거시적인 분석에는 도움이 되겠지만 분묘의 계보를 찾고자 하는 구체적인 목표를 달성하기에는 어려움이 예상된다. 진·변한 군집 목관묘의 전체적인 변화 기조는 '무문토기 부장 군집 목관묘 → 무문토기와 와질토기를 함께 부장한 군집 목관묘 → 와질토기만 부장한 군집 목관묘'이며, 각각에 대응하는 실제 유적의 대표 사례는 '대구 월성동 유적 → 대구 팔달동, 창원 다호리 유적 → 경산 임당, 밀양 교동 유적'이다. 한에서 유래한 진한과 변한 분묘의 계보와 전통을 살피기 위해서는 진한과 변한에서 전형을 성립한 이후에 확산된 유적을 살피는 것은 적당하지 않다. 따라서 임당 유적과 교동 유적을 제외하고 대구 월성동과 대구 팔달동, 창원 다호리 유적의 군집 목관묘를 살펴 비교하겠다.

1) 한·마한과 진한·변한의 구분과 분기

(1) 한과 마한의 구분

마한은 분명 한에서 분립分立했지만, 등장 시점을 현재의 고고학적 연구 성과로 특정하기는 불가능하다. 다만 준왕의 입해기사에서 마한을 언급하지 않았으므로 서기전 2세기 초에는 마한이 존재하지 않았다고 생각할 여지는 있다. 그렇지만 이것이 마한에 대한 인식의 부재 때문이었는지, 실체적 부재였는지는 단정할 수는 없다. 진한은 『삼국지』'동이전'을 살펴보면 왕망 연간인 서기 1세기 전엽 염사치廉斯鑡와 관련한 기록에 처음으로 등장한다. 따라서 이때에는 최소한 마한과 진한의 구분은 있었을 것이다. 하지만 이것은 사료에서 확인되는 최초의 진한 기록일 뿐 실제 마한과 진한의 구분이 언제부터였는지를 증명하는 것은 아니다. 따라서 고고학적 관점에서는 마한과 구분되면서 마한에서 분기分岐한 것이 확실한 물질문화의 상한 연대를 정할 수 있다면, 그 시점부터 마한과 구분되는 진한, 또는 진·변한이 있었다고 말할 수 있을 것이다. 한반도 동남부에 위치한 진한, 변한과 달리 마한은 한과 구분할 수 없으므로 마한의 등장 연대는 마한과 구분되는 진한 또는 진·변한의 등장 연대로 추정하겠다.

(2) 진한과 변한의 구분

진한과 변한은 모두 한에서 분립한 세력인데, 사서에서도 구분이 쉽지 않다고 하였다. 두 가지의 논점이 있는데, 첫 번째는 '한에서 분립하였는가, 아니면 마한에서 분립하였는가?'이다. 염사치 일화에서 마한이 그 동쪽을 주었다고 하였으므로 이 기록에 따르면 마한에서 분립하였다고 보는 편이 옳겠지만, 전적으로 신뢰하기는 어렵다. 이것을 고고학적으로 증명하려면 당연히 한과 마한의 구분이 필수적인데, 위에서 언급하였듯이 현재의 고고학적 성과로는 불가능하다. 일단 한에서 곧바로 진·변한이 분립한 것을 전제하고 논지를 전개하겠다.

두 번째 논점은 '진한과 변한은 동시에 각각 등장하였는가?'이다. 동시에 등장하였다면 한에서 분립한 이후 최초의 군집 목관묘가 진한과 변한에 같은 시기에 등장하여야 한다. 진한과 변한의 영역은 현재 관점에서 경상북도와 경상남도로 전제하지만 당연히 이에 대한 명확한 근거가 없기는 하다. 그렇지 않고 특정 지역에서 영남 최초의 군집 목관묘가 확인되고 이것이 진한과 변한으로 나뉘어 각각 확산하였다면 최초 군집 목관묘가 등장하고 일정한 기간이 경과한 후 진한과 변한이 성립하였다고 볼 수 있을 것이다. 구체적인 사례로 살펴보자.

영남에서 가장 먼저 군집 목관묘를 조영한 곳으로는 금호강 하류역의 대구 월성동 유적과 경주 하구리 유적이 알려져 있다. 여기에서는 군집 목관묘에서 삼각형점토대토기 단계의 무문토기와 진변한식 단조 철기가 출토된다. 대구와 경북 일대는 큰 이견 없이 진한의 영역으로 평가하는 곳이다. 이런 관점에서는 월성동 유적 역시 진한의 군집 목관묘 중 가장 이른 시기로 볼 수도 있다. 그런데 변한의 영역, 즉 현재의 경상남도에서는 월성동 유적보다 앞서거나 동시기의 군집 목관묘가 확인되지 않았다. 지금까지 조사한 변한 군집 목관묘 중 상한 연대가 가장 이른 무덤이 있는 창원 다호리의 군집 목관묘의 개시 연대는 대구 팔달동 유적과 비슷하다. 현재로서는 이 단계부터 진한과 변한의 목관묘가 따로 조영되기 시작했다고 볼 수밖에 없다. 토기나 철기의 미세한 차이를 제외하고는 등장기의 팔달동과 다호리 목관묘 부장품의 차이는 별로 없다.

따라서 진한과 변한의 구분은 팔달동과 다호리의 군집 목관묘를 조영하면서 시작되었다고 생각한다. 와질토기 없이 삼각형점토대토기 단계의 무문토기와 단조철기를 부장하기 시작한 월성동은 군집 목관묘의 개시 연대는 팔달동과 다호리 유적보다 이르며, 서남한지역의 군집 목관묘 개시 연대보다는 확실하게 늦다. 서기전 2세기 전반을 중심으로 설정해도 좋겠다. 이렇게 되면 대구 월성동의 목관묘는 진한뿐 아니라 변한의 조형이기도 하다. 개념적으로는 진·

변한 공통 조형의 군집 목관묘가 되는 셈이다. 한편 경주 하구리의 군집 목관묘의 부장품을 살펴보면 대구 월성동과 비슷하다. 하지만 하구리와 변한 군집 목관묘의 계보를 논하기에는 유적 사이의 거리가 너무 멀어 적당하지 않은 듯하다. 하구리 유적에 대해서는 다음 장에서 다시 서술하겠다.

(3) 분기分期

한·마한 분묘의 분기는 앞서 살폈으며 표 6-4와 같다. 또 서남한 분묘에서 초기철기의 등장은 표 6-6에서 분묘 2기부터이다. 2기 분묘의 상한을 서기전 3세기 후엽 정도로 보았으므로 분명 철기 등장 이전의 무덤이 있다. 부여 구봉리 같은 유적이 이 시기에 해당할 가능성이 높다. 다만 토기의 형식을 설정하고 그 조합으로 분기한 결과에서는 초기철기 등장 이전과 이후의 차이를 찾을 수는 없었다. 초기철기 부장묘 중에서 가장 이른 시기로 설정한 무덤은 완주 갈동 3호묘이다. 철기 부장묘 중에는 토기가 출토되지 않은 무덤도 많아 정확한 시기 추정이 어려운 것도 있지만, 아무리 올려보아도 주조철겸이 출토된 완주 갈동 3호묘보다 올라가기는 힘들다. 한편 전국식 철기가 서남한에 나타난 이후에도 철기 없이 청동기만 부장한 분묘가 존재하는 것은 확실하다. 하지만 현재의 편년 연구에서 이를 확실하게 구분할 방법은 없다. 여하튼 서남한에서 철기의 등장을 최소 상한의 한限으로 보는 입장에서는 철기 등장 이후의 2기~4기의 무덤이 분석 대상이 된다.

진한은 앞서 서술한대로 영남지역 최초의 군집 목관묘인 월성동과 와질토기가 발생하여 진한 목관묘의 전통이 확립되는 팔달동 군집 목관묘의 변화상을 살필 필요가 있다. 구체적으로는 필자가 이미 설정한 월성동과 팔달동 목관묘의 부장 토기 편년을 이용하겠다. 변한 군집 목관묘는 진한과 마찬가지로 월성동 유형이 조형이다. 월성동과 다호리 목관묘의 부장 토기 편년을 이용해 살피겠다.

2) 한·마한과 진한·변한의 분묘 분석

앞서 한·마한과 진한·변한 분묘를 분기하였다. 이 분기를 기초로 하여 각 시기의 분묘 속성을 살피겠다. 속성은 한과 삼한 분묘뿐만 아니라 중국 동북지역 분묘에도 공통적으로 적용 가능한 것들이다. 구체적으로는 충전석, 적석, 매장주체부, 굴광과 요갱이다. 이와 더불어 논지 보강을 위해 분묘에 부장한 철기도 함께 살피겠다.

(1) 한·마한 분묘 구조의 검토

이미 설정한 서남한 분묘 중, 한과 마한 단계인 2~4기의 분묘만 살피겠다. 2기 중에서는 한의 등장 이후가 확실한 철기 부장 분묘가 대상이다. 3기와 4기는 모두 살피겠다.

먼저 충전석을 살펴보자. 2기의 분묘 중 충전석은 공주 수촌리 적석목관묘 (**그림 6-21**)에서만 확인되었다. 3기에는 파주 당하리 Ⅱ구역과 세종 장재리 2호묘에서, 4기에는 파주 와동리 11지점, 논산 거사리와 보령 관창리 KM437에서

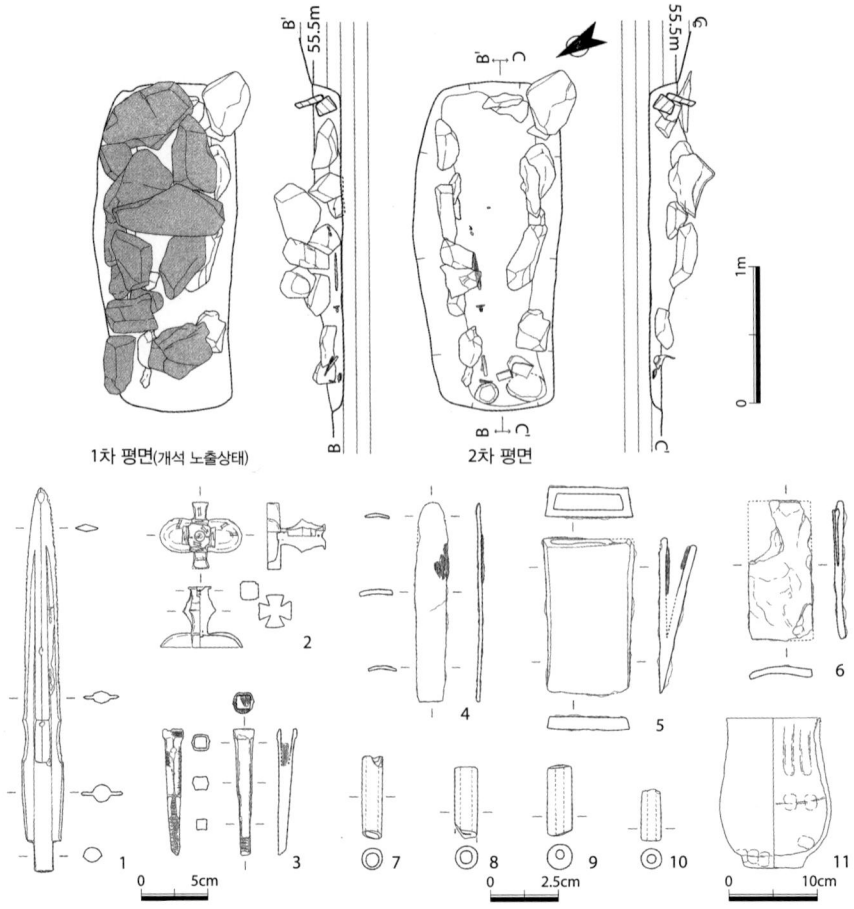

그림 6-21 공주 수촌리 적석목관묘와 부장품

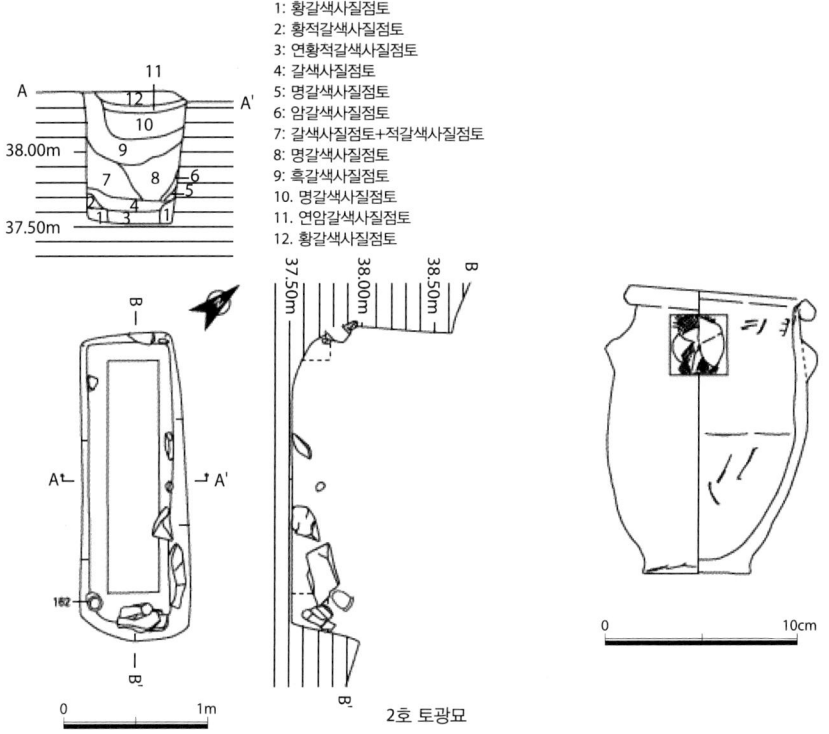

그림 6-22   세종 장재리 2호묘와 부장품

충전석이 확인되었다. 앞서 살폈듯이 충전석은 중국 동북지역에서도 사례가 보이는 요소이어서 청동기시대 후기인 1기의 가장 이른 시기부터 보인다. 물론 2기 이후에도 꾸준하게 채용되지만 가장 큰 특징은 청동기시대 무덤의 전통을 잇는 단독 입지 목관묘에 주로 보인다는 점이다. 세종 장재리 2호묘(그림 6-22)는 군집 목관묘 중 유일한 사례인 것인데, 서남한에서 충전석은 군집 목관묘의 등장과 함께 거의 사라지는 요소임을 알 수 있다.

적석은 2기인 공주 수촌리 적석목관묘와 장수 남양리 2호묘, 3기인 세종 장재리 1호묘(그림 6-23)와 장수 남양리 5호묘, 4기인 논산 원북리 나1호 적석목관묘와 청주 가경동에서 확인되었다. 적석 역시 앞선 충전석과 마찬가지로 중국 동북 지역에서 시작하여 청동기시대 후기 적석목관묘에 채용된 요소이다. 장수 남양리나 세종 장재리처럼 군집 목관묘가 등장하더라도 유지되는 것을 알 수 있다. 하지만 장수 남양리는 유적 입지의 특징이 반영된 특수한 사례로 볼 수 있어 충전석처럼 군집 목관묘의 등장과 함께 사라지는 요소로 보는 편이 타당하다.

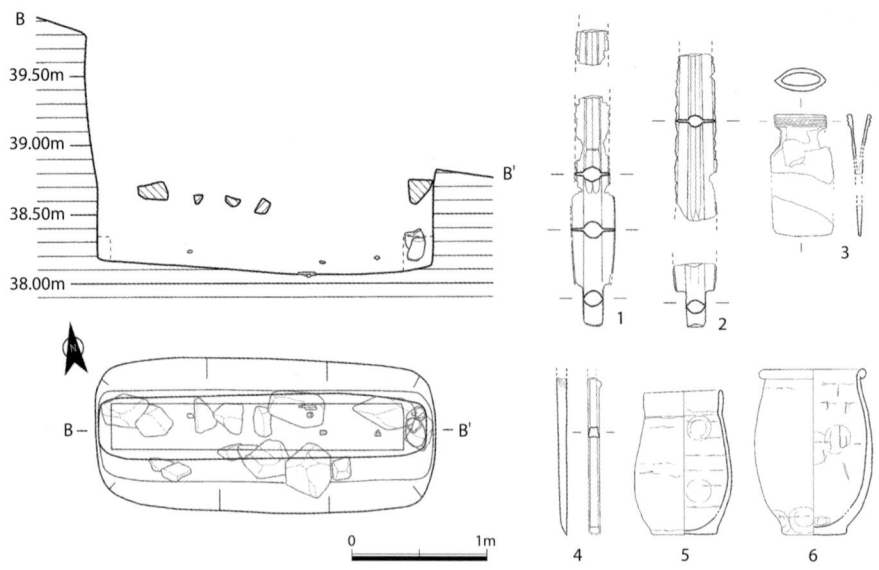

그림 6-23 세종 장재리 1호묘와 부장품

　　매장주체부는 직장을 제외하면 목관과 석관으로 나누어 볼 수 있겠다. 이 중 목관은 모두 조립식이며 통나무를 사용한 사례는 아직 확인되지 않았다. 물론 전라남도의 화순 대곡리 유적의 매장주체부를 통나무관으로 보는 입장도 있지만, 이 장의 분석 대상 지역이 아니라 고려하지 않는다. 더불어 필자는 이 관을 통나무로 보는 것에 유보적인 입장이다. 중국 동북지역 역시 통나무관으로 보고된 사례는 없다. 이와 함께 석관으로 볼 만한 사례가 예산 동서리에서 확인되었지만 단발적이고, 청주 가경동처럼 매장주체부를 할석으로 쌓은 사례는 청동기시대 무덤 계보일 가능성이 있을 것으로 생각한다. 2단 굴광은 2기의 갈동 3호묘, 3기의 갈동 6호묘와 호암동 2-1호 목관묘 4기의 청주 가경동 유적(그림 6-20)에서 확인되었다. 군집 목관묘 중에서는 갈동 유적에서만 보이는 특징이다. 잘 알려져 있듯이 2단 굴광 역시 중국 동부지역의 전국시대부터 우리나라 청동기시대 후기를 관통하는 요소이다. 더불어 2~4기 무덤에서는 영남지역에서 종종 확인되는 요갱은 전혀 보이지 않는다.

　　전국식 철기는 2기부터 확인된다. 완주 갈동 3호묘에서 주조철겸과 형지공이 있는 주조철부가 확인되었다. 토기가 없어 편년 자료로 활용하지는 않았지만 갈동 2호묘에서도 3호묘에서 출토된 것과 같은 형태의 주조철겸이 출토되어 같은 시기로 보아도 무방하다. 또 공주 수촌리 적석목관묘에서는 주조철부, 철사와 함께 소형 판상철부가 출토되었다. 이 중 소형 판상철부는 대구 월성동이나 학정동처럼 금호강 하류역 초창기 군집 목관묘에 주로 부장하는 기종인데 서남한에서 출토된 것은 공주 수촌리 적석목관묘가 유일하다(그림 6-21). 또 3기로 설정한 서산 동문동과 완주 갈동 6호묘에서 주조철부와 철사가 출토되었다. 이외에도 인천 검암동 유적에서 주조철부의 편으로 추정되는 철기가 출토되었다. 이렇게 한과 마한 무덤의 철기 출토 상황을 단계별로 살폈지만 특히 철기 부장묘 중에는 토기가 출토되지 않아 토기 형식의 공반 양상으로 설정한 편년 방식으로는 시기를 추정할 수 없는 무덤도 많다. 이에 대해서는 유적별로 살피겠다. 서남한에서 가장 이른 단계의 군집 목관묘인 완주 갈동 유적은 출토된 토기와 철기들로 미루어 본다면 대부분 2~3기에 해당할 것이다. 신풍 유적에서는 철사(가43호묘), 주조철부 5점(가22·36·47·54·56호묘), 철착 2점(가41호묘), 환두도자 2점(가42·51호묘), 도자 3점(가43·54·56호묘)과 평면 삼각형 철촉 3점(가57호묘)이 출토되었다. 평면 삼각형 철촉은 안성 만정리 2지점에서 출토된 바 있다. 역시 정확한 시기를 가늠하기는 힘들지만, 김제 서정동 Ⅱ유적의 1호묘에서 출토된 단조철겸과 공부편은 이 시기 서남한의 분묘 중 유일한 출토사례다. 공부편은 단조품으로 철모의 편처럼 보인다. 진한이나 변한과의 관련성을 상정할 수 있겠는데, 3기까지 진·변한계 철기가 서남한 분묘에서 출토되지 않음을 고려한다면 4기에 속할 가능성이 높아 보인다.

(2) 대구 월성동 분묘 구조의 검토

대구 월성동에서는 와질토기 등장 이전 단계의 분묘 20기가 조사되었다. 토기의 공반 관계를 기준으로 3기로 나누었으며 서기전 2세기 전반을 중심의 연대를 설정한 바 있다. 이 중 월성동 3기는 팔달동 1기와 같은 시기이다. 대구 월성동 유적 목관묘의 특징을 살피겠다.

먼저 월성동 유적에서는 충전석과 적석이 전혀 확인되지 않았다. 앞서 살핀 한과 마한 무덤과 다른 점이다. 통나무관은 Ⅰ구역 6호묘 1기에서만 확인되었다 (그림 6-24). 더불어 2단 굴광과 요갱이 전혀 확인되지 않은 특징이 있다.

철기의 부장을 살펴보면 단조제의 소형 판상철부가 Ⅰ구역 1·3·6호묘와 Ⅱ

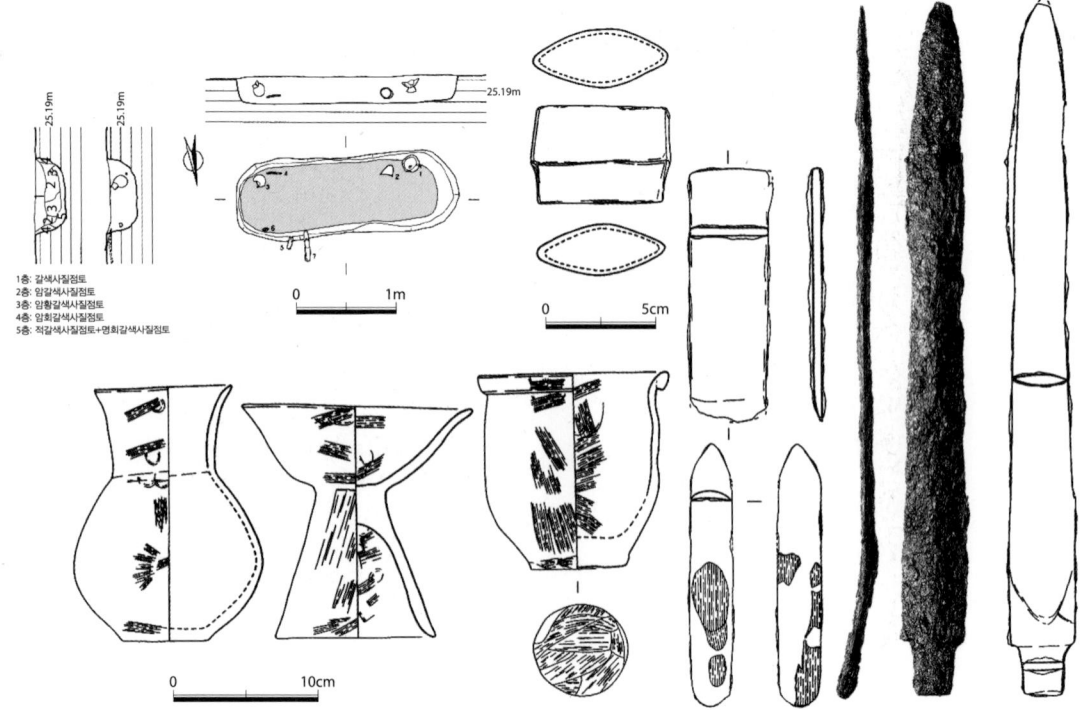

그림 6-24   대구 월성동 Ⅰ-6호묘와 부장품

구역 2호묘 모두 4기에서 확인되었다. 그 외의 철기로는 단조제의 철사와 철검만 확인되었다. 이처럼 월성동 유적의 철기는 모두 단조제인 것이 특징이다. 한과 마한 분묘와 확연하게 다른 양상이다.

(3) 대구 팔달동 분묘 구조의 검토

대구 팔달동 유적에서는 70기가 목관묘화 함께 옹관묘, 직장묘와 목곽묘(117호묘)가 조사되었다. 앞에서 살핀 것처럼 필자는 팔달동의 진한 분묘를 모두 7기로 나누었으며 가장 이른 시기인 팔달동 1기는 월성동 3기와 같은 시기이다. 팔달동 7기는 목곽묘 직전 단계로 팔달동 유적에서도 목곽묘가 확인된 바 있다.

먼저 충전석을 살펴보면 35·56·86·88·96·99·100·108·113호묘와 114호묘 모두 10기에서 확인되었다. 100호묘가 팔달동 2기이고 96호묘가 팔달동 6기이므로 거의 전시기에 걸쳐 충전석이 있는 목관묘가 있는 것을 알 수 있다 (그림 6-25). 팔달동은 영남의 군집 목관묘를 통틀어 가장 높은 비율로 충전석이

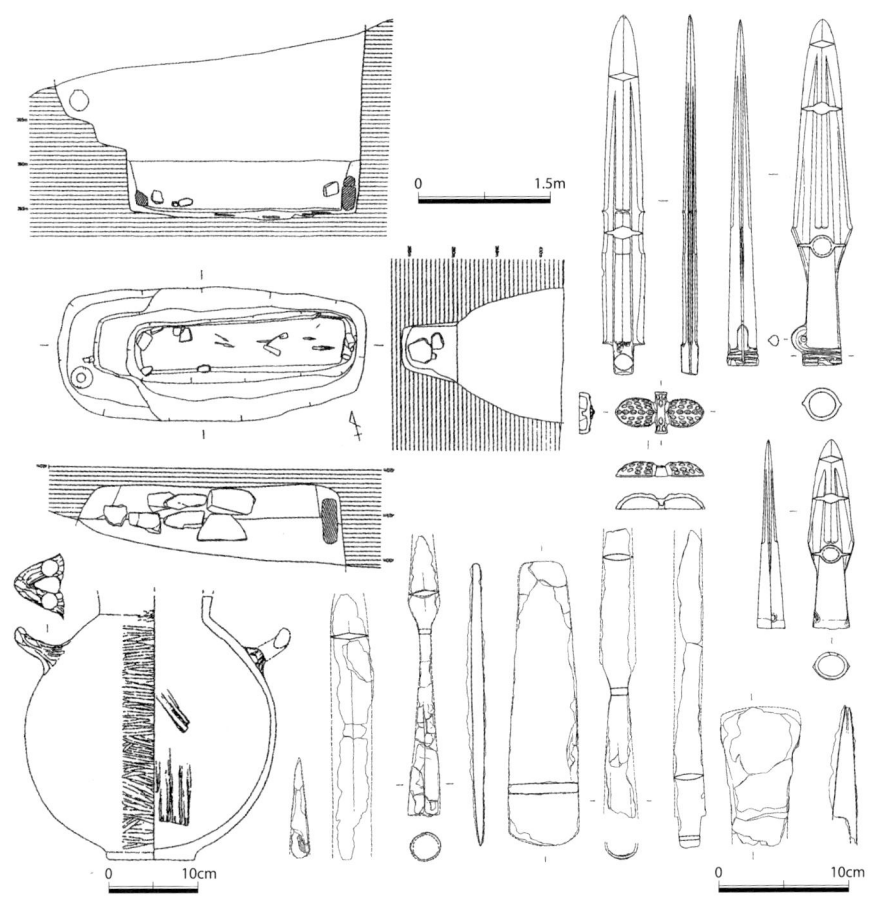

그림 6-25　대구 팔달동 100호묘와 부장품

확인된 유적이다. 이 점은 앞서 월성동 목관묘와 분명히 대조가 된다.

　적석이 있는 분묘는 30·35·41·44·45·55·55·56·57·77·79·80·86·88·90·101호묘와 110호묘 모두 17기에 적석이 확인되었는데, 팔달동 1기부터 5기에 걸쳐 있다(그림 6-26). 적석 역시 팔달동 유적의 가장 큰 특징 중 하나이다. 월성동 유적에서는 확인되지 않았던 양상이다.

　팔달동 유적에서 통나무관은 6기가 확인되었는데 45·55·58·83·90호묘와 100호묘이다. 토기로 세부시기를 알 수 있는 무덤은 모두 팔달동 1기와 2기이다(그림 6-25, 26). 2단 굴광은 모두 8기에서 확인되었다. 35·45·56·65·83·86·90호묘와 100호묘이다. 팔달동 1기부터 5기에 걸쳐 있다(그림 6-25). 2단 굴광 역시 월성동 목관묘에는 보이지 않는 요소이다. 요갱이 확인된 곳은 58호묘

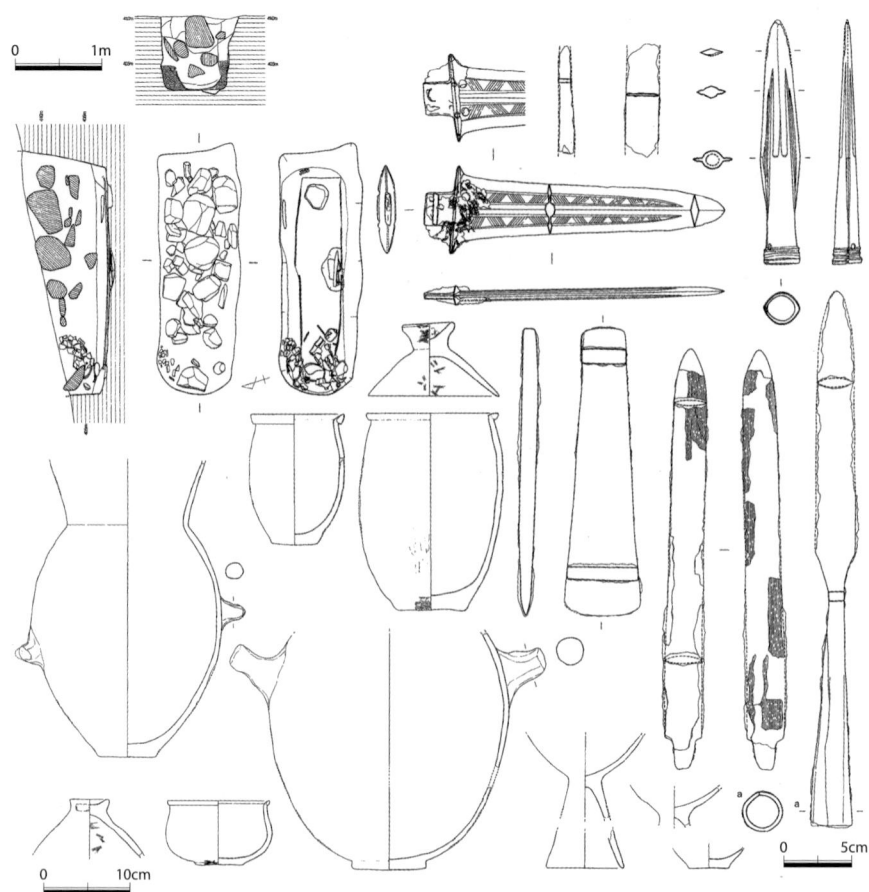

그림 6-26 대구 팔달동 90호묘와 부장품

와 107호묘 2기밖에 없다. 58호묘에서는 무문토기만 부장하였고, 107호묘에는 와질 조합우각형파수부호를 부장하여 시기차가 상당하다.

철기의 부장을 살펴보면 소형 판상철부가 45·57·67호묘와 116호묘 모두 4기에서 확인되었다. 67호묘에서는 토기가 출토되지 않았으며 무문토기가 출토된 116호묘를 포함하여 팔달동 1기와 2기에 속하는 무덤들인 것으로 추정된다. 특히 진·변한 유일의 주조철착이 팔달동 1기인 57호묘(**그림 6-27**)에서 출토된 것은 매우 주목할 만하다. 세부적인 형태는 서남한에서 출토된 것과 다르다. 철사, 철검, 단조공부, 주조철부와 철모 등도 확인된다. 소형 판상철부와 철검, 철사의 부장은 앞선 월성동 유적의 양상과 비슷하며 형식의 차이도 느껴지지 않는다. 이외의 단조철기와 주조철기의 등장은 월성동 유적과의 시기 차에 따

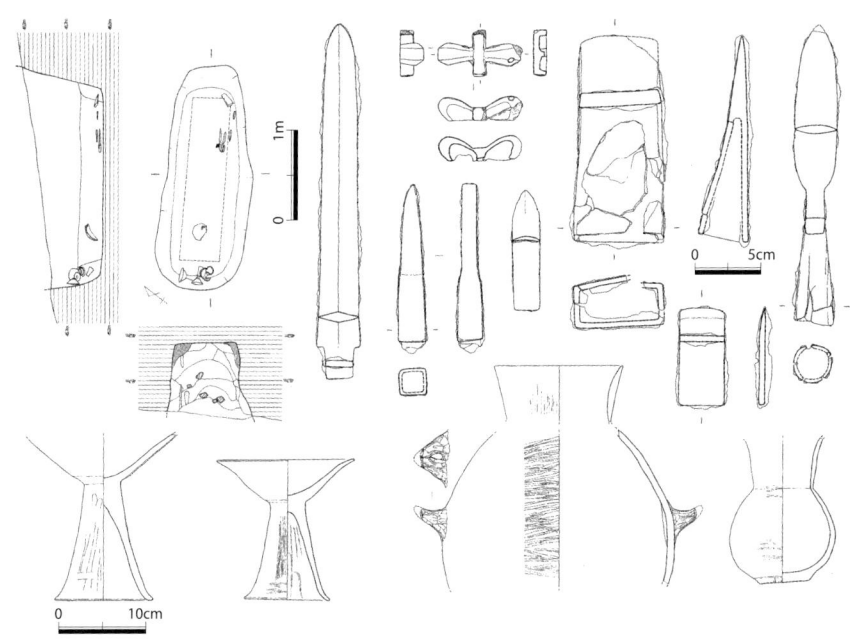

그림 6-27 대구 팔달동 57호묘와 부장품

른 것이다.

(4) 창원 다호리 분묘 구조의 검토

다호리의 군집 목관묘는 변한에서 가장 이른 시기부터 목관묘를 조영하기 시작한 곳이다. 팔달동 유적과 개시 연대가 같으며 종료 시기는 팔달동보다 조금 늦게 볼 수 있다. 변한 최초의 군집 목관묘이고 조영기간이 긴데, 무덤의 수 역시 다른 곳과 비교도 되지 않을 만큼 많기 때문에 변한 무덤의 전형이다. 모두 151기 무덤 중 옹관묘나 직장묘 일부를 제외하면 모두 목관묘로 8기로 나눈 바 있다. 이하는 다호리 목관묘를 한·마한과 월성동·팔달동 목관묘와 비교하여 살피겠다.

먼저 충전석이 전혀 확인되지 않는 특징이 있다. 이것은 대구 팔달동 유적과 극명한 대조를 이루는데 월성동 유적과는 비슷하다. 매장주체부 상부에 돌을 둔 것은 반량전과 다량의 철기를 부장한 104호묘 1기에서만 확인되었다. 그런데 이 사례는 한이나 마한 분묘에서 보이는 전면적인 적석이나 팔달동 무덤에서 보이는 토석土石을 혼용한 것과는 달리 소량의 작은 돌이 일부 층위에서만

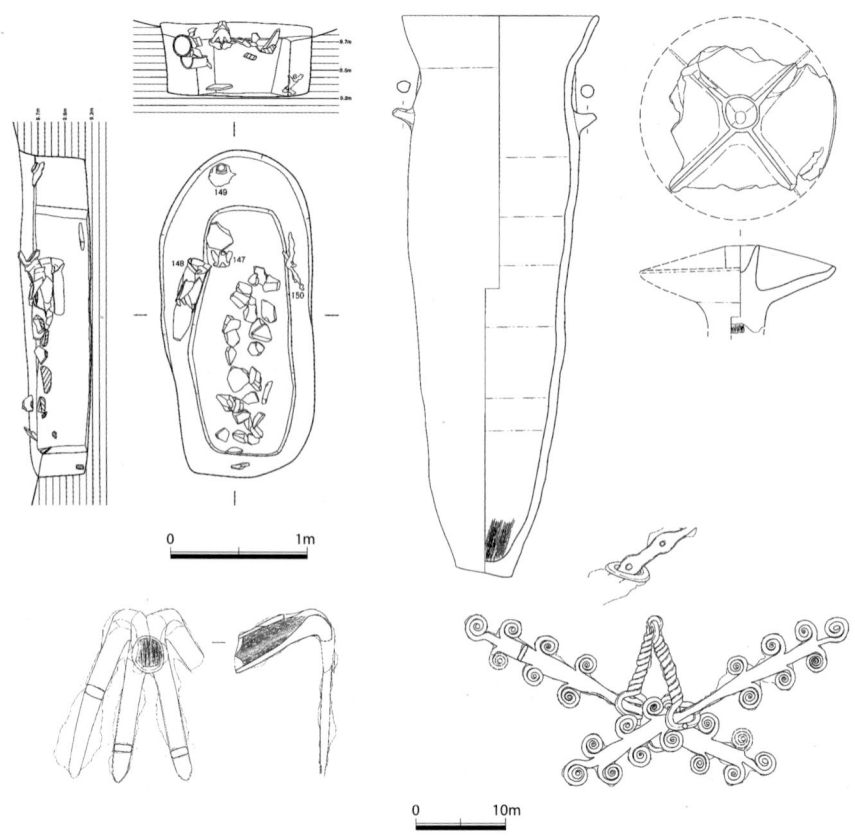

그림 6-28 창원 다호리 104호묘 상부 출토품

확인되었다(그림 6-28, 29). 한·마한과 팔달동의 적석과는 달라 적석으로 파악하지 않겠다. 월성동 유적에서는 적석이 보고되지 않았다.

통나무관은 1·24·76·83·100·101호묘와 110호묘에서 확인되었다. 토기로 보아 다호리 1호묘가 속한 다호리 4기부터다(그림 6-30). 통나무관은 월성동과 팔달동의 분묘에서 공통적으로 확인되는 양상이지만, 다호리 유적에서 확인된 수가 더 많다.

요갱은 1·17·19·22·24호묘와 104호묘(그림 6-29)에서 확인되었다. 통나무관과 마찬가지로 다호리 4기부터 보인다. 통나무관과 요갱은 큰 상관관계를 보이지 않는다. 요갱은 월성동에서는 확인되지 않았지만 팔달동 유적에서는 보고된 사례가 많다. 2단 굴광은 월성동, 팔달동과 마찬가지로 없다. 74호 목관묘에서 한쪽 장벽에 짧은 턱이 있어 2단 굴광처럼 보이기도 하지만 마한과 진한의 2단 굴광처럼 묘광이 깊지도 않고 비슷한 시기의 무덤보다 우월한 부장품도 없

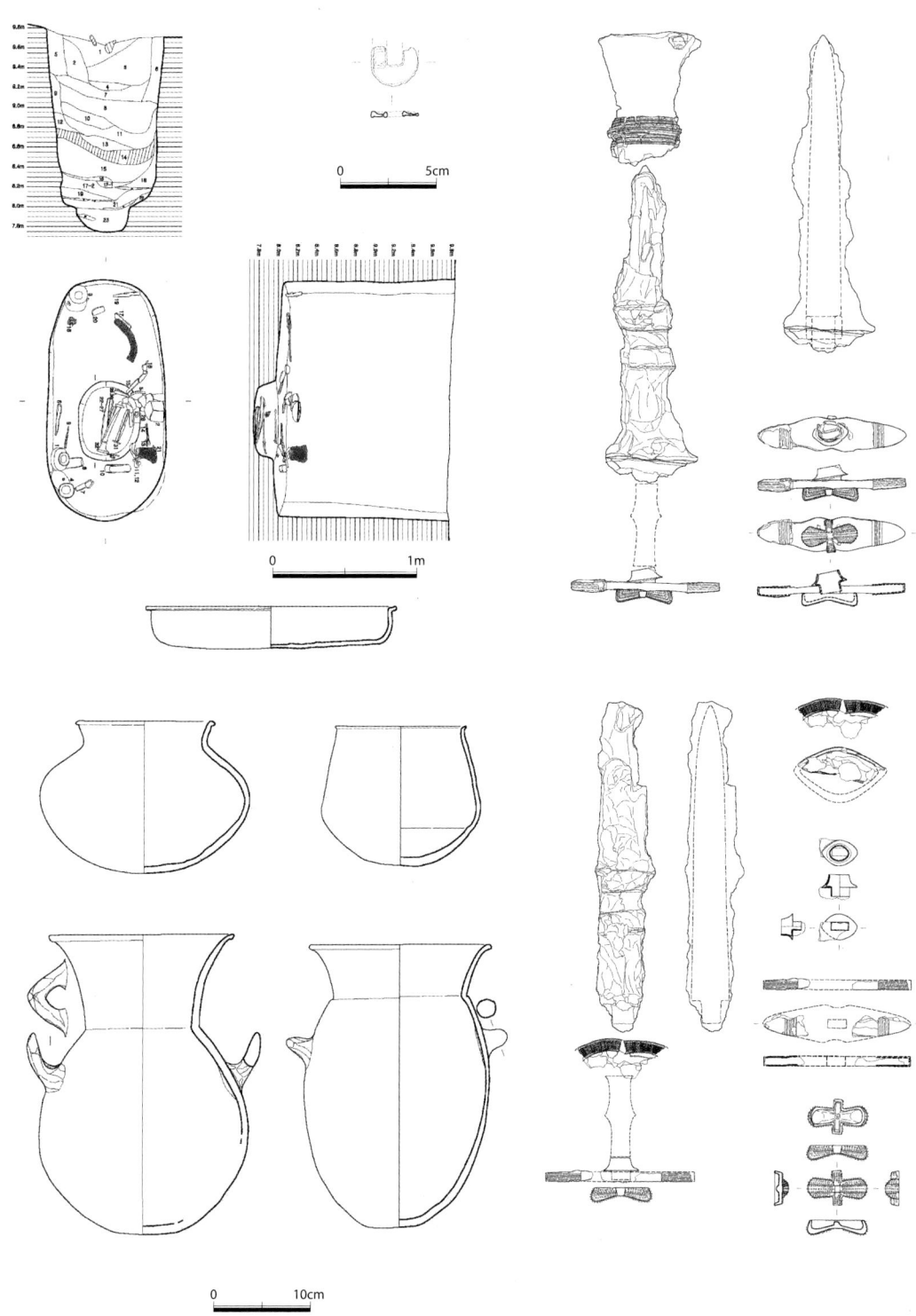

그림 6-29 창원 다호리 104호묘와 부장품

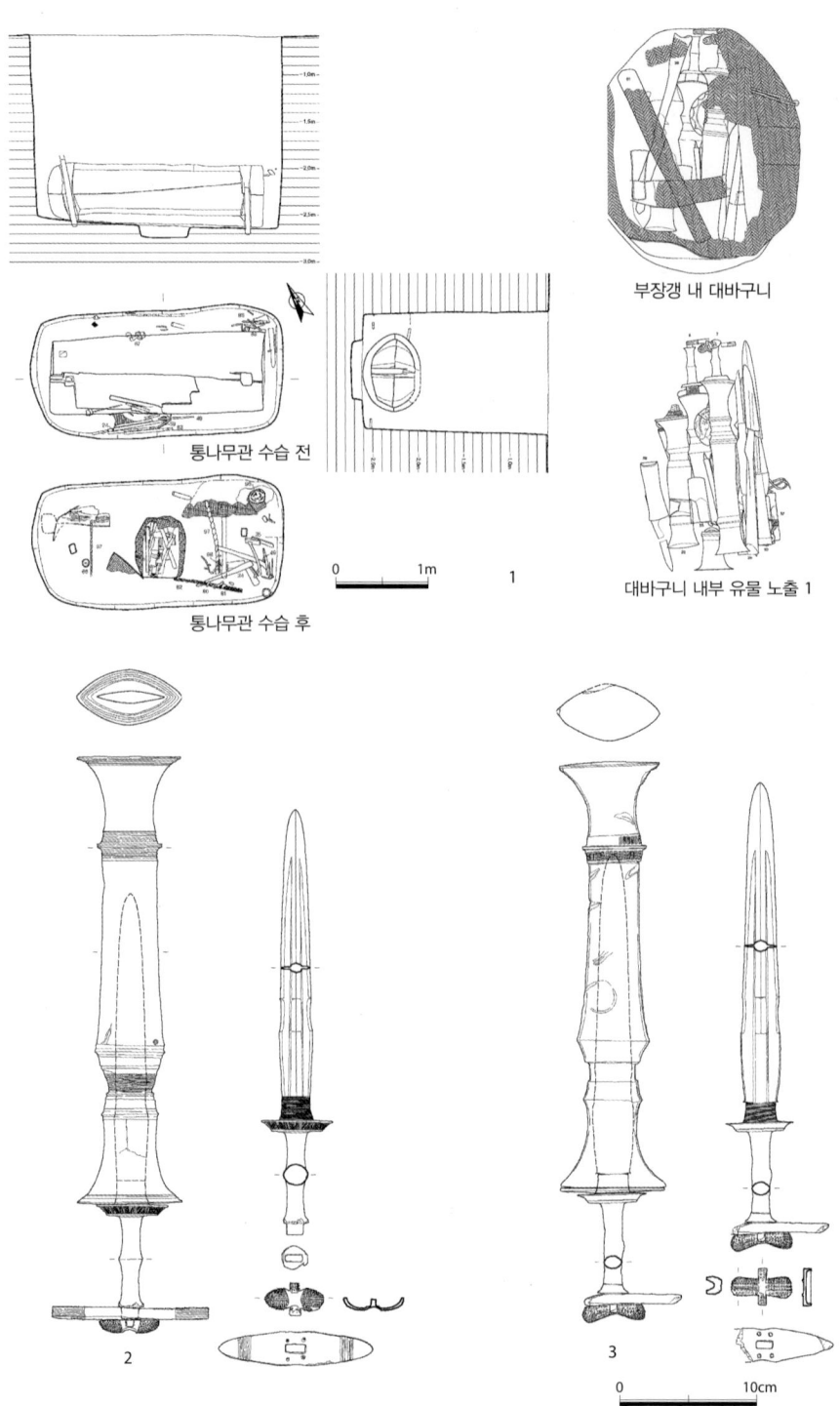

그림 6-30 창원 다호리 1호묘와 칠초동검

다. 다호리 74호묘의 주변의 기반토는 밀도가 매우 높은 고령토인데 굴광 시의 환경적 요인으로 2단 굴광처럼 보일 뿐이라 생각한다. 다호리 유적 전체에서도 매우 부장품이 뛰어난 1호묘나 가상부귀家常富貴명 동경을 부장한 119호묘 등 다른 분묘에도 2단 굴광이 전혀 채용되지 않는다.

한편 다호리 유적 철기 부장의 특징은 다음과 같다. 먼저 월성동 목관묘에 다수 확인되는 소형 판상철부가 121·132·140·146호묘 4기에서 출토되었다. 다호리 10차 발굴조사까지는 소형 판상철부가 전혀 출토되지 않았지만, 11차 조사 분묘 중 4기에서 확인되어 이에 대한 논란이 종결되었다. 모두 판재식 목관묘인데, 132호묘와 140호묘에는 Ib식 주머니호를, 146호묘에는 Ⅱb식 주머니호를 부장하였다. 동체 하부가 남아 있지 않은 121호묘는 정확히 알 수 없다. 주머니호 Ib식과 Ⅱb식은 모두 다호리 3기에 해당하는 것으로 필자의 연대관으로는 서기전 1세기 전반이 중심이다(**그림 6-31**). 철사, 철검, 단조철착, 단조공부, 주조철부, 판상철부, 철모, 단조철겸 등은 거의 전시기에 걸쳐 확인된다. 시기가 떨어지면 재갈이나 따비 등이 추가된다. 이처럼 철기는 월성동 목관묘 부

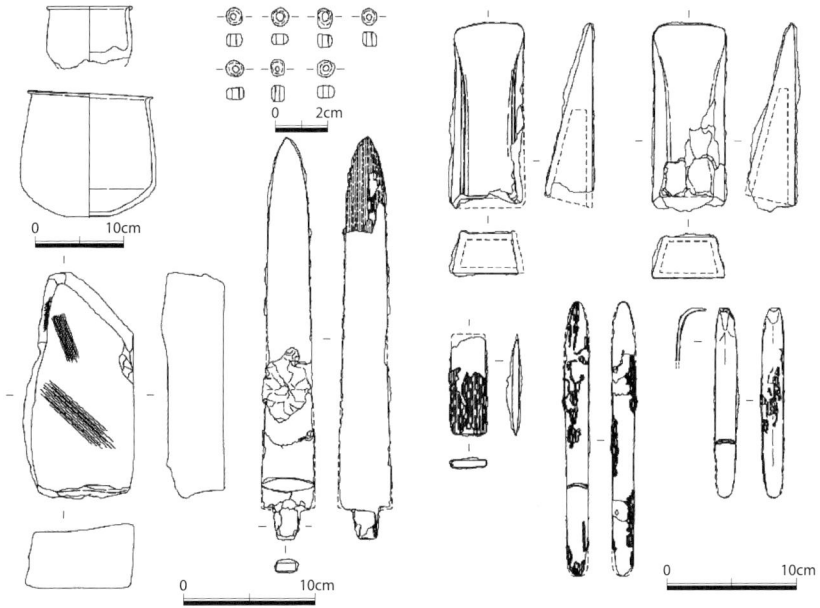

그림 6-31 창원 다호리 132호묘 부장품

장묘에서의 계승성이 확인되며 주조철착 등 일부의 사례를 제외한다면 팔달동 목관묘와 비슷한 양상이다.

3) 한과 삼한 분묘의 계승성 검토

다른 물질문화와 마찬가지로 고고학적 관점에서 분묘 역시 한과 마한을 구분해 내기 쉽지 않다. 이런 상황은 청동기시대 후기부터 마한에 이르기까지 경기도~전라북도의 묘형과 부장품이 자연스럽게 변하고 있음에서 충분히 살필 수 있다. 즉 점토대토기와 평저장경호를 기본으로 한 토기는 단경소호 같은 몇몇 기종이 추가되지만 전체적은 틀 자체는 변함이 없다. 한국식동검을 비롯한 청동기도 1기부터 4기까지 꾸준하게 출토된다. 물론 전라북도를 중심으로 등장한 초기철기는 분묘 부장품의 가장 큰 변화이지만, 초기철기를 제외한 부장품에서는 앞 시기와의 계승성이 보인다.

한에서 마한으로의 분묘의 변화가 점진적이라면 한에서 진·변한으로의 변화는 전격적이다. 일부 공통되는 요소도 있지만 토기와 철기에서 확연한 차이를 보이는 것이다. 우리가 아직 알지 못하는 한과 진·변한 사이의 특정 단계가 있을 수도 있겠다. 현재의 자료로 한정해서는 마한과 구분되는 세력이 영남에 등장한 것은 대구 월성동 분묘의 개시 시작 시기(서기전 2세기 전엽)이다. 처음부터 진한과 변한이 나뉘어 존재했는지, 아니면 일정 기간이 지난 후 진한과 변한이 분기하였는지도 흥미롭다. 만약 대구·경북을 진한으로 경남을 변한으로 전제하고 경남에서 월성동 유적과 같은 시기의 군집 목관묘를 상정할 수 없다면 진한과 변한이 각각 등장했다고 보기는 어렵다. 와질토기가 전혀 출토되지 않는 월성동 유적의 마지막 단계는 팔달동과 다호리 유적의 조영 개시 연대와 겹치는데 이런 사정을 고려한다면 팔달동과 다호리 유적의 첫 단계, 즉 팔달동 1기와 다호리 1기를 진한과 변한이 나뉘는 기점으로 삼아도 좋지 않을까 한다. 필자의 연대로는 서기전 2세기 중엽 정도이다. 이미 살핀 서남한 분묘 부장 토기조합과 진한·변한 토기의 조합을 정리하면 표 6-9와 같다.

표 6-9에서 팔달동과 다호리 유적의 3기와 4기 사이를 분절점으로 삼았다. 팔달동과 다호리 유적 모두 3기(서기전 1세기 전반)에는 최초의 와질토기인 주머

표 6-9 한과 삼한의 토기 조합의 변천, 병행 관계와 연대

연대	토기 조합의 분기			
BC 2C 前葉~	서남한 분묘 2기(한)			
BC 2C 中葉~	서남한 분묘 3기(마한)	월성동1~2기(진·변한 공통 조형)		
BC 1C 後半~	서남한 분묘 4기(마한)	팔달동1~3기(진한)	다호리1~3기(변한)	
		팔달동4~7기(진한)	다호리4~8기(변한)	

표 6-10 한과 삼한 목관묘의 단계별 속성(○은 1곳)

분기			분묘 속성									
			충전석		적석		통나무관		2단 굴광		요갱	
			馬	月1~2	馬	月1~2	馬	月1~2	馬	月1~2	馬	月1~2
서남한 분묘 2기(한)			●		●				●			
서남한 분묘 3기(마한)	월성동1~2기 (진·변한 공통)			−		−		○		−		−
			八	茶	八	茶	八	茶	八	茶	八	茶
서남한 분묘 4기(마한)	팔달동 1~3기 (진한)	다호리 1~3기 (변한)	●		●		●	−	●			−
	팔달동 4~7기 (진한)	다호리 4~8기 (변한)	●	−	●	−	−	●				●

니호가 등장하지만 소량이고, 4기부터 본격적으로 제작되는데, 변한의 왕묘王墓인 다호리 1호묘 역시 4기에 속하기 때문이다. 따라서 진·변한은 다호리 4기부터 이전과 다른 수준의 정체체로 발전했을 가능성이 높다. 이를 기준으로 한과 삼한 목관묘의 속성을 정리하면 **표 6-10**과 같다.

표 6-10에서 한의 분묘에는 충전석, 적석, 2단 굴광은 보이지만, 통나무관과 요갱은 없다는 것을 알 수 있다. 명확한 증거는 없지만 만약 서남한 분묘 3기의 시작을 월성동의 상한과 같은 시기로 전제하면 서남한 분묘 3기와 4기의 무덤은 마한의 것으로 이해해도 좋겠다. 마한 분묘의 속성 중에는 이전 한韓 단계와 차이를 보이는 것이 전혀 없어 부장품과 마찬가지로 마한은 한의 목관묘 조영 방식을 그대로 이어받은 것을 알 수 있다. 물론 한의 분묘 중 목관묘를 제외한 다른 묘형은 청동기시대 후기 분묘 조영 전통을 이어받은 것도 많다.

진한과 변한의 공통인 월성동의 목관묘는 한의 목관묘와 다른 점이 많다. 유일한 공통점은 요갱이 없다는 점뿐이다. 다른 모든 속성에서 차이를 보인다.

한 분묘에서 확인되었던 충전석, 적석, 2단 굴광이 월성동에는 보이지 않으며, 한 무덤에 보이지 않았던 통나무관이 등장한다. 월성동 1~2기는 아직 진한과 변한이 분리되지 않은 상태로 이 시기부터 마한과는 다른 형식의 목관묘를 만들기 시작한 것을 알 수 있다. 월성동 분묘에 부장한 철기를 살펴보면 철사는 한이나 마한 무덤에서도 보이는 것이고 단조철검은 새롭게 등장한 것이다. 소형 판상철부는 공주 수촌리에서 출토사례가 있지만 월성동 유적 출토품의 조형이 아닐 가능성이 충분하다. 주조철기가 보이지 않으므로 월성동 단계부터 본격적인 진변한식 단조철기의 시대가 열리는 것을 알 수 있다. 또 두형토기의 부장 개시라는 차이점도 주목할 만하다.

진한의 팔달동 유적 1~3기의 목관묘는 통나무관을 제외하고는 월성동 목관묘와의 계승성이 보이지 않는다. 월성동 유적에서 보이지 않았던 충전석, 적석, 2단 굴광, 요갱이 모두 등장한다. 충전석, 적석, 2단 굴광은 모두 한 무덤에서 계보를 찾을 수 있다. 요갱만 새롭게 등장한 요소이다. 그런데 분묘의 속성이 아닌 부장품을 살펴보면 다른 양상이다. 와질토기가 없는 팔달동 1~2기와 월성동 유적의 무문토기는 흡사하다. 철기를 살펴보면 한에서 유래한 것, 월성동 유형에서 유래한 것과 새로 등장한 것으로 나누어 볼 수 있다. 주조철부와 주조철착은 한에 존재하는 기종이지만 '주조'라는 점을 빼고 형태적으로는 차이가 있다. 단조제인 소형 판상철부와 철검은 월성동 유형에서 유래한 기종이다. 이와는 달리 단조제인 대형 판상철부, 단조철착과 철모는 한 무덤에서도 월성동 무덤에서도 전혀 보이지 않았던 새로 등장한 기종이다. 따라서 팔달동 1~3기에는 한의 주조철기와 월성동 유형의 단조철기가 혼재하면서 새로운 단조철기도 제작하는 것으로 판단할 수 있다. 팔달동 4~7기의 무덤은 팔달동 1~3기 무덤의 속성과 거의 비슷하다. 유일한 차이점은 통나무관이 보이지 않는 것뿐이다. 물론 철기의 기종이 다양해지고 와질토기가 성행하는 점은 새로운 요소이다.

이렇게 살핀 진한 팔달동 목관묘의 축조 전통은 진·변한의 공통 조형인 월성동 유형의 목관묘가 아닌 한의 목관묘에 있다. 하지만 토기는 월성동 유형과 비슷하고, 철기는 한의 영향이 있지만 대부분이 월성동 유형과 비슷하거나 새롭게 만들어 낸 것이다.

변한의 다호리 유적 1~3기의 목관묘에는 충전석, 적석, 통나무관, 2단 굴광과 요갱이 있는 무덤이 하나도 없다. 통나무관의 유무 빼고는 월성동 유적의 목관묘와 비슷하다. 그런데 다호리 유적은 일부만 조사되었으므로 1~3기에 통나무관이 존재했을 가능성 역시 충분하다. 한의 목관묘 비교하면 통나무관과 요갱이 없다는 공통점이 보이지만 이마저도 이후 시기에는 확인되는 요소이다. 목관묘의 구성 요소 거의 대부분이 한과 다른 것이다. 토기의 양상은 팔달동 1~3기와 구분되지 않을 정도라 월성동 유형을 그대로 계승한 것을 알 수 있다. 철기는 좀 복잡하다. 월성동 유형부터 존재하던 기종은 소형 판상철부와 철사, 철검으로 한정된다. 이외의 철기는 모두 새롭게 등장한 것이지만 팔달동의 동시기와도 달라 철겸, 철서와 철과가 확인된다. 이외에도 팔달동의 동시기에 확인되었던 단조제 철착, 철부, 철모, 도자도 출토되었다. 단조철기 중심임을 알 수 있다. 하지만 팔달동에서 확인되었던 주조철착이 보이지 않아 팔달동 부장 철기보다 한과의 유사성이 떨어지는 것을 알 수 있다. 다호리 4~8기의 목관묘는 다호리 1~3기와 기본 양상은 비슷하지만 통나무관과 요갱이 등장한다. 다호리 4기를 기점으로 다호리 유적의 목관묘 조영 전통이 다양해졌음을 의미한다.

앞서 살핀 한과 삼한 분묘의 특징을 요약하면 다음과 같다. 먼저 한 분묘의 구성 요소 중 충전석, 적석과 2단 굴광은 모두 청동기시대 후기(괴정동 유형)의 영향이다. 다만 조립식 목관묘가 군집하는 현상은 분명 전국식 철기 등장 이후의 변화다. 부장품 중 토기와 청동기는 청동기시대 후기에서 거의 대부분 계보를 구할 수 있는 것이고, 여러 주조철기는 새롭게 등장한 것이다. 군집 목관묘는 기존 청동기시대 후기의 분묘와 부장품 제작 전통에 새롭게 등장한 유입된 초기철기의 특징이 더해져 한의 정체성을 형성한 것으로 보아야 할 것이다. 요하 중류역 등지에서 전면적인 주민 이주와 이로 인한 문화 이식을 상정하기에 적당치 않다. 이후 마한의 분묘는 구조나 부장품의 형식에서 한의 분묘를 충실하게 계승하였다.

마한과 구분되는 영남의 최초 군집 목관묘인 월성동 유형은 군집 목관묘라는 공통점을 제외하면 개개 분묘의 조영 방식에서 이전 한의 무덤과 완전 다르다. 부장품을 살펴보면 삼각형점토대토기, 조합우각형파수부호나 소형옹 등에서 기종의 계승성이 보이지만, 세부적인 형태가 다르며 이전에 보이지 않았던 두형토기도 부장한다. 철기 중 철사는 한부터 있던 것이고 철검과 소형 판상철부가 새롭게 등장한다. 이런 특징을 살피자면 한의 무덤과 월성동 유형과는 유사성보다 차이점이 더 부각된다. 우리가 아직 찾지 못한 단계의 유물조합이 있을 수도 있다. 다만 분묘 조영방식 중 조립식 목관을 주로 채택한 점과 부장품 대부분의 계보를 한의 무덤에서 구할 수 있는 점은 계승적인 면모를 보이는 것이다.

진한인 팔달동 1~3기의 무덤은 통나무관의 채용을 제외하면 월성동 유형보다 한(韓)의 무덤과 흡사하다. 그런데 부장품은 이보다 월성동 목관묘의 부장품과 흡사하다. 묘제와 부장품의 계보가 나뉘는 것인데 부장품의 유사성에 더 큰 의미를 두고 싶다. 무덤의 속성이 다른 것은 영남에서 처음으로 군집 목관묘를 만든 월성동 유적의 조영자들이 한을 충실하게 계승하지 않았기 때문일 수 있다. 변한인 다호리 1~3기의 무덤은 팔달동 유적보다 월성동 유형과 흡사하다. 한의 무덤과는 차이가 있다. 토기의 양상도 비슷하다. 철기가 다양해지는 특징이 있는데 이것은 팔달동 유적과 마찬가지로 단조철기문화가 발달하는 과정 중의 자연스러운 현상이다. 따라서 변한의 군집 목관묘는 월성동 유적을 계승한 것으로 보아도 큰 무리가 없을 것이다.

4. 경주 일대의 진한 분묘

앞서 진한과 변한의 공통 조형인 대구 월성동 목관묘와 여기서 분기한 대구 월성동, 창원 다호리 유적의 특징을 살펴보았다. 당연히 진한은 금호강 하류 이외에도 경주, 포항, 울산 등지를 상정할 수 있고, 변한은 낙동강 주류 이외에 서부경남 지역도 포함될 수 있다. 하지만 월성동 유적을 조형으로 하여 팔달동이나 다호리 유적처럼 와질토기가 등장하기 이전부터 전기와질토기의 끝까지 통시적으로 존재하여, 분석을 진행할 수 있는 군집 목관묘가 존재하는 곳은 거의 없다. 다만 경주 일대는 대구 월성동 분묘에 상응하는 경주 하구리와 대구 팔달동에 상응하는 경주 조양동·북토리의 군집 목관묘가 있다. 최병현(2018)은 경주 일대는 군집 목관묘의 등장기부터 서북한계 목곽묘가 함께 조영되었다고 하는데, 서북한계 목곽묘는 이 장의 검토 대상이 아니므로 제외한다.[61] 따라서 무문토기와 전기와질토기가 출토되는 경주 하구리와 조양동·북토리의 목관묘만 살피겠다.

1) 경주 하구리 분묘(신라문화유산연구원 2013) 구조의 검토

경주 하구리 유적의 목관묘는 D구역 15기와 이에 연접한 축사신축부지 유적의 4기를 포함하여 모두 19기가 조사되었다. 이 중 와질토기가 출토된 곳은 없어 모두 팔달동 3기보다 이른 시기에 둘 수 있다. 삼각형점토대토기를 중심으로 평저장경호나 두형토기를 부장하였는데, 가장 늦은 시기로 볼 수 있는 토기는 하구리 7호묘에서 출토된 Ia식 주머니호이다. 앞서 팔달동 유적의 편년에서 Ia식 주머니호는 팔달동 2기로 편년한 바 있다. 유적의 상한은 특정하기 힘들지만 월성동 I구역 1호묘에서 출토된 것 같은 배부른 삼각형점토대옹이 보이지 않는 점으로 미루어 보아 월성동 2기 정도로 보면 적당할 듯하다. 따라서 유적은 월성동 2기~팔달동 2기를 중심으로 형성된 것으로 보이며, 대부분의 무덤은 월성동 유적과 시기가 겹칠 것으로 판단한다. 하구리 유적 목관묘의 특징을 살피면 다음과 같다.

하구리 유적 목관묘는 월성동 유적과 좀 다르다. 월성동 유적에서 보이지 않았던 충전석이 5호묘에서 확인되었는데, 목관의 한쪽 단벽에서 몇 개만 보인다(그림 6-32). 5호묘에서는 깨진 삼각형점토대옹의 파편만

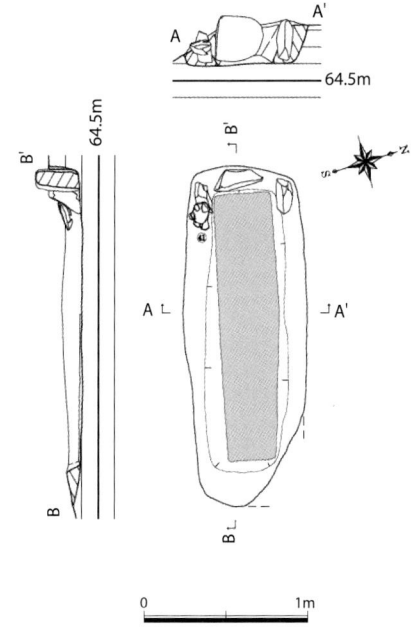

그림 6-32 경주 하구리 5호 목관묘

---

61 최병현의 견해에서 가장 큰 특징은 경주 일대에서 서기전 1세기부터 목관묘와 함께 목곽묘를 조영한다는 것으로 위만조선계 목곽묘로 파악하였다. 머리말에서 밝혔다시피 이 장은 삼한의 형성과정을 살피는 것이기 때문에 원삼국시대 전기 목곽묘는 살피지 않겠다.

출토되었다. 적석이 있는 무덤은 없다. 특히 1호묘를 포함하여 통나무관의 비율이 월등히 높은 것(19기 중 6기)이 주목된다. 2단 굴광과 요갱이 확인되지 않은 점은 같다. 한편 철기의 출토수량과 종류가 매우 적어 19기의 무덤에 단지 8점만 부장하였다. 그 중 단조철검과 소형 판상철부가 각각 3점이며 철착과 철모가 1점 있다. 월성동 유적에서 보고된 단조제 철사와 철착은 출토되지 않았다.

2) 경주 조양동 분묘(국립경주박물관 2003) 구조의 검토

경주 조양동 유적에서는 무문토기나 전기와질토기를 부장한 목관묘나 직장묘가 24기 조사되었다. 부장한 토기가 없어 단계를 명확하게 알 수 없는 무덤도 있는데, 무문토기를 부장한 단계와 와질토기를 부장한 단계로 나누어 살피겠다. 조양동 유적에서 무문토기만 출토되는 목관묘는 2기 밖에 없다. 이 중 유독 눈에 띄는 5호묘(그림 6-33, 34)에서는 소문 청동경을 비롯하여 철검, 철모, 판상철부, 철겸, 철과 등과 함께 팔달동 45호묘나 94호묘에서 출토된 것과 같은 Ia식 주머니호가 출토되었다. Ia식 주머니호를 살펴보면 팔달동 유적에서는 45호묘가 속한 2기에 출토되었지만, 다호리 유적에서는 2기와 3기에 걸쳐 출토되는 형식이다. 군집 목관묘에 따라 각 형식 토기의 존속 기간은 차이가 있을 것이다. 한편 13호묘는 출토 토기 양상으로 보아 5호묘보다 이른 것은 확실한데, 소형 점토대옹과 세장한 삼각형점토대토기는 팔달동 1기인 51호묘나 83호묘 단계와 같다. 따라서 조양동 13호묘는 팔달동 1기로 보아도 좋아 두 유적의 상한을 동일 시기로 평가해도 좋겠다. 와질토기 단계의 무덤은 모두 15기가 확인되었다. 이 중 일광경日光鏡과 소명경昭明鏡을 비롯한 다량의 철기를 부장한 38호묘(그림 6-35)가 잘 알려져 있다. 무덤 중에는 Ⅱb식 주머니호와 Ia식 봉상파수부호를 부장하여 팔달동 3기나 4기로 볼 수 있는 58호묘도 있고, 타날과 횡침선을 부가한 Ⅲ식 와질 장동단경호와 수정옥·유리소옥을 부장하여 팔달동 7기 이후로 볼만한 47호묘도 있어 수량 자체는 많지 않지만 전기와질토기 전 기간에 걸쳐 무덤이 조영되었음을 알 수 있다. 이외에도 토기가 출토되지 않아 시기를 특정할 수 없는 무덤이 7기 있다. 조양동 분묘의 특징은 다음과 같다.

충전석은 확인되지 않았다. 적석이 있는 무덤은 5호묘 1기이고, 통나무관도 13호묘 1기가 보고되었다. 또 2단 굴광은 5호묘에서, 요갱은 36·38호묘 2기에

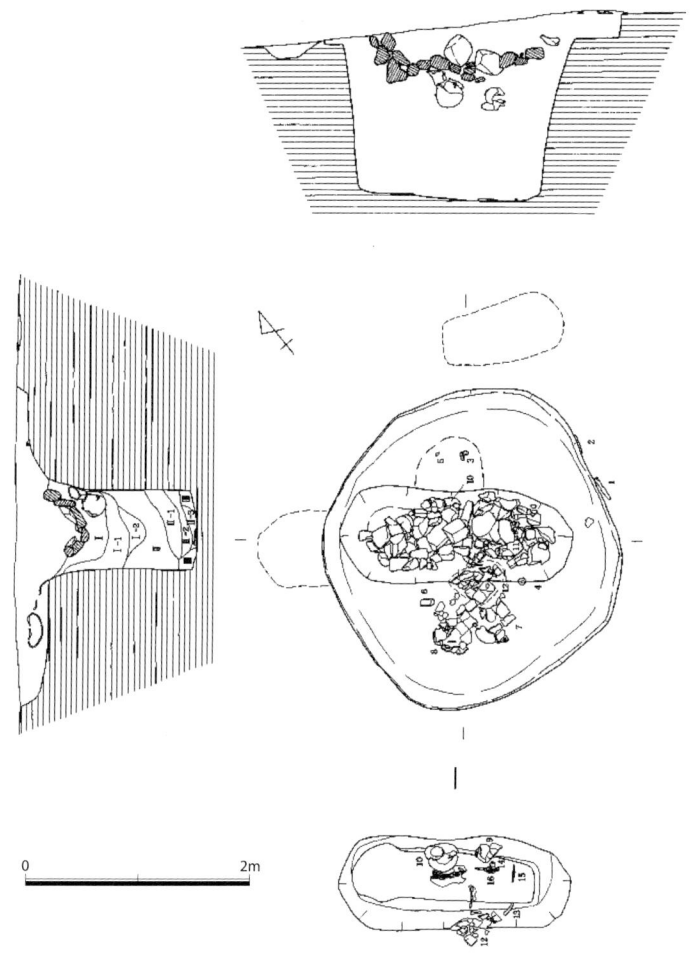

그림 6-33 경주 조양동 5호 목관묘

서 확인되었다. 철기는 무문토기 단계의 5호묘에서 철검, 철모, 소형 판상철부, 제형철부, 철겸, 도자와 철과가 출토되었다. 13호묘에서는 출토되지 않았다. 와질토기 단계에는 이에 더하여 단조철부, 도자, 대형판상철부, 고사리 장식과 함께 철촉이 출토된다. 철기의 출토수량이 많은 편이다. 전체 유구 수에 비해 원삼국시대 전기의 무덤은 많지 않으며, 이 중에서도 무문토기만 출토되는 무덤은 2기밖에 없다. 이 중 5호 무덤을 특기할 만한데, 조양동의 분묘 중 유일하게 적석과 2단 굴광이 있다. 통나무관은 무문토기 단계인 13호 무덤만 보고되었다. 요갱이 있는 것은 와질토기 단계의 36·38호묘, 2기이며 다른 분묘에서는 확인되지 않았다.

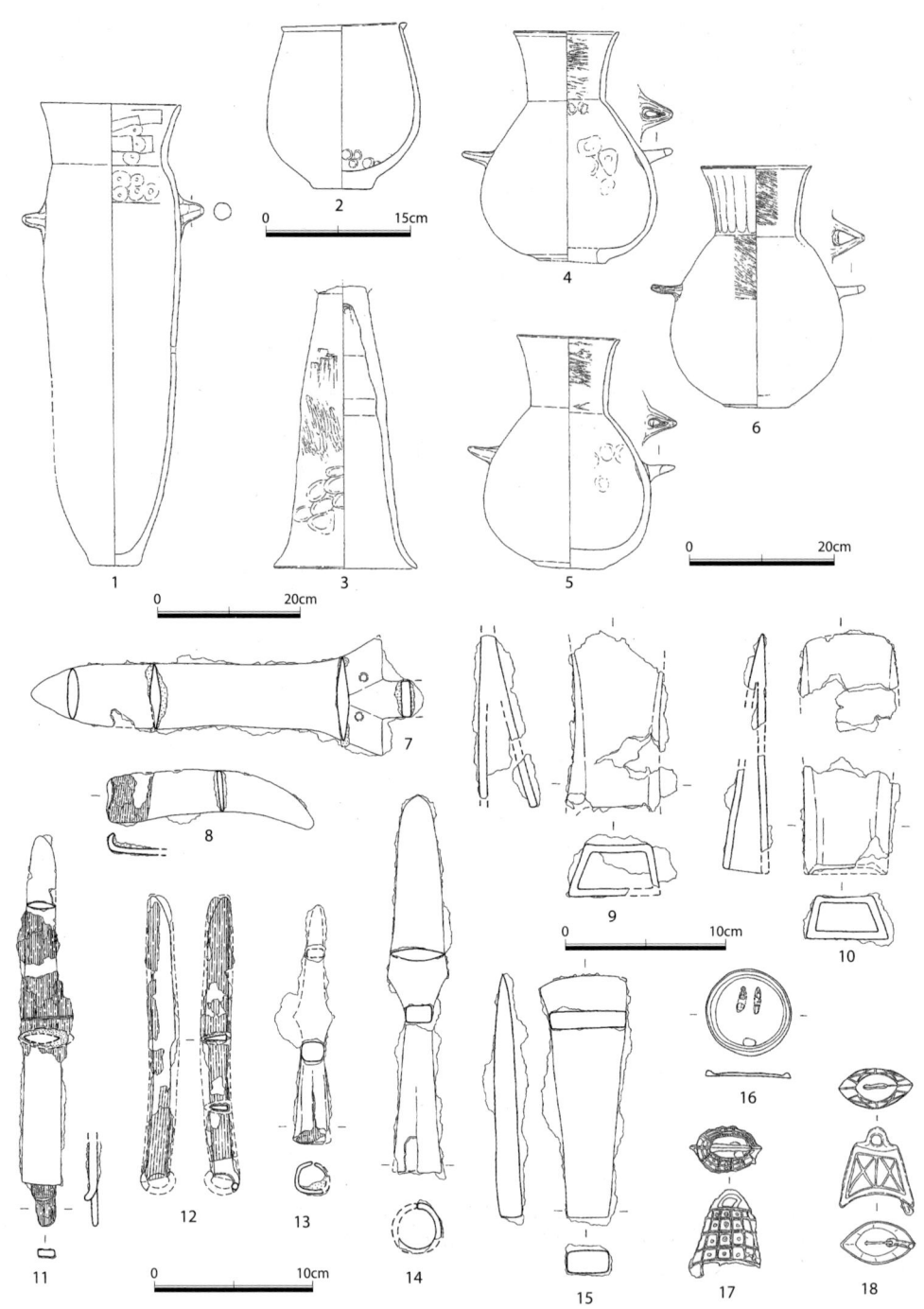

그림 6-34   경주 조양동 5호 목관묘 주요 부장품

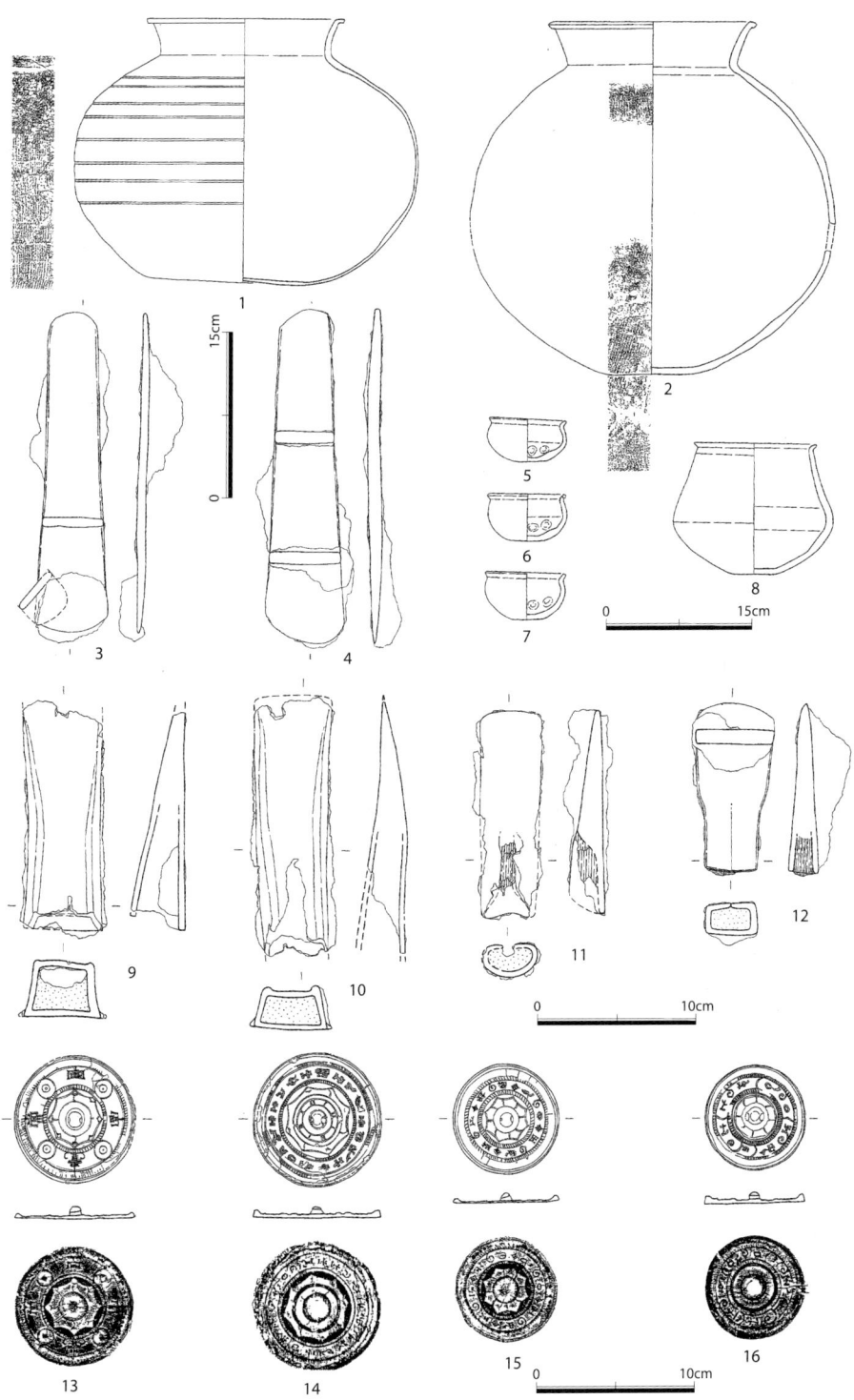

그림 6-35 경주 조양동 38호 목관묘 주요 부장품

3) 경주 북토리 분묘(신라문화유산연구원 2011) 구조의 검토

경주 북토리 유적에서는 무문토기나 전기와질토기를 부장한 목관묘 15기가 조사되었다. 무문토기만 출토되는 단계와 와질토기가 출토되는 단계로 나누어 살피겠다. 와질토기가 등장하는 팔달동 3기에 해당하는 분묘는 없다. 북토리 유적에서 무문토기만 출토되는 목관묘 5호와 6호, 2기 밖에 없다. 5호묘에서 출토된 先Ia식 주머니호와 6호묘에서 출토된 소형 삼각형점토대옹과 소형 판상철부로 보아 유적의 상한은 팔달동 1기에 해당하는 것으로 판단한다. 와질토기 단계의 무덤은 모두 13기이다. 와질토기를 부장한 무덤 중 가장 이른 시기로 볼 수 있는 것은 13호묘(그림 6-36)로 Ⅲb식 주머니호와 Ⅱb식 단경호를 부장하였는데, 팔달동 5기에서 이런 조합이 확인된다. 가장 늦은 시기의 무덤인 15호묘에서 Ⅲd식 주머니호와 Ⅱb식 조합우각형파수부호의 공반하여 팔달동 7기에 해당한다. 3·4·7·9·11호묘 등 많은 무덤에서 Ⅱb식 단경호와 Ⅱb식 조합우각형파수부호가 공반하여 팔달동 5기와 6기에 해당하는 무덤이 많아 보인다. 발굴 결과로 보아 북토리 목관묘는 팔달동 1기에 등장한 후 일정 기간 무덤이 보이지 않다가 팔달동 5기부터 본격적으로 축조되는 것으로 판단된다. 발굴 결과를 토대로 한 북토리 목관묘의 특징은 다음과 같다.

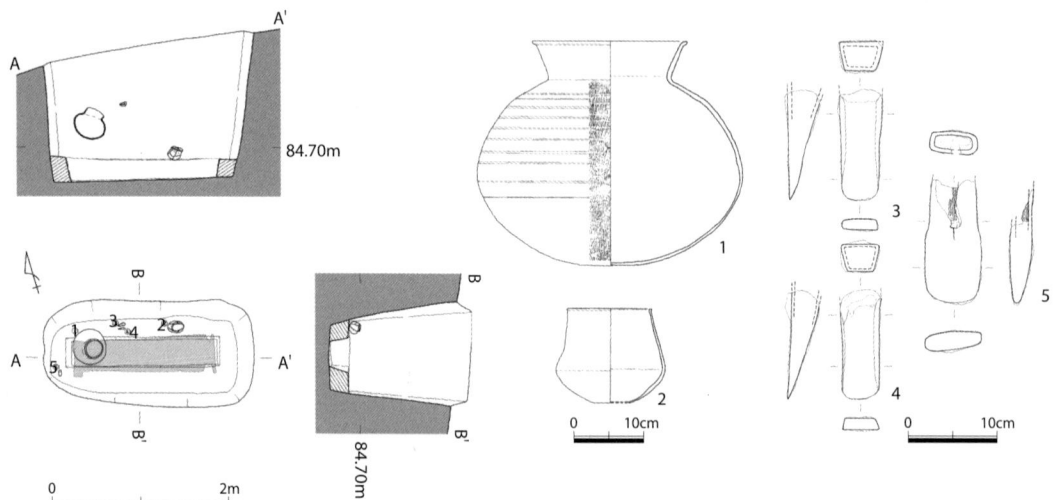

그림 6-36　경주 북토리 13호 목관묘와 부장품

충전석과 적석, 통나무관[62], 2단 굴광이 확인되지 않았다. 요갱은 11호묘에서 확인되었다. 철기의 부장을 살펴보면 무문토기 단계인 6호묘에서 소형 판상철부가 출토되었다. 와질토기 단계에서는 철검, 철모, 단조철부, 주조철부, 철겸과 철촉 등이 출토되었다. 전체 무덤 중 무문토기 단계의 무덤은 수가 적으며 유물 부장양도 빈약하다. 조양동 분묘와 달리 일정 기간은 무덤이 확인되지 않으며 철기의 부장양도 적다. 모두 판재식 목관묘로 유일하게 요갱이 있는 11호묘는 주변 목관묘보다 우월한 부장품이 없다.

4) 경주 지역 목관묘의 구조 검토

표 6-11에서 보듯 경주 지역의 목관묘 중 가장 이른 단계인 하구리 유적에서 한(韓) 분묘와의 관련성이 강하게 보이지 않는다. 하구리 5호묘에서 충전석이 확인되었지만, 단벽 1곳밖에 없어 전형적인 충전석의 사례로 구분하기는 힘들다. 적석이나 2단 굴광은 확인되지 않았으며 오히려 통나무관이 1기 조사되었다.

조양동과 북토리 유적의 사례를 살펴보면 무문토기 단계인 조양동 5호묘를 제외하고 한의 분묘 전통이 보이는 곳은 없다. 오로지 조양동 5호묘만 적석, 2단 굴광과 통나무관 부재라는 한 분묘의 전통에 충실한데, 조양동 5호묘가 경주 일대 군집 목관묘 중 아주 독특한 위치에 있는 것을 알 수 있다. 요갱은 와질

표 6-11 경주 지역 목관묘 속성(△는 변형, ○은 1곳)

분기			분묘 속성									
			충전석		적석		통나무관		2단 굴광		요갱	
서남한 분묘 2기(한)			●		●		−		●		−	
서남한 분묘 3기(마한)	하구리		馬	하구리	馬	하구리	馬	하구리	馬	하구리	馬	하구리
				△		−		○		−		−
서남한 분묘 4기(마한)	조양동 (無文)	북토리 (無文)	朝 ●	北 −	朝 ●	北 −	朝 −	北 −	朝 ●	北 −	朝 −	北 −
	조양동 (瓦質)	북토리 (瓦質)	−	−	−	−	−	−	−	−	●	○

---

62 보고서에서는 토층 상의 'U'자상 함몰을 근거로 2·3·4·7·11호묘와 14호묘를 통나무관으로 판단하였지만 'U'자상 함몰은 판재식 목관에도 보이는 것인데, 충전토의 양상 등으로 보아 모두 판재식 목관으로 보는 편이 좋겠다.

토기 단계가 되어서야 등장한다.

한편 대구와 경주 지역의 가장 이른 시기 군집 목관묘인 월성동과 하구리 유적을 비교해보면 변형된 충전석이 출토된 하구리 5호묘를 제외하고는 두 유적 사이의 분묘 속성에서 차이를 발견하지 못하였다(표 6-12). 따라서 두 유적의 분묘는 동일한 유형으로 보아도 문제없다. 출토 유물 역시 몇몇 철기를 제외하면 비슷하다. 이에 비해 대구의 팔달동과 경주의 조양동·북토리 군집 목관묘의 속성은 차이가 있다. 팔달동 군집 목관묘는 이전 단계인 월성동보다 서남한 분묘와의 연관성이 두드러진다. 이와는 달리 돌발적인 조양동 5호묘를 제외하면 조양동과 북토리의 분묘는 하구리를 계승한다고 보아도 좋겠다.

표 6-12 대구와 경주의 진한 분묘 속성(△는 변형, ○은 1곳)

분기			분묘 속성														
			충전석			적석			통나무관			2단 굴광			요갱		
			馬	月	下	馬	月	下	馬	月	下	馬	月	下	馬	月	下
서남한 분묘 2기(한)					●			●									
서남한 분묘 3기(마한)	월성동&하구리			-	△		-	-		○	○		-	-		-	-
서남한 분묘 4기(마한)	팔달동 1~3기	조양&북토 (無文)	八 ●	朝·北		八 ●	朝·北 -		八 ●	朝·北 ○		八	朝·北 ○		八 ●	朝·北 -	
	팔달동 4~7기	조양&북토 (瓦質)	八 ●	朝·北 -		八	朝·北 -		八	朝·北		八 ●	朝·北 -		八	朝·北 ●	

5. 소결

삼한의 분묘에 대해 살펴보았다. 먼저 서남한의 분묘를 지역별로 개관한 후 한과 마한 분묘의 주요 부장 토기인 점토대옹, 평저장경호, 단경소호, 단경호와 조합우각형파수부호의 형식을 설정하고 조합하여 4기로 나눈 후 시기별 특징을 살폈다. 이후 청동기시대 후기~마한에 이르는 서남한의 분묘를 검토하였다. 청동기시대 후기에 등장한 새로운 형식의 분묘인 조립식 상형목관의 등장을 논증하기 위해 중국 동북 지역의 전국시대 분묘 중 청동기시대 후기 분묘와 관련 있는 곳을 요서지역, 요중지역과 요동반도로 나누어 살폈다. 그 결과 세 지역 모두에서 청동기시대 후기 점토대토기문화 등장기와 비슷한 묘형이 있는 것을 확인하였다. 하지만 부장품의 유사성과 시기적 선후 관계를 고려하면 그중에서 정가와자 유적을 중심으로 한 요중 지역의 분묘가 청동기시대 후기 분묘의 조형일 가능성이 높았다.

청동기시대 후기~마한에 이르는 서남한의 분묘는 앞서 설정한 토기 형식에 근거하여 그 변화 양상을 살폈다. 그 결과 한의 분묘는 청동기시대 후기 분묘의 조영 전통에 전국식 철기문화의 영향을 강하게 받아 군집 목관묘라는 새로운 방식으로 등장한 것을 확인하였다. 마한의 분묘는 한의 무덤 전통을 그대로 계승하였는데, 한과 마한의 분묘를 명확하게 구분해 내지는 못하였다.

진한과 변한의 공통 조형인 월성동 유형의 분묘는 한에서 유래한 것으로 추정하였지만, 분묘와 부장품의 구성 요소에서 확실한 계승성은 확인되지 않았다. 한의 무덤에서 보였던 충전석, 적석, 통나무관과 2단 굴광의 요소가 월성동 무덤에서는 확인되지 않았다. 토기나 철기 역시 기종은 비슷하지만, 구체적 형식의 계보 관계는 설정하지 못하였다. 진한 팔달동 유적의 분묘는 직전 단계인 월성동 유형보다 한의 분묘와 더 유사하지만, 토기와 철기의 형식은 월성동 유형을 계승한 것이 확실하다. 분묘와 부장품의 계보가 다른 것이다. 변한 다호리 유적의 분묘는 월성동 유형과 비슷하며 토기와 철기 역시 흡사해 월성동 유형의 전통을 그대로 이은 것으로 보아도 무방하다. 한편 같은 진한 영역인 경주 일대의 무덤도 살펴보았다. 그 결과 와질토기를 전혀 부장하지 않은 경주 하구리 분묘는 월성동 유형이라 불러도 좋을 만큼 흡사하였다. 조양동과 북토리의 분묘는 비슷한 시기인 팔달동 분묘와의 유사성은 낮고 오히려 하구리 분묘와의 유사성이 높았다. 따라서 조양동과 북토리 분묘는 하구리 유적을 계승한 것으로 보인다. 단 적석과 2단 굴광이 있는 조양동 5호묘는 경주 지역 목관묘에서 매우 돌출적인 존재로 이해할 수 있다.

한부터 삼한에 이르는 분묘를 살폈지만 앞으로의 과제가 많다. 한 무덤의 설정, 마한과 진·변한의 분립, 진한과 변한의 공통 조형과 진한과 변한의 구분 등이 시기적으로, 개념적으로 적절한 것인가는 좀 더 심화된 연구가 필요하다.

* 이 장은 한국학중앙연구원의 한국문화심층연구 공동연구과제로 수행한 아래의 연구결과물의 일부를 요약하고 추가 기술하여 보완한 것이다.

박진일, 2019a, 「점토대토기문화기 요동~서남한 지역 묘제의 전통과 변형」, 『동북아 초기 역사시대 물질문화의 접촉과 변용』, 한국학중앙연구원 한국학기초연구 공동연구팀.

박진일, 2020b, 「마한 권역 초기철기·원삼국 분묘의 토기 부장 양상과 의미」, 『동북아 부장 토기의 형성과 전개』, 한국학중앙연구원출판부.

박진일, 2020c, 「분묘 구조로 본 마한과 진변한 묘제의 전통과 개성」, 『철기문화 시기의 분묘와 매장』, 한국학중앙연구원 한국학기초연구 공동연구팀.

제Ⅶ장 맺음말

고고학적 관점에서 삼한의 시공간에 대해 살펴보았다. 본문을 요약하는 것으로 맺음말을 대신하겠다.

먼저 삼한을 둘러싼 시대명 논쟁에 대해 검토하였다. 그것은 곧 선사시대와 역사시대의 경계로서 한韓의 성립 지표를 살피는 것이었다. 그 결과 고고학적으로는 군집 목관묘와 초기철기의 서남한 등장을 한의 성립으로 설정할 수 있었다. 초기철기가 등장하기 전인 단독 입지 목관묘와 한국식동검의 단계는 선사시대인 청동기시대 후기로, 송국리 유형은 청동기시대 중기이다. 이럴 경우 기존의 원삼국시대가 군집 목관묘와 와질토기로 규정되었기 때문에 와질토기가 없는 군집 목관묘인 완주 갈동, 신풍 유적과 대구 월성동, 경주 하구리 유적을 어떤 시대로 귀속시킬 것인가가 중요한 논점이었다. 이 책에서는 원삼국시대 전기에 앞선 조기를 설정하여 와질토기를 부장하지 않은 군집 목관묘 단계를 분리하였다. 청동기시대 후기(괴정동 단계), 원삼국시대 조기(갈동, 월성동 단계), 원삼국시대 전기(다호리, 팔달동 단계), 원삼국시대 후기(하대, 양동리 단계)가 되었다. 기존 초기철기시대의 전반부는 청동기시대 후기로, 초기철기시대의 후반부는 원삼국시대 조기로 설정하여 초기철기시대라는 시대명은 필요하지 않게 된다.

다음으로 삼한을 이해하는 근간으로 한반도 점토대토기문화의 등장과 전개를 논의하였다. 중국 요서를 기원으로 요동 일대에서 성립한 원형점토대토기는 한반도 중서부로 유입되는데, 시기는 대략 서기전 5세기 중엽 정도이다. 발생 순서에 따른 유물조합을 근거로 한반도의 점토대토기문화를 모두 5단계로 나누었다. Ⅰ·Ⅱ단계에는 한국식동검이 등장하지 않았지만, 서기전 4세기 Ⅲ단계에 한국식동검이 등장하여 대전 괴정동 유적 같은 적석목관묘에 대규모 청동기를 부장하는 무덤이 다수 등장한다. 이 단계부터 원형점토대토기문화는 한반도 각지로 확산한다. 서기전 3세기 중엽에 시작되는 Ⅳ단계에는 전국식철기와 삼각형점토대토기가 보이고, Ⅴ단계가 되면 중도식 토기나 와질토기를 가진 집단과 병존하다가 사라지는 것으로 파악하였다.

다음으로 한의 성립을 확인하기 위해 Ⅳ단계에 등장한 전국식 철기와 삼각형점토대토기를 고찰하였다. 전국식 철기는 요하 중류역에서 완성된 형태로 들어온 것이지만, 삼각형점토대토기는 전라북도 일대의 원형점토대토기가 변하여 발생한 것으로 파악하였다. 전국식 철기의 등장과 삼각형점토대토기의 발생의 맥락과 시기가 연계되었을 가능성을 지적하는 연구가 있었지만, 갈동 유적의 사례로 보아 전국식 철기가 삼각형점토대토기보다 이른 시기에 등장한 것을 확인하였다. 전국식 철기의 등장이 한의 성립이자 원삼국시대의 시작이다. 서남한에서 발생한 삼각형점토대토기는 금호강 하류를 중심으로 한 영남 내륙 지역에 영향을 주었고, 이후 영남 각지로 확산되어 번성하였다. 방지리나 늑도를 중심으로 한 경남 해안 지역의 삼각형점토대토기 등장은 낙동강과 남해안·서해안을 잇는 교역체계가 발달하는 과정에서 영남 내륙의 삼각형점토대토기가 영향을 준 것으로 해석하였다. 삼각형점토대토기가 소멸하는 시점은 지역마다 다를 것으로 추정했는데, 영남 내륙이 해안보다 빨라 서기전 1세기 무렵에 소멸하는 것으로 보이며 경남 서부 취락에서는 적어도 서기 2세기까지 잔존하는 곳도 있었다.

한편 한에서 삼한으로 나뉘는 것을 확인하기 위해 Ⅳ단계 한에 등장한 군집 목관묘가 영남으로의 확산과 전기와질토기의 발생과 전파 과정을 살폈다. 군집 목관묘의 영남 확산을 가장 먼저 확인할 수 있는 곳은 금호강 하류역이었다. 그중에서도 서기전 2세기 전반을 중심으로 하는 대구 월성동 유적의 군집 목관묘를 주목하였는데, 와질토기 없이 진·변한식 철기와 삼각형점토대토기 단계의 무문토기만 출토되었다. 필자는 이 유적을 진한과 변한이 분기하기 전의 진·

변한 공통 양식으로 설정하고, 이후 서기전 2세기 중엽에 대구 팔달동과 창원 다호리 유적이 등장하면서 비로소 진한과 변한이 나누어진 것으로 파악하였다. 서기전 1세기가 되면 진한과 변한의 각 분묘에서 와질토기가 등장하는데, 와질토기의 등장 시기는 다호리 1호묘와 같은 유력 개인묘의 등장 직전인 서기전 1세기 전반의 어느 시점이다. 와질토기의 등장은 삼각형점토대토기 단계의 여러 기종을 계승하면서 소형부터 시작하여 대형으로 와질화가 이루어지는 시기가 다른 점 등을 종합적으로 고려하면 외부에서 도래한 공인의 제작 결과물이 아니라 재지 무문토기 공인이 외래 제작 기술을 수용하여 새롭게 창안한 것으로 보는 편이 타당하다. 한편 군집 목관묘와 전기와질토기의 변한 확산 과정도 논의했다. 그 결과 '대구 월성동 → 창원 다호리 → 밀양 교동, 김해 시례리 → 김해 구지로'로 확산하는 것을 확인하였는데, 이것은 낙동강 중류부터 낙동강을 따라 하류에 이르기까지 순차적으로 이루어진 것이다. 진한의 확산 과정은 이와는 달랐는데, 와질토기가 전혀 없는 군집 목관묘가 금호강 하류와 경주에서 거의 동시에 등장한 후 각 거점에서 주변 지역으로 확산하는 것으로 파악되었다. 변한은 선형線型 확산 모델로, 진한은 거점형據點型 확산 모델로 설정하였다.

마지막으로 삼한 분묘의 전개에 대해서도 살폈다. 먼저 청동기시대 후기~마한의 분묘에 부장한 토기의 형식을 설정 한 후, 형식의 조합을 근거로 서남한의 분묘를 4기로 나누었다. 이 중 점토대토기 등장기의 무덤 중 가장 이른 형식은 아산 매곡리 다2-1호묘나 안성 반제리 같은 비군집의 무적석 조립식 목관묘로 보았는데, 묘형과 부장품을 종합적으로 고려한다면 심양을 중심으로 한 요하 중류역의 분묘가 영향을 준 것으로 파악하였다. 이후 전형적인 적석 목관묘인 괴정동 단계까지를 서남한 분묘 1기로 설정하였는데, 곧 청동기시대 후기다. 전국식 철기가 등장하는 완주 갈동 유적을 포함한 2기에는 군집 목관묘가 등장한다. 이후 서남한에서는 3기에서 4기에 이르기까지 특별한 변화 없이 앞 시기의 양상을 자연스럽게 계승하는 것을 알 수 있었다. 한편 점토대가 없어도 논산 원북리 유적 같은 군집 목관묘에서 출토된 홑구연옹은 점토대옹의 최후 형식으로 볼 수 있었다. 서남한의 한·마한 분묘와 함께 진·변한의 초기 군집 목관묘인 대구 월성동, 팔달동과 창원 다호리 유적의 분묘를 집중적으로 살폈는데 분묘 형식의 친연성이라는 측면에서만 보자면 대구 팔달동 유적보다 창원 다호리 유적이 월성동과의 유사성이 더 높았다. 또 팔달동 유적은 월성동보다 서남한 분묘 2기, 즉 한의 분묘와 유사성이 더 높았다. 경주 하구리와 조양동·북토리 유적도 살폈는데 하구리 유적은 대구 월성동 유적과 거의 같은 시기 폭과 유물 양상임을 확인하였다. 조양동과 북토리 유적은 대체로 하구리 유적을 계승하였다.

한의 성립 지표였던 군집 목관묘와 철기 부장은 이렇게 남한 각지로 확산되어 삼한 문화의 정체성을 이룬 후 각각 백제, 신라, 가야라는 고대국가로 변모하였다.

여러 해 동안 작성한 글들을 책으로 엮다보니 논지의 전개가 매끄럽지 못한 부분이 많다. 고고학 관련 서적이 반드시 다루어야 할 최신 발굴조사 자료를 제대로 구사하였는지도 염려스럽다. 더불어 진한과 변한의 여러 거점 지역, 즉 포항, 울산, 부산 등 동해안과 경남 서부에 소재하는 원삼국시대 조기와 전기의 유적을 제대로 다루지 못한 점도 매우 아쉽다.

참고문헌

1. 한국어

가. 단행본

김상민, 2020, 『동북아 초기철기문화의 성립과 고조선』, 서경문화사.

김용간·석광준, 1984, 『남경유적에 관한 연구』, 과학백과사전출판사.

金元龍, 1973, 『韓國考古學槪說 第一版』, 一志社.

金元龍, 1977, 『韓國考古學槪說 第二版』, 一志社.

金元龍, 1986, 『韓國考古學槪說 第三版』, 一志社.

국립문화재연구소, 2011, 『韓·中 鐵器資料集Ⅰ』.

국립문화재연구소, 2012, 『韓·中 鐵器資料集Ⅱ』.

국립문화재연구소, 2012, 『韓·中 鐵器資料集Ⅲ』.

국립중앙박물관, 2010, 『漢江流域 先史遺物 -橫山將三郞 채집자료-』.

국립청주박물관, 2019, 『한국의 청동기 자료 집성Ⅰ』.

국립청주박물관, 2019, 『한국의 청동기 자료 집성Ⅱ』.

국립청주박물관, 2019, 『한국의 청동기 자료 집성Ⅲ』.

朴淳發, 1993, 『한강유역사』, 民音社.

복기대, 2002, 『요서지역의 청동기시대 문화연구』, 백산자료원.

영남고고학회, 2015, 『영남의 고고학』, 사회평론.

영남문화재연구원, 2016, 『팔달동유적으로 본 초기철기~원삼국시대 대구지역의 문화』, 영남문화재연구29.

오강원, 2006, 『비파형동검문화와 요령지역의 청동기문화』, 청계.

오강원, 2008, 『서단산문화와 길림 지역의 청동기문화』, 학연문화사.

尹武炳, 1991, 『韓國靑銅器文化硏究』.

李賢惠, 1993, 『三韓社會形成過程硏究』, 一潮閣.

정인성 외, 2012, 『嶺南地域 原三國時代의 木棺墓』, (재)세종문화재연구원학술총서2, 학연문화사.

중앙문화재연구원, 2013, 『마한·백제의 분묘 문화Ⅰ-서울·경기·인천·강원 편-』, 진인진.

중앙문화재연구원, 2013, 『마한·백제의 분묘 문화Ⅱ-충북 편-』, 진인진.
중앙문화재연구원, 2014, 『마한·백제의 분묘 문화Ⅲ-충남Ⅰ:연기(세종) 편-』, 진인진.
중앙문화재연구원, 2014, 『마한·백제의 분묘 문화Ⅲ-충남Ⅱ:천안 편-』, 진인진.
중앙문화재연구원, 2014, 『마한·백제의 분묘 문화Ⅲ-충남Ⅲ:아산 편-』, 진인진.
중앙문화재연구원, 2014, 『마한·백제의 분묘 문화Ⅲ-충남Ⅳ:공주 편-』, 진인진.
중앙문화재연구원, 2015, 『마한·백제의 분묘 문화Ⅲ-충남Ⅴ:부여1편-』, 진인진.
중앙문화재연구원, 2015, 『마한·백제의 분묘 문화Ⅲ-충남Ⅴ:부여2편-』, 진인진.
중앙문화재연구원, 2015, 『마한·백제의 분묘 문화Ⅲ-충남Ⅵ:금산·논산·대전·청양-』, 진인진.
중앙문화재연구원, 2017, 『마한·백제의 분묘 문화Ⅲ-충남Ⅶ:서산·보령편-』, 진인진.
중앙문화재연구원, 2017, 『마한·백제의 분묘 문화Ⅲ-충남Ⅷ:서천·당진·예산·홍성 편-』, 진인진.
중앙문화재연구원, 2017, 『마한·백제의 분묘 문화Ⅳ(증보)-충북, 대전, 세종, 충남1 편-』, 진인진.
중앙문화재연구원, 2017, 『마한·백제의 분묘 문화Ⅳ(증보)-충남2편-』, 진인진.
최성락, 2018, 『영산강유역 고대사회의 형성과정 연구』, 주류성.
崔鍾圭, 1995, 『三韓考古學硏究』, 書景文化社.
한국고고학회, 2015, 『한국 고고학 강의』, 사회평론아카데미.

나. 논문

강지원, 2012, 『原三國期 中西部地域 土壙墓硏究』, 공주대석사학위논문.
고은별, 2010, 『경남서부지역 점토대토기문화 생계경제 연구』, 서울대석사학위논문.
권오영, 2017, 「馬韓諸國의 출현과 동북아 정세」, 『영산강유역 마한제국과 낙랑·대방· 왜』, 대한문화재연구원 등.
김규정, 1999, 「호남지역 청동기시대 주거지」, 『호남고고학보』9, 호남고고학회.
김규정, 2017, 「점토대문화기 석재사용 분묘 검토 -호서·호남지역을 중심으로-」, 『한국청동기학보』20.
金羅英, 2007, 『嶺南地域 三韓時代 住居址의 變遷과 地域性』, 부산대석사학위논문.
김낙중, 2016, 「분묘 출토 토기로 살펴본 마한의 성장과 지역성」, 『문화재』49집 4호, 126-155, 국립문화재연구소.
金度憲, 2002, 「三韓時代 鑄造鐵斧 流通樣相에 대한 檢討」, 『嶺南考古學』31.

金美京, 2006, 「美松里型土器의 변천과 성격에 대하여」, 『한국고고학보』60.

金範哲, 1996, 『漢江流域 後期無文土器研究: 粘土帶土器文化의 展開樣相을 中心으로』, 서울대석사학위논문.

김상민, 2012, 「한반도 서남부지역 철기문화의 유입과 전개양상」, 『동아시아 고대철기 문화연구, 燕國철기문화의 형성과 확산』, 국립문화재연구소.

김새봄, 2011, 「原三國後期 嶺南地域과 京畿·忠淸地域 鐵矛의 交流樣相」, 『韓國考古學報』81.

金元龍, 1961, 「十二臺營子의 青銅短劍墓 -韓國青銅器文化의 起源問題-」, 『歷史學報』16, 歷史學會.

金元龍, 1967, 「三國時代의 開始에 관한 一考察」, 『東亞文化』7.

金元龍, 1969, 「한국고고학에서의 방사성탄소연대」, 『고고학』제2집, 한국고고학회.

金一圭, 2007, 「한강유역의 원삼국시대 성립과정」, 『원삼국시대의 한강유역』, 제3회 서울경기고고학회 정기발표회논문집.

金一圭, 2010, 「瓦質土器의 出現時點과 成立背景」, 『釜山大學校 考古學科 創設20周年 記念論文集』, 釜山大學校 考古學科.

김주호, 2017, 「중국 중원지역 주조철기의 발생과 전개」, 『동북아시아 철기문화 연구의 최신 동향』, 제11회 한국철문화연구회·한림고고학연구소 학술세미나.

金賢, 2003, 「Ⅳ.考察 4.泗川 梨琴洞 無文時代 木棺에 대한 檢討」, 『泗川 梨琴洞 遺蹟』, (社)慶南考古學研究所.

盧美善, 1998, 『금강유역 점토대토기의 연구』, 전북대석사학위논문.

노태천, 2000, 「한반도 초기철기시대 주조철부류에 대한 일고찰」, 『한국고대야금기술사연구』, 학연문화사.

도유호, 1962, 「신천 명사리에서 드러난 고조선 독널에 관하여」, 『문화유산』1962년3기.

董眞淑, 2002, 「嶺南地域 粘土帶土器文化期의 甕棺墓 檢討」, 『博物館研究論集9』, 釜山博物館.

리순진, 1974, 「운성리유적 발굴보고」, 『고고학자료집』제4집, 사회과학출판사.

武末純一, 2006, 「勒島遺蹟 A地區 彌生系土器」, 『勒島 貝塚Ⅴ』, 慶南考古學研究所.

武末純一, 2010a, 「11.金海 龜山洞 遺蹟 A1區域의 弥生系土器를 둘러싼 諸問題」, 『金海 龜山洞 遺蹟Ⅹ』, 慶南考古學研究所.

武末純一, 2010b, 「九州의 彌生土器-북부구주를 중심으로-」, 『제12회 울산문화재연구원 교육강좌자료집』.

박순발, 1993, 「우리나라 初期鐵器文化의 展開過程에 對한 약간의 考察」, 『考古美術史論』3, 충북대학교고고미술사학과.

박순발, 2004, 「遼寧 粘土帶土器文化의 韓半島 定着 過程」, 『錦江考古』創刊號.

박순발, 2009, 「硬質無文土器의 變遷과 江陵 草堂洞遺蹟의 時間的 位置」, 주요유적 종합보고서 I 『강릉 초당동 유적』, 한국문화재조사연구기관협회.

朴榮九, 2010, 「嶺東地域 圓形粘土帶土器文化의 展開樣相」, 『韓日聚落研究의 새로운 視覺을 찾아서』, 韓日聚落研究會.

박장호, 2016, 「원삼국시대 유개대부호의 편년과 변천」, 『야외고고학』31.

박진일, 2002, 「기원전 3·2세기대 분묘구조 검토-서남부지방을 중심으로」, 『고고학지』13.

박진일, 2007a, 「粘土帶土器, 그리고 青銅器時代와 初期鐵器時代」, 『韓國青銅器學報』創刊號.

박진일, 2007b, 「粘土帶土器로 바라본 初期鐵器·彌生時代 曆年代考」, 『한일문화교류, 한반도와 일본 규슈』, 국립중앙박물관.

박진일, 2010, 「明沙里式土器考」, 『釜山大學校考古學科創設20周年記念論文集』, 釜山大學校考古學科.

박진일, 2013, 『韓半島 粘土帶土器文化 研究』, 釜山大博士學位論文.

박진일, 2015, 「삼각형점토대토기와 전국식철기의 한반도 남부 등장 연대 고찰」, 『友情의 考古學』, 고손명조선생추모논문집간행위원회.

박진일, 2016, 「대구 팔달동 유적 무문토기의 와질화와 그 의미」, 『제29회 조사연구회 자료집』, (재)영남문화재연구원.

박진일, 2018, 「금호강 유역 전기 와질토기」, 『금호강과 길』, 국립대구박물관.

박진일, 2019a, 「점토대토기문화기 요동~서남한 지역 묘제의 전통과 변형」, 『동북아 초기 역사시대 물질문화의 접촉과 변용』, 한국학중앙연구원 한국학기초연구 공동연구팀.

박진일, 2019b, 「무문토기의 와질화과정에서 보이는 전국토기 제작기술의 수용방식」, 『철기시대 토기 제작기술의 확산과 수용』, 한국학중앙연구원출판부.

박진일, 2019c, 「전기 와질토기의 변한 지역 출현과 확산 과정」, 『철기시대 토기와 토기문화의 변동』, 한국학중앙연구원출판부.

박진일, 2019d, 「'사로국과 주변지역과의 관계'에 대한 토론문」, 『목관묘로 본 사로국의 형성과 전개』, 국립경주문화재연구소.

박진일, 2019e, 「삼한 유개대부토기의 등장, 변화, 분포 연대」, 『호서의 마한 미지의 역사를 깨우다』, 국립청주박물관.

박진일, 2020a, 「초기철기시대 폐기 제안」, 『청동기시대의 설정과 분기』, 국립청주박물관·한국청동기학회.

박진일, 2020b, 「마한 권역 초기철기·원삼국 분묘의 토기 부장 양상과 의미」, 『동북아 부장토기의 형성과 전개』, 한국학중앙연구원출판부.

박진일, 2020c, 「분묘 구조로 본 마한과 진변한 묘제의 전통과 개성」, 『철기문화 시기의 분묘와 매장』, 한국학중앙연구원 한국학기초연구 공동연구팀.

박형열, 2015, 「원삼국시대 유개대부호의 편년」, 『湖南考古學報』 50, 70-91, 湖南考古學會.

裵眞永, 2001, 『中國古代燕文化硏究:燕文化의 形成과 展開』, 이화여자대박사학위논문.

배현준, 2017, 「전국 연의 동진과 철기의 확산」, 『동북아시아 철기문화 연구의 최신 동향』, 제11회 한국철문화연구회·한림고고학연구소 학술세미나.

배현준, 2019, 「점토대토기 집단의 확산과 네트워크」, 『교류와 교통의 고고학』, 제43회 한국고고학전국대회 발표요지.

백운상, 2013, 「燕地 철기문화의 기원과 발전 및 東漸」, 『동아시아 고대 철기문화연구』, 국립문화재연구소.

복기대, 2004, 「기원전 7~4세기대 요서지역의 정치적 변화에 관하여 – 진개 동정을 중심으로」, 『문화사학』 21, 한국문화사학회.

복기대, 2005, 「요서 지역의 청동기문화와 고조선의 관계」, 『동아시아의 지역과 인간』, 지식산업사.

徐吉德, 2018, 『한국 점토띠토기문화기 무덤 연구』, 세종대박사학위논문.

徐姈男, 1990, 「늑도유적 II지구 V층 출토토기」, 『考古硏究』 5, 嶺南靑年考古學會.

徐姈男, 2003, 『嶺南地域 三韓·三國時代 幼兒墓 硏究』, 慶北大碩士學位論文.

徐姈男, 2004, 「늑도 옹관묘의 특징과 출현 배경」, 『勒島 貝塚과 墳墓群』, 釜山大學校博物館.

서현주, 2016, 「湖西地域原三國時代墳墓遺物의 變遷과 周邊地域과의 關係」, 『호서고고학』 35.

成璟瑭, 2017, 「중국 동북지역 청동기~전국시대 고고학의 최신 연구 성과」, 『중국 동북지역 고고학의 최신 연구 성과』 자료집, 한국상고사학회·중앙문화재연구원·충북대학교박물관.

성정용, 2007, 「漢江·錦江流域의 嶺南地域系統 文物과 그 意味」, 『百濟硏究』 46, 忠南大

學校百濟硏究所.

성정용, 2016, 「馬韓·百濟地域 墳丘墓의 出土遺物과 性格」, 『선사와 고대』49.

宋桂鉉, 1994, 「三韓 鐵器 變化의 段階」, 『제1회 영남·구주고고학합동대회 발표요지』, 영남고고학회.

宋鎬晸, 1999, 『古朝鮮 國家形成 過程 硏究』, 서울대박사학위논문.

宋鎬晸, 2015, 「기원전 2세기 古朝鮮 準王의 南來와 益山」, 『한국고대사연구』78.

申敬淑, 2002, 『湖南地域 粘土帶土器 硏究』, 목포대석사학위논문.

申敬澈, 1980, 「熊川文化期 紀元前上限說 再考」, 『釜大史學』4, 釜山大學校史學會.

申敬澈, 1982, 「釜山·慶南出土 瓦質系土器」, 『韓國考古學報』12.

申敬澈, 1986, 「三千浦勒島遺蹟(2次發掘)」, 『第10回韓國考古學大會發表要旨』, 한국고고학회.

申敬澈, 1991, 「韓國の瓦質土器」, 『日韓交涉の考古學』, 六興出版.

申敬澈, 1995, 「三韓·三國時代의 東萊」, 『東萊區誌』.

申敬澈, 2012, 『三韓의 諸問題』, 신라문화유산연구원 강의자료.

신동조, 2007, 『嶺南地方 原三國時代 鐵斧와 鐵矛의 分布定型 硏究』, 경북대석사학위논문.

심재용, 2014, 「김해시 대성동고분군 최신 발굴성과」, 『2014 고분문화연구회 발표요지』.

Subbotina Anastsia, 2005, 『철기시대 한국과 러시아 연해주의 토기문화 비교연구 – 경질무문토기를 중심으로-』, 서울대석사학위논문.

安在晧·洪潽植, 1998, 「三韓時代 嶺南地方과 北九州地方의 交涉史 硏究」, 『韓國民族文化』12, 釜山大學校 韓國民族文化硏究所.

예지은, 2011, 『韓半島 出土 弥生系土器의 硏究』, 영남대석사학위논문.

吳江原, 2002a, 『비파형동검문화의 성립과 전개과정 연구』, 한국정신문화연구원박사학위논문.

吳江原, 2002b, 「遼寧~西北韓地域 中細形銅劍에 관한 硏究」, 『淸溪史學』16.

吳江原, 2006, 「遼寧省 建昌 東大杖子 積石木棺槨墓群의 비파형동검과 토기」, 『科技考古硏究』12, 아주대학교박물관.

吳江原, 2011, 「기원전 3세기 遼寧地域의 燕나라 遺物共伴 遺蹟의 諸類型과 燕文化와의 관계」, 『韓國上古史學報』71.

吳江原, 2012, 「동북아시아 속의 한국 청동기문화권과 복합사회의 출현」, 『東洋學』51, 檀國大學校 東洋學硏究所.

吳江原, 2016, 「기원전 3~1세기 중국 동북 지역 예맥문화권의 타날문단경호」, 『동북아 철기시대 제도 기술의 확산과 수용』, 한국학중앙연구원 한국문화심층연구 공동연구팀.

吳江原, 2017, 「中國 東北 地域 瓢形長頸壺의 부장 양상과 확산의 배경과 맥락」, 『嶺南考古學』78.

吳江原, 2018, 「기원전 3~1세기 중국 동북과 서북한 지역의 물질문화와 燕.秦.漢」, 『원사시대의 사회문화와 변동』, 진인진.

吳江原, 2020a, 「중국 동북 지역 점토대토기의 연대와 전개」, 『영남고고학』87.

吳江原, 2020b, 「남한지역 세형동검의 출현과 전개」, 『한국고고학보』117.

우병철, 2012, 「한반도 동남부지역 철기문화의 성격과 전개양상」, 『동아시아 고대 철기문화연구, 燕國철기문화의 형성과 확산, 국립문화재연구소』.

尹德香, 2000, 「5.고찰」, 『南陽里』, 전북대학교박물관 등.

尹武炳, 1974, 「韓國 靑銅短劍의 型式分類」, 『震檀學報』29·30합집, 震檀學會.

윤태영, 2010, 『한반도 鍦의 출현과 전개양상에 대한 연구』, 경북대석사학위논문.

尹亨準, 2009, 『목관묘문화의 전개와 삼한 전기사회』, 부산대석사학위논문.

윤호필, 2005, 「청동기시대 다중개석 무덤에 관한 연구」, 『함안 봉성리 유적』.

이건무, 1992, 「韓國式銅劍文化」, 『韓國의 靑銅器文化』, 범우사.

이건무, 1994, 「한국식 동검문화의 성격 -성립배경에 대하여-」, 『東아시아의 靑銅器文化 -遺物을 通하여 본 社會相-』, 문화재연구소.

이건무, 2003, 『韓國式銅劍文化의 硏究』, 고려대박사학위논문.

이경순, 1994, 『세형동검기의 묘제에 관한 고찰 -토광적석묘, 토광위석묘를 중심으로-』, 동의대석사학위논문.

李東冠, 2016, 「늑도 출토 토기에 대한 검토 – 한반도 동남부지역 초기단계 철기와 비교를 통하여-」, 『국제무역항 늑도와 하루노쓰지』, 국립진주박물관.

李丙燾, 1935, 「三韓問題의 新考察(二)」, 『震檀學報』3.

이보람, 2018, 「Ⅲ.생업과 물질문화 의례, 2.물질문화, 2)철기, (3).무기」, 『마한 고고학개론』, 중앙문화재연구원 학술총서40.

李相吉, 2006, 「區劃墓와 그 社會」, 『금강: 송국리형 문화의 형성과 발전』, 호남고고학회·호서고고학회.

이성재, 2007, 『중국동북지역 점토대토기문화의 전개과정 연구』, 숭실대석사학위논문.

李盛周, 1999, 「辰·弁韓地域 墳墓 出土 1~4世紀 土器의 編年」, 『嶺南考古學』24.

李盛周, 2015a, 「와질토기」, 『韓國考古學專門辭典 古墳遺物篇』, 국립문화재연구소.

李盛周, 2015b, 「원삼국시대와 와질토기」, 『영남의 고고학』, 226~227쪽, 사회평론.

李盛周, 2016, 「분묘 부장용 토기제작의 기술혁신」, 『동북아 철기시대 제도 기술의 확산과 수용』, 한국학중앙연구원 한국문화심층연구 공동연구팀.

李婌任, 2003, 『江原地域 粘土帶土器文化 硏究』, 한림대석사학위논문.

이양수, 2007a, 「Ⅳ.고찰」, 『永川 龍田里 遺蹟』, 국립경주박물관.

이양수, 2007b, 「한국식 동과에 대하여」, 『한반도의 청동기 제작기술과 동아시아의 고경』, 國立慶州博物館·奈良縣立橿原考古學研究所·アジア鑄造技術史學會.

李榮文, 1999, 「湖南地方 靑銅器時代 墓制 硏究의 成果와 課題」, 『湖南考古學報』9.

이은창, 1968, 「大田 槐亭洞出土 一括遺物」, 『考古學』2, 한국고고학회.

이재현, 1995, 「弁·辰韓社會의 發展過程」, 『嶺南考古學』17, 영남고고학회.

이재현, 2003, 『弁·辰韓社會의 考古學的 硏究』, 부산대박사학위논문.

이종선, 1976, 「한국 석관묘의 연구」, 『한국고고학보』1, 한국고고학회.

이종철, 2000, 『남한지역 송국리형주거지에 대한 일고찰』, 전북대석사학위논문.

이종철, 2002, 「호남지역 송국리형 주거문화」, 『한국상고사학보』36.

이종철, 2016, 『청동기시대 송국리형문화의 전개와 취락 체계』, 진인진.

李昌熙, 2004a, 「勒島遺蹟 出土 外來系 遺物 報告 -勒島 Ⅲ期의 設定과 함께-」, 『勒島 貝塚과 墳墓群』, 釜山大學校博物館.

李昌熙, 2004b, 「水石里式土器의 再檢討」, 『考古廣場』3, 釜山考古學研究會.

李昌熙, 2010, 「점토대토기의 실연대-세형동검문화의 성립과 철기의 출현연대」, 『文化財』43-3, 국립문화재연구소.

李昌熙, 2015, 「勒島交易論 – 金屬器交易에 대한 新觀點-」, 『嶺南考古學』73.

李淸圭, 1981, 『細形銅劍 時期 遺蹟·遺物에 對한 考察 -共伴遺物을 通한 時期區分』, 서울대석사학위논문.

李淸圭, 1982, 「細形銅劍의 形式分類 및 그 變遷에 對하여」, 『韓國考古學報』13.

李淸圭, 2007, 「先史에서 歷史로의 전환-原三國時代 개념의 문제-」, 『韓國古代史研究』46.

이춘선, 2011, 「원삼국시대 유개대부소호의 편년과 분포」, 『경남연구』5, 경남발전연구원역사문화센터.

李亨源, 2005, 「松菊里類型과 水石里類型의 接觸樣相-中西部地域 住居遺蹟을 中心으로」, 『湖西考古學』12.

李亨源, 2009, 『韓國 靑銅器時代 聚落構造와 社會組織』, 충남대박사학위논문.

이홍종, 1997, 「후기 무문토기 사회의 변천과정」, 『석오윤용진교수정년퇴임기념논총』,

석오윤용진교수정년퇴임기념논총 간행위원회.

이화종, 2004, 『중부지방 점토대토기문화 연구』, 한양대석사학위논문.

李厚錫, 2006, 『中國 東北地域 細形銅劍文化 一研究』, 숭실대박사학위논문.

李厚錫, 2012, 「遼東半島 細形銅劍文化의 양상과 변천 –尹家村類型을 중심으로-」, 『崇實史學』28.

李厚錫, 2014, 「遼東~西北韓地域의 細形銅劍文化와 古朝鮮 – 위만조선 물질문화의 형성과정과 관련하여-」, 『東北亞歷史論叢』44.

李熙濬, 2002, 「초기 진·변한에 대한 고고학적 논의」, 『진·변한사연구』, 경상북도·계명대학교 한국학연구원.

李熙濬, 2004, 「초기철기시대·원삼국시대 再論」, 『韓國考古學報』52.

임동재, 2012, 「김해 양동리고분군의 편년과 외래계 유물의 검토」, 『김해 양동고분군과 고대 동아세아』제18회 가야사국제학술회의 발표자료집.

田鎰溶, 2006, 『충남 지역의 원형점토띠토기 출토 생활유적 연구』, 한남대석사학위논문.

井上主稅, 2006, 『嶺南地方 출토 倭系遺物로 본 한일교섭』, 경북대박사학위논문.

鄭仁盛, 2008, 「'瓦質土器 樂浪影響設'의 검토」, 『嶺南考古學』47.

鄭仁盛, 2011a, 「중심과 주변의 관점에서 본 辰·弁韓과 瓦質土器의 성립」, 『고고학에서의 중심과 주변』, 제20회 영남고고학회발표요지.

鄭仁盛, 2011b, 「원삼국시대 연대론의 제문제 –낙동강유역권에서 와질토기의 성립-」, 『원삼국시대 연대론의 제문제』, (재)세종문화재연구원 개원2주년 기념 초청강연회자료집.

鄭仁盛, 2014, 「燕式土器文化의 확산과 後期 古朝鮮의 土器文化 –細竹里·蓮花堡類型의 이해를 바탕으로-」, 『白山學報』100.

鄭仁盛, 2015, 「원삼국시대와 와질토기」, 『영남의 고고학』, 사회평론.

鄭仁盛, 2017, 「마한과 낙랑·대방 그리고 고조선」, 『영산강유역 마한제국과 낙랑·대방·왜』, 대한문화재연구원 등.

鄭仁盛, 2019, 「韓國考古學에서 '初期鐵器時代' 그리고 '古朝鮮時代'」, 『한국상고사학보』105.

鄭澄元·申敬澈, 1987, 「終末期 無文土器에 관한 研究-嶺南地方을 중심으로 한 예비적 고찰-」, 『한국고고학보』20.

정찬영, 1962, 「좁은 놋단검(세형동검)의 형태와 그 변천」, 『문화유산』62-3, 과학원출판사.

鄭漢德, 1992, 「嶺南地域 無文土器文化에 대한 몇 가지 問題」, 『伽耶考古學論叢』1, 駕洛國史蹟開發研究院.

정현진, 2115, 『한반도 남부 점토대토기 단계 목관묘 매장의례의 연구』, 경북대석사학위논문.

趙鎭先, 2004, 『細形銅劍文化의 展開過程 研究』, 全北大學校大學院博士學位論文.

趙鎭先, 2012, 「燕下都 新莊頭 30號墓의 年代와 性格」, 『한국고고학보』84.

趙鎭先, 2020, 「금속유물로 본 한국 청동기시대와 초기철기시대의 시기 구분」, 『청동기시대의 설정과 분기』, 국립청주박물관, 한국청동기학회.

中村大介, 2008, 「靑銅器時代와 初期鐵器時代의 編年과 年代」, 『한국고고학보』68.

中村大介, 2009, 「粘土帶土器文化 와 原三國文化의 土器副葬變化 및 國際關係」, 『호서고고학보』21.

지건길, 1997, 「청동기문화와 철기문화」, 『한국사』3, 국사편찬위원회.

지민주, 2013, 「중부지역 마한분묘 출토 토기류의 성격」, 『중부지역 원삼국시대 타날문토기의 등장과 전개』제10회 매산강좌, 숭실대학교기독교박물관.

진수정, 2000, 「Ⅲ.考察」, 『大邱 八達洞 遺蹟 Ⅰ』, 영남문화재연구원.

千寬宇, 1976, 「三韓의 形成過程」, 『史學研究』26.

崔夢龍, 1993, 「韓國 鐵器時代의 時代區分」, 『國史館論叢』50.

崔秉鉉, 1998, 「原三國土器의 系統과 性格」, 『韓國考古學報』38.

崔秉鉉, 2017, 「제2장 한국고고학 시대구분론」, 『학문연구의 동향과 쟁점; 고고학·민속학·인문지리학·문화인류학』, 대한민국학술원.

崔秉鉉, 2018, 「원삼국시기 경주지역의 목관묘·목곽묘 전개와 사로국」, 『중앙고고연구』27, 중앙문화재연구원.

崔盛洛, 1998, 「時代區分論」, 『한국고고학의 방법과 이론』, 학연문화사.

최우림, 2014, 『墳墓를 통해 본 中西南部地域 粘土帶土器文化』, 충북대석사학위논문.

최정아, 2011, 『서울 및 경기도지역 삼각형점토대토기에 대하여』, 서울대석사학위논문.

崔鍾圭, 1982, 「瓦質土器 成立前夜의 全開」, 『韓國考古學報』12.

崔鍾圭, 1994, 「陶質土器의 起源」, 『考古學誌』6, 한국고고미술연구소.

崔鍾圭, 2010a, 「12.龜山洞集落의 構造」, 『金海 龜山洞 遺蹟 X』, 경남고고학연구소.

崔鍾圭, 2010b, 「14.龜山洞유적 A2-1호 支石墓에서의 聯想」, 『金海 龜山洞 遺蹟 X』, 慶南考古學研究所.

崔鍾圭, 2012, 「Ⅴ.고찰」, 『昌原 龍岑里 松菊里文化 遺蹟』, 삼강문화재연구원.

韓相仁, 1981, 『粘土帶土器文化性格의 一考察』, 서울대석사학위논문.

한수영, 2011, 「만경강유역의 점토대토기문화기 목관묘 연구」」, 『호남고고학보』39.

한수영, 2015, 『全北地域 初期鐵器時代 墳墓 硏究』, 전북대박사학위논문.

黃外植, 2008, 『粘土帶土器時期의 聚落類型 硏究』, 경남대석사학위논문.

허준양, 2020, 『韓國式 靑銅武器의 硏究』, 영남대박사학위논문.

다. 보고서, 보고문, 도록

嘉耕考古學硏究所, 2013, 『論山 定止里 遺蹟』.

강산문화재연구원, 2020, 『김해 시례리 유적』Ⅰ.

강릉대박물관, 2001, 『양양 지리 주거지』.

강원문화재연구소, 2006, 『鐵原 瓦水里 遺蹟』.

강원문화재연구소, 2007, 『강릉 방동리 유적』.

겨레문화재연구원, 2012, 『평택 양교리 산41-1번지 유적』.

겨레문화재연구원, 2013, 『평택 토진리 산29-1번지 유적』.

경기문화재연구원, 2009a, 『安城 萬井里 신기遺蹟』.

경기문화재연구원, 2009b, 『坡州 瓦洞里Ⅰ 遺蹟』.

경기문화재연구원, 2009c, 『坡州 雲井(1) 宅地開發地區 文化遺蹟 發掘調査 報告書』.

慶南考古學硏究所, 2000, 『道項里 末山里遺蹟』.

慶南考古學硏究所, 2002a, 『泗川 鳳溪里 三國時代 集落』.

慶南考古學硏究所, 2002b, 『陜川 盈倉里遺蹟』.

慶南考古學硏究所, 2006, 『勒島 貝塚』.

慶南考古學硏究所, 2010, 『金海 龜山洞 遺蹟』.

慶南發展硏究院歷史文化센터, 2005, 『泗川 芳芝里 遺蹟』Ⅰ.

慶南發展硏究院歷史文化센터, 2007, 『泗川 芳芝里 遺蹟』Ⅱ・Ⅲ.

慶南發展硏究院歷史文化센터, 2009a, 『金海 栗下里 遺蹟Ⅱ』.

慶南發展硏究院歷史文化센터, 2009b, 『마산 진북 망곡리유적Ⅰ』.

慶南發展硏究院歷史文化센터, 2011, 『김해 장유리유적』.

경상대학교박물관, 2007, 『사천 방지리 나지구 유적』.

경상문화재연구원, 2016, 『達城 花山里遺蹟』.

慶尙北道文化財硏究院, 2001, 『星州 栢田 禮山里 土地區劃整理事業地區內 文化遺蹟發掘調査報告書』.

慶尙北道文化財研究院, 2004, 『漆谷 深川里遺蹟 發掘調査報告書』.

慶尙北道文化財研究院, 2008a, 『大邱 月城洞 777-2番地 遺蹟(Ⅱ)』.

慶尙北道文化財研究院, 2008b, 『김천 문당동 유적』.

慶尙北道文化財研究院, 2010, 『달성 평촌리유적·예현리유적』.

慶尙北道文化財研究院, 2011a, 『대구 신서혁신도시B-1북구역 유적 -본문-』.

慶尙北道文化財研究院, 2011b, 『대구 신서혁신도시B-1북구역 유적 -사진-』.

慶星大學校博物館, 2000a, 『金海 龜旨路 墳墓群』.

慶星大學校博物館, 2000b, 『金海 大成洞 古墳群Ⅰ』.

慶星大學校博物館, 2003, 『金海 大成洞 古墳群Ⅲ』.

고려대학교 매장문화재연구소, 1997, 『寬倉里 周溝墓』.

고려대학교 한국고고환경연구소, 2014, 『청주 가경동 유적』.

國立慶州博物館, 2003, 『慶州朝陽洞遺蹟Ⅱ』.

국립광주박물관, 2008, 『화순 대곡리유적 발굴 속보전, 다시 태어난 청동 국보』.

국립광주박물관, 2013, 『和順 大谷里遺蹟』.

國立金海博物館, 2011, 『昌原 茶戶里 遺蹟 9차 발굴조사보고서』.

國立金海博物館, 2013, 『昌原 茶戶里 遺蹟 10차 발굴조사보고서』.

國立金海博物館, 2014a, 『昌原 茶戶里 遺蹟 11차 발굴조사보고서』.

國立金海博物館, 2014b, 『김해 회현리패총』.

國立金海博物館·大成洞古墳博物館, 2012, 『金海 良洞里 遺蹟』.

국립대구박물관, 2020, 『떴다! 지배자, 새로 찾은 이천 년 전 경산 양지리 널무덤』.

국립문화재연구소, 1989, 『김해 양동리 고분군』.

국립부여박물관, 1987, 『保寧 校成里집자리』.

국립부여문화재연구소, 2017, 『扶餘 靑松里 遺蹟』.

국립전주박물관, 2011, 『금강의 새로운 힘』.

國立中央博物館, 1992, 『韓國의 靑銅器文化』.

國立中央博物館, 2001a, 『昌原茶戶里遺蹟』.

國立中央博物館, 2001b, 『낙랑』.

國立中央博物館, 2002, 『법천리2』.

國立中央博物館, 2006, 『북녘의 문화유산』.

國立中央博物館, 2008, 『갈대밭 속의 나라 다호리』.

國立中央博物館, 2010, 『漢江流域 先史遺物 -橫山將三郞 채집자료-』.

國立中央博物館, 2012, 『昌原 茶戶里』.

國立昌原文化財硏究所, 1997, 『咸安道項里古墳群Ⅰ』.

國立昌原文化財硏究所, 1999, 『咸安道項里古墳群Ⅱ』.

國立昌原文化財硏究所, 2000, 『咸安道項里古墳群Ⅲ』.

國立昌原文化財硏究所, 2001, 『咸安道項里古墳群Ⅳ』.

國立昌原文化財硏究所, 2004, 『咸安道項里古墳群Ⅴ』.

국립청주박물관, 2020, 『한국의 청동기문화 2020』.

군산대학교박물관, 2010, 『금강(Ⅱ)지구 김제1-2공구 내 문화유적 시굴조사 약보고서』.

군산대학교박물관, 2014, 『김제 수록리 유적』.

기전문화재연구원, 2003, 『대덕골 유적』.

기전문화재연구원, 2004, 『수원 율전동 유적』.

기전문화재연구원, 2005, 『수원 율전동 유적Ⅱ』.

기전문화재연구원, 2006, 『坡州 堂下里 遺蹟』.

기전문화재연구원, 2007, 『華城 發安里 마을遺蹟』.

기호문화재연구원, 2018, 『아산 공수리 281-6번지 일원 배방센트럴시티 지역주택조합 아파트부지 문화재 발굴조사 약식보고서』.

金元龍, 1964, 『新昌里甕棺墓地』, 서울大學校出版部.

金元龍, 1966, 「수석리 선사시대 취락주거지 조사보고」, 『미술자료』11, 국립중앙박물관.

金載元·尹武炳, 1964, 「扶餘·慶州·燕岐出土 銅製遺物」, 『震檀學報』26·27.

대동문화재연구원, 2016, 『인천 검단지구(2·3단계 구역) 택지개발사업부지 내 정밀발굴조사 분분완료 약보고서(1차)』.

대성동고분박물관, 2013, 『金海 大成洞 古墳群-73~84호분-』.

도유호, 1962, 「신천 명사리에서 드러난 고조선 독널에 관하여」, 『문화유산』1962년 3기.

東邦文化財硏究院, 2017, 『洪城 石宅里 참새골 遺蹟』.

동서문물연구원, 2011a, 『密陽 堤大里 遺蹟Ⅰ』.

동서문물연구원, 2011b, 『密陽 前沙浦里 遺蹟』.

동서문물연구원, 2015, 『金海 望德里 遺蹟』.

東亞大學校博物館, 2001, 『晉州內村里遺蹟』.

東亞細亞文化財硏究院, 2006, 『金海 伽耶의 숲 造成敷地內遺蹟 發掘調査報告書』.

東義大學校博物館, 2003, 『金海 興洞遺蹟』.

東義大學校博物館, 2008, 『金海良東里古墳群Ⅰ』.

東義大學校博物館, 2013, 『金海 龜山洞 遺蹟』, 2013.

리순진, 1974, 「운성리유적 발굴보고」, 『고고학자료집』제4집, 사회과학출판사.

密陽大學校博物館, 2004, 『密陽校洞遺蹟』.

백제문화재연구원, 2012, 『서산 예천동유적』.

백제문화재연구원, 2013, 『연기 장재리 유적』.

福泉博物館, 2004, 『金海 花亭 遺蹟』.

釜慶大學校博物館, 1998, 『金海 大成洞 燒成遺蹟』.

釜山大學校博物館, 1983, 「金海內洞支石墓調査槪報」, 『釜山堂甘洞古墳群』.

釜山大學校博物館, 1989, 『勒島住居址』.

釜山大學校博物館, 1998, 『金海 鳳凰臺 遺蹟』.

釜山大學校博物館, 2002, 『金海 大淸 遺蹟』.

釜山大學校博物館, 2004, 『勒島 貝塚과 墳墓群』.

釜山大學校人文大學考古學科, 2002, 『金海會峴里貝塚』.

釜山博物館, 2013, 『東萊 溫泉洞遺蹟Ⅱ』.

성균관대박물관, 2008, 『경기도 양평군 양수리 상석정마을 발굴조사보고서』.

성림문화재연구원, 2020, 『慶山 陽地里 遺蹟』.

成周鐸, 1974, 「大田地方出土 靑銅遺物」, 『百濟研究』5, 忠南大學校百濟研究所.

신라문화유산연구원, 2011, 『慶州 北吐里 古墳群』.

신라문화유산연구원, 2013, 『경주 하구리 유적』.

沈奉謹, 1980, 「慶南地方出土 靑銅遺物의 新例」, 『釜山史學』4, 釜山史學會.

嶺南大學校博物館, 1998a, 『慶山 林堂地域 古墳群Ⅲ』造永ⅠB地域.

嶺南大學校博物館, 1998b, 『慶山 林堂洞遺蹟Ⅰ』, F, H地區 및 토성.

嶺南大學校博物館, 1998c, 『慶山林堂洞遺蹟Ⅳ』, G地區 분묘.

嶺南文化財研究院, 1999, 『慶山 林堂洞 遺蹟Ⅰ』F, H地區 및 土城.

嶺南文化財研究院, 2000a, 『大邱八達洞遺蹟Ⅰ』.

嶺南文化財研究院, 2000b, 『大邱 東川洞 聚落遺蹟』.

嶺南文化財研究院, 2001, 『慶山 林堂 遺蹟(Ⅳ)』, G地區 墳墓.

嶺南文化財研究院, 2008, 『慶州 德泉里 遺蹟Ⅱ』.

嶺南文化財研究院, 2009, 『慶山 新垈里 670번지 遺蹟』.

嶺南文化財研究院, 2010a, 『慶山 新垈里 遺蹟Ⅰ』.

嶺南文化財研究院, 2010b, 『慶山 新垈里 遺蹟Ⅱ』.

嶺南文化財硏究院, 2010c, 『慶州 隍城洞 575番地 古墳群』.

嶺南文化財硏究院, 2015a, 『대구 팔달동 유적Ⅱ』.

嶺南文化財硏究院, 2015b, 『대구 팔달동 유적Ⅲ』.

오상탁·강현숙, 1999, 『관창리유적-A·F지역 발굴조사보고서』, 아주대학교박물관·고려대학교매장문화재연구소.

蔚山大學校博物館, 2007, 『機長 芳谷里遺蹟』.

蔚山文化財硏究院, 2008, 『蔚山 達川遺蹟-1次, 2次 發掘調査』.

蔚山文化財硏究院, 2010, 『울산 달천 유적 -3차 발굴조사-』.

蔚山文化財硏究院, 2013, 『울산교동리유적Ⅰ~Ⅳ』.

원광대학교 마한·백제문화연구소, 2005, 『益山 信洞里 遺蹟』.

원광대학교 마한·백제문화연구소, 2013, 『益山 五龍里 遺蹟』.

윤용진 외, 1993, 『대구 팔달동 유적』, 경북대학교박물관.

이강승, 1987, 「부여 구봉리 출토 청동기 일괄유물」, 『삼불김원용교수정년퇴임기념논문집-고고학편-』.

이건무, 1990, 「부여 합송리유적 출토 청동기 일괄유물」, 『고고학지』 2.

이건무·서성훈, 1988, 『함평초포리유적』, 국립광주박물관.

이은창, 1968, 「대전 괴정동 출토 일괄유물」, 『考古學』 2, 한국고고학회.

전남문화재연구원, 2016, 『나주 구기촌, 덕곡유적』.

전라문화유산연구원, 2012, 『完州 德洞遺蹟』.

전라문화유산연구원, 2014, 『金堤 上東洞Ⅲ·西亭洞Ⅱ遺蹟』.

전라문화유산연구원, 2017, 『완주 둔산리2·둔산리 서당·수계리 청등유적』.

전북대학교박물관, 2000, 『南陽里』.

전북대학교박물관, 2011, 『淳昌 東村遺蹟』.

전북문화재연구원, 2007, 『全州 孝子 4遺蹟』.

전북문화재연구원, 2008a, 『全州 中仁洞 遺蹟』.

전북문화재연구원, 2008b, 『全州 中仁洞 下鳳 遺蹟』.

전북문화재연구원, 2008c, 『全州 中華山洞 土壙墓』.

전북문화재연구원, 2011, 『金堤 長華洞 遺蹟』.

전북문화재연구원, 2013a, 『전주 원장동 유적 – 원장동A·D·E·G유적』.

전북문화재연구원, 2013b, 『익산 구평리Ⅰ·Ⅱ·Ⅳ, 연동리Ⅰ, 용기리Ⅰ·Ⅱ유적』.

전북문화재연구원, 2014, 『김제 부거리·하정리 유적』.

全榮來, 1975,「益山 多松里 靑銅遺物出土墓」,『全北遺蹟調査報告』5.

全榮來, 1987,「錦江流域 靑銅器文化圈 新資料」,『馬韓·百濟文化』10, 圓光大學敎 馬韓·百濟文化硏究所.

전주대학교박물관, 1990,『全州 如意洞 先史遺蹟』.

전주문화유산연구원, 2012,『전주 만성동 동경출토지 문화재 발굴(정밀)조사 약식보고서』.

전주문화유산연구원, 2013,『井邑 淨土·望潭·里門遺蹟』.

전주문화유산연구원, 2015,『고창 금평리·왕촌리·고성리유적』.

趙由典, 1984,「全南 和順 靑銅遺物一括出土遺蹟」,『尹武炳博士回甲紀念論叢』, 通川文化社.

조중공동고고학발굴대, 1965,「윤가촌」,『동북지방의 유적발굴보고』.

趙現鐘·申相孝·張齊根, 1996,『光州 雲南洞遺蹟』, 國立光州博物館·大韓住宅公社

中部考古學硏究所, 2014,『仁川 黔岩洞 遺蹟』.

중앙문화재연구원, 2001,『論山 院北里遺蹟』.

중앙문화재연구원, 2005,『청원 대율리·마산리·풍정리 유적』.

중앙문화재연구원, 2006,『아산 권곡동 유적』.

중앙문화재연구원, 2011,『大田 佳水院洞·道安洞遺蹟』.

중앙문화재연구원, 2013,『烏山 闕洞遺蹟』.

중앙문화재연구원, 2018a,『청주 오송유적』.

중앙문화재연구원, 2018b,『아산 매곡리유적』.

中原文化財硏究院, 2007,『安城 盤諸里遺蹟』.

中原文化財硏究院, 2013,『淸原 主城里·食里 遺蹟』.

中原文化財硏究院, 2017,『忠州 虎岩洞 遺蹟』.

池健吉, 1978,「禮山 東西里 石棺墓出土 靑銅一括遺物」,『百濟硏究』9.

池健吉, 1990,「長水 南陽里 出土 靑銅器·鐵器 遺物一括」,『考古學誌』2, 韓國考古美術硏究所.

최성락·이영철·한옥민, 1999,『무안 인평 고분군』, 목포대학교박물관.

최성락·이헌종, 2001,『함평 장년리 당하산유적』, 목포대학교박물관.

충남대학교박물관, 2006,『弓洞』.

忠南大學校百濟硏究所, 2002,『錦山 水塘里遺蹟』.

충북대학교박물관, 2005,『淸州 鳳鳴洞遺蹟(Ⅱ)-Ⅳ地區 調査報告①:本文篇』.

충북대학교박물관, 2007, 『忠州 金陵洞 遺蹟』.

충북대학교박물관 등, 2018, 『淸州 松節洞 遺蹟Ⅰ~ⅩⅢ』.

충청남도역사문화원, 2005, 『舒川 鳳仙里 遺蹟』.

충청남도역사문화연구원, 2006, 『청양 학암리·분향리 유적』.

충청남도역사문화연구원, 2007, 『公州 水村里遺蹟』.

충청문화재연구원, 2006, 『舒川 楸洞里 遺蹟 -Ⅰ地域-』.

충청문화재연구원, 2009, 『아산 풍기동 앞골 유적』.

충청문화재연구원, 2011, 『아산 용두리 진터유적(Ⅱ)』.

충청문화재연구원, 2017, 『서산 동문동 유적』.

한겨레문화재연구원, 2015, 『金海 新文里 遺蹟』.

한국고고학회, 2010, 「인천 운북동유적」, 『移住의 고고학』, 제34회한국고고학전국대회 발표요지.

한국고고환경연구소, 2014, 『천안 대화리·신풍리 유적』.

한국문화유산연구원, 2011, 『平澤 馬頭里遺蹟』.

韓國文化財保護財團, 1998a, 『慶山 林堂遺蹟(Ⅰ)』A~B地區 古墳群.

韓國文化財保護財團, 1998b, 『慶山 林堂遺蹟(Ⅱ)』C地區 古墳群.

韓國文化財保護財團, 1998c, 『慶山 林堂遺蹟(Ⅴ)』D-Ⅱ地區 古墳群.

韓國文化財保護財團, 1998d, 『慶山 林堂遺蹟(Ⅵ)』E地區 古墳群.

韓國文化財保護財團, 2000, 『大邱 漆谷 3宅地(2·3區域) 文化遺蹟 發掘調査報告書』.

韓國文化財保護財團, 2007·2008, 『성남 판교지구 문화유적 2차 발굴조사-5차·6차 지도위원회의 자료』.

韓國文化財保護財團, 2012a, 『大邱 新西洞 遺蹟Ⅰ』.

韓國文化財保護財團, 2012b, 『大邱 新西洞 遺蹟Ⅱ』.

韓國文化財保護財團, 2013a, 『大邱 新西洞 遺蹟Ⅳ』.

韓國文化財保護財團, 2013b, 『大邱 新西洞 遺蹟Ⅴ』.

한국선사문화연구소, 1992, 『일산 새도시 개발지역 학술조사보고』1.

한남대학교 중앙박물관, 2003, 『대전 노은동 유적』.

한림대학교박물관, 2003, 『동해고속도로 확장, 신설구간(송림리) 문화유적 발굴조사 보고서』.

한병삼·이건무, 1977, 『남성리석관묘』, 국립중앙박물관.

漢陽大學校博物館·文化人類學科, 1999, 『晉州 內村里 住居址 및 舊石器遺蹟』.

湖南文化財硏究院, 2005,『완주 갈동 유적』.

湖南文化財硏究院, 2006,『群山 屯栗遺蹟』.

湖南文化財硏究院, 2008a,『전주 마전유적(Ⅰ·Ⅱ)』.

湖南文化財硏究院, 2008b,『전주 마전유적(Ⅲ)』.

湖南文化財硏究院, 2008c,『전주 마전유적(Ⅳ)』.

湖南文化財硏究院, 2009a,『完州 葛洞遺蹟(Ⅱ)』.

湖南文化財硏究院, 2009b,『金堤 山稚里·兩靑里·羅是里遺蹟』.

湖南文化財硏究院, 2012,『益山 啓文洞遺蹟』.

湖南文化財硏究院, 2013,『益山 西豆里1·栗村里·新龍洞·慕縣洞遺蹟』.

湖南文化財硏究院, 2014a,『完州 新豊遺蹟Ⅰ-가지구-』.

湖南文化財硏究院, 2014b,『完州 新豊遺蹟Ⅱ-나·다지구-』.

2. 중국어

가. 단행본

朝陽市博物館 編, 1995,『朝陽歷史與文物』, 遼寧大學出版社.

中國社會科學院考古學硏究所, 1996,『雙砣子與崗上』, 科學出版社.

陳平, 1995,『燕史紀事編年會按』, 北京大學出版社(下).

나. 논문, 보고서

岡內三眞, 2002,「燕下都出土銅戈的啓示」,『邊疆考古硏究』1, 科學出版社.

郭治中, 1997,「內蒙古東部區新石器-靑銅時代的考古發見與硏究」,『內蒙古文物考古文集』第2輯, 中國大百科全書出版社.

郭治中, 2000,「水泉墓地及相關問題之探索」,『中國考古學跨世紀的回顧與前瞻』, 科學出版社.

靳楓毅, 1982·1983,「論中國東北地區含曲刃靑銅短劍的文化遺存」,『考古學報』1982-4期·1983-1期.

裵躍軍, 1986,「西豊和隆的兩座石棺墓」,『遼海文物學刊』創刊號.

徐光輝, 1997,「旅大地區新石器時代晚期至靑銅時代文化遺存分期」,『考古學文化論集』4, 文物出版社.

辛巖, 1995, 「遼北地區靑銅時代文化初探」, 『遼海文物學刊』1995-1.

沈陽故宮博物館·沈陽市文物管理辦公室, 1975, 「沈陽鄭家窪子的兩座靑銅時代墓葬」, 『考古學報』1975-1.

王成生, 1991, 「槪述近年遼寧新發見靑銅短劍」, 『遼海文物學刊』1991-1.

遼寧省文物考古硏究所·葫芦島市博物館·建昌縣文物管理所, 2014a, 「遼寧建昌縣東大杖子墓地2001年發掘简報」, 『考古』12.

遼寧省文物考古硏究所·葫芦島市博物館·建昌縣文物管理所, 2014b, 「遼寧建昌縣東大杖子墓地2002年發掘简報」, 『考古』12.

遼寧省文物考古硏究所·葫芦島市博物館·建昌縣文物局, 2015, 「遼寧建昌東大杖子墓地2000年發掘简報」, 『文物』11.

遼寧省博物館, 1985, 「遼寧凌源縣三官甸靑銅短劍墓」, 『考古』1985-2.

李文信, 1979, 「中國北部長成沿革考」, 『社會科學輯刊』1979-2.

張博泉, 1984, 「從東北出土殷周銅器說起」, 『遼寧文物』1984-5.

張震澤, 1973, 「燕王職戈考釋」, 『考古』1973-4.

程長新, 1985, 「北京市通縣中趙甫出土一組戰國靑銅器」, 『考古』1985-5.

周向永, 1997, 「"納氏"考」, 『遼海文物學刊』1994-2.

鐵嶺市博物館, 1992, 「遼北東部地區幾處靑銅時代遺址調査」, 『遼海文物學刊』1992-1.

許志國·庄艷杰·魏春光, 1993, 「法庫石砬子遺址及石棺墓調査」, 『遼海文物學刊』1993-1.

3. 일본어

가. 단행본

橋口達也, 2005, 『甕棺と弥生時代年代論』, 雄山閣.

東亞考古學會, 1931, 『牧羊城:南滿洲老鐵山麓漢及漢以前遺蹟』.

藤尾愼一郎, 2003, 『弥生變革期の考古學』, 同成社.

梅原末治·藤田亮策, 1947, 『朝鮮古文化總攬』第1輯, 養德社.

春成秀彌·今村峯雄 編著, 2004, 『彌生時代の實年代』, 學生社.

片岡宏二, 1999a, 『彌生時代 渡來人と土器·靑銅器』, 雄山閣.

朝鮮總督府, 1924, 『大正九年度古蹟調査報告』第一册.

나. 논문, 보고서

谷豊信, 1984, 「樂浪土城址出土の土器(上)-樂浪土城研究その2」, 『東京大學文學部考古學研究室研究紀要』2, 東京大學文學部考古研究室.

谷豊信, 1986, 「樂浪土城址の出土土器(下)-樂浪土城研究その4」, 『東京大學文學部考古學研究室研究紀要』5, 東京大學文學部考古研究室.

橋口達也, 1990, 「彌生文化成立期の日本と韓國」, 『第4回國際シンポジウム 東アジアから見た日本稻作の起源』, 福岡縣敎育委員會.

橋口達也, 2003, 「炭素14年代測定法による弥生時代の年代觀に關聯して」, 『日本考古學』16, 日本考古學協會.

橋口達也編, 1979, 『九州縱貫自動車道關係埋藏文化財調査報告ⅩⅩⅩⅠ 福岡縣小郡市三澤所在遺跡群の調査』, 福岡縣敎育委員會.

橋口達也編, 1983, 『石岐曲り田遺跡』Ⅰ, 今宿バイパス關係埋藏文化財調査報告書第8集.

橋口達也編, 1984, 『石岐曲り田遺跡』Ⅱ, 今宿バイパス關係埋藏文化財調査報告書第9集.

橋口達也編, 1985, 『石岐曲り田遺跡』Ⅲ, 今宿バイパス關係埋藏文化財調査報告書11集.

橋口達也編, 1985, 『橫隈鍋倉遺跡』Ⅰ, 小郡市文化財調査報告書第26集.

近藤喬一, 2006, 「燕下都出土の朝鮮式銅戈」, 『有光敎一先生白壽記念論叢』, 財團法人高麗美術館.

靳楓毅, 1983, 「中國東北地區の曲刃靑銅短劍を含む文化遺存を論ず」, 『古文化談叢』12.

藤尾愼一郎, 2004, 「韓國·九州·四國の實年代」, 『彌生時代の實年代』, 學生社.

武末純一, 1974, 「金海式土器に關する一私見」, 『古文化談叢』1, 九州考古學研究會.

武末純一, 2004, 「第2章 彌生時代の年代」, 『考古學と曆年代』, 西川壽勝·河野一隆 編著, ミネルヴァ書房.

福岡市敎育委員會, 1974, 『板付周邊遺跡調査報告1』, 福岡市埋藏文化財調査報告書第29集.

福岡市敎育委員會, 1975, 『板付周邊遺跡調査報告2』, 福岡市埋藏文化財調査報告書第31集.

福岡市敎育委員會, 1976, 『板付周邊遺跡調査報告3』, 福岡市埋藏文化財調査報告書第36集.

福岡市敎育委員會, 1976, 『板付』, 福岡市埋藏文化財調査報告書第35集.

福岡市敎育委員會, 1980, 『板付周邊遺跡調査報告6』, 福岡市埋藏文化財調査報告書第57集.

福岡市敎育委員會, 1983, 『石崎曲り田遺蹟』Ⅰ, 今宿バイパス關係埋藏文化財調査報告書8集.

福岡市敎育委員會, 1984, 『諸岡遺跡-第14·17次調査報告-』, 福岡市埋藏文化財調査報告書 第108集.

福永伸哉, 1985, 「彌生時代の木棺墓と社會」, 『考古學雜誌』32-1.

榧本杜人, 1936, 「金海會峴里貝塚の一銅製品に就て」, 『考古學』第7卷 第6號.

榧本杜人, 1957, 「金海貝塚の甕棺と箱式棺-金海貝塚の再檢討」, 『考古學雜誌』43-1.

榧本杜人, 1980a, 「金海貝塚の再檢討」, 『朝鮮の考古學』, 1980.

榧本杜人, 1980b, 「金海貝塚の甕棺と箱式石棺」, 『朝鮮の考古學』, 1980.

山埼茂孝·櫻井康治, 1967, 「白玄社遺跡調査研究報告 土壙墓と木棺墓」, 『大濠』, 福岡大學附屬大濠高教校友會誌.

三貞次郎·岡埼敬, 1961, 「福岡縣板付遺跡」, 『日本農耕文化の生成』.

西谷正, 1966, 「朝鮮發見の銅鉇について」, 『尹武炳博士回甲紀念論叢』.

西谷正, 1980, 「日朝原始墳墓の諸問題」, 『東アジア世界における日本古代史講座』1, 學生社.

西谷正 編, 1970, 『津古內畑遺跡』, 小郡町教育委員會.

石川岳彦, 2006, 「春秋·戰國時代の燕の青銅器」, 『古代アジアの青銅器文化と社會:起源·年代·系譜·流通·儀禮』, 國立歷史民俗博物館.

石川岳彦, 2008, 「春秋戰國時代の燕國の青銅器-紀元前5·6世紀を中心-に」, 『彌生時代のはじまり第3卷 東アジア青銅器の系譜』.

石川岳彦·小林青樹, 2012, 「春秋戰國期の燕國における初期鐵器と東方への擴散」, 『國立歷史民俗物館研究報告』167.

小田富士雄, 1992, 「Ⅰ.初期農耕をめぐる日韓交涉, 5.墓制-西日本」, 『日韓交涉の考古學-彌生時代篇』, 大興出版.

新井宏, 2006, 「炭素十四による彌生時代遡上論の問題點」, 『東アジアの古代文化』127.

有光敎一, 1941, 「平安北道江界郡漁雷面發見の一箱式石棺と其副葬品」, 『考古學雜誌』31-1.

長崎縣教育委員會, 1974, 『對馬-淺茅灣とその周邊の考古學調査-』, 長崎縣文化財調査報告書 第17集.

津屋崎町教育委員會, 1981, 『今川遺跡』, 津屋崎町教育委員會文化財調査報告書四.

川述昭人 編, 1978, 『九州縱貫自動車道關係埋藏文化財調査報告ⅩⅩⅤ 福岡縣筑紫野市所在遺跡群の調査』, 福岡縣教育委員會.

村上恭通, 2008, 「東アジアにおけるの鐵器の起源」, 『東アジア青銅器の系譜』.

片岡宏二, 1999, 『彌生時代渡來人と土器·青銅器』, 雄山閣.

後藤直, 1979, 「朝鮮系無文土器」, 『三上次男博士頌壽記念東史考古學論集』.

後藤直, 1984,「韓半島の靑銅器副葬墓」,『尹武炳博士回甲紀念論叢』.

後藤直, 1987,「朝鮮系無文土器再論」,『東アジア考古と歷史』.

後藤直, 2007,「朝鮮半島の銅戈」,『遼寧を中心とする東北アジア古代史の再檢討 平成
　　16年度~平成18年度科學硏究費補助金基盤硏究(B)硏究成果報告書』.

橫山邦繼·後藤直 編, 1975,『板付周邊遺跡調査報告(2)』, 福岡市敎育委員會.

橫山將三郞, 1930,「京城府外鷹峯遺跡報告」,『史前學雜誌』第2卷5號, 史前學會.

감사의 말

우매한 능력으로 이 책을 발간하기까지 많은 분의 도움이 있었다.

우선 고고학을 어떻게 공부해야 하는지 갈 길을 보여주신 정징원 선생님, 신경철 선생님의 學恩에 존경을 다해 감사 말씀 드린다. 더불어 2002년 유물관리부를 시작으로 2022년 전시과에 이르기까지 수많은 선후배님의 도움을 받았다. 발굴과 자료 집성, 전시 등 20년에 이르는 학술조사와 연구는 이 글을 발간하게 된 근간이 되었다. 진심으로 감사드린다.

마지막으로 묵묵히 필자를 응원해 준 가족에게도 고마운 마음 전한다.